DEENA STRYKER

GIOVANE
CUBA

A cura di Corrado Bertani

D1718126

ZAMBON
EDITORE

A cura di Corrado Bertani

Impaginazione di Anna Bellini

Tutti i diritti riservati
www.zambon.net
zambon@zambon.net

DISTRIBUZIONE:
Nelle librerie:
CDA (Consorzio Distributori Associati)
via Mario Alicata 2/f
40050 Monte San Pietro (BO)
tel. 051 96 93 12 - fax 051 96 93 20

Per privati, biblioteche e circoli culturali:
DIEST
via Cavalcanti 11
10132 Torino
tel./fax 011 898 11 64
posta@diestlibri.it

ISBN: 978 -88-87826-60-9

PERCHÉ QUESTO LIBRO

Molti dei giovani che si affacciano alla vita politica sono spesso ignari della realtà che si nasconde dietro alle immagini, spesso capziosamente deformate dalla quasi totalità dei mezzi di comunicazione, che ci mostrano vecchi personaggi segnati dall'inesorabile passare del tempo, che, rivolgendosi al popolo, lanciano messaggi che *sembrano* provenire da un altro mondo.

Certo anche in Italia ci sono dei giovani rivoluzionari che affrontano impavidamente la repressione politica e la persecuzione poliziesca, ma purtroppo essi non sono la maggioranza. La maggioranza continua invece a restare ostaggio della disinformazione e di quell'ignoranza che l'Italia degli stadi e di San Remo profonde a piene mani.

Questo libro può aiutare a capire una realtà *apparentemente* tanto diversa.

Deena Stryker è stata testimone di un processo rivoluzionario tanto spettacolare quanto "abnorme", che ebbe luogo più di cinquant'anni fa.

I giovani di allora, anche nel nostro paese, assorbirono quell'atmosfera pregna di speranze che, provenendo da paesi lontani ed esotici, come Cuba e il Vietnam, dava a tanti di noi la forza e la speranza di credere in e di lottare per una nuova società.

La professionalità e l'integrità morale di una giornalista statunitense permettono oggi di aprire gli occhi alle nuove generazioni, ingannate e irretite dal potere mediatico. La lettura di questo libro, rimasto in un cassetto per ben quarantasei anni, ci aiuta non solo a dissolvere i dubbi sulla possibilità di lottare e di vincere, cui il Pensiero Unico tenta di assuefarci, ma anche a comprendere le ragioni, i metodi di lotta e le asperità del percorso seguìto dal governo rivoluzionario cubano nella sua impari lotta per la sopravvivenza.

Se da un lato Deena Stryker è stata spinta a porsi al servizio della verità da un sentimento di ribellione, tipico delle persone che non nutrono pregiudizi, contro la macchina di menzogne ammannite ai cittadini nordamericani – e non solo – da un sistema informativo capillare, sistematico e totalitario, dall'altro non ha mai ceduto alla tentazione di trattare in modo agiografico i personaggi intervistati, né ha posto loro delle domande "di comodo" o di circostanza. Con caparbietà e in modo conseguente, ha cercato di scoprire il pensiero politico ed economico della controparte, e quando ha scoperto delle dissonanze, ha fatto di tutto per coglierne ogni aspetto, con lo scopo di meglio comprendere (e far comprendere al lettore) la vera essenza delle divergenze fra i fautori dell'autonomia e i sostenitori della centralizzazione, fra chi giudicava gli incentivi materiali nel sistema produttivo come un tradimento degli ideali del socialismo, e chi invece si rassegnava ad accettarli come un male necessario. E tutto ciò con onestà, talvolta con grande ironia, senza nascondere, senza esagerare, e senza "l'obbligo professionale" di mentire, tipico di troppi suoi colleghi giornalisti.

Grazie a questi pregi il diario di Deena Stryker ha superato la prova del tempo, e ora ci appare assumere un nuovo significato rispetto a quello che avrebbe avuto se avesse visto la luce quando fu scritto. Un significato anzitutto storico, di documento. Il libro contiene una serie di rilevanti interviste ai principali protagonisti della rivoluzione e alle figure più significative del governo cubano dell'epoca, rimaste di fatto sconosciute finora. Ma l'autrice non si limita a presentarci il modo di pensare dei dirigenti, attraverso la loro voce: ci fa anche entrare nella vita quotidiana di Cuba nei primi anni Sessanta. Ci guida nelle vie, nei locali, nelle case e nei ministeri dell'Avana, ci fa vedere i colori e il paesaggio della provincia, ci fa sentire i suoni della capitale, dove tutto sembra svolgersi col sottofondo di una musica tropicale. E ci fa ascoltare molte donne e molti uomini comuni, di estrazione, cultura e orientamento politico diversi: dalla cameriera di hotel alla giovane maestra della Sierra, dal comandante militare all'allevatore, allo sciamano, dallo scrittore statunitense di sinistra alla signora messicana in cerca di se stessa. Questo susseguirsi di incontri ed esperienze, che forma una ricchissima galleria di tipi umani, è l'altro filo rosso della storia, assieme all'agognata e sempre rimandata intervista a Fidel Castro, che costituisce il motore e insieme il *telos* dell'intera vicenda. Dicendo che questo libro possiede un innegabile valore storico, d'altra parte, non vogliamo confinarlo negli archivi. Non solo perché ci parla dei primi passi di un esperimento socialista ancora vivo, sopravvissuto non solo all'implosione dei Paesi socialisti in Europa, ma anche alla seconda disfatta epocale del liberismo, il presunto "migliore dei mondi possibili" (dopo quella del '29). Ma anche perché ci può aiutare a ripensare a ciò che accaduto negli ultimi decenni dal punto di vista e con gli interrogativi di chi si è proposto di costruire davvero, al di là dei proclami, un'alternativa allo sfruttamento di classe, alla violenza imperialista, alla distruzione del pianeta. Il titolo che, d'accordo con l'autrice, abbiamo dato al volume, non vuole evocare alcun tipo di rimpianto nostalgico. Lo abbiamo scelto proprio perché questo libro ci mostra, con impareggiabile realismo, la rivoluzione cubana quand'era ancora giovane, come lo erano i suoi leader. Le domande difficili che Deena Stryker ha avuto il coraggio di porre ai dirigenti cubani, valgono anche per noi come un invito a riflettere in maniera non dogmatica e a cercare di comprendere la *realtà vera* fuori dai luoghi comuni che ci vengono propinati dall'industria mercenaria dell'informazione.

Corrado Bertani
Giuseppe Zambon

ANATOMIA DI UN IDEALE

Se sono potuta andare a Cuba nei primi anni della rivoluzione, è stato perché oltre a quella statunitense io ho anche la cittadinanza francese. Il mio primo viaggio avvenne nel luglio del 1963. In quel periodo ero corrispondente da Roma per France Press. Il settimanale francese "Paris Match" aveva appena pubblicato alcuni estratti del diario che avevo scritto seguendo la realizzazione di *8 1/2* di Federico Fellini. La stessa rivista mi chiese di fare un'intervista non politica a Fidel Castro. Mentre seguivo questa storia, mi resi conto che le cose non erano in bianco e nero come le presentava la stampa occidentale. Dissi allora a un editore italiano che avrei potuto cercare di andare al fondo di quella che, a quell'epoca, nei circoli della stampa occidentale era *la* questione: Castro era già comunista quando era andato nella Sierra Maestra, oppure lo era diventato solo dopo aver preso il potere?

L'editore fu d'accordo. Fu così che accettai l'invito dei cubani a rimanere per qualche tempo nell'isola come ospite del Governo. All'inizio non era stata mia intenzione tornare a Cuba tanto presto, ma poi un avvenimento mi fece cambiare idea. Fu l'assassinio di John F. Kennedy. Kennedy fu ucciso pochi giorni dopo che un suo messaggio a Fidel Castro, con cui cercava di preparare il terreno per riaprire le relazioni tra i due paesi, era arrivato a destinazione, tramite il giornalista francese Jean Daniel. L'uccisione di Kennedy fece aumentare il timore di una nuova aggressione nei confronti di Cuba. La cosa non poteva che aumentare il mio interesse. Arrivai all'Avana il 1° dicembre del 1963, il 5 incontrai Fidel.

Erano gli anni del cosiddetto "periodo *pachanga*" della rivoluzione, quando sembrava che l'ethos rivoluzionario, allora in piena fioritura, facesse da accompagnamento ai ritmi della musica cubana. Poco dopo, a seguito dell'inattesa partenza del Che per la Bolivia, nel 1965, sarebbe iniziata una fase più rigida della rivoluzione. Conoscendo bene sia l'italiano sia il francese, non mi ci volle molto per riuscire a comunicare senza difficoltà anche in spagnolo.

Ritornai in Italia nell'autunno del 1964. Dato che ansiosa di esplorare altri paesi latinoamericani, diedi all'editore il permesso di tagliare il mio manoscritto, di 400 pagine, nella maniera e nella misura che ritenesse opportuni. Alla fine però i tagli editoriali produssero un dattiloscritto di appena 150 pagine. Non potevo accettarlo, ma d'altra parte avrei avuto bisogno di troppo tempo per rielaborare il testo in modo da renderlo soddisfacente per entrambe le parti, così da poterlo inserire nel catalogo dell'editore prima che diventasse datato. Fu così che il libro finì nel cassetto. Intanto io mi ero messa a scrivere altre cose, tra cui un libro in francese nel quale prevedevo la caduta del Muro di Berlino e la dissoluzione dell'Unione Sovietica.

Questo libro non intende fare previsioni circa gli sviluppi storici della rivoluzione cubana. È un documento storico. Tra il dicembre del 1963 e il giugno del 1964, a Cuba ebbero luogo i seguenti avvenimenti: la Guardia Costiera degli USA intercettò e arrestò un gruppo di pescatori cubani; scoppiò una guerra culturale tra Blas Roca, un comunista favorevole alla "linea dura", e Alfredo Guevara, direttore dell'Istituto Cinematografico Cubano; un giovane che aveva denunciato i suoi compagni nel corso di un attacco al Palazzo Presidenziale di Batista fu catturato e processato per alto tradimento; Castro andò a Mosca per vedere Chru???v; si scatenò una battaglia interminabile tra i sostenitori degli incentivi monetari ai lavoratori e coloro che erano contrari; aerei U-2 statunitensi volarono in missione sui cieli di Cuba; infine, a Guantanamo si registrarono diversi episodi di tensione, che fecero salire i timori di un'invasione statunitense. Mentre accadevano tutte queste cose intervistai gli uomini che erano stati con Fidel nella Sierra e che erano ancora vivi, tra cui Che Guevara, Raúl Castro e il Presidente della Repubblica,

Osvaldo Dorticós. Ciascuno descrisse con parole sue com'era accaduto che il loro gruppo si fosse "convertito" al comunismo.

Da allora non sono più tornata a Cuba. Con Fidel al potere ormai da più di quarant'anni, è naturale che quelli tra noi che nutrivano simpatia per i primi risultati ottenuti dalla rivoluzione siano sospettosi di fronte ai resoconti altrui, siano essi di favore o di condanna. Personalmente non credo che la natura umani cambi in maniera radicale, tuttavia sono incline a pensare che la maggior parte dei cubani che hanno continuato a vivere nel loro paese in questi ultimi decenni abbiano interiorizzato principi e valori di cui la maggior parte delle società sono sprovviste. L'essenza della vita è il cambiamento, come Fidel ben sapeva, e io spero che la prossima pagina della storia di Cuba sappia preservare, all'interno delle necessarie riforme, le fondamenta dell'edificio. Nessuno è infallibile, ma - per uno di quei paradossi che rendono la storia giustamente famosa - nel suo approccio alla cruciale sfida ecologica del XXI secolo, è probabile che Cuba sia un passo avanti rispetto al resto del mondo.

La Habana, Julio 19 de 1963

Cmdte. Fidel Castro
Ciudad

Estimado Fidel:

Yo no sé si mi petición para verlo le ha llegado a través de los canales oficiales, pero espero que usted leerá esta carta porque su asunto es, yo creo, muy importante.

El semanario francés Paris Match, el cual yo sé no ha tratado siempre a Cuba como a usted le gustaría, está al empezar una nueva serie de artículos sobre la personalidad de los mayores estadistas del mundo. El texto de cada artículo llevará 16 hojas. Estos artículos no tendrán contenido político, solamente humano.

Paris Match me pidió hacer el primer artículo de esta serie sobre usted. Yo no soy una corresponsal oficial de este periódico ni mis ideas políticas son las de él, aceptando sólo bajo una condición, que respeten mi texto palabra por palabra y que pueda yo controlar hasta las pruebas de imprenta. Yo tengo una promesa formal del editor de que podrá hacerse así.

Yo sé que usted ha concedido varias entrevistas recientemente, las que fueron usadas en una forma que a usted no le ha gustado. Hay una razón por la cual yo pienso que usted aceptaría aparecer en esta serie de artículos pues esta es una ocasión para que usted figure en la prensa de una manera que no provoque malas interpretaciones políticas.

Existe además otra razón por la que pienso que usted aceptará concederme la entrevista a mí pues de lo contrario mandarían un ~~nuevo~~ corresponsal oficial de la revista que tendría la mentalidad política del periódico.

Para poder escribir este artículo yo necesitaría pasar varios días junto a usted, siguiéndolo a dondequiera que usted fuera, excepto naturalmente, a las juntas secretas, pues este artículo no sería posible escribirlo a través de una entrevista.

Yo soy una corresponsal libre y he venido a Cuba particularmente. Yo estoy aquí desde Julio 15 y pienso irme el 3 de Agosto. Sin embargo, si usted me dá una respuesta afirmativa me quedaré una semana más para poder realizar este proyecto. La única cosa que le pido es que me dé su respuesta con urgencia la que espero que sea afirmativa.

Muy cordialmente,

Deena Boyer
Deena Boyer

Hotel Habana Libre - habitación 815

1.

TUTTO COME PRIMA

L'Avana, domenica 1 dicembre 1963

Il viaggio è durato cinque giorni. Mercoledì sono arrivata a Praga con un Caravelle da Parigi, nello stesso istante in cui dall'Avana stava atterrando il Britannia della Cubana de Aviación.

La vista dei cubani che si buttano nelle braccia degli slavi rende ancora più strano quel primo contatto con la Cortina di ferro, in un vecchio aeroporto di cemento con le tendine bianche a fiorellini.

Tutti, viaggiatori ed equipaggio, abbiamo dormito all'Hotel International, un posto sinistro che si trova all'estrema periferia della città. Ma l'antico tram di legno scuro, che gira lentamente in tondo davanti all'entrata dell'hotel, permette di arrivare fino al cuore della città vecchia. Qui è possibile evocare le ombre di Mozart e Dvořák, indovinare nella nebbia notturna l'altra riva dell'immensa Moldava e, tremando dal freddo, cercare rifugio in una calda birreria, dove i camerieri, ancora oggi, portano il frac.

L'indomani siamo partiti come previsto per l'Avana: l'aereo non aveva bisogno di riparazioni. Abbiamo fatto scalo a Shannon e siamo ripartiti puntuali.

Un'ora dopo, però, siamo stati costretti a tornare indietro: il motore perdeva olio. Così abbiamo trascorso due giorni e due notti nella vicina cittadina di Limerick, freddissima, rimpiangendo le valigie rimaste nella stiva. Il giornale locale ha pubblicato la notizia in prima pagina: a Shannon stavano riparando un aereo cubano sul quale viaggiavano tecnici formatisi nell'Unione Sovietica e persino tecnici russi! La verità era ben diversa: nessuno riparava l'aereo perché il meccanico chiamato da Londra a tale scopo non era riuscito a trovare posto sul volo giornaliero tra la capitale inglese e l'aeroporto di transito nordatlantico. Così il primo giorno è passato invano, sotto gli sguardi discretamente condiscendenti, tra il curioso e il diffidente, dei nostri ospiti irlandesi. All'Hotel C..., che per il suo prestigio è il vero centro della vita mondana di Limerick, abbiamo conosciuto i membri del Circolo del bridge, del Lions Club, del ballo annuale dei commercianti e del Club francese, nonché un coro di bambini.

La maggior parte dei passeggeri erano i giocatori di una squadra cubana, di ritorno da un incontro con le rappresentative di altri paesi socialisti in Indonesia. Era accompagnata da un'orchestra tipica e da un paio di operatori del cinema nazionale. Poi c'erano una famiglia polacca, con tanti bambini piccoli e pallidi, e una famiglia uruguayana – lui professore di matematica all'Università dell'Avana, lei maestra di scuola secondaria –, con grandi bambini irruenti e vitali. Sono a Cuba da due anni. Per riuscire a trascorrere un paio di mesi in Uruguay hanno dovuto passare per... Praga, poiché il governo messicano non concede il visto di transito ai sudamericani che vanno o vengono da Cuba. Infine c'era una famiglia spagnola: l'uomo, un medico, aveva accettato di insegnare all'Università di Santiago.

Abbiamo lasciato Shannon alle tre del mattino, nel pieno di una burrasca. Le avverse condizioni climatiche ci hanno fatto venire una certa paura, anche perché ai nostri occhi l'apparecchio non presentava tanto il vantaggio di avere dei pezzi nuovi, quanto piuttosto lo svantaggio di aver subito un'avaria.

Quando all'alba abbiamo toccato Gander, in Canada, il cielo era sereno. Quindi abbiamo volato per parecchie ore dentro il freddo mattino del Nord. Poi, verso mezzogiorno, la luce ha cominciato a cambiare, in maniera quasi impercettibile, e man mano che scendevamo, diventava sempre più tenera.

Verso le tre del pomeriggio ci è apparsa una terra verde e ondulata, cosparsa di sottili steccati bianchi e verdi corone di palme. Mezz'ora più tardi l'hostess ha annunciato che stavamo per atterrare all'Avana. A quel punto gli atleti, che fino a quel momento, e per tutto il viaggio, avevano assunto un contegno distaccato, sono scoppiati in urla di gioia. Quando l'apparecchio ha toccato terra, una lunga ovazione ha scacciato gli ultimi resti d'angoscia.

In fondo alla scala dell'aereo c'era già un primo contingente di familiari, ansiosi di accogliere il "figliol prodigo". All'aprirsi delle porte, nel loro affanno, hanno inscenato un latinissimo vortice di braccia e gambe. Sopra di noi il sole insolente dei tropici, che sta lì come se fosse merito suo se qui è ancora estate quando altrove è inverno. Nella sala d'arrivo c'era una folla domenicale: padri di famiglia venuti a fare una passeggiata all'aeroporto, bambini, ragazze vestite di cotone dai colori pastello.

Questo è il mio secondo viaggio a Cuba. Il primo è stato quattro mesi fa. Nel frattempo c'è stato il ciclone Flora e, dieci giorni fa, è stato assassinato Kennedy.

2 dicembre 1963

All'Avana, malgrado il ciclone, tutto sembra essere come prima.

L'Hotel Habana Libre sembra immutabile anche nei piccoli cambiamenti. Le donne che la scorsa estate ti ordinavano di lasciare la borsa in anticamera, per timore che potessi sistemare una bomba al fosforo nei bagni, ora sembrano aver allentato la guardia.

Nella caffetteria, dove è rimasto un certo odore di plastica e di salsa, è scomparsa la grande scritta «Aqui estamos todos emulando», che suonava un po' come una presa in giro. Ora

13

i piatti in tavola vengono cambiati prima che si possa batter ciglio, e in alto spicca lo stendardo del migliore Dipartimento del mese.

Appena arrivato in citta, l'esercito ribelle requisì L'Habana Hilton e lo ribattezzò Habana Libre. Fidel Castro e il suo Stato maggiore ci vissero e ci lavorarono per alcuni mesi. L'intero Paese se lo ricorda. Ora invece è il punto d'arrivo dei tecnici stranieri, a volte con famiglia al seguito, ma soprattutto è la sede degli incessanti *incuentros, congresos* o *plenarios* che rappresentano una delle caratteristiche della nuova vita cubana. Per la gente di passaggio l'Habana Libre, dietro le false sembianze di sonnolente e colossale hotel di provincia, moderno ma al tempo stesso già un po' trascurato, è un vero caravanserraglio di intrighi, passioni, complicità e... lunghe attese per incontrare Fidel.

All'esterno è un parallelepipedo blu di venticinque piani, visibile da ogni angolo della città. Situato in un punto chiave, è la pietra angolare che separa l'Università, la città commerciale, il quartiere residenziale del Vedado e quello, più moderno, degli uffici e dei ministeri. Si erge su quell'angolo di Calle 23, chiamato Malecón, dove cominciano i cabaret e i negozi di lusso, che si estendono poi per 500 metri, fino al lungomare. Questa parte di Calle 23, questa via Veneto dell'Avana, si chiama "la Rampa".

Agli angoli della Rampa si trovano dei chioschi dai vetri ingialliti. Qui si vende lo straordinario caffè cubano, dolce e fortissimo, quando ce n'è; la coca-cola contraffatta ma imbottigliata in bottiglie originali, quando ce n'è; le *galleticas*, una specie di salatini non salati – e queste ci sono sempre; le sigarette, dolci oppure forti, i fiammiferi che non si accendono, e infine l'incredibile varietà di sigari: tozzi e lunghi, verdi e marroni, stretti e corti... I cubani ne comprano due o tre alla volta, e li infilano nella tasca sinistra superiore della *guayabera*, la camicia a pieghe che una volta era tipica dei contadini e che ora invece, bella, stirata e inamidata, è diventata l'uniforme del cittadino.

Anche le donne sono sempre eleganti. Dato che l'inverno è appena più fresco dell'estate, le ragazze non hanno mai la necessità mai nascondere le loro forme generose, che di solito tengono strettamente inguainate. Vanno sempre in giro con i bigodini in testa, che però nascondono sotto un foulard di chiffon, e quelle rare volte che non hanno i bigodini sfoggiano pettinature fantastiche, altissime, o capigliature che scendono fin sulla schiena. Quanto ai *barbudos*, ci sono meno barbe all'Avana che a Parigi o New York, con la differenza che quelle dell'Avana generalmente sono più pulite. Danno un tocco di eleganza, ma non sempre indicano che coloro che le ostentano sono scesi dalla Sierra Maestra.

Prendo un taxi. Subito ritrovo le portiere sgangherate e i finestrini tenuti incollati con la carta gialla che ho conosciuto nel mio primo viaggio. Anche le pezze di cotone sbiadito, che vedo sistemate alla bell'e meglio sui sedili sforacchiati, hanno un'aria familiare. E sulla Rampa il motore degli autobus, quando passano, lascia sempre dietro di sé un rimbombo così forte da farli sembrare aerei, e una scia di fumo nero dall'inconfondibile odore di benzina russa.

Davanti ad alcuni edifici si trovano ancora delle cunette d'asfalto, per scoraggiare eventuali attentati. Del resto, il fatto di vedere uniformi verde oliva dappertutto, o i miliziani seduti davanti agli edifici pubblici col fucile tra le ginocchia, non mi colpisce più. Ormai lo so, i cubani hanno un carattere dolcissimo, e anche se portano la pistola non mostrano alcuna inclinazione a intimidire il prossimo.

Un'altra cosa che ora mi viene in mente è lo stupore con cui, ritornando dalla mia prima passeggiata sulla Rampa, mi ero accorta di come qui non fosse scattato quel riflesso condizionato che, in altri paesi, ci fa distinguere i bianchi, i mulatti e i neri. Forse perché qui le sfumature di carnagione sono talmente tante, che distinguere non viene più automatico – bisogna proprio volerlo fare. O forse perché l'integrazione è così totale che sembra difficile immaginare che non sia sempre stato così.

A piedi fino al Campidoglio nella città vecchia. Il tempo è estremamente mite, al pianterreno delle case i portoni sono aperti sulla strada come se fosse estate. Nel negozio di un modesto parrucchiere, le signore del quartiere scrutano i passanti da sotto il casco.

Ho appuntamento con César Escalante, membro della Direzione nazionale del Partito[1] e responsabile della stampa e della propaganda. Assieme a Pelegrín Torres, Vice Ministro degli Affari Esteri, è la prima persona che ho l'obbligo di salutare, dato che è stato grazie alla loro fiducia che il mio primo viaggio è stato fruttuoso e che ora sono potuta tornata a Cuba.

Nel parco del Campidoglio ritrovo i calzolai davanti ai loro banchi, indaffarati con chiodi, suole e tacchi. Era stato proprio qui, sotto le arcate di questa piazza, che un anno fa un bambino mi aveva afferrato il braccio, tra la folla del sabato pomeriggio, e con tono meravigliato aveva esclamato alla madre: «Una russa!» E pochi giorni prima un taxista mi aveva detto: «Il popolo sta con Fidel, ma non è comunista».

Ma lo scopo per cui ero venuta, allora, mi aveva lasciato troppo poco tempo per riflettere su queste impressioni contraddittorie. Dovevo fare il ritratto di Fidel per un noto settimanale francese, un articolo di taglio non politico. Quasi tutto il mio tempo l'avevo passato a cercare il modo di entrare in contatto con Fidel Castro. Poi, durante il nostro primo incontro, dopo una riflessione durata dieci minuti, lui, Fidel, aveva deciso di fidarsi. In seguito avevo dovuto aspettare nella mia stanza d'albergo per poterlo incontrare, e sempre erano stati degli incontri improvvisati.

Non tutti si erano fidati, però, anzi. Avevo dovuto fare una campagna abbastanza rumorosa contro l'ufficio stampa del Ministero degli Affari Esteri, che ai giornalisti occidentali dava troppo poco spazio di manovra per poter lavorare. Argomentavano che erano stati scottati troppe volte: quasi sempre il risultato della loro fiducia era stato non un riflesso di ciò che il giornalista aveva visto, ma l'interpretazione a priori che egli aveva scelto di darne. I funzionari del Ministero seguivano ciecamente questa linea di condotta, e a volte arrivavano a oltrepassare i limiti della diplomazia. Il primo ad avere la levatura necessaria per dar credito alla mia buona fede era stato Vice Ministro Pelegrín Torres. Torres mi aveva mandato da César Escalante, che aveva promesso di trasmettere a Fidel la mia richiesta di intervista.

Avevamo discusso a lungo sulla loro prevenzione. A me sembrava che la diffidenza non fosse un'arma efficace contro la distorsione. I giornalisti, sostenevo, sono le ultime persone al mondo a cui negare la libertà di movimento. Nella loro professione riversano un profondo bisogno di sentirsi padroni di sé, per cui sono ipersensibili verso qualsiasi forma di costrizione: amano essere oggi *qui* e domani là. Come potrebbero non prendersela male quando vedono che gli si mettono i bastoni tra le ruote?

César, che fino a quel momento mi aveva fatto pensare a un professore di latino, coi suoi capelli grigi disordinati, gli occhiali, il tono quieto e i gesti goffi, improvvisamente aveva serrato il pugno sul tavolo e lasciato esplodere la sua passione: «Non basta tenere in pugno la verità. Bisogna riuscire a conservarla, e questa è una lotta all'ultimo sangue!»

Allora questo atteggiamento mi era sembrato espressione di fanatismo – fanatismo dei martiri e non dei boia, certo; ma ancora non sapevo che a Cuba non ci può mettere in una discussione del genere senza arrivare a un punto morto. Ora è diverso. Se sono tornata, non è per scoprire se i *barbudos* posseggano la verità, ma per capire come sono arrivati a pensare di possederla.

I giornali europei scrivono che il Governo cubano usa il ciclone come scusa per tutto quel che non va. Mentre aspetto César, nel suo ufficio, mi metto a guardare un cartellone dal titolo «Fidel parla». È formato da una serie di bozzetti. Le legende sono citazioni tratte da un discorso tenuto subito dopo il ciclone: l'annuncio dell'immediata messa in opera non soltanto dei lavori di ricostruzione – strade e ponti –, ma anche di un importante programma di infrastrutture idriche e idroelettriche: le dighe destinate a prevenire le inondazioni dovrebbero servire allo stesso tempo a dare energia a nuovi impianti elettrici, di cui il paese, specialmente le provincie orientali, ha un grande bisogno.

César mi conferma che i ristoranti sono stati chiusi, ma dice che il Governo prevede di riaprirli il quindici del mese. Alla stessa data la quota di carne, che per ora è stata dimezzata, sarà ristabilita. È vero, tra i buoi persi molti dovevano servire per la riproduzione, ammette, ma anche davanti a questo inconveniente si mostra fiducioso: nuove mandrie sono in arrivo.

Nel pomeriggio vado a trovare Pelegrín Torres. Mi racconta come, durante il ciclone, alcuni bambini siano morti nel sonno, strappati dagli alberi dove si erano rifugiati. Quanto ai danni alle coltivazioni di canna da zucchero, la prima conseguenza è stata l'aumento del prezzo dello zucchero sul mercato internazionale: da 3-4 a 10-11 centesimi la libbra. Pertanto, la prevista diminuzione di circa un quarto della produzione di zucchero non comporterà una perdita di valuta per Cuba. Con evidente soddisfazione, poi, Torres mi dice che l'ufficio stampa è stato riorganizzato, dopo che alle mie lamentele erano seguite quelle di un americano venuto anche lui per conto suo, per girare un film per la TV. Evidentemente le nostre critiche erano cadute proprio nel momento in cui il Governo aveva giudicato opportuno cominciare a cambiare atteggiamento rispetto alla stampa occidentale. Non avevo pensato che la mia battaglia avrebbe avuto conseguenze a così breve scadenza, per cui adesso la notizia mi fa piacere. Vado subito a vedere con i miei occhi questa trasformazione. In ufficio stampa mi danno dei ritagli di notizie sul ciclone, i testi riguardanti la nuova legge sul servizio militare obbligatorio, la dichiarazione con cui Cuba rifiuta di firmare il trattato nucleare di Mosca, in segno di protesta verso l'atteggiamento "non pacifico" degli Stati Uniti nei suoi confronti, e alcuni discorsi di Fidel. C'è anche la versione stenografica del processo a due piloti "civili" che, col pretesto di voli commerciali, portavano bombe ai controrivoluzionari dentro scatole di generi alimentari.

L'atrio del Ministero è invaso dal suono di una musica tipica, diffusa dagli altoparlanti. Intanto, in un angolo, si sta disputando la finale di un campionato di scacchi, e quella fonte di disturbo sembra lasciare del tutto indifferenti i due giocatori. Torno all'hotel a piedi, attraverso le strade sonnolente e alberate del Vecchio Vedado. È costeggiato da villette con il portico a colonne, sepolte da una selva tropicale che dolcemente degrada sui marciapiedi e che i muri e le basse cancellate a malapena riescono a contenere.

4 dicembre 1963

Tra qualche giorno partirò per un giro dell'isola. Per prepararmi vado all'ICAIC, l'Istituto Cubano d'Arte e Industria Cinematografica, dove guardo un lungo documentario sul ciclone. Le prime inquadrature sono brevi immagini del

Paese al lavoro. Poi all'improvviso si bloccano; è il disastro che paralizza l'intera attività produttiva. Le immagini del ciclone Flora si alternano a cartoni animati che ne illustrano il tragitto. Tutta la seconda parte del film descrive la fase dei soccorsi, ai quali partecipano gli uomini del Governo: Fidel, Raúl, Dorticós, Acosta, Almeida, ma senza che il narratore li nomini o vi faccia caso. C'è poi una scena simpatica: un camion, reso anfibio da pile di gomme d'automobile attaccate sotto, si allontana lungo un fiume diventato mare. Fu così, mi dicono, che Fidel per poco non annegò. Inquadrati dalla nera sagoma del portellone di un aereo aperto sul vuoto, gli elicotteri vanno su e giù. A ogni gruppo di sinistrati avvistati dall'alto, l'elicottero si ferma; con una corda un soldato si cala giù e aggancia le persone una per una, quindi si vede che le tirano su in aria, al di sopra dei campi inondati. Dopo l'atterraggio i feriti vengono sistemati su delle barelle e trasbordati nelle ambulanze della Croce Rossa. Le immagini traducono bene il senso di trambusto che le vittime devono aver provato durante il salvataggio. Si vedono quindi gli animali che sono morti nei campi dopo che l'acqua si è ritirata: i volontari sanitari li bruciano per evitare epidemie. Brigate di medici e infermiere vanno da un villaggio all'altro, da una casa all'altra, per vaccinare la gente. Non c'è stata nessuna epidemia, malgrado il ciclone abbia colpito la regione più arretrata del paese, dove anche in tempi normali mancano i più elementari rudimenti di igiene.

Poi vedo il film sulla campagna di alfabetizzazione, che è stata la grande epopea del '61. Prima il viaggio dei volontari nei vagoni usati per trasportare la canna, adattati per le necessità della causa con panche di legno e tettoie di foglie di palma, le pareti fatte di semplici sbarre di legno; quindi l'arrivo nei villaggi più sperduti, il lavoro fatto spesso alla luce delle candele; infine l'irrompere per le strade dell'Avana di questo insolito esercito, che davanti al suo idolo grida a piena gola: «Fidel, abbiamo vinto!», per poi mettersi in attesa di un nuovo ordine, per un'altra impresa impossibile.

5 dicembre 1963

All'una e mezza sono stata svegliata dal telefono: «C'e qui Fidel». «Ma io sono a letto!» «Fai in tempo a mettere la vestaglia». E riattaccano. È Vallejo. Neanche il tempo di scuotersi dal sonno e di pettinarsi: stanno già bussando! L'estate scorsa, la prima cosa che accoglieva gli stranieri in arrivo all'Avana per le celebrazioni del 26 luglio era un immenso cartellone che rappresentava due uomini identici, la barba nera e l'uniforme verde oliva, che si salutavano allegramente con la pistola puntata per aria. Sembravano due Fidel. Nella sala d'arrivo mi era sembrato che quasi tutti gli uomini con l'uniforme verde oliva e con un sigaro in bocca gli somigliassero. Non sapevo ancora fino a che punto Fidel faccia parte della vita cubana e con quanta familiarità lo trattino i suoi ammiratori. In seguito, vedendolo giocare a baseball, una domenica mattina, con una delle squadre nazionali, nel campetto di una stazione balneare, e poi fare il bagno con la gente per più di un'ora, potei farmi un'idea già più precisa.

La sera prima era letteralmente piombato nella mia stanza d'albergo. Allora non sapevo che Fidel arriva sempre dai giornalisti di notte e di sorpresa, oppure avvertendo all'ultimo minuto, e comunque quando ormai hanno rinunciato a vederlo e sono in procinto di partire.

Mio padre, giornalista americano, mi aveva detto: «Stai attenta! Se ti riceve, non sarà per lasciarsi intervistare!» Invece passai due ore in una stanza dell'Habana Libre, identica a questa dove mi trovo ora, sola con Fidel, che si lasciò intervistare con discrezione esemplare.

Ora viene a ringraziarmi per il formaggio che gli ho portato da Parigi. È accompagnato, come sempre, dal comandante René Vallejo[2], suo amico, medico e ambasciatore personale; c'è anche il comandante Dermidio Escalona[3], che assomiglia un po' a Raúl, e infine un soldato della scorta. Questi ultimi esitano sulla soglia. Fidel volta la testa e dice loro: «Beh, non entrate?» Ognuno s'impadronisce di una poltrona – le stanze dell'Habana Libre sono concepite come salotti, con divani letto e tre o quattro poltrone. Fidel si butta sull'altro divano, sicché a me non resta che sedermi sul letto. «Poverina! Guarda cosa le abbiamo fatto!» Fidel è allegro, viene da una proiezione di Divorzio all'italiana. Gli è piaciuto molto, e ogni volta che deve prendere una decisione imita alla perfezione il tic di Mastroianni. Se ne sta lì immerso in un angolo del divano, un piede sotto la gamba, il gomito appoggiato al bracciolo, una mano sulla testa ciondolante, a tener stretto il berretto schiacciato sull'orecchio destro. Mi chiede che cosa ho fatto da quando ho lasciato Cuba. Gli dico che a Parigi ho un editore matto e che sono preoccupata, perché stare a Cuba è come stare sulla luna, si è completamente isolati dal resto del mondo, visto che per ricevere la posta si deve aspettare da quindici giorni a due mesi.

E sta bene così. Lascialo fare, il tuo editore matto. Così impari che si può stare benissimo isolati dal resto del mondo. E poi bisogna imparare ad avere pazienza. «Guarda noi, che non avevamo neanche un peschereccio, e ora vediamo uscire in mare i nostri pescatori. Abbiamo piantato alberi, e ora danno frutti. Non c'e fretta». Parliamo della morte di Kennedy: «Era un nemico conosciuto». Johnson, dal canto suo, deve pensare alle elezioni. Dico che per questo c'è da temere che faccia un colpo spettacolare, qualcosa che possa metterlo alla pari con i repubblicani. Fidel non sembra di questo parere: «Sta cercando di guadagnarsi i gruppi liberali. Non credo che tenterà un'invasione». Fidel si rallegra del fatto che, per puro caso, il Consolato cubano in Messico non abbia accordato il visto di transito a Oswald, che aveva chiesto di andare in Unione Sovietica via Cuba[4]. Se le cose fossero andate diversamente, ora l'accusa contro i "castro-comunisti" certamente avrebbe maggior peso. Vallejo aggiunge che, stando ad alcune informazioni riportate dall'UPI[5], sembra che la prima volta Oswald fosse stato inviato in Unione Sovietica come spia. Fidel torna a parlare del ciclone. «Devi raccontare bene il lato umano. È stato un dramma terribile. Capisci, peggio di qualsiasi altra cosa, peggio di un terremoto. Un terremoto dura

cinque minuti, il ciclone è durato cinque giorni! E per cinque giorni quella gente è stata ogni istante tra la vita e la morte. È stato un momento di solidarietà umana straordinario, commovente». «E ora?» «Il quindici del mese sarà ristabilita la quota di carne, con quello che si è guadagnato con il razionamento abbiamo potuto dare carne a tutti e assorbire il bestiame perso. Avremo un bel Natale, malgrado il ciclone. Dalla Spagna stanno arrivando torrone, uva e vino». Al mio ritorno da Cuba alcuni amici italiani si erano meravigliati che il governo cubano avesse accettato di ristabilire la linea aerea Madrid-L'Avana. Dicevano che trattare con il governo di Franco non era degno di un rivoluzionario che si diceva comunista. Avevo risposto che Fidel, per quel che ne avevo capito io, era prima di tutto un uomo pratico, per cui se non si opponeva all'esodo di chi non accettava il regime, perché avrebbe dovuto opporsi a che fosse la Spagna a fargli da ponte aereo? Ora Fidel mi confermava nell'opinione che mi ero fatta: «Per i cubani, i legami tradizionali con la Spagna saranno sempre al di là delle differenze politiche. Quanto alla Spagna, si è accorta che il commercio con Cuba può esserle più vantaggioso di quello con i paesi del Fondo monetario internazionale». E aggiunge: «Questa barriera, gli Stati Uniti l'hanno creata per isolare i loro nemici. Tra poco però saranno loro a essere isolati dal resto del mondo, perché quelli che lo sono ora, i paesi socialisti, non solo sono d'accordo tra loro, ma presto finiranno anche per mettersi d'accordo con i paesi che, a causa delle condizioni della loro economia, non possono partecipare al Fondo Monetario Internazionale».
Fidel quest'estate inveiva di continuo contro l'"imperialismo". Ora no. Parla degli Stati Uniti come fanno gli intellettuali di sinistra europei, lamentandosi del fatto che non capiscono niente. Poi scoppia a ridere. «Io mi domando com'è possibile che non siano tutti matti... Quando pensi a come vivono, tutto è pubblicità, tutto è denaro: è davvero un miracolo che non siano tutti matti». Poi si fa serio. «In fondo è meglio se non possono venire a Cuba. Guarda, se domani

raggiungessimo un accordo, in fondo in fondo non sarei così contento all'idea di tutti quei turisti americani. Verrebbero qui con le loro camicie a fiori e i loro transistor, per ubriacarsi e per cercare prostitute, gridando nelle piazze e parlando sempre ad alta voce, come fanno loro. Ti dico la verità: se riusciamo a restare senza turisti americani per vent'anni, sarà un bene». Mi vede frugare nel fondo di un pacchetto di sigarette: «Fumi troppo. Quel pacchetto, quando l'hai aperto?» «Tre giorni fa. E tu, quanti sigari fumi?» Guarda il sigaro mezzo spento, quindi risponde, con aria furba: «Tre». «Beh, tre sigari, quante sigarette credi che facciano?» «Hai ragione». Chiedo se vogliono bere qualcosa. Restando seduti mi dicono di no, come bravi bambini. «Potevi portare un po' di cognac», ride Fidel. Poi aggiunge: «A ogni modo io non l'avrei bevuto». «Perché?» Sapevo che non beve, ma glielo chiedo lo stesso, e lui ci casca: «Non ho tempo». Sono le tre e un quarto quando Fidel guarda l'orologio. Come se si trattasse di un rito, mi dice: «In questi giorni vado a letto a un'ora ragionevole. Non voglio perdere questa buona abitudine. Ciao, ci vediamo. Intanto tu lavori, non hai bisogno di noi, vero? Comunque, se hai bisogno, faccelo sapere».

6 dicembre 1963

Ogni anno il Governo fa venire all'Avana dei gruppi di contadine, affinché possano seguire, in misura proporzionata alle loro capacità intellettuali, i vari gradi della scuola primaria. Le loro maestre sono studentesse delle superiori e liceali, che a loro volta ricevono un'istruzione accelerata in modo da poter accedere all'Università.
Le prime sono chiamate le "Ana Betancourt", le seconde le "Makarenko". Un terzo delle novecento Makarenko è stato selezionato per terminare in due anni il loro corso, che normalmente è di tre, e stasera riceveranno il diploma. La cerimonia si svolge al Palazzo dello Sport, alla presenza delle Makarenko e delle Ana Betancourt al gran completo, di Fidel

e della Pasionaria, arrivata da Mosca per le celebrazioni del 2 gennaio[6]. Seduta in prima fila, la Pasionaria indossa un tailleur nero, i capelli bianchi raccolti sulla nuca in una rete nera. Nelle sue mani di brava nonnina tiene un fiore bianco, dono di qualche alunna. Con applicazione Fidel le scrive una dedica su un libro di Josè Martí. Come in tutte le cerimonie scolastiche del mondo, anche qui gli allievi hanno preparato uno spettacolo. È la favola di una contadinella che, dopo esser stata maltrattata in città dai padroni capitalisti, dopo la rivoluzione si ritrova in quella stessa casa trasformata in scuola, e finalmente è felice. A colpirmi non sono tanto i gruppi di ballo con i loro costumi tradizionali, né le diverse formazioni di cori, suddivisi secondo l'età degli allievi; ma vedere cinquanta bambine di sette, otto anni che aspettano ben quindici minuti in piedi senza battere ciglio. Dapprima scatta in me un'istintiva reazione contro il "militarismo", poi penso che anche un popolo tipicamente latino può apprendere la disciplina, infine mi commuovo di fronte alla dolcezza dei gesti delle ballerine, e al fatto che qui il panico che precede l'entrata in scena si traduce in un'antica, serena dignità. Finito lo spettacolo, i soldati di Fidel aiutano i macchinisti a smontare le decorazioni del palcoscenico e a montarvi l'inevitabile tavolo con sedie da tribuna presidenziale.

Fidel allora sale sul palco, accompagnato dalle guardie della scorta e da un seguito di gente. Inizia allora la distribuzione dei premi, seguita dalla stretta di mano di Fidel e, per alcune ragazze, dal coraggio di stringere anche quella della Pasionaria. Dopo di che Vilma Espin, la moglie di Raúl e Presidente dell'Organizzazione delle donne cubane, fa un discorso dai toni dolcissimi, anche se sembra avere qualche difficoltà a terminare.

Quando infine, verso le undici, Fidel si toglie la cintura della pistola e si presenta alla tribuna, subito l'atmosfera cambia. Comincia con tono placato e lunghe pause, come sempre, e a beneficio dell'età dei suoi uditori sceglie parole che fanno serpeggiare per la grande sala un tintinnio di risate: «Qui tutta una serie di correnti educative si fondono in un grande fiume, perciò quella che abbiamo qui stasera, praticamente, è un'inondazione». Parla a lungo delle scuole. Vuole spiegare alle madri di queste ragazze, che lo ascoltano alla radio o alla televisione, il complicatissimo intreccio di organizzazioni scolastiche che costituisce il programma di emergenza adottato dal governo rivoluzionario in materia di educazione. A un certo punto cerca in un mucchio di carte, ma non trova quella che gli occorre. Continua a cercare tranquillamente, nel silenzio generale, per un lungo minuto. Dietro al tavolo, i responsabili del Governo per l'educazione cominciano ad agitarsi. Finalmente Elena Gil, la direttrice delle Makarenko e delle Betancourt, va in suo soccorso con un foglio in mano. Fidel la guarda, poi sorridendo esclama: «Ma è lo stesso che ho io», con quel tono che ha quando si diverte. Alla fine, a furia di spostare carte, trovano quella buona, e Fidel si mette a leggere i dati, con voce alta ma un po' esitante: risulta che di queste 9.000 contadine più di duemila sono state selezionate per continuare gli studi: di magistero, contabilità, medicina, arte o commercio, come aiuto infermiere o come dattilografe, oppure ancora al liceo, e così via. Dall'educazione Fidel passa alla questione delle armi cosiddette cubane che sono state trovate in Venezuela: ed è un lungo inveire contro il

Presidente Betancourt, la CIA e gli imperialisti in genere. Alla fine, sempre tra vari motti di spirito, torna rapidamente sull'educazione. Infine butta in platea le parole ben note: «*Patria o Muerte! Venceremos*!» E sparisce dal palcoscenico. Siamo tutti stanchi, è l'una di notte, ma il finale è commovente. La sala, ora più scura dopo che sono stati spenti i grandi proiettori della televisione, è davvero diventata un grande fiume. Tenendosi per mano, ondeggiando al ritmo della musica, 10.000 ragazze cantano l'Internazionale. Davanti a loro la Pasionaria, il profilo acuto addolcito dai capelli bianchi, resta diritta, immobile. Mi metto a pensare: dev'essere la prima volta che questa eroina della Guerra civile spagnola sente cantare il suo inno, nella sua lingua, da tante voci giovanili.

Note

[1] César Escalante Dellundé, membro della Direzione nazionale del Partito Unito della Rivoluzione Socialista Cubana (PURSC), fondato nel 1962, dal 1965 Partito Comunista di Cuba.

[2] René Vallejo (1920-1969), medico e comandante militare durante la lotta rivoluzionaria contro Batista.

[3] Dermidio Escalona Alonso (1929-2009), capo del Fronte guerrigliero di Pinar del Río, tra i fondatori del Partito Comunista di Cuba.

[4] Lee Harvey Oswald, l'uomo accusato di essere stato l'esecutore materiale dell'omicidio di John F. Kennedy, avvenuto a Dallas il 22 novembre 1963. La pista che da Oswald porterebbe, come mandante, alla dirigenza cubana fu scartata come infondata dalla stessa Commissione d'indagine dal Congresso statunitense. Di recente tale ipotesi è stata riproposta dal giornalista tedesco Wilfried Huismann, in un documentario trasmesso dall'emittente televisiva Westdeutscher Rundkunk il 6 gennaio 2006.

[5] United Press International, agenzia di stampa statunitense.

[6] Il 2 gennaio, ricorrenza della presa del potere da parte dell'armata rivoluzionaria, è Festa nazionale a Cuba.

2.

SULLE TRACCE DEL CICLONE

7 dicembre 1963

Domani parto per la Provincia d'Oriente. César mi ha procurato una macchina dell'ICAP, l'Istituto Cubano per l'Amicizia tra i Popoli, e mi ha dato la sua benedizione, perché avrò come guida Alberto Korda, il fotografo che accompagna Fidel nei suoi viaggi. Io non vorrei andare con una guida dell'ICAP, un po' per una ripugnanza istintiva contro i viaggi "organizzati", un po' perché vorrei che questo fosse veramente libero, come César mi ha promesso.

So bene che i *barbudos* non sono dei barbablu; so che la rivoluzione non è stata soltanto un glorioso fatto di cronaca: si costruiscono case, ospedali, scuole, e i cubani armati che si vedono in giro sono sufficienti a scartare l'ipotesi americana secondo cui il popolo appoggerebbe il regime rivoluzionario controvoglia. E se è vero che non tutti i cubani sono contenti del governo, i *gusanos*, o vermi come li chiamano gli altri, sono pur sempre la minoranza. Ma più si è spassionati e più si cerca di fare l'avvocato del diavolo. E poi, so da questa estate che a Cuba qualunque visita in un posto, che sia una collettiva agricola, una scuola o un ospedale, di solito comprende anche l'armadio delle scope; e io ho la ferma intenzione di evitare questo genere di trappola.

domenica 8 dicembre

Abbiamo un macchinone americano nero, guidato da un giovanotto dall'aspetto serio che si chiama Ernesto. Alberto ha comprato una grande, bellissima carta dell'isola. Decidiamo di prendere la strada verso sud e di dormire a Cienfuegos, a metà strada tra l'Avana e Santiago.
La strada è ininterrottamente fiancheggiata da campi coltivati, quasi sempre a canna da zucchero. Ogni tanto in mezzo al verde, vicino a un paese, si scorge una fabbrica: «Quella era la Goodrich, quella è una fabbrica di prodotti chimici... qui s'imbottiglia il latte». I paesi sono allegri in questa domenica mattina tiepida e soleggiata. Le case, di solito costruite nello stile *barroom* di fine Ottocento, sono dipinte di fresco, di blu, verde, giallo e rosso. Davanti alle verande si nota spesso una vera profusione di fiori multicolori. Sotto i portici del centro, gli uomini, radunati in gruppi, guardano passare le donne. Una di queste cittadine è Guisa, dove è cominciato uno dei primi esperimenti di governo locale.

Verso l'una ci fermiano nella piccola città di Unión de Reyes, dove chiediamo la strada per la Baia dei Porci. Di fronte alla stazione di polizia c'è un nuovo negozio di dischi e libri. Dico ad Alberto che non ho tanta voglia di vedere la spiaggia dove sbarcarono *los mercenarios*: mi manca quasi del tutto la capacità di conmuovermi di fronte a un luogo storico. Ma cambio idea quando il mio cicerone mi risponde: «*Bueno*, però da queste parti c'è un posto dove si mangia bene, se ce la fai ad aspettare ancora mezz'ora, ne vale la pena». Intanto mi mostra la regione in cui ci troviamo sulla cartina. La Penisola di Zapata assomiglia un po' alla Grecia nella forma: è una palude di circa cento chilometri di lunghezza per trenta di larghezza, dove gli uomini si procurano di che vivere estraendo carbon fossile. Cinque anni fa, qui, non c'erano strade, solo zanzare e carbone. In mezzo alla palude passa la strada sulla quale sbarcarono i controrivoluzionari, che qui chiamano "mercenari" perché pagati dalla CIA. Ai lati, fino all'orizzonte, non si vedono che boscaglie, le radici nell'acqua. D'un tratto, oltre una curva, compaiono strane costruzioni di legno. La boscaglia sprofondata nell'acqua è diventata un piazzale, con aiuole di fiori e d'erba. Vi sono parcheggiate una trentina di macchine, più due o tre pulman. La "rivoluzione" ha drenato l'acqua dalla palude e vi ha costruito un parco di svago, la Laguna del Tesoro, che comprende alcuni canali – riempiti con l'acqua drenata –, ponticelli alla giapponese e giardini fioriti. All'ingresso del ristorante, sulle pareti di legno lucido sono appese alcune fotografie che si riferiscono alla storia di Zapata. La sala da pranzo non è molto grande, ma ci sono anche dei tavoli con l'ombrellone sulla terrazza, davanti a un ponticello. Le sedie sono rivestite di pelle di capra e i piatti sono di terracotta, e fabbricati sul posto. Si può scegliere tra sei menù, al costo di due o tre *pesos*, con primo piatto, verdura e dessert. Mangiamo pollo arrosto con riso, *malanga*, una radice che sta tra la patata e la rapa[1], pomodori verdi e ravanelli. Il dessert è tipicamente cubano: frutti tropicali canditi, dolcissimi, con un pezzettino di formaggio "giallo". Ufficialmente il caffè non c'è. Uscendo, Alberto domanda alla ragazza della cassa, che porta i soliti bigodini ricoperti da un foulard, se per caso ce n'è un po' nella caffettiera. Pare di no, ma poi in cucina scovano una tazzina per "il *compañero barbudo*".

Fuori, sul bordo del canale, Alberto negozia un motoscafo, condotto da un miliziano dai capelli brizzolati e gli occhi blu. Lungo il canale principale superiamo il battello dei passeggeri, gremito di folla domenicale, per sbucare nella Laguna del Tesoro, che si estende fino all'orizzonte. In tutto sono dieci chilometri. Pare che al tempo dei pirati qui siano stati sotterrati parecchi tesori, ma nessuno li ha mai trovati. L'unica, piccolissima casa nella laguna, che da lontano sembra di metallo, appartiene a Fidel. Ci viene ogni tanto, quando vuole provare qualche nuova barca, per cacciare i pirati moderni dalle sue coste. Sull'altra riva della laguna, scheletri di casupole di legno e alcune statue: la ricostruzione di un villaggio degli indiani Siboney, gli indigeni sterminati dagli spagnoli, che i cubani ricordano con nostalgia.

Ora il canale serpeggia tra case di legno dai tetti di foglie di palma costruite su palafitte: sono state costruite da poco, con gli stessi materiali delle case indiane, e devono servire come abitazioni per le vacanze. Da ogni casa una scaletta scende verso il canale, e più in là c'è anche una piscina. Il barcaiolo ci lascia al ristorante, una costruzione rotonda che sembra uscita dalla mente di un architetto milanese. All'interno, un pianoforte suona indiavolato mentre un tamburo, strumento dei più sacri riti cubani, lo insegue. I camerieri stanno preparando la tavola per la cena, oppure scopano per terra. Saliamo sulla piattaforma del tetto, da dove si puo vedere l'intera regione. Scendendo mi fermo a fotografare la scala, ma l'occhio si contrae e così perdo una lente a contatto: la sento cadere sul gradino. Alberto è l'unico, qui, a sapere come sia fatto l'oggetto che stiamo cercando. Abituata da molti anni a questo tipo d'incidente, mi chino tranquillamente per terra, ma non riesco a spiegare ai cubani che cosa sia una lente a contatto, e così la gente si mette ad andare su e giù per la scala, indifferente alle mie proteste. Finalmente arriva una guardia, ma ormai la ricerca è inutile. Sotto la scala ritrovo Alberto, lo vedo correre in cucina: i camerieri hanno appena finito di scopare. Mentre continuo a cercare per terra, ormai senza speranze, Alberto mi viene incontro con aria trionfante e tragica: «Guarda qui». E con cura mette sul dorso della mia mano la lente, cui manca un pezzetto. Bisogna rimediare con un paio di occhiali. Senza non vedo un bel niente, tanto varrebbe starsene in poltrona. Ernesto, che porta degli occhiali verdi simili a quelli di cui ho bisogno io, dice che secondo lui a Cienfuegos, dove pensavamo di dormire, si potranno fare. Invece di ritornare subito all'Avana, decidiamo di rischiare. Prima di uscire da Zapata facciamo un giro alla cooperativa dei minatori: piccole case di un piano, come ormai se ne vedono dappertutto a Cuba, col tetto di cemento ondulato e circondate di fiori. A un incrocio del bosco c'è una tribuna, deserta. «Si sono infilati lungo questa strada», ricorda Alberto quando ci ritroviamo sulla strada della palude, «speravano di prendere piede qui, di occupare l'aeroporto, che si trova proprio nel punto dello sbarco, e quindi di tagliare la strada verso sud. Hanno resistito tre giorni». E termina il suo racconto con una smorfia di disprezzo. Cienfuegos – lo si vede subito, anche se a quest'ora ormai tutto appare sfocato e il cielo è quasi scuro – è una città graziosa. Si estende ai due lati di una lunga baia molto chiusa, con una stretta lingua di terra che unisce il centro della città, dalle vecchie case basse, al quartiere residenziale, fatto di ville con giardini o prati davanti, dove hanno costruito poco prima della rivoluzione. Sul prato davanti all'Hotel Jaguar ci sono dei cartelli di forme e colori diversi, sui quali sono stati scritti slogan dei giovani comunisti. «Vecchi cartelli di coca-cola», precisa Alberto con evidente soddisfazione. Alla reception ci tocca la solita attesa, in questo caso aggravata dal fatto che veniamo "sul conto dell'ICAP", ma finalmente il portiere dell'albergo pare rassegnarsi, e ci manda su. Le camere danno su un lungo balcone aperto sul mare. I mobili moderni, confortevoli, sono di buon gusto, e la stanza è pulitissima.

La sala da pranzo è piena, Alberto ed io aspettiamo al bar. Ernesto è sparito. Il menù propone granchi, filetto, hamburger, insalata di patate, cetrioli, olive, il solito riso in bianco, la *malanga* e due tipi di dolce. Ernesto ricompare quando siamo ormai al caffè, e così ci tratteniamo al tavolo per tenergli compagnia. Dalla sala del bar arriva un gridìo femminile e una musica afrocubana. Alberto ha comprato il giornale. In questi giorni la notizia d'attualità più importante, a Cuba, riguarda gli ultimi sviluppi della caccia alle armi cubane in Venezuela.

– Vedrai che se gli americani intervengono in Venezuela contro i partigiani, gli si sbriciola tra le mani tutta l'America Latina. Gente che fino ad ora non ha voluto saperne della rivoluzione, impugnerà il fucile. Persino quelli che odiano la violenza, che non hanno mai pensato di battersi, come me, ci si metteranno con tutta l'anima.

– Perché dici "come me"? Quando sei andato nella Sierra?

– Mai.

– Come?! E allora dove hai conosciuto Fidel?

– Dopo, quando è arrivato all'Avana.

– E la barba?

– Ah, la barba. E perché sono un artista, non un *barbudo*. Del resto, anche Fidel è un artista, ma non lo sa.

– Allora non hai fatto la rivoluzione?

– No. Io ero un piccolo borghese che amava divertirsi, avevo il mio studio di pubblicità, mangiavo bene, avevo una bella macchina, e non m'interessava la politica. Ero contro Batista, ma così, senza far niente. Non credevo alla rivoluzione. Credevo, come molti cubani, che Fidel e la sua gente fossero solamente un altro branco di *politiqueros*, di politicanti. Tu non sai che cos'era qui prima, da sempre, che cos'è tutta l'America Latina... Politicanti, solo politicanti, non si conosce altro! Persino i ribelli, quasi sempre non sono che dei politicanti. Nessuno credeva che questa volta potesse essere diverso. Ma qui sta la differenza tra un rivoluzionario e un ribelle. Di ribelli ce ne sono tanti. Una volta vinta la guerra vanno in televisione, si fanno invitare in altri paesi, percorrono le città in cabriolet e salutano la folla. Ecco quello che fa un ribelle: quando ha finito di ribellarsi, si gode la sua fama, e intanto i politicanti continuano come prima. Fidel non ha fatto niente di tutto questo per un motivo molto semplice: non è solamente un ribelle, è un rivoluzionario. E non smetterà mai. Del resto è lui ad aver detto che, quando gli uomini avranno finito di lottare gli uni contro gli altri, non per questo smetteranno di esserci dei rivoluzionari. Nasceranno sempre uomini con il temperamento del rivoluzionario, ma allora potranno dirigere i loro sforzi contro la natura.

Dalla guerra scivoliamo su considerazioni oziose su ciò che potrebbe accadere nel caso di un'aggressione contro Cuba. Siccome però nessuno di noi sa che cosa farebbero gli altri paesi in una simile circostanza, passiamo assai presto a discutere di ciò che farebbero i cubani. «I russi, è chiaro, si sono impegnati formalmente, e più volte, e per di più Cuba per loro significa molto, a parte gli investimenti che vi hanno fatto e che continuanno a farvi. Ma si sa che se russi e americani si scontrassero a Cuba, sarebbe la guerra nucleare, e allora…» I cubani, comunque, si batteranno fino all'ultimo, aggiunge. Gli americani non sanno che invadere Cuba, anche se possono vincere, gli costerebbe caro. Non sanno che cosa vuol dire, per un uomo, combattere per difendere il proprio territorio: in cent'anni non hanno mai avuto una guerra sul loro. Non sanno che dovranno prendere Cuba strada per strada, isolato dopo isolato, casa per casa. E poi, quando avranno preso le città, dovranno cominciare con le montagne, e sarà come in Vietnam… «Sai quanto dura la base di Guantanamo, secondo il parere di un ammiraglio americano? Due minuti. Per forza: è circondata dai missili…»

Alberto è allegro. Non so bene come siamo arrivati a parlare di Anibal Escalante, il fratello di César. Qui a Cuba, quando ci si riferisce ai membri del Governo si usa il nome di battesimo, come per Fidel; non so perché. È così persino nei titoli dei giornali. Gli unici di cui si parla usando il cognome sono Almeida, Viceministro delle Forze armate[2], e il Presidente Dorticós[3].

«Anibal era uno della vecchia guardia, un dirigente del Partito Comunista[4] prima della rivoluzione. Immagina che in Francia un giorno gli studenti prendano il potere con le armi. Che ne sarebbe dei dirigenti del PCF? Il punto non è che non sarebbero loro ad aver fatto la rivoluzione. È che non hanno le stesse idee di quelli che l'avrebbero fatta». Alberto si scalda. «Cosa vuoi, uno che sta lì, anno dopo anno, in un ufficio, va ai congressi comunisti e fa dei bei discorsi, e a volte deve anche nascondersi, o addirittura andare in prigione, insomma uno che sogna la rivoluzione e intanto gli viene la pancia, non la potrebbe fare neanche volendo, le notti fredde in montagna, le marce con il sacco sulla schiena… Vedi quella fotografia?» Si riferisce alla fotografia, che a Cuba si vede dappertutto, di Fidel in cima al Pico Turquino, con la didascalia *Comandante en Jefe, Ordene!* «Quando, dopo ore di cammino, siamo arrivati in cima alla montagna, Fidel ha detto: "Mi basta dover scalare una montagna per capire che la rivoluzione si fa a vent'anni e non a quaranta". Perciò, anche se non si fossero formati al tempo di Stalin, pure ci sarebbero delle differenze materiali enormi tra i comunisti e quelli che hanno fatto la rivoluzione».

Poi continua: «A poco a poco, Anibal ha preso il controllo dell'apparato del Fronte e ha collocato nei posti chiave gente del vecchio Partito Comunista. Giorno dopo giorno la vita diventava più difficile, e molta gente, delusa dalla rivoluzione, se ne andò proprio in quest'epoca. Anche molti che avevano combattuto per la rivoluzione. Il popolo era sempre più scontento, e fu soltanto la fiducia in Fidel a fargli sopportare il settarismo di Escalante». Alberto è sicuro che c'era mancato poco perché la rivoluzione non naufragasse: «Poi, quando sembrava che la gente dovesse mandar tutto per aria, Fidel parlò alla televisione. Tutti sapevano che avrebbe parlato di Anibal; non poteva non farlo, era evidente. A Cuba c'è una specie di telepatia tra il popolo e Fidel. È pazzesco come riesce a captare le vibrazioni del popolo. La gente lo sa, e così sa anche che cosa farà lui. Così, quella notte tutti sapevano che, se andava in televisione, era per parlare di Anibal. E fu proprio così. Disse chiaro e tondo che le cose non potevano andar avanti in quel modo. Anibal se ne andò in Russia, e Fidel a poco a poco ha tolto la sua gente dai posti chiave. Non poteva farlo prima, però, perché non aveva nessuno con chi rimpiazzarli. Credo che volesse fare veramente piazza pulita, ma per farlo bisognava lasciare che la vecchia guardia dimostrasse che le sue idee non erano giuste. Figurati, a sentir loro non si doveva ascoltare il jazz perché era una musica imperialista. E se andavi a ballare e ti piaceva una ragazza, non potevi passare la notte con lei... Una morale così puritana qui, immaginati! Erano matti a pensare che i cubani si sarebbero abituati a una vita del genere!»

9 dicembre

Buona colazione, con una sorta di calzoni ripieni di marmellata e *galleticas*, e poi burro, spremuta d'arancia e caffelatte.

Alla luce del sole leggo i cartelli dei giovani comunisti piantati sul prato davanti all'albergo: «Un giovane comunista deve provare angoscia quando qualcuno è assassinato in qualsiasi angolo del mondo – Fidel»; «Il giovane comunista deve sapere sempre che siamo una torcia in fiamme – Che».

Per le strade di Cienfuegos, altri cartelli annunciano l'imminente arrivo della compagnia acrobatica cinese Wu Jan. L'insegna di un negozio: "Pezzi di ricambio socialisti", provoca la mia ilarità - ci sono dunque anche negozi con "pezzi capitalisti"? Per sapere l'indirizzo di un oculista che potrebbe farmi gli occhiali subito, ci rivolgiamo al Partito. Due file di poltrone a dondolo, in stile Novecento, sono sistemate una di fronte all'altra, alla moda cubana. Davanti alla casa, alcuni militari e civili stanno discutendo. Ci dicono che gli oculisti sono chiusi fino a mezzogiorno. Subito però arriva un altro soldato, che porta gli occhiali: «Ne conosco uno molto bravo, possiamo andare a trovarlo a casa». Ma l'oculista non ci pensa proprio ad aprire bottega prima di mezzogiorno, neanche se sollecitato dal Partito, e inoltre non puo farmi gli occhiali scuri. Così decidiamo di tornare all'Avana.

Verso mezzogiorno passiamo attraverso una serie di paesini, e ogni volta vedo i bambini che escono da scuola. È come vedere degli orologi che segnano sempre la stessa ora. Ma l'ora non conta, l'importante è che vanno a scuola. I giornalisti ottengono un permesso per la stampa che limita i loro spostamenti ai dintorni immediati dell'Avana. Non possono prendere il treno e girare per l'isola. Perciò, quando un organismo governativo li porta in giro, pensano: «Ci fanno vedere queste case nuove per operai perché le hanno costruite apposta per la propaganda; ci fanno vedere questa cooperativa perché è la più bella, l'unica che funzioni, l'unica dove hanno costruito le case in cemento, l'unica dove ci sia una scuola». Invece, è proprio andando in provincia che ci si rende conto di quanto è stato fatto, percorrendo molti chilometri e molte strade diverse, dove le opere del governo si accumulano, si ripetono, come la scuola per tornitori a

Cienfuegos, in cui ci imbattemmo per puro caso, perché avevamo sbagliato l'uscita della città: un complesso molto bello, dove ragazzi e ragazze vivono, studiano e apprendono il mestiere di fabbrica. In una piccola cittadina, a metà strada tra Cienfuegos e Varadero, una cassetta delle lettere reca incisa la scritta "US Mail". Facciamo colazione a Varadero. La spremuta di pompelmo, tutta acqua e zucchero, è seguita da una squisita costata di maiale, dal solito riso bianco e da un'insalata appassita. Arriviamo all'Avana verso le cinque, e subito ci precipitiamo dall'ottico che ci è stato raccomandato a Cienfuegos, dove pare che facciano anche le lenti a contatto. Non ci credevo, ma è vero, le fanno, però soltanto al mattino, perché nel pomeriggio il medico lavora in ospedale.

10 dicembre

Vado a farmi visitare per le lenti a contatto. Una dozzina di persone sono sedute sulla loggia del negozio, e mentre aspetto l'infermiere mi spiega che si prescrivono correntemente le lenti a contatto, per combattere certi tipi di deformazione della cornea. Normalmente si deve aspettare il proprio turno, cioè sei mesi. Mi provano una lente, ma non va bene, ed è già ora di chiusura. Domani bisognerà provarne un'altra. Torno a piedi all'albergo, per la lunghissima calle Neptuno. È la strada dei negozi di mobili e arredamento. Due o tre grandi negozi hanno già le vetrine pronte per Natale: vestiti e giocattoli, un sacco di giocattoli.

11 dicembre

Devo provare un'altra lente, e ne approfitto per uscire dall'oculista e andare a fare colazione. La caffeteria di fronte è chiusa fino a mezzogiorno. Faccio il giro del palazzo e trovo un bar vecchio stile, con le mezze pareti fatte di sbarre di legno tornite. Ci sono *galleticas* e torta di mele. Niente caffè, solo latte appena colorato e gazzosa. Per 15 *centavos* mangio due fette di torta, molto buone, e una gazzosa. Dall'oculista si lavora con accompagnamento musicale, però nel loro campionario non c'è una lente che mi vada bene. Fortunatamente una cliente non è stata ancora avvertita che le sue lenti sono pronte, e una di queste è proprio quella giusta per me. Me la presteranno per il viaggio, e al mio ritorno troverò pronta la mia. Mentre provo la lente, arriva l'infermiera con una bottiglia di coca-cola mezza piena di caffè. Comincia a distribuirlo tra i clienti, in bicchierini di carta grandi come un dado: «E tu, non prendi il caffè?»

Alle quattro e mezzo partiamo un'altra volta verso est. Chiedo a Ernesto di fermarsi in una farmacia. La macchina accosta a un metro dal marciapiede. Quando torno, Ernesto e Alberto stanno discutendo con alcuni vigili urbani, cioè soldati, che vorrebbero multare Ernesto per non avere accostato completamente. Quando finalmente siamo per strada, Ernesto mi racconta l'episodio: «Il vigile viene e mi dice: "Cittadino, i documenti". "Non *cittadino*: *compañero*". "Io non do del *compañero* a tutti", risponde lui. "Allora tu chiami *compañero* solo quelli che portano l'uniforme come te?" "Sì". "Allora vuol dire che avresti chiamato *compañero* il comandante Matos, che era un traditore". Non ha più saputo che dire». Ed Ernesto giù a ridere, felice. Tiriamo diritto per Camagüey, questa volta per la strada centrale. Sui prati sono sdraiate alcune mucche bianche, il capo alto e diritto, e così scopro che è solamente quando stanno in piedi che hanno l'aria di guardare passare i treni. Il tramonto crea una luce curiosa. L'erba più alta sembra illuminata da un proiettore piazzato a terra, mentre la parte superiore del paesaggio è già quasi al buio. È ormai sera, ma gli animali sono ancora fuori. Accanto alla strada c'è un tratto di terra erbosa largo cinque o sei metri, separato dai campi da una fila di alberi giovani. Le vacche, i cavalli e i tori sono stati legati agli alberi con una corda che permette loro di arrivare fino al bordo della strada, ma non di più. Resteranno nel prato tutta la notte, facendoci compagnia lungo la strada deserta. Ogni tanto i fari illuminano un cavallo o un toro con la testa alzata verso il cielo, come se stesse contemplando le stelle. A volte, per la velocità o per la fatica, assumono forme fantastiche, assomigliano a renne, a orsi...

12 *dicembre*

Abbiamo dormito, tutt'altro che bene, nella casa dell'ICAP a Camagüey. Le valigie sono rimaste incastrate nel cofano della macchina. Poi a tarda notte abbiamo sentito un movimento di treni, accompagnato da fischi e grida, cui si alternava il canto di un gallo, che sembrava fatto apposta per molestare dei viaggiatori stanchi. Verso mezzogiorno siamo andati a far colazione al Grand Hotel. È il migliore della città. Di moderni non ce ne sono. La sala da pranzo è all'ultimo piano, come nell'albergo di Santa Clara nel quale ci eravamo fermati la sera prima, per cena. Una scaletta porta fin sul tetto, e da lì si può vedere tutta la città. Con le tegole rosse e il verde scuro degli alberi, potrebbe quasi essere l'Italia. Davanti all'albergo la gente fa la fila per comprare giocattoli. Alberto mi dice: «Quest'anno sono razionati, perché l'anno scorso i *gusanos*, che non lavoravano, sono andati all'apertura dei negozi, hanno comprato tutti i giocattoli e poi li hanno rivenduti a prezzi favolosi». Si vede gente andar per la strada chi con un ferro da stiro, chi con un ventilatore, chi spingendo una bicicletta, mentre gli altri passanti girano la testa.

Riprendiamo la strada per Santiago. Accanto alla strada asfaltata alcuni uomini cavalcano da un campo all'altro, da una casa all'altra: la via carrozzabile non ha ancora assorbito la vita delle campagne. Ci avviciniamo alla zona del ciclone. Da Victoria de la Tunas in poi ci saremo dentro in pieno. Non se ne vedono tracce, però, a parte l'erba secca ancora attaccata ai fili di ferro che separano i campi. Pare che il ciclone abbia riempito d'acqua le dighe di Holguín e di Santiago, che erano secche. Ma lungo tutta la strada non si trova né un caffè né un qualunque posto per rinfrescarsi un po'. A Holguín bisogna chiedere al Partito un lasciapassare per superare le altre macchine che aspettano di entrare sulla strada di Bayamo, che è in riparazione. Fanno passare due macchine ogni dieci minuti. Sono diciassette chilometri di lavori, camion, rulli compressori. Lungo un lato, fari potenti illuminano la strada. I lavori continuano ininterrottamente, salvo che tra le due e le cinque del mattino, quando lasciano passare i camion con i generi alimentari. Abbiamo visto tre incidenti stradali. I lati della strada sono friabili, è facile sbagliare mira e cadere nel fossato. A Cuba, sebbene le automobili funzionanti siano poche, ci sono moltissimi incidenti, per questo il Governo ha iniziato una campagna di sensibilizzazione: il primo dicembre è stato proclamato "Il giorno senza incidenti".

Arriviamo al motel di Santiago, il Versailles, all'ora di cena, e siamo accolti dal responsbile dell'ICAP di questa provincia, un bel ragazzo mulatto, che cena con noi. Ernesto ed Alberto gli chiedono notizie locali: come sta il tale, che ne è stato di quell'altra... Finiscono col raccontarsi qualche storia su Fidel.
– L'anno scorso Fidel è venuto a visitare la madre di Frank Pais, che vive qui a Santiago (Frank Pais è uno dei grandi martiri della rivoluzione. Dirigente del movimento Ventisei luglio[5] nella Provincia orientale, fu assassinato dalla polizia di Batista nel 1957). La madre, cristiana evangelica, sui muri della casa aveva fatto dipingere alcune citazioni bibliche, come usano fare i protestanti. Allora una vicina, un'altra vecchia, è corsa da lei, gridandole: "Ma sei impazzita? Togli questa roba, che c'è Fidel!" Fidel invece è saltato su e quasi se l'è mangiata viva, la vicina!
– E quella volta che è venuta quella tipa dell'organizzazione del Partito? Radunò i contadini, e tra le altre cose disse loro: "Ora siamo noi, lo Stato, il ricco, e voi siete i poveri". Io ero a casa di Fidel all'Avana quando venne un contadino a raccontarglielo.

13 dicembre

Ho con me una lettera di Celia Sanchez, Segretaria del Consiglio dei Ministri, per il Comandante Armando Acosta, Segretario del Partito per la Provincia d'Oriente. Lo prega di indicarci i luoghi più interessanti da vedere rispetto agli effetti del ciclone. Ma Armando, che ho già conosciuto durante il mio primo viaggio, sta visitando uno zuccherificio. Ne approfittiamo per vedere l'inizio della raccolta della canna. Partiamo dopo colazione, dopo aver costatato che il motel, alla luce del giorno, è bello quanto di notte. Prima di lasciare Santiago andiamo a visitare il Castillo del Morro. Fa un caldo tremendo e sono l'unica turista in questa fortezza posta in cima a una collina sulla costa, appena fuori città, e restaurata solo a metà. Due soldati se ne stanno sdraiati su un muro, mangiando *gal-*

leticas. Uno di loro si offre di farmi da guida e mi porta su e giù per le terrazze del castello. Si offre anche di farmi vedere le stanze interne, dove ha l'abitudine di dormire.

A Palma Soriano una jeep del Partito ci condurrà allo zuccherificio, perché la strada, pare, non è abbastanza buona per la Cadillac di Ernesto. Sono due ore di viaggio nell'entroterra, dove c'è ancora molto, molto da fare: le case sono senza luce. Non sono certo le prime in simili condizioni che vediamo, ma nel loro isolamento sono ancor più impressionanti delle altre. Eppure persino qui, nei più piccoli villaggi, da dietro i tetti di paglia si vede spuntare una sagoma nuova, di cemento: la scuola. Quando arriviamo allo zuccherificio è ormai notte. Nella sede del Partito ci dicono che Armando se ne è andato ieri. Ci fanno cenare in una stanza vicino all'ingresso, mentre vanno e vengono uomini delle brigate di tagliatori. Altri uomini sono riuniti intorno a un responsabile del Partito, alcuni ascoltanto la radio, altri ancora leggono a turno, a voce alta, le istruzioni per il funzionamento delle macchine sovietiche che servono a raccogliere la canna tagliata.

Alcuni responsabili si siedono a tavola con noi. Mentre mangiamo, intorno al tavolo quadrato si forma e si scioglie, più volte, una siepe di uomini col sombrero, abbronzati e sudati. Senza fiatare, mentre fumano, ci guardano e ascoltano la nostra conversazione. Ci dicono che tra quelli che guidano le macchine raccoglitrici ci sono anche due donne, e che nella scuola provinciale su duemila allievi i migliori sono due delle cinquanta donne che la frequentano. «Una è delle nostre; volevano insegnarle a fare la sarta; ma lei protestò e si agitò finché non ebbe quel che voleva: voleva guidare una raccoglitrice e nient'altro». Sulla veranda alcuni uomini dormono sulle amache con indosso i vestiti da lavoro, indifferenti ai passi della gente che entre ed esce di casa. Anche i fari della jeep che ci porta a dormire non riescono a svegliarli. Davanti alla casa, in un prato immenso, le macchine raccoglitrici sembrano robot dalle molte braccia, dipinti di rosso e di giallo, come grandi risate nella notte.

14 dicembre

Dormo nella casa dell'amministratore della centrale, in una stanza con un letto, un armadio e una sedia che è stata portata dalla sala da pranzo. Alberto mi aveva detto che avrebbe dormito in qualsiasi posto, anche su un'amaca. «Quando Fidel è andato a New York, ha portato con sé la sua amaca della Sierra. Se l'è portata perfino al Cremlino».

L'amministratore, un uomo di circa quarant'anni dai capelli rossi, mi spiega che vive da solo, ma che il contabile sarebbe venuto a dormire nella terza stanza. Poi se ne va. Nella sala da pranzo ci sono la sorella con il marito e la madre, venuti in visita. Il marito è professore di biologia in una scuola secondaria rurale vicino al paese di Mayarí, dove Ernesto oggi dovrebbe venirci a prendere con la macchina. Mi ha invitato a visitare la scuola e a pranzare lì.

Questa mattina ci siamo ritrovati tutti nella cucina della casa del Partito. Per colazione mi hanno dato una bella fetta di pane fresco e del caffelatte. Sulla veranda c'è ancora un ragazzo che dorme, mentre nel prato gli uomini stanno formando le brigate che devono partire verso i campi. Al lato della casa, nella nebbia mattutina, altri gruppi aspettano seduti per terra. Mentre si avvia il lavoro nei campi andiamo a visitare Biran, il paese dov'è nato Fidel, a pochi chilometri dalla centrale zuccheriera. Lungo la strada ci fermiamo al cimitero dove sono sepolti i suoi genitori. Sulla jeep che ci porta a Biran, l'amministratore e un suo aiuto fanno la cronaca familiare degli ultimi anni. Il fratello maggiore di Fidel, Ramón, ci dicono, non aveva preso parte alla rivoluzione, ma poi l'accettò, e ora occupa una posizione abbastanza importante nell'industria dello zucchero.

«Una volta venne Fidel, c'era tutta la gente intorno, e si mise a far delle domande, come al solito. A un tratto si fece avanti il fratello: "Signor Primo Ministro, vorrei dirvi che..." "Non chiamarmi mai più Primo Ministro!", urlò Fidel. "Allora dimettiti!" "Non me lo permettono!"

Il paese è composto di quattro case, due negozi e una scuola. Sulla facciata della casa dei Castro si legge ancora la scritta: "La Paloma – Raúl Castro". La Paloma, evidentemente, era un caffè, ma non si sa se fu mai gestito da Raúl. Davanti alla scuola, che sta dietro casa Castro, ci raggiunge a cavallo un uomo vestito di verde oliva, con un sombrero in testa. È uno di quei tipi bellissimi che si vedono nella Provincia di Oriente, misto di negro e orientale. Scende dal cavallo e viene a salutare Alberto: è un'ex scorta di Fidel, che ora ha l'incarico di seguire il "Piano 6 agosto" (così chiamato dalla data in cui morì la Signora Lina, la madre di Fidel), cioè di amministrare le terre che dopo la riforma agraria erano diventate proprietà della Signora Lina e che adesso sono state nazionalizzate.

Sulla veranda della scuola è stata messa ad asciugare una vecchia vasca da bagno, riverniciata da poco. Pare che da ragazzino ci facesse il bagno Fidel. La scuola è un'unica aula con piccoli banchi all'americana, proprio come quelli della mia scuola a Filadelfia. Qualcuno chiede dove si sedesse

Fidel: l'amministratore della centrale risponde che una volta era venuto Raúl, ma che nemmeno lui se lo ricordava. Il sole, passando tra gli alberi, penetra attraverso la finestra senza vetri. Gli uomini si curvano sopra i banchi, piccolissimi, e si mettono a guardare i nomi incisi nel legno, sfiorando con le dita la ruvida superficie, come se pensassero di poter scoprire l'identità di uno dei tanti ragazzi che si erano seduti lì.

In terra, un pezzo di parquet di legno è stato sostituito, chissà da quanto tempo, con l'asse di una cassa, su cui è scritto il nome di una ditta americana. Intorno al villaggio il paesaggio è bello, più dolce del solito. Dall'altro lato del sentiero, che si perde nei campi, c'è la scuola nuova, dove studiano settanta allievi dei dintorni. Fidel sta facendo costruire un dormitorio dietro alla scuola, in modo che i ragazzi non debbano fare ogni giorno diversi chilometri per venir qui da casa loro.

Torniamo allo zuccherificio. Lungo il cammino diamo un passaggio a una giovane donna coi capelli lunghi, che porta in braccio un neonato. Con la figlia di quattro anni sta andando a portare il bimbo al consultorio. Madre e figlia sono vestite come per una visita in città, con cotone stirato di fresco. La raccolta della canna è deludente: gli uomini sono concentrati tutti nello stesso posto, perché i campi sono stati seminati in periodi diversi. Uno zuccherificio consiste di molti campi, estesi a perdita d'occhio, con l'altissimo fumaiolo che domina il complesso della *molienda*. Il luogo in cui si trovano le case dei direttori della centrale, degli operai e dei tagliatori, si chiama *batey*, una parola che deriva dalla lingua degli indiani. Tutto il resto è canna. Anche la macchina per raccogliere le canne, quando si mette in funzione non sembra più tanto allegra: è lenta. Per la prima volta il guidatore sta cercando di mettere in pratica la teoria, per cui pare compiere ogni manovra come a tentoni. Mi viene da dire, ad alta voce, che forse si farebbe prima con le braccia, ma mi replicano che è una pura illusione. Tuttavia resto convinta che la macchina potrebbe essere molto più efficace; ci vorrà del tempo. Prima non la si utilizzava affatto, nel timore che ciò avrebbe dato ancor meno da fare ai tagliatori, che già lavoravano solo tre mesi all'anno. Ora che con l'industrializzazione del paese le braccia per tagliare la canna sono venute a scarseggiare, è necessaria una rapida meccanizzazione di tutto il processo, sia per il taglio che per la raccolta. Ma per i tecnici russi questi sono problemi nuovi.

Ernesto si è fatto coraggio: invece di prendere la strada principale ed aspettarci a Mayarí, dove ci eravamo dati appuntamento, ecco che arriva in mezzo ai campi di canna, in una tromba di polvere. Mayarí si trova sulla costa settentrionale dell'isola, vicino alla Baia di Nipe, una delle più grandi baie del mondo. Sbagliamo strada e ci fermiano sulla baia, proprio davanti a un giovanotto che sta aspettando sul bordo della strada. Il ragazzo fa per aprire la portiera posteriore: «No, no», lo blocca Ernesto. «Dove va quest'auto?», domanda il ragazzo. «No», ripete Ernesto. «Ho chiesto dove va quest'auto, *compañero*», insiste il ragazzo con il tono severo di chi è deciso a far rispettare i propri diritti. «Non è un'auto collettiva», gli spiega finalmente Ernesto. «Ah, beh», fa il ragazzo, e ci spiega la strada da fare per trovare la scuola.

Lungo la strada la gente ci fa segno spesso, ma Ernesto non carica nessuno. Alberto gli chiede come mai stamattina è arrivato con l'auto piena di gente: «Mi sono fermato per caricare una donna con un bambino, e subito, non so da dove, sono sbucate altre quattro persone. E mi hanno fatto fermare ogni quattro minuti: "Per favore lì, poi in quella strada là, no, un po' più avanti... a me dall'altra parte dal paese, l'altro qui e lui di là". Era la prima volta che caricavo gente, e non lo farò mai più». È un bravo ragazzo, Ernesto, ma certo, a modo suo, è un po' fanatico. Quando, tra il serio e lo scherzoso, lo rimprovero di averci fatto prendere la jeep, scomodissima, ieri, mentre stamattina lui aveva rifatto la stessa strada, mi risponde: «Non sono stato io a prendere la decisione, ma il Partito, al quale avevo sottoposto il problema». Comodo questo modo di non dover mai prendersi le proprie responsabilità, troppo comodo!

Quando la macchina si ferma davanti alla tavola della scuola, gli allievi, che hanno già terminato il pranzo, smettono di parlare tra loro e ci vengono intorno, per guardarci meglio. Due di loro si siedono a tavola con noi, mentre aspettiamo il direttore. Non parlano, si limitano a guardarci. Poi ecco il direttore, un uomo tranquillo, amabile, e un gruppo di insegnanti. Ci lasciano rinfrescarci, dopo di che entriamo nella mensa. Sulle pareti grandi cartelli illustrano alcuni argomenti di scienze agrarie. A un'estremità c'è una lavagna. A tavola i ragazzi ci servono brodo, pollo in casseruola ricoperto di uovo sodo, insalata freschissima e caffè.

Oltre a svolgere tutti i lavori agricoli, con i quali la scuola riesce ad essere più o meno autosufficiente, gli allievi lavano i piatti e puliscono i dormitori, come avviene in tutti gli internati di Cuba. Si preparano ad entrare in una qualche scuola superiore, cioè in un'istituto tecnico o per l'agricoltura. Visitiamo poi il dormitorio, che è stato ricavato all'interno di una chiesa: prima della rivoluzione la scuola apparteneva ai battisti. Qui, al posto dell'altare c'è ora una grande vetrata, che inquadra la baia. Il direttore vuole assolutamente che io interroghi gli allievi, e li fa venire tutti in una grande aula. Io non ho alcuna voglia di far loro delle domande su ciò che studiano. Allora decido di chiedere che mi raccontino le loro esperienze con il ciclone. Ne ascolto sette o otto, chi più intelligente chi meno, chi più vivace, chi più serio. Ma tutti, senza eccezione, raccontano la loro avventura con il frasario rivoluzionario-marxista. Non c'e niente di male in quel che dicono, anzi, tutti esprimono sentimenti nobilissimi. Ma non posso impedirmi di provare una certa irritazione davanti a questa totale mancanza di individualismo. Mi viene in mente una frase che mi aveva detto César, e mi domando che cosa sarebbe il comunismo se non avesse tanti nemici.

domenica 15 dicembre

Partiamo per Manzanilllo, via Bayamo, dove probabilmente torneremo per dormire. A Palma Soriano, dove l'altro giorno avevamo preso la jeep per andare alla centrale, ci fermiamo a prendere un caffè. La strada è piena di gente che fa la passeggiata della domenica. Un gruppo di bambini, grandi e piccoli, ci si fa intorno, si siedono al tavolo con noi, ci guardano, mi domandono se sono russa, osservano la mia macchina fotografica e cercano di mettersi in campo ogni volta che scatto. Non ho mai incontrato nessuno che avesse lo stesso desiderio appassionato di farsi fotografare dell'uomo della strada cubano. Andiamo in giro per la città, fino al circolo sportivo e sociale, che si trova sul fiume. Dei bulletti stanno facendo il bagno e chiedono di farsi fotografare, mentre alcune ragazzine aspettano che si occupino di loro e le facciano ballare nella sala aperta, al suono di un juke-box. Nelle strade periferiche della città incontriamo una quantità di gente seduta davanti a una casa modesta. Fermiamo la macchina e ci accorgiamo che sono quasi tutti bambini vestiti a festa. Sarà un covo di controrivoluzionari, penso. Quando chiediamo di poter fotografare i bambini, tutti si precipitano davanti alla macchina. Ci appaiono davanti due piccoli gemelli, e Alberto chiede come si chiamino: «Il cavallo e la fiera», risponde orgogliosa la madre, cioè, nel linguaggio corrente, Fidel e Raúl. I due bambini ci fanno una dimostrazione di esercizi militari, agitandosi sulle loro gambette di due anni, quindi cominciano a tossire a più non posso.

Quando arriviamo a Bayamo è già notte: troppo tardi per continuare fino a Manzanilla. Nella sede del Partito aspettiamo che ci trovino una stanza d'albergo, perché è tutto pieno. L'uomo di guardia davanti alla casa del Partito è un vecchio secco e mal rasato. Ogni tanto vien dentro nella sala, gira in tondo, poi torna al suo posto di guardia, ma dopo cinque minuti ripete la manovra. Infine si pianta in mezzo alla sala e, con voce dolcissima, si mette a cantare. Dopo ogni verso si ferma, si gira verso la porta e dà un occhiata alla strada, poi si rivolge verso di noi e continua la canzone. Non finisce mai, questa canzone, piena d'umorismo e di rabbia appassionata verso gli imperialisti e i *gusanos*. Alla fine chiedo come si intitola: «Poesia socialista». «Di chi è?» «Del vostro servitore». E tira fuori la borraccia, beve una sorsata d'acqua, la rimette nella cintura e torna fuori a fare la guardia – cioè a salutare la gente che passa.

Siamo in un hotel squallido, che però è il migliore della città. Non sarebbe così male se solo fosse pulito. La gente per le strade è vestita con begli indumenti, lavati e stirati, mentre ogni cosa in quest'albergo sembra ignorare l'esistenza del sapone. La cena è all'altezza dell'ambiente: poveri pezzi di carne con riso e verdura cotta. Dall'altoparlante, come un tuono, musica afrocubana e notiziari si mescolano alle voci dei clienti, senza poterle coprire. L'ingresso dell'hotel fa tutt'uno con la sala da pranzo, e la parete che dovrebbe dividerla dall'esterno si apre sul *vis à vis* della piazza centrale di Bayamo. Quando usciamo, vediamo quattro bambini accovacciati per terra, che suonano tamburi, *maracas* e armonica, mentre la gente tutt'intorno batte le mani. Nel giardino in mezzo alla piazza – l'immancabile giardino delle città cubane, quadrato e con la chiesa di fronte – ragazzine coi vestiti della domenica fanno il girotondo, poi all'improvviso danno il via a una caccia scatenata e irrompono in mezzo agli adulti, che stanno conversando a gruppi, in piedi, e alcune donnone, che, sedute sulle panchine, sventolano i loro ventagli. Per le vie del centro è in corso un'altra attività: bambini e adulti sognano il Natale, il naso schiacciato contro le vetrine dei negozi. Scopriamo poi una fiera, una specie di luna park itinerante, dove di certo si sono radunati tutti i bayamesi che non sono sulla piazza centrale o davanti alle vetrine della Gran Vìa, per precipitarsi dal carosello e dalle montagne russe, oppure per salire sugli autoscontri o sulle altissime altalene. Per mancanza di spazio, quasi tutti i giochi sono stati montati dentro al cerchio delle montagne russe, per cui si crea un po' l'impressione di una follia concentrata. Intorno, nella piazza, venditori di pasta fritta, caffè e gelato.

16 dicembre 1963

Un amico di Alberto, responsabile delle cooperative della regione, ci fa condurre da un ingegnere agronomo a vedere la zona più colpita dal ciclone, cioè la pianura nella quale è straripato il Rio Cauto.
Pochi chilometri fuori da Bayamo esco dalla jeep per fotografare una casa in costruzione. Il proprietario, un contadino di 45 anni, alto, secco, sorridente, mi fa segno di avvicinarmi. La casa, di legno e con il tetto di foglie di palma, è una di quelle tipiche dette *bohios*, come se ne vedono in tutta la campagna di Cuba[6].
Sul tetto, due ragazzi stanno fissando con i chiodi alcune foglie di palma. Il proprietario mi spiega che mantengono il freddo meglio dei tetti prefabbricati e che così l'acqua non filtra, almeno per tre anni.
Dentro la casa ci sono altri cinque bambini, tutti in età scolare. Chiedo come mai non vanno a scuola. I ragazzi abbassano gli occhi e borbottano che non hanno i vestiti come si deve. Infatti i pantaloni e la camicia che indossano sono pieni di buchi e di strappi. Due di loro mi dicono che frequentano la scuola regolarmente, ma che oggi eccezionalmente non ci sono andati perché non avevano roba pulita da mettersi. Gli

altri dicono che vanno a scuola, ma non sanno dirmi in che classe, e ammettono di non saper leggere. L'uomo, al quale rimprovero di non mandare i bambini a scuola, mi risponde che solo due sono suoi, gli altri sono della famiglia che sta di fronte, dove sono in dodici; «e Lei sa quant'è difficile trovare di che dare da mangiare a tante bocche. Non si può essere troppo severi: io riesco a ottenere il necessario, perché vado al Partito e dico quel che mi occorre, ma c'è molta gente che non si attenta».

In un paese un po' più in là, la scuola nuova è stata requisita per la cernita dei vestiti e delle scarpe da mandare ai sinistrati. Nel mucchio ci sono parecchie paia di scarpe americane nuove, con tacchi alti e strass. Sono le famose scarpe sequestrate dal Governo. Pare che i controrivoluzionari che risiedono negli Stati Uniti mandino articoli del genere ai loro parenti a Cuba, in modo che questi possano rivenderli e guadagnarci di che vivere.

Troviamo le aule della scuola in un'officina del paese. Le porte sono aperte sulla strada. I bambini scrivono sulle ginocchia, seduti sui banchi l'un contro l'altro. Non ci sono tavoli. La maestra mi fa vedere i fogli di frequenza che si mandano a firmare ai genitori, come prova che «tutti i bambini vanno a scuola».

Più avanti ci fermiamo in una fattoria collettiva, dove stanno trasformando trecento porcili in costruzione in case per i sinistrati. Erano già così ben fatti, con i loro blocchi di pietra, che per renderli abitabili è bastato alzare le pareti e aggiungere i servizi in cortile. Oltre agli operai regolari ci lavorano un gruppo di studenti volontari della Università di Las Villas. Ora aspettano la colazione, che sta cuocendo su dei braceri appoggiati per terra.

Alcune case sono già abitate. Una donna ci dice che dal '59 al '63 ha perso nel fiume il suo *bohio* ben quattro volte. Ma ora, per la prima volta, si è riusciti a far abbandonare a questa gente la loro terra e a farli installare in posti dove non saranno più alla mercé dell'acqua.

Mi arrabbio al pensiero che si fossero progettati dei porcili così belli, quando ci sono ancora tanti *bohios* da costruire; ma Alberto, che trova che tutto quello che fa la rivoluzione è perfetto, si rifiuta di darmi ragione.

Più avanti c'è un'altra cooperativa. In un hangar posto su una piccola altura, al bordo del fiume, grandi sacchi di fertilizzante sono stati rovinati dall'acqua, e ora rimangono lì, inutili. Andiamo a mangiare alla mensa – da queste parti fuori città non ci sono posti pubblici per mangiare. C'è zuppa di fagioli, riso con zampe di pollo e interiora. L'ingegnere che ci accompagna ci spiega che le mense di Bayamo prendono la parte buona dei polli mandati dalle fattorie, e rimandono indietro il resto. Non mi sembra un bel principio, né molto in linea con il marxismo-leninismo alla Fidel. Alberto difende con calore i mangiatori di polli.

Mangiano con noi alcuni operai venuti a dare una mano alle fattorie. Su cinque, tre hanno l'orologio nuovo. Uno di loro è molto vecchio. Arriva stringendo sul petto l'ultimo numero di "Bohemia", una rivista settimanale. Mentre è impegnato a tirar fuori gli occhiali dal taschino della camicia, un compagno più giovane fa per prenderglielo, ma il vecchio lo blocca con gesto deciso: «No». «Perché?» «Se non hai abbastanza da mangiare ti do la mia parte, ma il giornale non lo presto. È un mio gusto particolare». E si mette a sfogliare il giornale avidamente, con passione. Comincia dal retro di copertina e dai fumetti dell'ultima pagina, poi passa alla prima pagina, infine percorre tutto il giornale e legge ogni didascalia. Certo stanotte leggerà gli articoli uno per uno, magari a lume di candela.

Anche in questa fattoria colllettiva le case sono state inondate, ma erano di cemento e non *bohios*, per cui hanno resistito. Unico ricordo del ciclone, il segno dell'acqua a mezza parete. C'è anche un ospedale pronto per l'uso, con pure una sala parto. Sarà inaugurato a fine anno. Ma quante mosche!

Con la jeep facciamo un lungo giro per i campi di canna. I sentieri sono di terra battuta, il che provoca una lunga seria di scosse. La canna, persino dove si vede che è stata colpita dal ciclone, non è andata persa del tutto: le previsioni che abbiamo sentito un po' dappertutto nella regione parlano di una perdita del 30 %, ma da quello che abbiamo visto sembrerebbe che questa cifra sia sbagliata per eccesso.

A Guanò, dove finisce la strada che abbiamo preso da Bayamo, i *bohios* distrutti dal ciclone vengono costruiti com'erano prima: muri di legno, tetto di foglie di palma, pavimenti in terra battuta. Però ora sono dipinti di colori pastello, rosa, verde, blu, come se il semplice fatto di avere un *bohio* meritasse di essere celebrato. Non c'è ancora l'elettricità in questo paese, come in molti altri lungo il Rio Cauto, e più in generale nel retroterra. Per avere la potenza necessaria bisogna aspettare che siano costruite le dighe. I cartelli lungo i cantieri della ricostruzione recitano: «Ricostruiremo tutto quello che è stato perduto, e faremo molto di più».

Due bambini ci seguono per le vie polverose di Guisa, e ci fanno da guide. Da una piccola baracca, all'angolo di una strada, un uomo vende spremuta di arance allungata con acqua. La gente va a cavallo, come in tutti i villaggi cubani.

In una casa dalla forma allungata si vedono visi di bambina e di ragazza: è la scuola di taglio e moda. Le allieve stanno sedute intorno a due lunghe tavole di legno ruvido, e lavorano chi a un ricamo, chi a un piccolo vestito. La maestra è uscita. Tornando all'ingresso del villaggio per aspettare la jeep, che è andata a fare qualche commissione, troviamo alla fermata dell'autobus, seduti sulle panchine, un gruppo di ragazzi che fumano. La nostra guida ci dice che «sono quelli che non vanno a scuola». Uno ha una scatola da lustrascarpe. Ci si fanno intorno e noi allora chiediamo chi di loro va a scuola: solo la metà.

Alberto domanda loro della scuola, e intanto io scatto alcune fotografie di questi volti. Vedendole raggruppate nell'obiettivo della macchina, queste belle facce un po' cinesi, un po' nere e un po' bianche, mi rendo conto che a quest'immagine se ne sta sovrapponendo un'altra – una fotografia che ho scattato quest'estate.

L'anno scorso Fidel, al termine del nostro secondo incontro, mi aveva detto: «Sei stata in Oriente?» E io gli avevo ricordato che il Governo non permetteva ai giornalisti di viaggiare da soli, e che un giro di trecento chilometri in taxi ci era costato trecento dollari. «Allora domani ti chiamerò César perché ti mandi a Santiago. Devi vedere la scuola Camilo Cienfuegos». Ero stata ricevuta dal Comandante Armando Acosta, ex operaio dello zucchero e – cosa rara – comunista ed ex combattente della Sierra. Acosta è il primo Segretario del Partito nella Provincia d'Oriente. Mi aveva offerto del vino rosso albanese, ghiacciato, e con gli occhi scintillanti di allegria mi aveva raccontato come aveva diretto i lavori della scuola, iniziati già pochi giorni dopo la presa del potere da parte di Fidel. Aveva notato come Acosta si commuovesse davvero mentre parlava di questo progetto grandioso, ancora incompiuto – una scuola per 20.000 alunni, i migliori della Sierra Maestra, dalle primarie fino alla preparazione universitaria. Ed era stato bello vedere quest'uomo dalle braccia e dal petto fortissimi, dall'aspetto energico e allo stesso tempo allegro, commuoversi mentre parlava di una scuola; mentre per me in fondo era poco più che una curiosità, e un po', dentro di me, ne sorridevo.

Quello stesso pomeriggio mi portarono alla scuola dedicata a Camilo Cienfuegos, situata a circa 150 chilometri da Santiago, e lì avevo passato la notte. «Mi raccomando», aveva detto Armando al suo segretario, che mi accompagnava; «che ceni e dorma nella mia ex casa».

Intanto era arrivato, da Santiago, l'allora direttore dei lavori, il Capitano Nicola García, un ex professore di matematica ed ex avvocato, un bell'uomo dai capelli brizzolati e dalla voce pacata. Il direttore della scuola, già istruttore politico dell'esercito ribelle, aveva chiesto a una delle maestre di accompagnarci. Eravamo andati a visitare l'ospedale, molto bello, e avevamo fatto quattro chiacchiere con le maestre nelle loro case, semplici ma provviste di ogni confort. Alla fine avevamo cenato e dormito nella vecchia casa di Armando. Al mattino avevamo visitato le aule, parlato con i bambini (non sapevano chi fosse De Gaulle, ma sapevano che il Presidente dell'Algeria era Ben Bella), infine avevamo visitato i dormitori.

La scuola è situata in un luogo molto suggestivo, ai piedi della Sierra, e architettonicamente è un modello di estetica e di praticità. Ma la cosa più straordinaria erano senza dubbio i bambini. Questi bambini, cinque anni fa, andavano a piedi nudi per i sentieri della Sierra, vivevano in case col pavimento di terra battuta, il tetto di palma, senza acqua, senza luce. Non mangiavano né pesce né carne né verdura. Ora mangiano tre volte al giorno, magari non come i figli dei milionari ma certamente in maniera sana, possono fare la doccia ogni sera e dormire in un letto duro invece che in un'amaca.

Al fine di essere autosufficienti lavorano nei campi e puliscono i dormitori; e inoltre fanno sport, studiano il marxismo, ma anche disegno e musica. Sono vaccinati e sottoposti alle cure di un dentista e a controlli medici periodici, che comprendono anche l'uso dei raggi X. Hanno i denti candidi, gli occhi vivi, lo sguardo tranquillo e diretto, anche se alcuni di loro sono un po' timidi di fronte a una giornalista straniera.

Quelli che ho incontrato sono un misto di cinese (mi hanno detto che a Cuba non ci sono più tracce dei Siboney, e che quell'aria vagamente orientale che si incontra spesso nella Provincia d'Oriente è dovuta alla grande tratta di cinesi del secolo scorso), spagnolo e nero, in tutte le possibili gradazioni di caffelatte. Sono bellissimi: una razza nuova, uscita dalle montagne.

Come non pensare a quel che sarà l'America Latina, tutta intera, il giorno in cui ci saranno scuole così nelle Ande o in Amazzonia? E come non pensare che siamo un po' logori, noialtri, dopo tanti secoli di storia?

17 dicembre

Oggi dovevamo partire per l'Avana. Ma ieri sera, tornando da Guamò, mi è venuto in mente che era assurdo percorrere l'isola da un capo all'altro senza vedere la Sierra Maestra. Timidamente, ho espresso il mio desiderio ad Alberto, temendo che lui ormai avesse voglia di smetterla col mestiere di autista e di tornare nella sua città. Invece ha accettato di perdere un altro giorno. Dopo cena abbiamo studiato la carta con Ernesto, per capire quale dei paesi vicino a Bayamo fosse più adatto per salire nella Sierra. Poi Ernesto è andato al Partito, a chiedere che telefonassero a quel paese, Guisa, in modo che ci potessero assicurare una jeep per l'indomani.

Lungo la strada per Guisa, su un terrapieno di fronte alle prime alture della Sierra, troneggia ancora, nella fresca luce del mattino, un carrarmato semidistrutto in una battaglia del '57 o del '58 – Ernesto e Alberto non sono d'accordo sulla data.

A Guisa c'è grande animazione: dappertutto gente che cammina a zig-zag in ogni direzione, compresi molti bambini. E la scuola? Alberto non sa che dire. Saliamo all'ufficio del Partito, dove troviamo due giovanotti e due giovani donne, una ha in braccio un bambino che piange. Discutiamo l'itinerario, quindi partiamo con un ragazzo esile dalla faccia piena di foruncoli.

Da Bayamo avevamo portato con noi acqua, *galleticas* e un pompelmo. Dal mio pullover Alberto ricava una sorta di cestino, che appende a una sbarra del tettuccio. A causa delle scosse siamo costretti a tener le macchine fotografiche sulle ginocchia, per evitare che si rompano. Guisa si presenta come qualcosa di più del villaggio cubano medio, che, abbia quattro case o quaranta, di solito non presenta alcun aspetto di civiltà. I sentieri che dai villaggi sperduti della Sierra scendono giù arrivano tutti a questo primo bastione della civiltà. Ci sono strade asfaltate, una piazza, grandi magazzini del popolo. Anche qui giocattoli e vestiti sono stati distribuiti e messi in mostra con una certa raffinatezza.

Là dove finisce la strada asfaltata la jeep esegue una serie di curve a fianco di una montagna, su una larga pista sterrata. Contadini e bambini a cavallo sono gli unici altri utenti della strada. La nostra guida ci spiega che molti contadini sono stati spinti giù dal ciclone. «Ne abbiamo ricollocati già trecento, in una fattoria, e sono contenti. È difficile farli spostare, sono legati alla terra, anche se vivono miseramente. Ma poi, una volta venuti giù, cominciano ad apprezzare non soltanto le scuole, le case che non cascano a pezzi, i medici, ma persino un lavoro regolato nei campi. Nelle montagne coltivavano caffe e *malanga*. Qui abbiamo tabacco, caffe e *yucca*»[7].

La strada sterrata non sale fin sulle colline, ma sbuca in una grande valle. «Qui c'era un piccolo fiume. È straripato e ha coperto tutta la valle. Non è rimasta neanche una casa, interi villaggi sono stati portati via». La valle si estende in larghezza lungo un letto di pietre. Nel mezzo scorre un rigagnolo d'acqua. Al centro, vicino al fiume, che ora è rientrato nel suo letto, un cavallo cerca un po' d'erba.

Passiamo da un lato all'altro del fiume, seguendo una specie di sentiero che si è formato con l'uso, dopo il ciclone. Poi iniziamo la salita, e la strada subito si trasforma in un ripido incasso di terra tra alte piante di cacao, caffè e *malanga*. Ogni tanto in una curva scorgiamo un gruppetto di case. Lungo un tratto diritto, due ragazze vestite di verde oliva ci fanno segno. Le carichiamo. Sono maestre di montagna e stanno andando a una riunione per preparare il prossimo ciclo di studi, che comincerà a gennaio, quando sarà terminata la raccolta del caffè.

Ecco perché i bambini erano per la strade, giù a Guisa. Il calendario scolastico è stato adattato alle necessità della terra, qui come nelle altre regioni: non si può chiedere ai contadini di rinunciare all'aiuto dei bambini nella stagione dei raccolti., altrimenti si otterrebbe il risultato di non farli andare mai a scuola.

Le ragazze hanno circa venti anni. Dopo aver partecipato alla campagna di alfabetizzazione, nel '61, hanno deciso di dedicarsi all'insegnamento. Per diventare maestre hanno seguito un corso speciale accelerato di un anno. Sono già due anni che insegnano nella Sierra. Vivono con i contadini, perché devono andare da una scuola all'altra. Indossano pantaloni, grosse scarpe nere tipo stivaletto e giacche a trapunta; ciascuna porta anche un sacco da montagna.

La strada non è che una trincea di terra rossa umida, abbastanza larga per permettere il passaggio di un camion. A volte la jeep si rifiuta di procedere, perché non fa più attrito sulla terra scivolosa; tre, quattro, cinque volte ci fermiamo nel giro di poche continaia di metri, e ogni volta la situazione appare più assurda. Impossibile pensare a un camion su quella strada.

Alberto, da quando abbiamo cominciato la salita, si è messo in testa di bere un caffè. Arrivati in cima a una salita troviamo un *bohio* semidistrutto, con davanti un bel piazzale proprio adatto a parcheggiare la jeep. Una donna e alcuni bambini ci guardano arrivare. Alberto si fa avanti, con la sua barba da finto ribelle, e saluta la donna, ben sapendo che il suo primo gesto sarà di offrirci un caffè. Non deve avere l'età che dimostra: cinquant'anni, più o meno. I denti sono pochi, il che non aiuta a comprenderla. Ci dice che vivevano più in basso ma che, durante il ciclone, sono venuti a rifugiarsi qui, perché avevano paura che la montagna crollasse loro addosso. L'idea che questa fragile costruzione possa essere un rifugio fa quasi sorridere. In questa mattina assolata, sotto il cielo pulito, per un attimo ci si sente smarrire, e non si è del tutto sicuri di aver ritrovato la realtà. Ma la donna sta già preparando il caffè, su un braciere acceso su una specie di tavola di legno col bordo un po' alto, sotto una tettoia di foglie di palma, al lato della casa. Manda la figlia grande a prendere l'acqua in un pozzo, e lava le tazze in una latta da *galleticas*. I piatti e le posate stanno su un piccolo scaffale, costruito appositamente e agganciato a una parete di foglie di palma, che serve a proteggere il forno. Quando l'acqua bolle la fa colare attraverso un sacchetto di tela, probabilmente una calza.

I bambini più giovani stanno a guardare e si lasciano fotografare, ma non con gusto, come accade di solito, bensì per compiacerci. Dentro il *bohio*, al buio, c'è un giovanotto con la febbre, disteso sull'unico letto. Le amache degli altri bambini sono appese al soffitto, arrotolate.

Mentre beviamo il caffè Alberto domanda alla donna se i bambini vanno a scuola. Dice di sì, quasi tutti ci vanno. «E Lei, signora, ha imparato a leggere durante la campagna?» «No, signore», risponde fiera, «io ho imparato a leggere quando avevo sei anni». Chiedo quanti bambini sono, e lei, mentre fa il conto, ci dice che uno dei più piccoli è stato portato giù all'ospedale ieri sera con la gastroenterite: «Ero sicura che morisse, come l'altra. Ma già stamattina uno dei miei figli, che lavora a Guisa, è venuto su a dirmi che sta meglio». Le istitutrici dovevano raggiungere i loro compagni, un po' più in là sulla strada. Davanti a un altro *bohio* un paio di ragazzi col berretto verde oliva ci fanno segno e salgono sul predellino della jeep, per accompagnarci a casa di un contadino, dove stanno preparando da mangiare. Dopo un po' arriviamo sul bordo di una scarpata, da cui, in mezzo a urla di entusiasmo, salta fuori un gruppo di ragazzi. Scendiamo con loro per conoscere gli altri. Un contadino ha due *bohios*, e in uno troviamo una dozzina di maestri: chi ascolta un transistor, chi prepara la tavola, chi aiuta la padrona di casa, in fondo, a sorvegliare le casseruole sul fuoco, piantato sul solito tavolo di legno. Non c'è modo di partire. Dobbiamo partecipare alla colazione: carne, riso, *malanga*, *yucca* a profusione, e per finire torrone. Mangiamo, e intanto un porco va e viene sulla terra battuta. È il pranzo di Natale.

La figlia dodicenne dei contadini è stata un anno all'Avana, alla scuola per contadine "Ana Betancourt", ma non le hanno detto di tornare, sicché la madre sospetta, con ragione, che non abbia avuto dei voti buoni.

Avevamo deciso di arrivare fino ad un punto della strada che si chiama *El tres*. Siamo in una regione chiamata *Los numeros*, perché ai piccoli gruppi di case isolate, che solo a stento

potrebbero essere chiamare paesi, sono stati assegnati dei
numeri da uno a dieci, in modo che li si possa indicare.
Arrivati al "3", lasciamo la jeep tornare indietro e scendiamo
a piedi. L'ho voluto io, perché non sopporto la jeep e perché
mi sembra che una bella camminata non sarebbe male. Quel
che non ho previsto, quando ho chiesto quanto tempo ci
sarebbe voluto per scendere a piedi, è che la nostra guida ha
calcolato considerando le mulattiere che seguono il fianco
della montagna. Passiamo da un *bohio* isolato all'altro, tra
alberi di aranci selvatici e grandi rettangoli di cemento, con i
chicchi di caffè stesi fuori ad essicare. A metà strada entro in
un *bohio* per lavarmi le mani; c'è un letto matrimoniale, sulla
terra battuta, e una macchina per cucire. Un po' più giù
incontriamo il padrone di casa, con le sue vacche, e dobbiamo scansarci rapidamente per farli passare: attimi di panico,
perché il sentiero, ripidissimo, è largo non più di mezzo
metro, e c'è anche un toro, per cui tutti si mettono a camminare svelti come capre. Più tardi ci fermiamo ancora per riposare un poco. Davanti a noi ecco il fianco di una montagna
liscia come una strada, e in fondo, al bordo del fiume, il villaggio di Pinalito. Durante il ciclone un enorme blocco è crol-
lato giù dalla motnagna, distruggendolo d'un sol colpo e
facendo undici morti.

Mentre ce ne stiamo seduti a contemplare, con gli ultimi raggi di sole, l'innocente aspetto del disastro che si è consumato sul fianco della montagna, il silenzio vien rotto da una musica leggera: ting, ting, ting... Sono i muli, che arrivano con i sacchi di caffe zigzagando lungo il sentiero. Scivolano sulle pietre e a volte si fermano timorosi. Dietro, alcuni ragazzi a cavallo gridano «uh!» e danno colpi di frusta ai recalcitranti. Ci passano accanto e li vediamo sparire a poco a poco nella discesa, con il loro ritmo dondolante e il suono delle campanelle che popola l'aria.

La nostra guida ora ha paura di non farcela ad arrivare giù prima che faccia notte: non avevano fatto i conti con i miei passi esitanti da cittadina. Per di più il sentiero è diventato fangoso, e mentre loro calzano stivali, io sono in mocassini e spesso sono costretta a cercare un punto fermo sul margine del sentiero, generalmente alto mezzo metro e invaso dall'erba fino al bordo estremo. Dopo tre ore di cammino, una svolta del sentiero ci fa scoprire, d'un tratto, il villaggio oltre Pinalito. Qui ci dovrebbe raccogliere la jeep. Ora è solo questione di minuti per arrivare al fiume: ci laviamo i piedi nudi nell'acqua gelata.

Sull'altra riva, le case sembrano avere scovato una nicchia tra la montagna e il fiume. È quasi notte, e non si vede altro che pietre bianche, trascinate via dal ciclone, e una profusione di fiori e boscaglia intorno ai *bohios*. Più in là, al centro del paese, regna un'allegra attività: sotto grandi tettoie si scaricano i muli, gli uomini accendano i sigari, e i bambini corrono a piedi nudi sulle vie di terra battuta, mentre nelle case si accendono le prime candele.

Sulla strada per Guisa, in piena campagna, raccogliamo una ragazza coi tacchi a spillo, i folti capelli neri pettinati in una specie di torre, e un vestito che la inguaina ben stretta, nella migliore tradizione cubana. È preoccupatissima per un appuntamento che ha a Bayamo.

18 dicembre

Ieri sera siamo tornati a Bayamo coperti di fango, e ad Alberto per vestirsi non era rimasto che un paio di pantaloni verde oliva e un pullover rosso.

Alla fine della cena si alza per andare a comprare un sigaro al banco del caffé davanti all'albergo, ma vedo che lo portano dentro. Lo ritroviamo, io, Ernesto e il corrispondente di "Bohemia", seduto su una panchina, al posto di polizia, e riesce a uscirne solo facendo ricorso ai rimedi estremi: «Questa uniforme me l'ha fatta fare il Primo Ministro in persona per accompagnarlo nei suoi viaggi!», protesta. «Tanto per non stonare!» In effetti, una nuova norma vieta di indossare l'uniforme solo in parte: dev'essere completa, e precisa. Pare che la settimana scorsa abbiano ammazzato un controrivoluzionario che era sceso dalla montagna vestito proprio come Alberto, barba compresa.

Stamattina abbiamo preso la strada dell'Avana, non prima però di avere caricato nella Cadillac una scrofa di cinquanta chili – qui le chiamano *lechonas* –, dono di un amico di Alberto che lavora in una fattoria e che abbiamo incontrato qualche volta al ristorante dell'hotel. Alberto condivide la parte posteriore della macchina con Margherita, lui sdraiato sul sedile, lei per terra, le zampe legate, la testa che sporge da un sacco di tela. Entrambi dormono per l'intero tragitto.

Fin dall'inizio del viaggio Alberto mi aveva parlato di Turiguanò. E così, invece di dormire a Santa Clara, ci fa ospitare dal Comandante Fajardo nel suo regno personale. Avevo sempre ascoltato con un orecchio un po' distratto le litanie entusiastiche di Alberto su questo amico Fajardo, non so perché; finché questo pomeriggio, mentre per l'ennesima volta mi parlava di lui, gli ho sentito dire:

– È stato uno dei primi contadini a raggiungere Fidel nella Sierra.

Ecco che questo Fajardo d'un tratto comincia a interessarmi. Negli Stati Uniti si dice spesso che Fidel ha tradito la rivolu-

2. SULLE TRACCE DEL CICLONE

zione e che i suoi vecchi compagni l'hanno abbandonato.

– Non è uno dei Dodici e non ha fatto lo sbarco del *Granma*, ma è stato uno dei primi contadini, credo precisamente il secondo, a raggiungere i Dodici nella Sierra.

– E gli altri, questi Dodici, dove stanno ora? E perché "i Dodici"?

– Credo che tutti quelli che non sono morti siano nel Governo. Fammi pensare: Fidel, Raúl, Che, Camilo – che come sai è morto in un incidente aereo poco tempo dopo la rivoluzione[8] –, Ramiro Valdés, ora Ministro dell'Interno[9], Guillermo García, capo dell'esercito nella Provincia occidentale[10], Montanè, Ministro delle Comunicazioni[11], Almeida, Viceministro delle Forze Armate, Ameijeiras, pure lui Viceministro delle Forze Armate, Luis Crespo, che credo stia all'INRA[12] ora, più un paio d'altri che non ricordo più... Ma come, non sai chi sono i Dodici?!

Alberto mi guarda stupito.

– Non sai la storia dello sbarco del *Granma*?

– Non so chi sono i Dodici e non conosco i dettagli dello sbarco del *Granma*. Sulla storia di Cuba ho saputo solamente che Fidel organizzò l'attacco al Moncada nel '53, che fu condannato a quindici anni di prigione, che fu amnistiato dopo due anni, che andò in Messico e che da lì organizzò un gruppo di uomini con i quali sbarcò a Cuba e per poi nascondersi sulla Sierra, da dove cominciò la guerriglia contro Batista.

Non ero molto orgogliosa di saperne così poco, ma chi conosce per filo e per segno la storia di Cuba?

– Non andò esattamente così. Lo sbarco del *Granma* andò storto, completamente. Arrivarono in ritardo, sbarcarono nel posto sbagliato per il maltempo e furono sorpresi dall'esercito di Batista in mezzo al fango. Nella battaglia si dispersero tutti. Morti, prigionieri, dispersi, fatto sta che a un certo punto Fidel fa il conto e vede che, di 82 che erano sbarcati, non si erano salvati che in dodici.

Alla fine del pomeriggio arriviamo nella cittadina di Moron. Malgrado Alberto conosca perfettamente la strada per andare all'isola di Turiguanò, Ernesto insiste per passare dalla sede del Partito. Mentre parla sul marciapiede con i compagni che sono scesi dall'ufficio, passa un gruppo di ragazze che, rivolte ai funzionari, chiedono: «E il Che, quando viene?» Pare che Che Guevara ogni anno vada in vacanza vicino a Moron, a tagliare canna in un centrale.

Il funzionario che ci accompagna a Turiguanò è un giovane dall'espressione quieta, di origine cinese. L'isola è collegata alla terraferma da una strada tutta nuova, che attraversa la cosiddetta "Baia di Latte". Prima, mi dice orgogliosamente Alberto, qui era tutta una palude. Improvvisamente, da lontano, sorge una specie di miraggio, un villaggio coi tetti rossi a punta. Ci avviciniamo, tra i commenti gioiosi di Alberto. È il famoso villaggio olandese che il suo amico ha quasi finito di costruire. Perché olandese? Perché un americano negli anni Trenta aveva comprato Turiguanò per allevarvi bovini di una razza olandese, la San Gertrude. Ma naturalmente aveva lasciato i contadini nei *bohio*.

A casa di Fajardo ci dicono che è in giro per l'isola e che lo troveremo sicuramente. Un paio di chilometri più in là scendiamo per ammirare le stalle dei maiali, e da lontano vediamo un uomo scendere da un jeep e salire su un'altra. «Ehi,

Fajardo!», grida Alberto. Lasciamo la macchina a Ernesto, mentre io, Alberto e la guida saliamo sulla jeep per corrergli dietro. Sembra un film dei Fratelli Marx. Dopo un quarto d'ora arriviamo ai recinti del bestiame, dove, approfittando degli ultimi minuti di luce, stanno marchiando i giovani tori. Il terreno è un po' fangoso, c'è odore di fuoco nell'aria. All'interno del *corral* vediamo un uomo robusto correre su e giù per una scaletta, la camicia bianca, la giacca verde oliva, sombrero, un lunghissimo sigaro mezzo nascosto da una foltissima barba nera. «È lui!», esclama l'autista. Ci avviciniamo. Fajardo mi guarda con aria ironica, e di colpo mi sento come se indossassi un cappello a piume e un vestito a coda invece di una semplice tunica di cotone, che d'un tratto mi si rivela non molto comoda, vista la temperatura fresca, il fango e i gradini troppo ripidi. Con quel sigaro in bocca si potrebbe prenderlo per un *ranchero* texano, non fosse che per il verde oliva. Ci fa visitare gli altri porcili, e Fajardo mi dà ragione quando gli racconto di quelli del Rio Cauto. Lui, i porcili, sa come farli: non sono case, hanno un tetto, il pavimento di cemento, e una corte, dove enormi scrofe sguazzano assieme alla loro progenie.

Al motel, dove normalmente gli ospiti sono tecnici dell'INRA che lavorano con Fajardo oppure operai edili, aspettiamo la cena seduti sulle sedie a dondolo allineate alla cubana nell'ingresso, davanti alla sala di lettura Camilo Cienfuegos. Gli operai sono andati a mangiare per primi. Quando hanno quasi terminato il cuoco ci chiama, e occupiamo una lunga tavola nella mensa, in fondo all'edificio.

Mangiamo consommé, bistecche delle San Gertrude con cipolle, patate dolci, insalata fresca, la solita marmellata ultradolce col solito formaggio giallo, e il caffè, servito in tazze per il latte. Verso la metà del pasto Fajardo si toglie il sombrero e, senza alzarsi, lo attacca a un gancio nel muro dietro di lui. Parla poco, ma quando apre bocca, non so come, lo ascoltano tutti, da un'estremità all'altra del lungo tavolo.

Ci eravamo messi a tavola presto, eppure a mezzanotte eravamo ancora lì. E io mi sono ritrovata ad ascoltarli attenta mentre parlavano di allevamento, come se davvero lo trovassi un argomento affascinante. Ma non è l'argomento ad interessarmi. Improvisamente ho cominciato a capire perché Alberto è tanto entusiasta del suo amico Fajardo. Ora parla fitto fitto, litiga con i suoi collaboratori dall'INRA, dice ciò che pensa su presenti ed assenti; inizio a capire che Turiguanò *è* Fajardo. Credo di aver cominciato a capirlo quando gli ho chiesto la sua età e lui ha risposto «trentuno». Sebbene mi fossi già rsa conto che questo è un Governo di ragazzini, e che molti ministri hanno l'età di Fajardo, era proprio difficile crederci: con quella fronte bassa, quella faccia invasa dalla barba, piccolo, tozzo, pareva vicino ai quaranta. E anche il modo con cui parlava a questi uomini maturi...

– Che non mi vengano a rompere i coglioni con i loro metodi. Quello che ci interessa, quello che interessa a Fidel e al Paese, è che si produca. E io produco. Quando Fidel mi dice: «Ci vogliono milli maiali per la fine dell'anno», io glieli faccio trovare, punto, e non faccio tante storie. Che non mi vengano a parlare di carte. Quella gente con le sue carte è una vera piaga, e vengono pure a piantar grane a quelli che producono! Ti rendi conto, Alberto? Questi qui dell'INRA l'altro giorno mi hanno mandato un questionario, un modulo, e sai cos'era? Mi chiedevano quante volte il toro monta le mie vacche! Come se io non avessi nient'altro da fare tutto il giorno che mettermi lì seduto su uno sgabello, dietro alle mie cinquemila vacche, e contare quante volte se le monta! Ma cos'hanno quelli lì nella zucca? Cosa mi chiederanno la prossima volta non lo so, ma di certo non è così che si produce, questo sì che lo so.

E quell'altro, il Carlos Rafael, lo sai cosa mi ha fatto? Avevo chiesto due jeep, ho bisogno di due jeep in più, allora vado all'INRA e chiedo due jeep, e mi fanno riempire non so quanti formulari, e dopo due mesi, beh, lo sai cosa? Carlos Rafael mi fa dire che jeep non me ne può dare, ma che è disposto a darmi delle motociclette. Dimmi un po' tu se è possibile una scemenza del genere?! Allora sai cosa gli ho risposto, a Carlos Rafael? Che venisse qui lui personalmente, a percorrere Turiguanò in moto (voleva dire: che venga lui, con la sua barbetta e gli occhiali e quel suo fisico non certo da atleta); che faccia lui il giro di tutta l'isola, sui sentieri di terra, col fango su è giù per le colline... Io l'aspetto davanti alla mia porta, e se torna e mi dice "Il giro di Turiguanò si può fare in moto", allora l'accetto... ma non prima!

Quelli dell'INRA non avevano mica la lingua nelle tasche, avevano cinquant'anni e tanto di diploma, avevano studiato all'estero, erano dei tecnici puri – «Non come me... Fidel dice che sono un ibrido, un contadino-tecnico» – ed avevano pure una bella pratica; e tuttavia era Fajardo ad aver fatto Turiguanò, con quel suo modo di dire, «Le cose si fanno», e di buttarcisi a capofitto, finché erano fatte.

Dopo la rivoluzione, dato che di mestiere era stato uno che comprava buoi da macellare, Fidel l'aveva mandato lì. Aveva costruito lui la diga su cui ora passa la strada per Moron, e di cui trae beneficio gran parte della palude. Ha fatto deviare un fiume che passava da quelle parti, per respingere le acque verso il mare e portare così l'acqua dolce all'isola, che ormai non è più tale. E ora pretendevano di inviargli dei moduli da riempire, a lui che solamente sapeva farle, le cose. «È un mestiere, questo, che non puoi mai dire di conoscerlo», commenta verso mezzanotte, mentre si accende il quindicesimo sigaro del giorno. «Non è come il mestiere di contabile o di farmacista, che fai gli studi, ti danno il diploma, e puoi dire che quel mestiere più o meno lo sai. Non è neanche come quello del medico o dell'avvocato, che lo devi praticare molto, prima di poter dire che lo sai. Il mestiere di rivoluzionario, neanche quando si muore si può dire: "Ormai lo so fare"».

19 dicembre

Stamattina abbiamo visitato il villaggio olandese. Stavano finendo di dipingere la scuola e di tracciare le strade, ancora di terra battuta. Le case sono bellissime e hanno tutti i confort, e anche qualche mobile. Fajardo: «Alla fine hanno avuto le loro case, ma era meglio così. Nei *bohio* avevano vissuto sempre, un anno in più o in meno non cambiava niente. Quel che non poteva aspettare, era dargli da mangiare».

Il primo che ha ricevuto una casa, la guardia della diga, quando si era scatenato il ciclone si era rifugiato sotto l'argine del canale. Diceva che era più sicuro: aveva paura che la casa gli cascasse addosso.

Abbiamo visitato i tori, talmente grossi e pesanti che a stento potevano camminare. Fajardo ci ha raccontato com'è riuscito a farli così belli; ma io non ci ho capito niente. Poi, prima di lasciarci riprendere la strada di 400 chilometri per l'Avana, ci ha fatto far colazione: altre bistecche della San Gertrude. Un paio d'ore più tardi l'irruenza di Ernesto ha provocato l'inevitabile: ha sbalzato un carbonaio che camminava sul bordo della strada col figlio. Il bambino, fuori di sé dalla paura e dall'indignazione, ci ha minacciato con il machete del padre, dall'alto dei suoi otto anni. Li abbiamo portati al pronto soccorso, poi abbiamo lasciato Ernesto a sbrigarsela con la polizia, mentre portavano l'uomo all'ospedale nella città vicina. Tra tutto, mi ha colpito l'incredibile dolcezza dei poliziotti, sia nei confronti di questa vittima illetterata, sporca e piagnucolosa, che lavora per proprio conto e non è sposato con la madre dei suoi otto figli; sia con Ernesto, che dall'alto della sua Cadillac l'aveva sbattuto per terra.

Note

[1] *Malanga*: pianta della famiglia delle aracee (nome scientifico *Xanthosoma sagittifolium*), che produce un tubero commestibile. Originaria dell'area caraibica, fu portata in Europa dai navigatori spagnoli e portoghesi.

[2] Juan Almeida Bosque, nato all'Avana il 17 febbraio 1927, è morto l'11 settembre 2009. Partecipò all'assalto al Moncada, alla spedizione del *Granma*, e alla guerra rivoluzionaria, durante la quale guidò la colonna di Santiago. Fu Viceministro del Ministero delle Forze Armate, Presidente dell'Associazione dei veterani castristi e, dal 2006, membro del Governo. Insignito di alcune delle più importanti onorificenze, a Cuba è famoso anche come musicista: ha composto circa 300 canzoni.

[3] Osvaldo Dorticós Torrado (17/4/1919 – 23/6/1983), Presidente di Cuba dal 17 luglio 1959 al 2 dicembre 1973, quando in tale carica fu sostituito da Fidel Castro.

[4] In realtà il Partito Comunista nacque a Cuba solo nel 1965 (vedi *supra*, cap. 1, n. 1). Qui ci si riferisce al Partito Socialista Popular (PSP), fondato nel 1925 e al tempo della rivoluzione diretto da Blas Roca.

[5] Il *Movimiento 26 de Julio*, che trae il nome dalla data in cui avvenne il fallito attacco alla caserma Moncada, nel 1953, fu un'organizzazione clandestina che si proponeva di abbattere la dittatura di Fulgencio Batista. Fu fondato da Fidel Castro nel 1955. Dopo la vittoria della rivoluzione, nel luglio del 1961 si fuse con il Partido Socialista Popular (Comunista) e con il Directorio Revolucionario 13 de Marzo nelle Organizaciones Revolucionarias Integradas (ORI).

[6] *Bohio*: capanna fatta di legno e rami, canne o paglia.

[7] Yucca: pianta della famiglia delle Agavaceae, originaria delle regioni a clima tropicale secco.

[8] Camilo Cienfuegos Gorriarán (6/2/1932 - 28/10/1959). Pochi mesi dopo il trionfo della rivoluzione cubana, il 28 ottobre del 1959, il suo piccolo aereo "Cessna", a causa di un tremendo improvviso uragano, scomparve nell'Oceano Atlantico durante il ritorno a L'Avana da Camaguey, dove si era recato a fare una ispezione militare (da wikipedia.it).

[9] Ramiro Valdés Menéndez (1932-).

[10] Guillermo García Frias.

[11] Jesus Montanè Oropoesa (1923-1999).

[12] Instituto Nacional de Reforma Agraria.

3.

UNA POLEMICA SULL'ARTE

L'Avana, 20 dicembre 1963

Il nostro viaggio ha avuto un contrappunto di cui non ho ancora parlato: la guerra che si stanno facendo il direttore del giornale del Partito, Blas Roca, e il direttore della ICAIC, Alfredo Guevara, a proposito di certi film occidentali recentemente importati a Cuba.

Da lunedì, quando abbiamo letto le prime provocazioni, abbiamo comprato ogni giorno i giornali, lungo la strada, e invece di leggere per prima la parte politica ci siamo buttati avidamente sugli ultimi sviluppi di quella che già chiamavamo "la battaglia". Forse, pensavamo, il motivo inconscio di questa nostra passione per una polemica intellettuale era il fatto che ci trovavamo fuori della capitale e della vita e del movimento che essa rappresenta.

Invece no. All'Avana non si parla d'altro che della polemica Guevara-Roca, e questo fatto costituisce per gli stranieri una doppia fonte di allegria: in primo luogo per la polemica in sé, e poi per la pubblicità che essa sta ricevendo. È proprio divertente, e ci sguazziamo dentro col massimo gusto.

Tutto cominciò una settimana fa, quando il giornale del Partito, "Hoy", diretto da un "vecchio" comunista, Blas Roca, pubblicò nella rubrica "Chiarimenti" una lettera nella quale un giovane attore della televisione chiedeva un «chiarimento» sul fatto che si fanno vedere «al popolo» certi film, come *La dolce vita, Accattone, Viridiana, L'Angelo sterminatore, Alias Gardelito* ecc., senza nemmeno spiegargli il significato di queste opere, in cui personaggi e situazioni che impersonano una morale deteriore vengono presentati in maniera simpatica. Il redattore di "Chiarimenti" dava ragione al giovane attore, pur ammettendo di non avere visto i film incriminati. Ma l'affare non raggiunse il grande pubblico, finché la popolarissima rubrica "Siquitrilla", del giornale "Revolución", nel commentarlo, mise i piedi nel piatto, secondo il suo costume:

> La questione è rilevante, perché la rubrica "Chiarimenti", che è importante, dà ragione a Severino Puente [l'attore]. Severino Puente si considera più intelligente del popolo: pensa che al popolo occorra spiegare le cose, come a un ritardato mentale. Ecco il primo punto in cui non siamo di accordo con Severino Puente. Noi crediamo nell'intelligenza del popolo.
>
> D'altra parte, come scrive "Chiarimenti", «siamo nella costruzione di una economia sviluppata...» Ma anche la nostra cultura deve essere "opulenta". La rivoluzione cubana ha dato molto al processo rivoluzionario mondiale. Tra le altre cose, il suo grande rispetto per la qualità, per l'arte, la cultura, per la discussione, l'immaginazione. Cioè, il suo carattere antidogmatico.

Ieri, "Siquitrilla" ci ha dato dentro un'altra volta. La sua malizia inizia fin dal titolo, che è poi lo stesso dall'altro giorno: «Quali film dobbiamo vedere? I migliori». Il giornale scrive di aver ricevuto un sacco di lettere, tra le quali una di Severino Puente e una dei funzionari dell'ICAIC incaricati della programmazione. La lettera di Severino Puente è piena di buoni intenzioni, soltanto che qui non si tratta di avere delle buoni intenzioni ma di avere "cultura", e soprattutto dello spirito.

La lettera dell'ICAIC, invece, è una vera bomba. Cita tre definizioni di quel che il cinema dovrebbe essere:

«1. Insegnare al popolo, educarlo, ricrearlo, divertirlo.

2. Forgiare caratteri, sviluppare il vero ideale, inculcare retti principi sotto forma di storie attraenti, proponendo allo spettatore buoni esempi di condotta.

3. UNA POLEMICA SULL'ARTE

3. Un'opera di divertimento, di allegra ricreazione leggera, che aiuta il riposo e dà nuove forze per il lavoro e nuove forze per l'azione».

Poi rivela gli autori di ciascuna delle tre definizioni: «La prima è di Giovanni XXIII. La seconda è tratta dal Codice Hayes, dal nome del censore hollywoodiano degli anni '30, difensore della Lega per la decenza, dell'Esercito della Salvezza ecc. E la terza è di Blas Roca». Nel "Hoy" dello stesso giorno, inoltre, c'è una lettera di Alfredo Guevara, Presidente dell'ICAIC, che rimarca la differenza di opinioni e precisa che l'affare è grave, perché gli articoli di "Hoy" probabilmente sono stati scritti da un membro della Direzione nazionale del Partito, il che fa sembrare che l'opinione di "Chiarimenti" sia quella del Partito. Guevara dice che non conosce altra autorità in materia di cultura all'infuori del Discorso di Fidel agli intellettuali, e infina proclama «una volta per tutte che l'ICAIC non pratica quella che di solito si chiama politica, o punti del governo rivoluzionario in materia di cultura, senza che lo siano».

Qualche giorno dopo, "Chiarimenti" risponde a "Siquitrilla" in maniera indiretta, citando il titolo «Quali film dobbiamo vedere?», ma senza aggiungere «I migliori». Certo è difficile immaginare come riesca un direttore di giornale a esporre idee tanto peregrine in materia di cultura:

Un amatore può apprezzare i valori formali di un film, la qualità della fotografia, la sincronizzazione del suono (*sic*) il ritmo del suo sviluppo, ecc. Altri possono considerare che un film è grande per la qualità dell'argomento (*sic*), per l'audacia e la complessità del tema (*sic*), anche se la fotografia o il montaggio risultano cattivi. Qualcuno può ammirare un film per la sua musica (*sic*!), altri per i suoi colori; alcuni per i suoi paesaggi, altri ancora per la bellezza femminile delle protagoniste...

Altri possono preoccuparsi non solamente di questi

aspetti di un film, ma anche del suo probabile e possibile effetto sugli spettatori. Qual è il nostro criterio per giudicare i film, e non soltanto i film?

Niente che sia contrario alla rivoluzione può essere buono, niente che indebolisca lo spirito combattente, di sacrificio e di lotta del nostro popolo, può essere buono, niente che deprima la coscienza rivoluzionaria socialista, che la combatte o la nega, che vada contro di essa, può essere buono.

Ieri Blas Roca, il curatore della rubrica "Chiarimenti", non contento di avere mostrato le proprie scarse capacità intellettuali, ha preteso di dare lezioni ad Alfredo Guevara:

Non pretendiamo di camuffare il significato dell'arte, confondendola con la propaganda. Però riteniamo che l'arte non abbia solamente una forma, ma anche un contenuto, che esprime qualcosa. Guevara dice che la propaganda deve servirsi dell'arte. Siamo d'accordo. E allora che nessuno si scandalizzi quando discutiamo l'uso dell'arte nella propaganda.

Blas Roca pare non rendersi conto che non è la stessa cosa dire che «la propaganda si serve dell'arte» e che «l'arte deve servire alla propaganda». Alla fine cita ancora una frase tratta dalla lettera di Alfredo Guevara: «Se il mondo reale, motivo dell'osservazione del creatore, materia e ambito della sua attività, non si limita a questi problemi, situazioni e personaggi, tanto meno è giusto, e neppure possibile, escluderlo». E commenta: «Questo risulta abbastanza confuso». Dopo avere così candidamente confessato la sua incapacità di capire il linguaggio di Guevara, Roca continua a volergli far lezione, citando, sotto un titolo a parte (come se non c'entrasse niente con "Chiarimenti"), alcuni estratti del Discorso di Fidel agli intellettuali:

Qual è la cosa più importante: i pericoli, reali o immaginari, che possono minacciare lo spirito creativo, o i pericoli che possono minacciare la rivoluzione?
Lo stato d'animo di tutti gli scrittori e artisti rivoluzionari, o di tutti gli scrittori e artisti che comprendono e giustificano la rivoluzione, dev'essere: "Quali pericoli possono minacciare la rivoluzione, e che cosa possiamo fare per aiutare la rivoluzione?"
La prima cosa è questa: la prima cosa è la rivoluzione stessa; e dopo, preoccuparsi delle altre questioni. Questo non significa che le altre questioni non debbano interessarci, ma che, nella nostra anima, per lo meno come siamo fatti noi, la nostra preoccupazione fondamentale deve essere la rivoluzione.

Oggi c'è stata la risposta del Consiglio di Cultura ad Alfredo Guevara; e un'altro articolo di Blas Roca intitolato "Seconda parte della risposta ad Alfredo Guevara". La lezione, evidentemente, continua.
Il Consiglio di Cultura chiede a Guevara delle spiegazioni precise in merito al suo disaccordo con loro. L'articolo di Blas Roca, invece, è dedicato in gran parte alla citazione di alcuni passaggi del Discorso di Fidel agli intellettuali, in cui si dice che il Governo ha il diritto-dovere di regolamentare, visionare e giudicare i film, che tanta influenza hanno sul popolo.
La questione si riduce dunque a sapere se l'ICAIC dev'essere considerato alla stregua del "Governo" per quanto riguarda i film, essendo un organismo dello Stato, oppure se per "Governo" si debba intendere "il Partito", qui rappresentato da Blas Roca. Fidel è il primo Segretario del Partito, ma d'altra parte è lui ad aver scelto Alfredo Guevara come dirigente dell'ICAIC. Dove si colloca Fidel, in tutto ciò?

21 dicembre

Fidel è piombato da me inaspettatamente, verso le dieci di sera, per chiedermi del viaggio nella Provincia d'Oriente. Gli ho detto che avevo visto cose molto interessanti, ma che ero rimasta impressionata dal fatto che molti bambini riuscivano ad evitare la scuola. Mi dice che c'è un controllo e che quindi tutti ci devono andare per forza. Allora gli cito il caso di Rio Cauto, e lui riconosce che possono esserci stati casi di mancanza di sorveglianza, ma non vuole pensare che questa sia la regola, ma piuttosto l'eccezione. Senza dubbio lo è, ma ho l'impressione che l'eccezione sia abbastanza grande da meritare una certa preoccupazione. La questione, qui, è decidere quali siano le cose più importanti, in ogni momento. Fidel è l'anima di tutti gli sforzi educativi che si fanno a Cuba, e che sono, credo, notevoli; eppure non sembra credere alla possibilità che un gran numero di bambini passi attraverso le maglie dei controlli per l'alfabetizzazione.

Poi gli chiedo se si sta divertendo con la polemica tra Guevara e Roca:

– No, non mi sto divertendo affatto. Non era il momento di sollevare questa questione. C'è il rischio che con questa polemica non facciano che confondere la gente. Prima era tutto semplice, non c'erano problemi, e di fatto il problema non c'è. Ora la gente comincerà a capire le cose di traverso. Non è questo, per il momento, il nostro problema: il nostro problema, ora, è l'agricoltura, lo zucchero, il latte, la carne. Del resto, questa polemica adesso finirà.

– Ma tu da che parte stai?

– Non c'è dubbio, stiamo importando i migliori film, e continueremo a importare i migliori film, in quantità ancora più grandi. Tutta questa polemica è assurda.

22 dicembre (domenica)

Prima della rivoluzione, L'Avana era conosciuta nel mondo intero per la qualità e la quantità dei suoi divertimenti. Una delle prime azioni compiute dal Governo rivoluzionario fu chiudere le sale da gioco e intraprendere una campagna contro la prostituzione, con centri in tutta l'isola per la riabilitazione delle prostitute. Ora nei cabaret bisogna andarci non tanto per la qualità degli spettacoli, che sono banali, quanto per la qualità del pubblico, che è qualcosa d'insolito. Non ho conosciuto Cuba prima della Rivoluzione. Mi dicono che i cubani si sono sempre divertiti molto, e credo sia proprio una questione di carattere; eppure, i locali notturni cubani non dovevano essere molto differenti da un qualsiasi loro corrispondente di Parigi o Las Vegas. Ci saranno state donne eleganti e ingioiellate, uomini seducenti o con la pancia, tutti con lo smoking. Ma anche tenendo conto dello straordinario talento che hanno i cubani per divertirsi, non credo davvero che fosse come ora.

Dall'esterno si potrebbe essere indotti a credere che un pubblico composto da persone che una volta non avevano neanche i mezzi per entrare in un locale come il Tropicana si senta a disagio. Ma questo non è affatto vero. Le dattilografe e gli studenti, i neri e i mulatti che prima, anche avendo i soldi, non avevano il diritto di entrare in questo locale, oggi lo usano come dev'essere usato: per divertirsi. Partecipano allo spettacolo con un entusiasmo sempre nuovo. Alla fine l'orchestra, a sorpresa, attacca "Happy Birthday". Il presentatore fa cenno a una delle soubrettes, che timidamente scende dal suo posto sulla scala, avvolta in alte foglie di palma: e tutti giù, a cantarle gli auguri. La pista da ballo rotonda comincia a scendere meccanicamente, ed è ancora a una trentina di centimetri da terra quando i danzatori le danno l'assalto. L'orchestra da ballo non è ancora pronta, ma tutti cominciano a ballare lo stesso, senza musica, e scherzando tra loro formano un cerchio, che diventa una fila di *conga*[1].

23 dicembre

Si racconta che all'inizio della rivoluzione si sia tenuto un Consiglio dei ministri per decidere se questa avrebbe dovuto essere una rivoluzione "con *pachanga*" o no[2].

Un amico, che aveva visitato Cuba parecchie volte nei primi anni della rivoluzione, mi aveva detto che ora «tutto era diventato serio», che non era più come prima. La *pachanga* c'è ancora, ma è dosata: la rivoluzione è entrata in una fase seria, le parole d'ordine sono "organizzazione", "pianificazione", "economizzazione".

All'ICAIC, però, rimane un po' di *pachanga* allo stato puro. Non ho mai visto la gente timbrare il cartellino in una simile baraonda. A tutte le ore del giorno e della notte, l'ingresso del gran palazzo in fondo alla Calle 23 riecheggia di risate e di grida, di discussioni e di ordini. L'ascensore è condotto da una ragazza seduta su uno sgabello, che legge un libro o chiacchiera con i passeggeri, i quali continuano a discutere, a porte aperte, anche quando uno è sceso e l'altro invece è ancora a bordo, per cui gli altri passeggeri devono rassegnarsi ad aspettare.

Quando l'ascensore arriva al settimo piano, però, il tono cambia. Si penetra in un universo di stile raffinato, fatto di marmo, legno, mattoni e calce. La sala di proiezioni della direzione, vicino agli uffici di Saul Yelin e di Alfredo Guevara, è lì. I giovani registi e i tecnici ci vanno solo quando sono invitati.

Al secondo piano, che non è ancora stato rifatto, c'è la sala di proiezione. Era stata prenotata per me, ma quando vi sono entrata stavano ancora passando i rulli di un film in lavorazione. Ho tastato nel buio per trovare un posto. Una ragazza mi ha afferrato per un braccio e mi ha spinto verso una poltrona vuota. Intanto, tra risate e sghignazzamenti, uno buttava una critica, l'altro un complimento. Quando si sono accese le luci ho realizzato che tutti i presenti avevano tra i venti e i trent'anni.

Poi è stato il momento della proiezione che mi interessava. *Tre Storie della Rivoluzione* non è un panegirico della rivoluzione socialista, come avevo creduto. È composto da tre racconti, come buttati lì per illustrare tre fasi della lotta contro Batista. Il primo si intitola *Clandestinità* ed è la classica storia su un uomo che «non vuole avere grane». Quando la sua ragazza accoglie in casa alcuni studenti feriti durante l'attacco al Palazzo Presidenziale – il 13 marzo del 1957 –, lui scappa. Cerca allora rifugio in un albergo, ma il portiere di notte, insospettito dalla sua aria da perseguitato, lo denuncia. La polizia lo obbliga a ritornare dalla ragazza, e a restarci; nella sparatoria che segue lei muore, lui invece fugge, ferito. All'alba, i corpi della ragazza e degli studenti sono stesi sul prato davanti a casa. Arriva un camion del latte, e si ferma. Il ragazzo, nascosto dietro un muro, chiede aiuto. Il lattaio si tira indietro. Poi ci ripensa, e lo spinge dentro il camion, tra le bottiglie di latte.

Il secondo episodio racconta un'imboscata tesa da alcuni *barbudos* ai soldati di Batista, sulla Sierra. E soprattutto l'attesa del piccolo gruppo di ribelli accanto a un compagno ferito, mentre si avvicinano i rinforzi del nemico. Il ferito, sentendo i compagni parlare della necessità di muoversi, cerca di spararsi una pallottola nel ventre. Una nuova recluta, anch'egli molto giovane, domina la paura e va a cercare acqua per il ferito. Quando torna, però, lo trova morto. A lui toccherà il fucile nuovo conquistato nell'attacco.

Il terzo episodio infine è la storia della battaglia di Santa Clara, che fu decisiva nella guerra contro Batista. Racconta, quasi senza parole, come i *barbudos*, ossia il Che con duecento uomini, facessero deragliare il treno blindato che Batista aveva mandato in un ultimo sforzo per salvare l'Oriente; come ne facessero uscire i soldati a colpi di bottiglie molotov; la gioia di uno dei *barbudos* al pensiero di ritrovare la sua ragazza a Santa Clara; e infine come, tra l'entusiasmo della popolazione, gli ultimi sicari di Batista, sentendosi ormai spacciati, continuassero a sparare dai tetti. Un gruppo di *barbudos* e di civili si mette alla caccia di uno di loro, il quale, prima di arrendersi, colpisce a caso uno degli inseguitori, che è proprio quello che si riprometteva di ritrovare la sua ragazza. C'è qui una brevissima illustrazione del "principio rivoluzionario": la folla vorrebbe linciare il franco tiratore, ma i *barbudos*, che seguono le regole dell'esercito ribelle, lo impediscono. In mezzo alla festa si vede arrivare la jeep che traspor-

91

ta il cadavere dell'innamorato, e dietro la ragazza, circondata da una folla silenziosa e fraterna. Non un'immagine superflua, non una parola che stoni. C'è invece molto tatto, quasi timidezza.

Segue poi una scena del primo carnevale socialista. Se a fare un film di questo genere venisse chiamato un europeo, sarebbe un po' come chiedere a un prete di andare a caccia di leoni: al massimo riuscirebbe a sparare un colpo nella coda. Sembra che i cubani capiscano il carnevale meglio di quanto possa farlo un europeo, ma soprattutto sanno sempre starci dentro fino al midollo. La *pachanga* ti scende addosso come una valanga, poi verso l'alba se ne va, con un tenue calar di ritmo, fino a sparire.

24 dicembre

I duellanti sono scesi dal cielo delle considerazioni speculative per impugnare finalmente il toro per le corna. Domenica, insieme alla quarta parte della risposta ad Alfredo Guevara, "Hoy" pubblica una dichiarazione di quest'ultimo, che si domanda se è logico che Blas Roca scriva sull'argomento un editoriale nel giornale del Partito, così da far sembrare che sia il Partito stesso a mettere in dubbio il lavoro di un organismo nominato dal Governo. Evidentemente, scrive, il redattore di "Chiarimenti" prova un certo disprezzo per gli intellettuali e, «senza voler essere offensivi, occorre pur segnalare che in generale un atteggiamento di questo tipo è piuttosto un segnale di paura».

Guevara termina così il suo intervento: «Solamente il pensiero vivo, antiroutine, antidogmatico, sempre innovatore e creativo, e rispettoso della propria natura, è in grado non soltanto di dar luogo a opere d'arte autentiche, ma anche di assicurare il livello della produzione e il suo sviluppo. Senza l'audacia intellettuale non c'è né può esserci una tecnologia efficace. E un nuovo "Indice" non potrà mai essere la fonte di un simile clima di libertà, nel quale il pensiero incontra la sua dimensione vera, e la scienza e l'arte il loro pieno sviluppo». La risposta di Blas Roca appare oggi: è una breve dichiarazione, in cui dice che Alfredo Guevara non è autorizzato a giudicare i diritti del direttore di "Hoy", e lo accusa di insinuare che esistano delle divergenze di opinione tra lui e il Primo Ministro. Intanto, pubblica la quinta parte della sua risposta a Guevara, nella quale tira fuori la vita politica e privata di Pier Paolo Pasolini:

> Un lettore ci scrive difendendo l'autore di *Accattone*, che pare sia comunista. Se anche fosse vero, questo non ci farebbe cambiare opinione sul film [che Blas Roca non ha visto, *N.d.A.*], poiché crediamo che esso non sia adatto alla nostra gioventù.
> E per di più, questa affermazione non è esatta. Pasolini è stato espulso dal Partito Comunista a causa di uno scandalo nella sua vita personale. Dopo ciò Pasolini ha abbracciato una posizione anticomunista, anche se più tardi è tornato a dichiararsi ideologicamente comunista.

È paradossale: proprio quei film che, nel proprio paese, devono combattere la censura per poter presentare una denuncia della loro società, sono gli stessi che finiscono poi per imbattersi in un qualche Blas Roca – che per giunta ricopre un ruolo importante! – in un paese che, contro quella stessa società, ha fatto una rivoluzione...

25 dicembre

Veglione in casa del poeta Eberto Padilla, già corrispondente per l'Europa di "Prensa Latina" ed ex capo redattore del giornale "Novedades", pubblicato a Mosca, nonché autore di un commovente libro di poesie intitolato *Il giusto tempo umano*. Come in quasi tutte le case che ho visto fino ad ora, anche qui l'intonaco cade a pezzi dai muri, i mobili sono di dubbio gusto, le luci sono un po' troppo deboli. Ma un gran calore regna intorno al tavolo, dov'è presente anche Juan Arcocha, prossimo delegato culturale a Parigi e autore del romanzo *I morti vanno soli*. La cena è stata preparata dal cuoco di un ristorante; rifiuta di accettare l'invito un po' forzato degli ospiti di sedersi con noi, ma prova un evidente piacere nel vederci divorare la *lechona*[3], il pollo e il *congri*, il piatto tradizionale cubano, cioè un riso quasi completamente amalgamato ai fagioli neri.

Ho saputo perché Fidel viene chiamato *Cheval*, "Cavallo". Pare che ai tempi di Batista uno dei tanti giochi con i quali il Governo si arricchiva fosse la lotteria giornaliera, i cui proventi andavano a beneficio della signora Batista e di suo fratello. Ciascun numero portava il nome di un animale, e invece di indovinare il numero vincente bisognava trovarlo nella poesia del giorno, che conteneva un sottile riferimento a un animale. Evidentemente le poesie erano scritte in maniera tale da poter alludere a più di un animale, in modo che il Governo potesse poi decretare che aveva vinto un numero sul quale avevano scommesso in pochi. Il numero uno era il cavallo, il due il gallo, che è uno dei soprannomi di Raúl.

26 dicembre

Oggi ho un po' di febbre e il Comandante Vallejo mi viene a trovare con un gran cesto di frutta – arance, pompelmi, mele, uva, e del torrone. Mi dice che i produttori spagnoli hanno fatto letteralmente a botte per avere gli appalti cubani, e scoppiamo in grandi risate quando sul rovescio di una delle scatole di torrone vediamo scritto, in grandi lettere rosse: «*Obsequio al comandante Fidel!*»

27 dicembre

Abbiamo saputo oggi che due giorni fa c'è stata un'esplosione in un porto di Pinar del Rio, che ha distrutto una nave militare ed è costata la vita a tre uomini dell'equipaggio.

Prima hanno pensato che si trattasse di un incidente avvenuto a bordo, ma poi hanno trovato degli indizi del fatto che potrebbe essersi trattato di una mina. Allora hanno chiamato Fidel, che nel tardo pomeriggio è corso via dalla capitale per vedere di persona. I giornali daranno la notizia solo domani, quando si saprà con sicurezza che cosa è successo.

28 dicembre

Alla libreria dell'Habana Libre, aperta da mezzogiorno a mezzanotte, sono arrivati dei libri nuovi. Tra gli altri *Il rosso e il nero*, *Madame Bovary*, e alcune opere di Romain Rolland. Poi sono cascata su una geografia per bambini, intitolata *Così è il mio paese*. La copertina dice che è stata scritta da Antonio Núñez Jiménez, Capitano dell'esercito ribelle. La presentazione è attraente, e mi domando che specie di libro di geografia possa scrivere un capitano dell'esercito[4].
Il risvolto interno della copertina è una carta di Cuba, sulla quale sono segnate le tappe della guerra rivoluzionaria, con i punti di sbarco, i fronti, perfino gli scioperi nelle città ecc. La Prefazione è una citazione da un discorso di Fidel per il ventesimo anniversario della fondazione della Società speleologica di Cuba, nel gennaio del 1960, cioè esattamente un anno dopo la rivoluzione:

> Quando andavo a scuola cercavano di insegnarci la geografia... ma non era che un'enumerazione di monti, di fiumi, di golfi... Fu dopo, quando dovemmo percorrere intere zone dell'isola, e nientemeno che in una lotta per la vita o la morte, senza sapere niente di quella geografia, di quelle montagne, di quei fiumi, che abbiamo dovuto apprenderla, nella marcia... impararla nell'unico modo in cui si poteva imparare, e cioè mediante l'esperienza personale che si acquista a contatto diretto con la Natura... Prima avevano l'abitudine di insegnare una geografia fredda, come se il pianeta Terra fosse disabitato; come se

95

nelle montagne e nelle valli non vivessero esseri umani; una geografia... che era separata dall'elemento essenziale e primordiale che costituisce precisamente il centro di questa scenografia, e cioè l'uomo. Grazie agli sforzi di questo gruppo di giovani [della Società speleologica, *N.d.A.*] è stato possibile scrivere una geografia che non è più staccata dall'uomo, dal contadino, dalle capanne, dalle famiglie che, se un figlio si ammalava, dovevano vendere l'unica vacca per potergli dare una precaria assistenza medica...

29 dicembre

Ieri notte, tra due scappate con la delegazione russa alla festa del 2 gennaio, presieduta da Nicolaj Podgorny, Fidel ha avuto un lungo dialogo con i rappresentati dei piccoli coltivatori privati della canna. Nel mese di agosto avevo assistito a un lungo discorso di Fidel alla chiusura del Convegno nazionale dell'ANAP, l'Associazione dei piccoli coltivatori. L'avevo ascoltato per più di due ore dalle quinte del teatro Chaplin, seduta con Vallejo su una cassa accanto al tecnico del suono che curava la registrazione magnetica, alzandomi ogni tanto nel caldo soffocante, per andare a guardare oltre le tende che ci separavano dalla scena. Era difficile vedere Fidel, malgrado stesse a due metri, perché era investito da un torrente di luce che veniva dai proiettori. Vedevo soltanto il riflesso del sudore sul suo viso, le mani che aggiustavano meccanicamente la posizione dei microfoni.

Ad un certo punto Fidel aveva detto che lo Stato non avrebbe tolto la terra ai piccoli coltivatori. In quel momento si era sul punto di fare la seconda riforma agraria, e quelli a cui era rimasto un piccolo pezzo di terra – non più di cinque *caballerías*[5] – erano preoccupati di diventare vittime di un'ulteriore riforma, questa volta definitiva. Allora mi era venuto di dire a Vallejo:
– Ma perché dice che non dovranno collettivizzare?

– Perché è vero.

– Ma io ho passato un'ora stamattina a parlare con un dirigente dell'ANAP, che mi ha spiegato in lungo e in largo il contrario. Diceva che la riorganizzazione dell'ANAP, per cui tutti i compiti tecnici sarebbero tornati all'INRA, era fatta appunto per lasciar loro le mani libere rispetto all'educazione politica dei piccoli coltivatori, in modo da portarli poco a poco a collettivizzarsi.

– È per questo che Fidel è venuto qui stasera. Non aveva l'intenzione di parlare qui, ma quando ha saputo quel che avevano deciso al Congresso dell'ANAP, ha deciso di accettare l'invito. Vuole mettere le cose in chiaro: non vuole che si faccia nessuna campagna propagandistica per portare i piccoli agricoltori alla collettivizzazione.

Infatti in quel discorso Fidel disse:

> Quando i vostri figli saranno grandi, e l'uno sarà medico e l'altro magari ingegnere, e ognuno seguirà il suo destino, voi vi direte, «ma cosa faccio da solo con questa terra?»; e quando arriverete all'età di andare in pensione la terra, per forza di cose, tornerà allo Stato.

Uscendo di scena si era poi fermato a salutare la gente che lo aspettava tra le quinte. Allora disse: «Che ce ne importa se c'è il trenta o il quaranta per cento di piccoli agricoltori ancora per venti, trenta, quaranta anni? Questa rivoluzione non è soltanto per oggi, è per tutto l'avvenire, e allora che cosa sono quarant'anni?»

30 dicembre

La polemica di Blas Roca contro gli intellettuali è giunta a un punto morto: evidentemente Fidel non stava parlando nel vago, l'altra sera, quando aveva detto che era bene finirla. Il giorno dopo Natale, Blas Roca si è lamentato, in una "Risposta" dedicata ai direttori cinematografici, del malizioso accostamento tra lui, il Codice Hayes e Giovanni XXIII. Nello sforzo di dimostrare che la citazione parziale dei direttori dell'ICAIC aveva alterato il senso del testo originale, ha riportato per esteso la parte del suo articolo ma, come sempre succede in questi casi, non ha fatto che peggiorare la propria posizione. Raramente ho visto un simile accanimento nel rendersi ridicoli.

Il giorno successivo, in un altro articolo intitolato "Conclusione della risposta ad Alfredo Guevara", ha scritto che dopo tutto non c'è niente di male a dire che un compagno ha fatto un errore, insinuando così che Guevara dovrebbe fare autocritica e avere la saggezza di smettere di importare i film che rallentano la costruzione del socialismo. E ha aggiunto: «Non si tratta di provocare gli uomini di lettere contro il calzolaio, che non ha avuto l'opportunità di farsi una cultura. Dobbiamo invece cercare di fare sì che calzolai e uomini di cultura discutano con serietà i problemi della cultura e dell'arte nella nostra società in transizione». Quindi è tornato sull'accusa mossagli da Guevara, cioè di aver paura degli intellettuali, e scioccamente ha gettato nella mischia i nomi di alcuni amici di Guevara, per poi gridare, come un bambino escluso dal gioco, che non è certo questa gente a potergli fargli paura. Venendo poi al nocciolo del problema ha citato ancora una volta una frase del suo antagonista, in cui si prevede una situazione difficile per quei «conservatori che negano il diritto e la necessità degli uomini, delle masse, all'informazione e allo studio delle manifestazioni del pensiero e dell'arte, il giorno in cui gli ambienti intellettuali saranno diventati qualcosa di più di uno strato sociale in sviluppo, e si saranno convertiti, come è logico, in una gran parte della popolazione». Secondo Blas Roca questo ragionamento non starebbe in piedi perché parte da un principio falso: per lui, gli intellettuali sono già una parte importante della popolazione.

Cioè, per Blas Roca il calzolaio dev'essere considerato come un'intellettuale, semplicemente perché, secondo Gramsci,

non esistono lavori puramente "fisici", e perciò anche quelli
più umili debbono essere considerati come lavori intellettuali. Lo stesso Blas Roca però riconosce che «il calzolaio non ha
avuto l'opportunità di acquistare una cultura»; eppure pretende che sarebbe nell'interesse del paese discutere di problemi culturali con quelli che la cultura ancora non ce l'hanno.
Da tutto ciò credo che si possa concludere che Blas Roca non
crede al valore della cultura. Questo accanimento a condan-
nare dall'alto tutto ciò che non si comprende è tipico di una
certa categoria di persone. Se sono camionisti o portieri è un
peccato, ma non è grave. Ma se si tratta del direttore del giornale del Partito che governa il Paese, fa venire i brividi.

Ogni giorno circola voce che stanno per pubblicare una risposta degli intellettuali a Blas Roca, ma a quanto pare Fidel gli
ha lasciato l'ultima parola (forse per consolarlo).
Oggi però ho fatto colazione con Alfredo Guevara, il quale
non sembra affatto preoccupato da come è terminata la cosa.
Del resto ci si aspetta che la polemica riprenda alla prima
occasione, magari in un incontro simile a quello che aveva
dato a Fidel l'occasione di pronunciare le ormai famose
"parole agli intellettuali".
Andiamo a mangiare al Club La Torre, il posto più esclusivo
della città, frequentato quasi soltanto da diplomatici, giornalisti con pingui note spese e alti funzionari in tenuta verde
oliva. C'è un pollo squisito, e Guevara, che in generale appare ben nutrito, si mette a gustarlo con la stessa passione con
cui parla della polemica – e forse persino un po' di più.
«Non è che abbiamo paura che i settari ci impongano i loro
criteri nella scelta dei film. Questo no, perché sappiamo che
abbiamo il vero potere con noi – Fidel, Dorticós, sono d'accordo con quel che facciamo, e lo saranno sempre. Ciò che si può
temere, però, è piuttosto che si prenda l'abitudine a questo
genere di accuse, che questa tendenza al dogmatismo venga
considerata normale, ammissibile. Questo sarebbe male,
molto male; è per questo che abbiamo reagito così energica-

mente, magari più di quando sarebbe stato necessario per vincere la polemica in sé».

Mi è molto simpatico, questo Guevara – che non c'entra niente con il Che, essendo cubano di nascita. È stato compagno di Università di Fidel, ha studiato filosofia, mentre Fidel studiava legge. Sostiene di non aver ancora fatto niente di notevole, ma che del resto sarebbe strano il contrario.

Nei circoli intellettuali si parla molto delle difficoltà che incontrano gli artisti di origine borghese, come sono quasi tutti, a trasformare l'esperienza della rivoluzione in opere d'arte, anche quando vi ci sono pienamente dedicati. Mi dice la sua: «Capisci, hanno un duplice problema. Prima debbono apprendere il mestiere, perché, siano scrittori o cineasti, sono quasi tutti agli inizi, cioè non hanno bene in mano il loro strumento. E poi, come se non bastasse, debbono anche assimilare il passaggio da un mondo borghese a quello rivoluzionario. Ognuno di questi compiti è già abbastanza in sé, ma quando i due si sommano, tutto diventa davvero molto difficile».

31 dicembre 1963

Oggi "Hoy" pubblica la versione dattiloscritta della conversazione che sabato scorso Fidel ha avuto con i piccoli coltivatori, e la illustra con alcune vignette. Fidel segue la sua idea: non si deve cercare di collettivizzare i piccoli agricoltori, ma piuttosto di farli cooperare in modo da poter modernizzare i loro mezzi di coltivazione.

Nessuno andrà al campo a dirvi, a consigliarvi di creare delle cooperative, nessuno. E possibile che voialtri, quando vedete come vanno le cose nelle fattorie collettive vi dite: «*Caramba*! Avremmo bisogno di un trattore come quello!» E vi mettete d'accordo in otto, dieci persone, non per unire la terra, ma per comprare un trattore, o per comprare un'unità di irrigazione, o del fertilizzante. Questo vi riguarda.

Naturalmente, se uno di voi viene e dice allo Stato: «Vorrei comprare un trattore». «Quanta terra ha Lei?» «Un terzo di *caballería*, però ho i soldi». «Bene, però che ci fa con questo trattore quando in due giorni ha raccolto tutta la sua canna?» «Vado a raccogliermi per un'altro, che mi paga». In questo caso costui riceve un trattore comprato con i soldi di tutti, perché quando si comprano delle macchine le si compra con la canna di tutti, no? Se diamo un trattore a quello che ha un terzo di *caballería* di terra, e questo poi si fa pagare per lavorare con questo trattore da un altro, si arricchirà con la macchina che abbiamo comprato con i soldi di tutti. È chiaro questo?

Ma è logico che se qualuno viene da noi e ci dice: «Guardate, ci siamo messi in tanti, cioè ci siamo messi d'accordo – non consorziati – per comprare insieme un trattore e usarlo per dieci *caballerías*», noi diciamo: questo caso lo prendiamo in considerazione. Perché è logico che non possiamo tenere un trattore fermo tutto il tempo, se può stare in una fattoria a fare dieci *caballerías* ogni mese. Capite?

Fidel ha fatto poi una lunga lezione sulle differenti qualità di terra e di canna, e ha soggiunto: «Noi, in verità, siamo ancora nella preistoria della coltivazione della canna». Si può produrre da trenta a duecentomila *arrobas*[6] per *caballería*. E per incoraggiare i piccoli agricoltori ad adottare i migliori metodi di coltivazione, il Governo ha deciso di offrire differenti prezzi di acquisto a seconda di quanto si produce per *caballería*: 4 *centavos* per *arroba* per trentamila *arrobas*, con l'aggiunta di 0.25 *centavos* per ogni diecimila *arrobas* in più. Il discorso di Fidel è stato quasi per intero una vera e propria lezione di agronomia:

Le leguminose possono far economizzare i concimi azotati. Per esempio: Lei che si preoccupa perché Le manca il fertilizzante, se semina legumi, i legumi prendono l'azoto dall'atmosfera, non c'è bisogno d'importarlo.

Su ogni ettaro di terra, nell'aria che sta sopra un'ettaro di terra – e una *caballería* ha 13 ettari – si produce dell'azoto. Nell'aria che c'è sopra una *caballería* di terra ci sono circa seicentomila tonnellate di azoto. L'azoto che importiamo è l'azoto che si prende dall'aria in generale, anche se ci sono miniere di nitrato, come quelle del Cile, che è il nitrato di sodio. E ci sono batteri, che stanno nelle radici delle leguminose, che prendono l'azoto dall'atmosfera.

Per esempio, se Lei semina una *caballería* di fagioli, quanti chilogrammi di azoto produce? Adesso Glielo dico: producono circa 500 tonnellate di piante. Queste 500 tonnellate debbono essere convertite in materia secca, cioè togliendo tutta l'acqua peserebbero circa 125 tonnellate. Queste 125 tonnellate avranno un 15 % di proteine (che sono un composto dell'azoto), per cui dopo occorre fare la conversione: alla fine avrete tre tonnellate di azoto puro, che è l'equivalente approssimativo di 8 tonnellate di nitrato di ammonio al 40 %... Che Gliene pare? Otto tonnellate al 40 % è il massimo che si può buttare su una *caballería*; il massimo...

«Questo non lo sapevate, vero?» «No», gli hanno risposto in coro gli agricoltori, inebetiti. «Neanch'io lo sapevo. Allora non c'era altro da fare che mettermi a studiare... è una cosa fantastica, sapete?»

Note

[1] Ballo tipico cubano, di origine africana. In tempo binario, scandito dall'omonimo strumento a percussione, consiste in una marcia ritmata che coinvolge più persone disposte in fila indiana.

[2] La *pachanga* è uno stile musicale, nato alla fine degli anni Cinquanta dalla fusione del merengue e della conga. Il termine indica però anche un ballo, nonché più in generale un atteggiamento, festoso e positivo.

[3] Piatto tipico a base di carne di maiale stufata, fagioli, cipolle verdi, e spe-

zie. Originario della Colombia centrale, è diffuso anche in altri Paesi del Sud e Centroamerica.

[4] Si tratta del libro di Antonio Núñez Jiménez *Así es mi país. Geografía de Cuba para los niño*s, Impr. Nacional de Cuba, La Habana 1961. Autore di numerose pubblicazioni di geografia e storia delle esplorazioni, Núñez Jiménez è considerato il fondatore della speleologia cubana.

[5] La *caballería* è un'unità di misura agraria cubana. Una *caballeria* equivale a circa 13 ettari.

[6] L'*arroba* è un'antica unità di misura, a Cuba usata soprattutto per la canna da zucchero. Un'*arroba* equivale a circa 11,5 kg.

4.

ASPETTANDO FIDEL

1° gennaio 1964

All'Habana Libre si è formato il club degli "Aspettando Fidel". È composto da un fotografo francese, Pic, venuto per fare un film per la televisione francese, dal suo cameraman belga Willy Kurant, da Edith Sorel, corrispondente di "Revolución" a Parigi, cubana di origine ungherese, che li accompagna come interprete, dal giornalista brasiliano americanizzato Luis Wiznizer, soprannominato *Lulu le voyo*, da Valerio Riva, il padre spirituale del libro di Fidel, che è ancora in gestazione, e infine dal fondatore ed ex direttore di "Revolución", Carlos Franqui, il quale, senza che nessuno glielo abbia chiesto, si è autonominato censore della compagnia e vuol sapere chi dorme con chi.

Abbiamo fatto un San Silvestro tra intellettuali, in casa della sorella di Haydee Santamaria. Haydee Santamaria ha partecipato all'attacco al Moncada e a tutte le fasi successive della rivoluzione, e ora dirige "La Casa de las Americas", uno dei centri culturali dell'Avana. È quindi quanto di più ufficiale ci sia, come personaggio e come posizione. La sorella, che lavora con lei, si dà pose da intellettuale mondana, ma, ahimè, lo spirito non sempre soccorre chi lo chiama. Dopo mezzanotte alla radio si alternano solo musica da ballo e l'annuncio della sfilata di domani. Si raccomanda a tutti di venire ad ascoltare «la parola orientatrice del Primo ministro, Comandante Fidel Castro».

Oggi abbiamo saputo che Fidel ci aveva fatto telefonare durante la festa, perché voleva che Pic andasse in giro con lui a vedere come gli avanesi stavano festeggiando il nuovo anno. Nessuno, però, ci aveva comunicato il messaggio. Dopo essere rimasto due ore all'angolo della Rampa davanti all'Habana Libre, Fidel ha reso visita al Presidente Dorticós, poi, alle due del mattino, ha deciso di andare in una fattoria fuori l'Avana, per assistere, all'alba, alla mungitura delle mucche. È tornato in città verso le otto.

Stasera si è presentato al ricevimento annuale al Palazzo presidenziale con la sua bella uniforme di gala, che, si dice, gli è stata fatta fare da Nikita durante il viaggio a Mosca; nessuno l'aveva mai visto vestito così. Era pettinato con cura sotto l'inseparabile berretto, che ha tolto dopo pochi minuti. Con la camicia bianca, la cravatta nera, la tela un po' più chiara del verde oliva, sembrava uno scolaro alla prima comunione – non fosse per quel mezzo sorriso in fondo agli occhi, che prende in giro tutti coloro che si vestono di gala, sé compreso...

Il Che era l'unico a non aver ceduto su questo punto. È arrivato un po' più tardi, con l'uniforme verde oliva aperta sul petto, il solito berretto e i capelli spettinati; e si è fermato, appena varcata la soglia, a parlare con l'ambasciatore cinese, in procinto di lasciare l'incarico.

Uno degli uomini più eleganti era senza dubbio il Nunzio Apostolico, Monsignor Zacchi, un bell'uomo allegro, con due occhi blu a cui non sfugge niente. Raúl scherzava con Podgorni, mentre Vilma rimase seduta con Aledia Marche, la moglie del Che.

Verso le dieci è corsa voce che Fidel se n'era andato. Ma fuori dal grande salotto, in un'angolo della loggia, un fitto cerchio di invitati, scosso dalle risate, smentiva la notizia. Fidel sedeva a un tavolino basso e rotondo, davanti alla Pasionaria, calata dentro una grande poltrona col suo solito tailleur nero. Accanto a lei Raúl e, sulle altre sedie intorno, i fortunati che per primi avevano subodorato il *tête à tête*. Avevano servito il caffè, Fidel beveva senza sosta da una tazzina e, a turno, prendeva in giro tutti quanti.

2 gennaio 1964

Alle sei del mattino irruzione di trombette militari in pieno sonno, seguita dal solito altoparlante, ossessivo, indiscreto, che ricorda l'appuntamento delle dieci in piazza Civica, per la parata militare e il discorso di Fidel.

Il traffico è deviato, vecchi camion trasportano gente da fuori, ogni tanto un autobus si ferma per scaricare gente in mezzo a un incrocio. Alcuni soldati s'improvvisano vigili ausiliari, ma appaiono un po' impacciati nel dirigere il traffico.

Nella tribuna dei giornalisti, posta direttamente sotto quella presidenziale, l'attenzione si divide tra la non più giovane fotografa inglese Ida Karr, che indossa pantaloni da sci neri, un berretto da sci e un pesantissimo golf rosso, e che al collo porta ben quattro Rolliflex, e una miliziana con una treccia che mette in risalto le tenere guance e due bellissimi occhi, ben visibili malgrado il berretto e l'uniforme. Tutti la fotografiamo, ma è proprio in mezzo a noi e ogni volta che sente una camera puntata su di lei si irrigidisce.

La parata comincia alle dieci in punto. Anche le donne sfilano in perfetto ordine. Seguono poi le armi, e vari tipi di aerei a reazione, che volano in formazione.

Quando l'ultimo missile è passato davanti alla tribuna, tutta la gente, che prima era sparsa fino all'estremità della piazza, si mette a correre, attraversa l'ampia strada della parata e arriva a confondersi con la folla che l'aveva seguita per la città. Tutti corrono verso le file di spettatori che si erano già sistemati davanti alla tribuna. E tutti gridano: «Fidel, Fidel, Fidel!»

Qualcuno fa passare una lettera di mano in mano fin sotto il muro che separa la piazza dalla tribuna presidenziale. Un volontario si fa alzare sulle spalle di qualcuno, e la lettera giunge nelle mani di Fidel. La folla scoppia di entusiasmo, e Fidel, a cui davvero non manca il senso teatrale, si appoggia alla ringhiera della tribuna, ridendo, e scambia con la folla frasi mozzate dal vento. Finalmente apre la lettera e si mette a leggere, sempre piegato sulla ringhiera, con espressione di soddisfazione; poi, mentre la folla applaude, ripiega il foglio e se lo mette in tasca. Infine, quando tutti sono riuniti e il più possibile compatti davanti alla tribuna, comincia a parlare.

A un certo punto tira fuori da una tasca alcune carte, e si mette a leggere dei cablogrammi americani, che citano un editoriale su Cuba del "New York Times". L'articolo dice che bisogna riconoscere che se Castro si è mantenuto al potere per cinque anni, dev'essere perché le cose non vanno così male come si crede, e inoltre dà alcune informazioni generali abbastanza esatte sulla situazione a Cuba.

Ai fotografi è permesso salire sulla tribuna presidenziale, a turno, e mentre fotografo Fidel, girando da un lato all'altro del palco poiché non c'è modo di passare davanti, capisco come mai durante i suoi discorsi ci sia un via vai ininterrotto di persone. Non è che se ne vadano, e neppure hanno l'aria di annoiarsi. Bevono un rinfresco e poi tornano. Mi rendo conto che tutto questo andirivieni non impedisce di seguire il discorso, e che le ripetizioni e le riprese caratteristiche dei discorsi di Fidel, oltre ad avere una funzione pedagogica permettono di seguire anche con un orecchio solo, muovendosi o facendo qualcos'altro.

Verso la fine del suo discorso Fidel si concede una battuta. Ai nemici potrà sembrare una semplice bravata propagandistica, e invece corrisponde perfettamente, io credo, a quell'aspetto fondamentale del suo carattere che è la grandissima salute morale e fisica che promana da lui, e che lo porta a prendere sotto gamba i pericoli, perché, se proprio bisogna affrontarli, è meglio ridere che piangere. Ecco quel che ha detto:

> Guardate, ve lo dico sinceramente, come dicevo a un giornalista francese [probabilmente si riferisce a Jean Daniel]: Noi siamo rivoluzionari. A noi il rischio e il pericolo non ci preoccupano. I rivoluzionari, per temperamento, preferiscono, se è possibile, una vita fatta di rischi a una vita tranquilla e senza problemi. Difendiamo la politica di pace per una questione di principio... e perché interessa l'intera umanità. Ma il nostro temperamento di rivoluzionari si sente meravigliosamente bene nelle acque agitate delle situazioni turbolente. Se gli imperialisti vogliono mantenere all'infinito questa situazione di tensione, sappiano che noi in queste acque nuotiamo meravigliosamente bene, perchè sono le acque proprie dei rivoluzionari. E non è che, poiché siamo rimasti al potere cinque anni, abbiamo perso il temperamento e la vocazione di rivoluzionari. Al contrario!

Poi, come sempre, sparisce rapidamente dalle tribune, mentre l'orchestra militare attacca l'Internazionale. Davanti a noi la folla inizia a ondeggiare, e anche sulla tribuna tutti cantano, il Che in prima fila, il petto in fuori, la bocca spalancata.

Fidel, intanto, si accinge a fare un giro per la città, dopo aver preso lui stesso il volante, con grande sorpresa dell'autista. Evidentemente, è contento della sua festa.

3 gennaio 1964

Sono arrivati i Guaranì, un quintetto folk latinoamericano formatosi una decina d'anni fa a Parigi, da un gruppo di esuli paraguayani. Segnalo la loro presenza a Vallejo, ricordando che l'estate scorsa Fidel mi aveva detto che gli piaceva la musica folklorica. I Guaranì accettano di suonare in camera mia, e Fidel ci ha fatto dire che cercherà di venire. Alle dieci Pic ha installato tutte le sue luci, la macchina da presa è puntata sul divano dove sicuramente siederà Fidel, ma... ecco arrivare Vallejo, solo: «Era così contento di venire! Ma quando è arrivato nella hall dell'hotel è stato subito bloccato da cinquanta persone, per mezz'ora. E poi l'hanno chiamato per telefono dalla macchina, sicché è dovuto scappare di corsa. Forse verrà più tardi».

All'una, avverte che non può venire: un controrivoluzionario ha sparato a una guardia davanti all'Ambasciata del Messico, ed è riuscito a rifugiarsi dentro l'edificio. L'ambasciatore vorrebbe consegnarlo, e Fidel è andato di persona a convincerlo che non si può fare...

4 gennaio 1964

Andiamo al concerto dei Guaranì insieme ad alcuni amici cubani, che prima ci avevano invitato a bere un bicchiere a casa loro. Sono due sorelle e due fratelli, uno militare e l'altro diplomatico, e poi un altro ragazzo in verde oliva, che non si sapeva chi fosse. Come sempre in questi giorni, quando non si sa di che cosa parlare si può essere sicuri di provocare una conversazione animata accennando alla "polemica". In un attimo la compagnia si divide: gli stranieri sono per Guevara, i cubani per Roca. Dopo alcuni minuti di discussioni accanite scopriamo che il giovane vestito di verde oliva è niente meno che uno dei capi della polizia dell'Avana. Valerio Riva, che col tono dell'intellettuale europeo gli aveva dichiarato che all'Avana si proiettano più film di alto livello che a New York o a Parigi, cosa di cui dovrebbe andar fiero, diventa verde e tace.

«Capite?!», dice convinto il giovane capo della polizia, con tutto il suo cuore e in buona fede: «Quella gente non sa distinguere, non può sapere, perché deve ancora essere educata, e allora escono dal cinema confusi, non sanno più che pensare. Da una parte gli diciamo che queste cose sono male, dall'altra gli facciamo vedere un film dove uno che vive di prostituzione risulta simpatico! Che bisogno c'è di dare alla gente dei cattivi esempi?»

Dopo il concerto andiamo al Capri, dove ancora una volta il vero spettacolo è il pubblico. L'ultimo ballo dura mezz'ora. Inizia con una canzone infantile messicana, con un'interminabile quantità di versi, poi a poco a poco degenera in un assolo di tamburo africano, sempre più frenetico, mentre i danzatori improvvisano cerchi, si contorcono, si agitano, come se non esistesse limite alla fatica. Avevo già visto questi stessi balli al Teatro Nazionale, in una messa in scena spettacolare, con costumi e scenografie eccellenti, eppure non mi avevano fatto né caldo né freddo. Ora invece, in questo cabaret dove non c'entra niente, queste ragazze con vestiti di organza, magari comprati in qualche asta di roba di *gusanos*, questi giovanotti col doppio petto, sembrano in mezzo alla giungla, trascinati da una forza a noi sconosciuta. Comincio a capire.

5 gennaio 1964

Il Comandante Fajardo è uscito dall'isola di Turiguanò per la sua visita annuale alla capitale. Sbrigati i propri affari m'invita a cenare con lui prima di riprendere la strada. Mi aspetta sul sedile posteriore di una grande macchina nera davanti all'albergo, vestito col classico verde oliva, le piccole stelle di Comandante sui risvolti del colletto. I colleghi dell'INRA, che mi avevano chiamato dalla hall, seguono in un'altra macchina. Ho l'impressione di trovarmi accanto a un uomo cresciuto troppo in fretta, che si protegge da un mondo sconosciuto con questa grande macchina nera, e su questo sedile che è un po' come un trono, mentre sta aspettando una donna, una giornalista, una straniera, con l'intenzione di portarla a cena nel ristorante più chic della capitale, e la fa aspettare un po'. Il bar del ristorante "1830" è l'unico posto dell'Avana dove ci si sente immersi nel mondo di prima della rivoluzione; è un'imitazione discreta degli ambienti delle capitali più colte, con più storia e più grattacieli. In questo quadro insolito il mio compagno torna ad essere se stesso, e cioè un ibrido tra il tecnico e il contadino *guajiro*, un uomo che non è mai andato a scuola e per il quale niente è importante quanto la rivoluzione. Forse è proprio questo sentimento così radicato a impedirgli di stare a lungo fuori dalla sua pelle.

Sono curiosa di sapere come aveva reagito alla polemica Guevara-Roca, sebbene a Turiguanò avesse proclamato che non va al cinema da otto anni. La sua risposta va al di là delle mie attese. Non prende una posizione vaga, come farebbe un uomo eminentemente "pratico" posto di fronte a un problema strettamente intellettuale. Al contrario: rifiuta la posizione di Blas Roca con la stessa lucidità di un Carlos Franqui:
– È assurdo il ragionamento di quel capo di polizia. Se il popolo è stato nutrito per anni con le peggiori pellicole americane e questo non gli ha impedito di fare la rivoluzione, come si può pensare che questi film potranno influire in modo negativo su di lui? Perché non si può mica fare la rivoluzione senza il popolo, sai, con tutti i sacrifici che comporta. E loro hanno paura che per avere visto questo o quell'altro film il popolo abbandoni la rivoluzione?
– Dicono che è pericoloso per quelli che non hanno educazione.
– Ma il popolo, anche se non ha letto Marx, ha un istinto formidabile. Bisogna avere letto Marx per credere nella rivolu-

zione? Io non l'ho letto, e quando ho tempo per leggere leggo i manuali di allevamento.

Gli chiedo com'è arrivato alla rivoluzione.

– Vedi, tra i poveri, io ero di quelli che non morivano di fame, anzi mangiavamo bene, avevamo sempre le scarpe e perfino qualche soldo in più. Non ero un morto di fame; ero un'eccezione. I miei genitori divorziarono quando avevo due anni; e mia madre ha dovuto lavare molti bucati per darci da mangiare. Quelli sì erano tempi duri, ma non durarono molto. Quando ebbi otto anni lei si risposò con uno che macellava i buoi, e io cominciai a lavorare con lui. Mi ha insegnato a lavorare, mi ha fatto uomo. Appresi a leggere da solo, non sono mai andato a scuola.

– E il tuo padrino era rivoluzionario?

– No, certamente, allora non lo era. Ma adesso sì, e come; mio padre anche, del resto, che non ho conosciuto fino all'età di ventitré anni.

– E tu, perché lo sei diventato, se vivevi abbastanza bene? (A diciassette anni era diventato socio al 50 % con due amici; loro ci avevano messo il loro piccolo capitale, lui le conoscenze pratiche).

– Perché?! Ma perché quando mi mettevo a tavola il brodo non mi andava giù, con tutta quella gente intorno che non aveva niente, neanche per comprare il latte per i bambini. Come si fa a starsene lì a riempirsi lo stomaco, mentre gli altri muoiono di fame? Non mi pareva giusto. Non sapevo niente di comunismo, né di Marx, ma sapevo che c'era qualcosa che non andava, che le cose non dovevano essere così.

– Quando Fidel era nella Sierra, forse anche per lui era così. Sapeva ciò che voleva fare senza sapere di essere marxista, non credi?

– Fidel non ha mai parlato di politica quando eravamo nella Sierra. Mai. Però aveva già letto Marx.

– E tu ancora non l'hai letto.

– Non ho tempo. Quello che conta, adesso, non è la teoria, è la produzione. È questo, il socialismo: produrre. Produrre per tutti. Questa generazione, la mia, quella che ha fatto la rivoluzione, ora deve dare tutte le sue forze alla produzione, in modo che i giovani, i *becados*[1], possano studiare.

– Non hai paura che quelli, quando avranno studiato, avranno delle idee contrarie alle tue? Tu le cose le hai fatte, invece di studiare, ma loro, dopo avere studiato, potrebbero vedere le cose in modo diverso da come lo vedi tu.

– Sicuro, ma non m'importa. Quel che conta è che avremo il socialismo. Io posso solo farlo come lo intendo io, con spirito pratico, coi fatti, con le mani e con il sudore. Loro chissà, magari faranno cose che non mi piaceranno. Ma questo è il destino. Ogni generazione deve vivere il suo. Io non appartenevo al Partito Comunista prima della rivoluzione – era pur sempre «fare della politica» e questo non m'interessava – e tu sai che dopo la rivoluzione c'è stato un periodo in cui non era mica facile per uno ch'era stato nella Sierra invece che nel Partito... Se non fosse stato Fidel ad impormi, c'è stato un periodo... Perché credi che la gente segue Fidel? Perché parla bene? Perché sa parlare alle folle? No. Perché fa.

Fajardo ordina un altro daichiri e di nuovo si china verso di me piegando la testa da un lato, e mentre parla scompaiono il tavolo, i daichiri, il lungo bar di legno lucido, la sala discreta con le luci basse:

– Fidel non è uno che dice al popolo «faremo questo e quell'altro». Lo dice, certo, ma dopo lo fa, e il popolo lo sa. E questa è l'unica maniera perché possa funzionare. È inutile fare dei discorsi per dire alla gente: «Bisogna andare a tagliare la canna». È inutile spiegare il perchè, spiegare che con la canna potremo comprare dei frigoriferi. È inutile svegliare la gente alle sei del mattino con l'altoparlante, dicendo «tutti a tagliare la canna»: alle otto, quando è l'ora della radunata, non c'è un gatto. Se non ti vede farlo, il popolo, non lo farà neanche lui. Perché credi che gli uomini abbiano seguito Fidel? Perché nelle battaglie è sempre lui il primo.

Non dico niente, ma forse ho assunto un'aria un po' scettica, perché sto pensando che, per il bene della causa, un buon capo dovrebbe cercare di non farsi uccidere. Fajardo mi inchioda al mio posto, gli occhi che brillano in mezzo ai capelli neri e alla barba nera, come per sfidarmi a pensarla diversamente:

– Chi ha rischiato la vita durante il ciclone? Chi si è gettato nel fiume rischiando la vita, cioè ciò che c'è di più prezioso a Cuba oggi? Queste cose il popolo le vede, sa che cosa vuol dire. Chi va a fare il lavoro volontario nei campi se i capi non ci vanno per primi? Credi che io dica ai miei contadini di Turiguanò che bisogna andare a tagliare la canna? No! Gli dico: «Domani si va a tagliare la canna». Basta. E sono il primo nel campo. Non c'è bisogno di dire altro, solamente «domani si va a tagliare la canna», e che la gente ti veda farlo meglio di tutti. Sai che molta gente dice che anche se non ci fosse stato Fidel, ci sarebbe stata la rivoluzione. Ebbene, quando stavamo nella Sierra, io dicevo, e non ero l'unico, che se veniva a mancare Fidel non avrei più combattuto.

– E oggi?

– Oggi? – mi guarda intensamente – Oggi? Non lo so. Non sarebbe lo stesso. Ma non parliamo di questo, ti prego.

Abbiamo mangiato cose squisite, e Fajardo ad ogni boccone sembrava pensare alle sue bistecche della San Gertrude, nella mensa di Turiguanò, dove può attaccare il sombrero a un chiodo del muro, o mangiare col sombrero in testa e parlare di tori e di silos: argomenti di conversazione che nell'atmosfera del "1830" sarebbero apparsi piuttosto fuori luogo. Quando mi saluta, davanti all'albergo, promette di venire domani per lasciarsi fotografare.

6 gennaio 1964

Dalle otto di stamattina siamo chiusi nell'Habana Libre e teniamo compagnia a Valerio, Edith, Pic e Willy, che Vallejo ha messo in preallarme per l'intervista a Fidel. Si va da una stanza all'altra, si lasciano messaggi disperati alle telefoniste, si fa colazione sulla terrazza della piscina. Nel tardo pomeriggio faccio trattenere Fajardo da Edith, mentre gli scatto alcune fotografie.

Vien sera. Non c'è altra alternativa che andare a cenare al Polinesio, che una volta si chiamava Trader Vics e che ora fa parte del nostro albergo, per cui ha lo stesso centralino telefonico. È il posto dove si mangia meglio, dopo, nell'ordine, il servizio in camera, la piscina e la caffetteria.

Alcuni residenti fissi all'Avana sono membri onorifici del club "Aspettando Fidel". Tra loro ci sono dei cubani, come lo scrittore Juan Arcocha, e degli stranieri, come il poeta argentino Mario Trejo. Questi ultimi vengono a vivere all'Habana Libre quando non hanno l'acqua calda per farsi la doccia o la barba, oppure per farsi prestare il rasoio quando non hanno lame, o per farsi invitare a cena alla fine del mese.

Ma non è soltanto la natura dei suoi ospiti a fare dell'Habana Libre un hotel diverso dagli altri. C'è per esempio la lotta quotidiana con le telefoniste, dalle voci simpatiche, cui è vietato dare il proprio nome e che quindi per noi sono solo un numero. Spesso per rispondere fanno aspettare anche dieci minuti d'orologio, e quasi sempre dimenticano le commissioni di cui sono state incaricate. Sanno tutto della vita degli ospiti pur senza averli mai visti.

Bisogna poi sapere che gli ascensori non arrivano mai. Ti fanno aspettare per ore in sinistri pianerottoli privi di finestre, dipinti di colori diversi ad ogni piano. Scivolano dietro le pareti senza fermarsi, e segnalano la loro presenza al malcapitato, ormai in preda a una crisi di claustrofobia, con un filo di musica. Quella stessa musica che esce giorno e notte da tutti gli altoparlanti dell'hotel, nella caffetteria, in piscina, nella hall, negli ascensori: incessante, ossessiva...

Per star bene all'Habana Libre bisogna sapere inoltre:

che la cameriera, che è responsabile della sua ala, è tenuta a sapere ogni cosa, e può molto;

che i bell boys, che pure sanno molte cose, non debbono fare gran che, ma possono essere di grande aiuto, se solo si ha pre-

sente che cosa significa non poter comprare una lametta da barba o una biro;
che le cameriere del servizio in camera danno del "tu" a tutti, e se uno è malato si siedono sul letto per chiacchierare con lui, e gli consigliano le medicine da prendere.

Ma per capire davvero il nostro stato d'animo occorre situare questo mondo *sui generis* rispetto al resto del mondo, cioè bisogna sforzarsi d'immaginare che cosa significa essere letteralmente isolati dal resto del mondo all'interno di un posto come questo.

La posta arriva dall'Europa di solito in dieci o quindici giorni, ma può anche impiegare un mese, o due, o sei: non si può sapere. I telegrammi per l'Europa arrivano a destinazione, salvo qualche eccezione, ma se si vuole telegrafare a qualcuno che sta per venire a Cuba dal Messico, per chiedere delle calze o del dentifricio, bisogna farlo una settimana prima, perché quasi tutti i giorni il contatto radio con il Messico si interrompe, sicché i telegrammi possono impiegare tre o quattro giorni per arrivare. E dalla radio dipende anche il contatto telefonico con il Messico, il che significa che per parlare bisogna preventivare un paio di giorni, e c'è da considerarsi fortunati se la comunicazione non s'interrompe nel momento cruciale, e ancor di più se si riesce a sentire qualcosa – di solito non si capisce assolutamente niente.

Telefonare in Europa è una vera impresa, per la quale è consigliabile prepararsi psicologicamente – anche se non so bene come – con parecchi giorni d'anticipo. Molti giorni li si trascorre guardando l'orologio, e quando infine, dopo lunga attesa, la comunicazione arriva, la persona che si sta chiamando non c'è più, per cui bisogna aspettare il giorno dopo e ricominciare da capo. Del resto, salvo rare eccezioni, si sente pochissimo.

Ma anche all'interno dell'Habana Libre il telefono funziona male: le linee si sovrappongono, per cui, dopo che si è aspettato un operatore per dieci minuti buoni, ci si trova collegati

con il numero sbagliato e si deve ricominciare ad aspettare
l'operatore per altri dieci minuti. Questo gioco può durare
ore intere.

Certe storie sul telefono ormai sono diventate dei classici.
Eccone una. Un giorno il vignettista francese Sinè, di passag-
gio a Cuba, viene salutato da un giovane nero, nella hall del-
l'hotel Riviera. L'indomani il giovane lo saluta ancora, al che
Sinè, che pur non sa chi sia, ricambia il saluto. Il terzo giorno
il giovane gli si avvicina e gli stringe la mano:
– Come sta?
– Io bene, grazie, e Lei?
– Ora bene, grazie.
E il giovane gli racconta la sua storia: un giorno nel suo paese
gli avevano detto che era stato invitato a Cuba – era figlio di
un alto funzionario o di un ministro di uno Stato africano.
Arrivato a Cuba, però non aveva trovato nessuno ad aspettarlo all'aeroporto. Allora era andato in un albergo, dove gli
avevano dato una camera. Poi erano passati tre o quattro
giorni, e il giovane non sapeva che fare: non parlava una
parola di spagnolo e non riusciva a scoprire chi l'avesse invitato a Cuba, né perché. Passava le sue giornate aspettando
che qualcuno si accorgesse della sua presenza. Finalmente,
quel giorno qualcosa era successo: era squillato il telefono!
Qualcuno evidentemente sapeva che era lì. Era felice!
Soltanto, non era ancora riuscito a sapere chi fosse al telefono, in quanto non appena aveva sollevato il ricevitore la
comunicazione era caduta, e non era più ritornata.

Il senso di questo racconto è che quando si viene a Cuba per
una settimana, si finisce per starci un mese, mentre quando si
viene per un mese si resta un anno. È una specie di malattia:
non si riesce ad andar via. Una delle ragioni più comuni è la
mancanza di posti sugli aerei, ma anche le persone che godo-
no di certe priorità, stranamente, non riescono a partire, per
la semplice ragione che non riescono a portare a termine
quello che erano venuti a fare. E questo è soprattutto il caso
di chi ha a che fare con Fidel.

7 gennaio 1964

Stamattina visita ad una scuola di lingue per *becados*. Fa quello che a Cuba si può chiamare un freddo cane – cioè, ci vorrebbe un cappotto leggero – e le ragazze, all'ingresso, rabbrividiscono in maniche di camicia. Pic deve chiedere il permesso della direttrice per intervistare un paio di ragazze, per il suo film. Mentre aspettiamo, alcune allieve si fermano a parlare.

La prima è una di quelle ragazze di cui non si sa se a colpire di più sia l'aria di salute morale e fisica o la bellezza, e se la seconda sia dovuta alla prima. Ha diciassette anni, non è truccata, i capelli sono corti. Porta l'uniforme delle *becadas*: gonna grigia a pieghe, camicia grigia con bordo arancione sulla manica corta, calze bianche fino a metà polpaccio, scarpe nere. Non so come facciano queste ragazze a non avere un'aria terribilmente scialba, con queste uniformi, che certo sono comode e non sono neanche sempre le stesse, ma che non appaiono granché femminili. Eppure...

La ragazza mentre parla guarda Pic dritto negli occhi, e sorride. È segretaria dell'Unione dei giovani comunisti. Si congeda senza moine. Davanti a noi si ferma poi una ragazza alta, meno bella della prima ma straordinariamente vivace. Studia il russo da un anno. Immediatamente Willy, che ha passato parecchi mesi in Russia e che ha il dono delle lingue, la mette alla prova. Senza battere ciglio la ragazza sostiene la conversazione, esitando appena tra una parola e l'altra, come una persona che viva da sei mesi o da un anno in un paese straniero.

Queste ragazze studiano 25 ore la settimana, di cui 9 ore lingue. Entrano nella scuola a 14 anni, quasi tutte per prepararsi al mestiere di traduttrice. I professori sono tutti stranieri. I paesi socialisti mandano insegnanti specializzati, perciò il livello degli allievi è altissimo. Per le lingue dei paesi capitalisti, invece, si è costretti a improvvisare con stranieri che

desiderano lavorare a Cuba e che si offrono di insegnare la
loro lingua pur senza essere professori. Il livello dell'insegnamento dell'inglese e del francese, pertanto, è nettamente inferiore a quello ad esempio del russo.

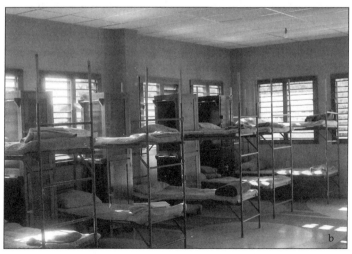

400 autobus a Cuba. «Se gli autobus possono essere considerati come materiale strategico, si può dire, allo stesso modo, che anche i soldati debbono mangiare», replicano gli inglesi, alludendo alla vendita di grano all'Unione Sovietica da parte degli Stati Uniti. Una vignetta pubblicata da "Revolución" mostra un autobus con sul tetto la torretta di un carro armato con un soldato dentro; una fotografia mostra invece un autobus nella fabbrica inglese Leyland, con un cartello sul parabrezza: «Cuba No. 1».

9 gennaio 1964

Nella zona del Canale di Panama, alcuni soldati americani hanno rifiutato di alzare la bandiera panamense, come prescritto da un recente accordo tra i due paesi. Per protesta varie centinaia di studenti e cittadini panamensi hanno inscenato una dimostrazione. I soldati americani hanno sparato sulla folla, causando ventun morti e circa trecento feriti[2].

10 gennaio 1964

Siamo stati chiusi in albergo praticamente tutta la settimana, finché stasera è accaduto l'inaspettato: hanno fatto sapere a Pic di rimanere in stanza a partire da mezzanotte. All'una e mezzo è arrivato Fidel, in compagnia di Vallejo, e ha annunciato che si dovrebbe rimandare il film fino al quindici febbraio. «Dobbiamo assentarci dall'Avana per qualche giorno», stava dicendo Fidel quando sono entrata nella stanza.

Era seduto come al solito nell'angolo del divano, e parlava di un progetto per creare una Casa della cultura cubana a Parigi. Pare che si intenda riorganizzare anche l'ambasciata: «Prima come diplomatici mandavamo degli intellettuali – non avevamo nient'altro. Ma non è questo che ci vuole. Sugli intellettuali non ho niente in contrario, ma quelli coi piedi in terra. Gente che sa sedersi alla terrazza del Cafè Flore la mattina e ordinare una colazione squisita, ma non sa quanti litri di latte deve dare una vacca, non ci serve. Al Governo costerebbe meno metterlo in una bella casa di campagna perché possa creare. Ma nelle ambasciate abbiamo bisogno di gente che capisca i problemi della produzione, che sia capace di trovare le cose di cui abbiamo bisogno, che sappia negoziare, che abbia gli occhi aperti su tutto ciò che può servire alla produzione. Non conosci per caso un esperto di formaggi che possa venire qui? Tra poco produrremo più formaggio della Francia. Lo sai che abbiamo pascoli tutto l'anno? Ti rendi conto della ricchezza?! Sai che tra qualche anno sarà più facile comprare un'automobile che comprare della carne, e che Cuba sarà uno dei più grandi produttori di carne del mondo? Dì, non conosci un esperto in formaggi?»

Poi ha chiesto se c'erano notizie particolari da Panama. E ha commentato, con enfasi:
– Che stupidi! Com'è possibile essere così stupidi?
– Dicono che dietro ci sono i cubani...
– Figurati se hanno bisogno di noi. Noi non dobbiamo fare altro che starcene seduti qui a guardare. Tranquilli, tranquilli.

11 gennaio 1964

Abbiamo le mascelle indolenzite a furia di ridere. Siamo andati a vedere lo spettacolo di varietà di Alfonso Arrau, che ha abbandonato la sua giovane fama in Messico per venire a creare il primo teatro musicale permanente di Cuba. Il Governo gli ha dato un vecchio teatro nel centro dell'Avana, e Arrau lo ha rifatto dal tetto alle fondamenta, tutto di legno scuro e intonaco bianco, in quello stile che s'incontra spesso a Cuba.
Lo spettacolo, al quale partecipano nove ballerini cantanti e un'orchestra di undici elementi, si compone di brevi pezzi di balletto mimo e canto, quasi sempre umoristici, e a farne le spese sono quasi sempre gli americani, i russi o i cinesi. Uno dei pezzi più belli è quello delle ballerine che, sfruttate dagli

imperialisti, debbono rinunciare alla loro dignità per rappresentare un balletto in cui seno, sesso e sedere sono coperti solo da pezzi di cartone – che il pubblico dovrebbe prendere per delle piume. Ma c'è sempre una povera ballerina che sbaglia, e nell'affanno di rimediare un cartone cade per terra, poi un altro... e da quel momento c'è sempre qualcuna con qualcosa di scoperto.

Poi c'è la ragazza potremmo dire dei Parioli che, con una sciocca risatina, vuol presentare il ballo che «l'amica dell'amica, di ritorno da un fantastico viaggio in Russia, ci ha insegnato domenica pomeriggio». È la maniera cubana, un po' menefreghista e forse un po' fiacca, di ballare i balli russi tipici, e finisce con tutti giù per terra, travolti dall'impeto di un ballerino che si era lanciato attraverso il palcoscenico in un estremo tentativo di rendere giustizia alla frenesia slava.

Poi c'è il mimo del burocrate che, mentre con gli occhi sbircia una bellissima *compañera*, lascia andare le dita sul calcolatore. Ne esce l'ordine di comprare migliaia di metri di stoffa dalla Cina. L'inviato del commercio estero parte in nave per la Cina, e infine arriva a destinazione; qui gli si presenta un cinese, che comincia a caricare sulla nave tanti immaginari pezzi di stoffa. L'inviato torna in patria, e dopo poco ecco passeggiare per la scena un ragazzo con un berretto di stoffa cinese, una ragazza con una giacca invernale della stessa stoffa, una dama con un parasole anch'esso di stoffa cinese; e poi un pescatore, una donna in abito da sera e così via: tutti indossano la stessa stoffa...

Pare che alla prima dello spettacolo, al quale ha assistito il corpo diplomatico, questi pezzi umoristici abbiano ricevuto un'accoglienza gelida. Cuba è probabilmente il primo paese dove si fa il socialismo con humour.

All'uscita di uno spettacolo, la sera, c'è un solo modo per riuscire a ottenere un taxi. Bisogna andare a una *piquera pilota*, cioè a una stazione di guardia notturna. I taxi infatti non possono fermarsi per strada. Alla stazione c'è un ometto con un

foglio di carta e una matita che dirige le operazioni: generalmente è qualcuno del Comitato di difesa della rivoluzione di
quell'isolato. Ci deve sempre essere un taxi fermo alla stazione: i passeggeri vi prendono posto raggruppati secondo la
loro destinazione, ma il taxi non può partire finché non ne è
arrivato un altro a sostituirlo, in modo che ce ne sia sempre
uno disponibile in caso di emergenza, ad esempio se c'è da
trasportare un ferito, un malato o una donna incinta.
Percorriamo la strada assieme a un ingegnere. La moglie se
n'è andata negli Stati Uniti. Ci propina una lunga digressione
sui neri: «Va bene quando sono istruiti, ma in generale non lo
sono e non vogliono lavorare. Non è così?» E si rivolge all'autista, che è d'accordo. «Del resto lo sa anche Fidel. È per questo che dice sempre alla gente che si deve lavorare! Lui sa
bene per chi lo dice, va là. Lo sa molto bene...»

domenica 12 gennaio 1964

Oggi non ridiamo più. Siamo andati a fare una gita per le vie
alberate del laghetto di Miramar, il quartiere più lussuoso
dell'Avana, ora abitato quasi esclusivamenete da *becados*.
Facevamo grande sfoggio della macchina che Fidel ha fatto
dare a Pic per facilitare il suo lavoro, una vecchia macchina
americana decappottabile, nella quale bene o male riusciamo
sempre a entrare in otto o dieci persone.
Dovevamo passare a prendere Carlos Franqui. Quando
siamo arrivati davanti a casa sua, in una delle tranquille vie
residenziali di Miramar, l'abbiamo visto uscire e venire verso
di noi. Si è fermato al bordo del marciapiede, con in faccia
un'espressione dolente: «La AP[3] ha appena annunciato che
Fidel è arrivato in URSS. Ha fatto credere a tutti che stava per
andarsene sulla Sierra. Persino a Korda, che pare sia partito
senza vestiti invernali».
Abbiamo passato il resto del pomeriggio in casa di Franqui,
guardando attraverso le sbarre di legno delle finestre una
pioggia improvvisa e torrenziale cadere sulle foglie di palma

nel giardino. Storditi, abbiamo fatto delle ipotesi sulle ragioni di questo viaggio improvviso. Io ero l'unica a sapere che da tempo Nikita aveva invitato Fidel ad andare a caccia di orsi in Siberia, ma gli altri continuavano a scommettere su una certa varietà di motivi di crisi, soprattutto la crisi di Panama. Nel suo cinico, presuntuoso scetticismo da giornalista americano, *Lulu le voyo* si è spinto fino a dichiarare di non credere alla notizia. Ci ha persino scommesso sopra con Pic, ma non ha mai pagato.

13 gennaio 1964

Festa in casa Arrau. Cantano Pacho Alonso ed Elena Burke. Lei è una mulatta piccola, vestita di una gonna di tweed nera e di una giacca di lana verde, come si potrebbe portare in casa la mattina. Non si riesce a capire come mai si abbia sempre voglia di guardarla. Non è bella, ma ha occhi potenti, che fanno capire che non è una persona qualsiasi. Forse non è nemmeno una cantante. I cantanti cubani mi danno sempre l'impressione di *dire*, invece di cantare, e di non avere ritmo. Anche Elena Burke *dice*, ma con intelligenza. Alla fine, quando se ne va, un ballerino di Arrau, sdraiato per terra ai suoi piedi, commenta: «È proprio stupenda. Una Fidel donna!» Al che, dal fondo della stanza, una voce femminile commenta: «Avete visto? Siamo senza di lui. Non mi piace quando restiamo senza di lui..

Note

1   *Becado*: cioè *becario*, "borsista". Il termine si riferisce agli studenti più meritevoli, che ricevono una borsa di studio per proseguire gli studi.

2   Si tratta degli scontri avvenuti il 9 gennaio 1964 per la sovranità di Panama nella zona del Canale. Dopo che diverse centinaia di studenti e cittadini panamensi erano scesi in strada per reclamare il diritto di issare la loro bandiera insieme a quella degli USA, alcuni militari statunitensi sottrasse-

ro una bandiera dello Stato centroamericano e la strapparono. La rabbia popolare che ne seguì, cui la polizia locale non riuscì a far fronte, fu repressa dall'esercito americano a colpi di mitra e cannone: in tre giorni di combattimento furono uccisi 21 o 22 panamensi. Negli scontri morirono anche quattro soldati statunitensi. Il controllo del Canale fu trasferito dagli Usa a Panama solo nel 1977, sotto la Presidenza di Jimmy Carter. Il 9 gennaio 1964 è oggi Festa nazionale di Panama: il Giorno dei Martiri.

[3] Associated Press, agenzia di stampa.

5.

SULLE TRACCE DEI DODICI

14 gennaio 1964

Per entrare in contatto con i Dodici ho preferito non passare per l'ufficio stampa, perché non voglio che questi incontri avvengano sotto il segno dell'intervista. In realtà non m'interessa particolarmente sapere come funziona questo o quel ministero, e ancor meno com'è organizzato l'esercito. Mi basta mettere in evidenza che in seno al Governo ci sono questi uomini, che a suo tempo sbarcarono con Fidel per fare la rivoluzione; e allo stesso tempo, scoprire che tipi sono. Per questo ho chiesto a Vallejo di prendere gli appuntamenti per me o di farli prendere da Ramón, il segretario di Celia Sanchez[1]. Quando ho visto che la cosa non funzionava mi sono rivolta a César Escalante.

Oggi ho il primo appuntamento con uno dei Dodici, il Comandante Luis Crespo, responsabile di tutti gli acquisti, riparazioni e distribuzioni di macchinari e di pezzi di ricambio per l'INRA. Una segretaria mi introduce in un ufficio con divani e poltrone di cuoio bianco, tappeto color bianco d'uovo, abat-jours come se ne incontrano nelle hall dei grattacieli della Fifth Avenue a New York, una scrivania curva lunga tre metri, tende veneziane e una parete coperta dall'ingrandimento fotografico di una litografia antica. Dietro alla scrivania ci sono manuali per l'uso e la manutenzione di macchine agricole, un libro di Louis Bromfield, uno di Camus, il libro di Jules Dubois su Fidel[2], un libro di testi marxisti, e la fotografia di Camilo Cienfuegos.

Entra un uomo di statura media, dalla barba grigia arricciata, la camicia verde oliva aperta su una maglia bianca e una catena d'oro intorno al collo. Mi fa segno di andare a sedere davanti a un catalizzatore di aria fredda, e si siede dalla parte opposta. Entra quindi la segretaria, portando due minuscole tazzine col caffè già zuccherato, e poi sparisce.

– Lei è uno dei Dodici?
– Sì, però non mi piace l'esercito. Preferisco le macchine. Quando stavamo nella Sierra mi occupavo della fabbricazione di macchine, pallottole, armi...
– Legge l'inglese?
– No, solo lo spagnolo, e appena...
– Allora quei libri li ha trovati qui? (l'edificio apparteneva a un'impresa americana)
– No, no, li ho comprati io.
– Perché?
– Per prestarli. Mi piacciono i libri, anche se non leggo. Li presto, e guai se non tornano!... Lei vuole intervistarmi?
– No. Voglio soltanto parlare un po' con Lei.
– Va bene, però qui non è possibile. Il telefono, la gente che va e viene (in effetti siamo stati disturbati già due o tre volte dall'interfon e dalla segretaria.) Sarà meglio di sera, da qualche altra parte.

Prendiamo appuntamento per il giovedì successivo, alle otto. Da qualche minuto Crespo sembra cercare qualcosa in fondo a uno dei suoi grossi stivali. Lo ha slacciato, ma l'idea di frugare con le dita non sembra produrre il risultato sperato.
– Perché non lo toglie?
– Grazie.

Pianta il sigaro in bocca per tener libere le mani, quindi con una forte stretta riesce a estrarre la grossa scarpa, e fa cascare sul tappeto una pietra.
Vuol assolutamente farmi visitare il laboratorio e il magazzino dei pezzi di ricambio. Ogni tanto si ferma davanti ad alcuni pezzi dipinti di giallo, e ogni volta dice una sola parola: *caterpiller*.
La mia ignoranza è tale, che mi ci vuole un po' per intuire che ci dev'essere qualcosa dietro questo evidente gusto nel ripetere la stessa parola: *caterpiller*.
– Vecchie?
– No, no, nuove. Appena comprate.
Sorride. Evidentemente niente lo rende più felice dell'andarsene in giro per il mondo a comprare pezzi di ricambio di trattori nordamericani.

L'"impero" di Crespo sta sulla strada dell'aeroporto, e da lì devo andare in centro per un'altra intervista. Mentre il taxi mi porta in giro per la città, avverto che c'è qualcosa di strano in questi spostamenti. È che in un'isola semitropicale il ritmo della vita è rimasto lo stesso del secolo scorso, salvo che per i ministri e i "comandanti". A un comune mortale basta pochissimo tempo per perdere la nozione di "lista degli appuntamenti". Quando a Cuba senti qualcuno dire: «No, oggi non posso, vado nel tal posto», non significa che ci passerà la giornata. Semplicemente, si fa una cosa al giorno, non di più. Forse perché l'aria è sempre un po' pesante, anche in questa stagione e con una temperatura relativamente temperata, o forse perché qui qualsiasi sforzo richiede molta più

133

energia. E poi c'è il ritmo "antico" dei mezzi di trasporto: solo le automobili dei ministri e dei comandanti vanno a velocità normale, gli altri di solito sono costretti a procedere ad andatura molto ridotta.

Mi hanno detto che avrei trovato Antonio Núñez Jiménez, capitano dell'esercito ribelle e autore del libro di geografia per bambini, al Campidoglio. Che ci fa al Campidoglio un capitano dell'esercito che scrive libri di geografia? Semplice: sta organizzando l'Accademia delle Scienze.

Prima di essere capitano dell'esercito ribelle, Jiménez – forse il più bello dei *barbudos* – era professore di geografia all'Università dell'Avana. Nel suo ufficio dai soffitti altissimi dipinti a cassettoni, con gli infissi a rilievo, mobili del Nove-

cento e interfon moderni, Jiménez mi invita a sedermi vicino a lui su una panca e mi mostra tre grandi volumi, nei quali sono incollati, con ordine meticoloso, i ritagli di stampa e i documenti legali che riguardano la sua carriera prerivoluzionaria. In quel periodo aveva scritto un libro di geografia umana. Batista lo fece ritirare da tutte le scuole e librerie, e bruciare. Erano seguiti processi, la prigione, e tutti i fastidi del caso. Poi, nel '58, Jiménez si era unito alle forze del "26 luglio". Aveva collaborato a preparare l'intervento del Che nell'Escambray, cioè la regione di Santa Clara, con apposite piante topografiche, da lui disegnate sulla base di fotografie prese dall'alto. A proposito di fotografie, ammira la mia macchina fotografica e me ne fa vedere una sottomarina.

Dopo la rivoluzione Jiménez fu nominato direttore dell'INRA. Durante i primi due anni di attività si dedicò a riunire documenti, e pubblicò due libri di memorie: *La liberazione delle isole* e *Patria o morte*. Pare che abbia continuato a raccogliere documenti e a scrivere, ma i suoi nuovi libri sono ancora nel cassetto.
Da un anno sta organizzando l'Accademia delle Scienze, la prima Accademia delle Scienze fondata su principi marxisti in un paese tropicale.
– Perché i cubani mangiano sempre piatti caldi?
– Per abitudine. Gli indiani non cucinavano quasi mai, ma gli spagnoli sì. Così il cubano di oggi è abituato a mangiare i fagioli, l'*enchilado*, e tutte quelle cose di origine spagnola che non hanno niente a che vedere col clima subtropicale. Non si può cambiare un'abitudine di secoli in cinque anni. È come l'architettura: guardi.
Sotto la finestra, i bambini stanno pattinando nel giardino del Campidoglio. Jiménez mi mostra le case che circondano la piazza.
– Le case vecchie, per esempio, avevano una specie di finestra sopra la porta, che comunicava tra una stanza e l'altra. Era una finestra senza vetro, fatta per lasciare circolare l'aria, e

così la casa rimaneva fresca. Ora i piani sono bassi, come in quelle case lì, e l'aria non circola. C'è l'aria condizionata e bisogna tenere le finestre chiuse. Bisogna trovare un'architettura moderna che convenga alle condizioni del nostro clima – come il *bohio*, con le sue pareti di legno e il tetto di *guana*[3]. È la casa più fresca che si possa immaginare, ma per il resto è totalmente priva di igiene...

Siamo interrotti dal telefono. Núñez Jiménez si siede sul bordo della scrivania: «Ma no, non succederebbe niente. Il Canale è fatto a gradini, con una serie di bacini chiusi...» Era sua figlia, che telefonava dalla scuola. La maestra si stava domandando che cosa accadrebbe con le acque cubane se il Canale di Panama fosse distrutto da un bombardamento. La domanda che tutti ci facciamo, in questi giorni, è se a Panama ci sarà un colpo di stato. Chiedo a Jiménez che cosa ne pensa: «Questo non lo so. Ma c'è una cosa che so: che se fosse successo cinque anni fa l'avrebbero già fatto, il colpo di stato. E se non lo fanno ora, è perché nel frattempo c'è stata la rivoluzione cubana...».

15 gennaio 1964

La posizione di Cuba nel contrasto tra russi e cinesi, su cui siamo tutti molto curiosi, è trattata qui con cura rigorosa. I giornali di oggi dedicano i titoli superiori alla cronaca e alle fotografie della visita di Fidel a Mosca, mentre in basso, a centro pagina, ci sono la fotografia e il resoconto della firma di un trattato commerciale tra Cina e Cuba.

16 gennaio 1964

Vado a trovare il comandante Jesus Montané, il nuovo Ministro delle Comunicazioni. La prima cosa che mi dice è che non è uno dei Dodici, poiché fu fatto prigioniero nella battaglia che seguì allo sbarco del Granma[4]. Questo chiarimento è una spiegazione di quel che davvero significa l'espressione "i Dodici". Dodici non erano né i sopravvissuti dopo lo sbarco, né quelli che non caddero nelle mani dell'esercito di Batista. A un certo punto Fidel, ritrovandosi dopo la confusione della battaglia con un piccolo gruppo di uomini, essendo sbarcato con 82, li contò e constatò che erano dodici. Ma una volta giunto nella Sierra, questo gruppo fu presto raggiunto da altri quindici o venti uomini, che erano stati presenti allo sbarco ma che non erano con Fidel nel momento in cui fece quella ormai storica constatazione.

Montané deve avere sui quarant'anni. Non ha barba, porta gli occhiali, non è molto alto, né precisamente molto magro. Insomma non ha niente dell'aspetto atletico degli uomini che ho visto fino ad ora. Eppure, c'è qualcosa, oltre all'uniforme verde oliva, che impedisce di paragonarlo a un classico direttore d'azienda.

«Ero capo dell'ufficio personale della General Motors. Quando la casa madre cessò di esistere, andai a lavorare da Frigidaire, come capo contabile. Fa prima del Moncada. Avevo un collega che la compagnia voleva licenziare per attività sindacali. Per protesta diedi le dimissioni e andai a lavorare da Bauer e Black. Il compagno si chiamava Boris Luis Santacolona. Morì nell'attacco al Moncada. Entrai in contatto con Fidel nel maggio del '52, cioè pochi mesi dopo il colpo di stato di Batista, in seno al Partito Ortodosso, e capii subito, come tanti altri, che eravamo di fronte a un vero leader. Insieme ad Abel Santamaria e a cinque altri, prendemmo la direzione del Movimento del 26 Luglio e ci dedicammo a organizzare l'attacco al Moncada, con un lavoro clandestino di reclutamento e di organizzazione».

Sulle pareti dell'ufficio ci sono le fotografie dei compagni morti. Abel Santamaria fu fatto prigioniero durante l'attacco, dopo di che venne evirato. Gli cavarono anche gli occhi per obbligare la sorella, Haydée, a fare quello che Abel non aveva fatto: rivelare i nomi dei compagni che erano riusciti a scappare (anche Haydée era stata fatta prigioniera, come pure la moglie di Montané, Melba Hernández). Ma Haydée non diede soddisfazione ai torturatori: «Se mio fratello non ha parlato neppure dopo che gli avete strappato un occhio», furono le sue parole, «come potete pensare che parlerò io?»
Un altro importante dirigente della rivoluzione, qui ritratto, è Frank Pais, capo dell'organizzazione clandestina in Oriente, che comunicava direttamente con il quartier generale della Sierra. Fu assassinato per la strade di Santiago nel 1957. C'è poi la foto di Camilo Cienfuegos, capo dell'esercito ribelle, alla guida di una delle colonne che scesero dalla Sierra, mentre il Che con l'altra prendeva Santa Clara. Con la sua colonna entrò all'Avana la stessa mattina del primo gennaio in cui Batista fuggì. Pochi mesi dopo montò su un aereo a Camagüey per venir in fretta all'Avana, ma sparì. «Allora

non facevamo caso al tempo quando prendevamo un aereo, non stavamo attenti a niente. Fidel lo cercò per giorni e giorni, ma non hanno mai ritrovato l'aereo».

C'è anche José Antonio Mella, lo studente che nel 1925 fondò il Partito Comunista Cubano, e che in seguito venne assassinato. E Jesús Menéndez, leader sindacale dei lavoratori dello zucchero, pure lui assassinato, nel '48. E José Maria Etcheverria, presidente della Federazione Estudiantil Universitaria (la FEU), morto nell'assalto al Palazzo presidenziale il 13 marzo 1957. Gli altri, i sopravissuti del Moncada come Montané, stettero 22 mesi in una prigione dell'isola dei Pini.

Ho chiesto a Montané di raccontarmi la sua storia, e ora lo lascio parlare, senza fargli molte domande. Però c'è una cosa che m'interessa sapere: come si era operata l'evoluzione di questi uomini verso il comunismo. Non ho mai trovato due soli stranieri che fossero d'accordo su questo enigma. Uno dei grandi argomenti degli americani contro Fidel è che quando Herb Matthews lo intervistò nella Sierra, nei primi mesi del '57, egli disse di non essere comunista. A partire da questa dichiarazione nascono due teorie: mentiva o diceva la verità? I sostenitori della seconda tesi si dividono in varie correnti riguardo alla spiegazione da dare alla sua conversione: sarebbe diventato comunista per fare un dispetto agli americani, o per far piacere ai russi, oppure per necessità, o per calcolo, o per capriccio o per pazzia. Non ho ancora una mia opinione, ma penso che le conversazioni con gli uomini che hanno seguito Fidel fin dall'inizio, o almeno fin dalla Sierra, mi permetteranno a poco a poco di formarmi un'idea mia.

– Lei era nel Partito Ortodosso prima del Moncada. Quando uscì della prigione dell'Isola dei Pini, quale era la sua posizione politica?

– Prima del Moncada ero nel Partito Ortodosso, cioè ero un progressista. In prigione abbiamo letto molti, molti libri marxisti, eppure quando siamo usciti da lì non si sarebbe potuto dire che fossimo comunisti. Eravamo ancora progressisti, ma con certe idee più chiare di prima. Ben presto diventò evidente che non si poteva restare nel paese. Batista aveva proclamato l'amnistia generale, ma non era cambiato niente, al contrario le cose andavano peggio di prima. Non c'era alcuna possibilità di lottare per vie legali. Fidel non poteva nemmeno parlare alla televisione. Per di più, c'era il rischio costante di essere presi un'altra volta. Tutte le scuse erano buone, erano capaci di piazzare loro stessi delle bombe e poi di incolpare uno dei nostri del fatto. Il primo a partire fu Raúl. Dopo un incidente di questo genere si era rifugiato all'ambasciata messicana, e da lì aveva raggiunto il Messico. Era il giugno del '55. Un mese dopo partì Fidel, per vie normali, e in agosto partii io.

Come sembra tranquilla ora la vita di quest'uomo, in confronto a quel periodo! Improvvisamente, un'intuizione: ho come l'impressione che alla trasformazione che la Cuba rivoluzionaria ha già compiuto – più organizzazione e meno *cha-cha-cha* – debba inevitabilmente corrispondere il senso di una grande avventura – "avventura" in senso nobile – che si è ormai assestata in una routine, uguale a tutte le altre. Quando glielo dico, Montané pare sorpreso, e mostra un po' di disapprovazione:
– Quella lotta non l'abbiamo mica fatta per il gusto di vivere un'avventura. Era uno strumento per prendere il potere. Ora l'abbiamo preso o possiamo mettere in pratica tutte le cose che desideravamo per il paese allora, quando eravamo all'inizio della lotta. Cosa potremmo chiedere di più? Questo per noi è appassionante quanto la battaglia: è tenere in mano i ferri con i quali si possono realizzare i sogni, e non c'è pericolo che ci annoiamo, perché questi sogni sono a lunga scadenza!
– Le piace essere Ministro delle Comunicazioni?
– Detto sinceramente, preferisco l'esercito. Quando mi hanno nominato non lo sapevo nemmeno. Sono venuti nell'aula dove seguivo il corso di ufficiale e me l'hanno annunciato davanti a tutti. Io cascavo dal cielo. Non avevo mai pensato alle comunicazioni, a dir la verità, ma se il Governo e il

Partito decidono che hanno bisogno di me nelle comunicazioni, ci vado – ho già imparato molto.
– Non mi sarei aspettata che Lei preferisse l'esercito. Sembra l'antitesi del militare.
– Infatti... Da giovane non avrei mai pensato di finire per amare l'esercito. Ma il nostro è assai diverso dai soliti eserciti, e veramente tutti vi siamo molto affezionati.
Montanè mi chiede di poter leggere il testo dell'intervista quando l'avrò scritto, e mi invita a fare colazione con lui. Chiama la segretaria con l'interfon e le dice di far mettere un coperto in più per pranzo. Passiamo nella sala delle riunioni, contigua all'ufficio del Ministro, dove siamo raggiunti da due viceministri, in maniche di camicia. Poi compare un uomo che porta quattro vassoi rotondi con coperchio. Dentro c'è la colazione: *piccadillo* con riso bianco e patate dolci e pudding al caffè; ci serve poi quattro Coca-cole, e quando abbiamo terminato, il caffè.

17 gennaio 1964

Miramar è il territorio dei borsisti. Assomiglia a un enorme campus, per i suoi viali eleganti non si vede nient'altro che ragazze e ragazzi, scolari o universitari. Non so se rimane qualche *gusano* a Miramar, ma se sì, certo si nasconde assai bene. Sui prati davanti alle ville, in stile giapponese o mediterraneo, cartelli di legno indicano il nome della scuola frequentata da coloro che vivono in questi insoliti domitori. Se si passa per la Quinta Avenida al tramonto, alle finestre si vedono grappoli di ragazze in blue-jeans e camicia rosa, sedute sui davanzali coi loro libri. Ad altre ore si vedono studenti camminare in fila, al ritmo di un canto rivoluzionario, da soli o in file di due o tre; oppure giocano a pallacanestro, in un terreno trasformato in campo sportivo.
Ci vuole un po' d'impegno per trovare la calle 194, tra la settima e l'undicesima. È qui che ha sede l'amministrazione delle Makarenko e delle Ana Betancourt.

In calle 194 c'è un grande piazzale tra due ville, dove sono parcheggiati una mezza dozzina di grandi pullman e altrettanti piccoli *guagua* (pronuncia: *wawa*)[5] con la scritta "MINED – Departamento de Superación de la Mujer". Il numero civico 705 è una villa grandissima, estesa in larghezza su un prato. L'ingresso per le automobili è presidiato da una miliziana. Il vasto ingresso e le sale contigue sono stati trasformati in uffici, con scrittoi tra busti di cavalli giapponesi, specchi di cristallo, fontane. Donne con l'uniforme delle professoresse e delle dirigenti delle Makarenko lavorano senza affanno. Nel corridoio che porta all'ufficio della direttrice ci sono scaffali di vetro incassati nel muro. Vi sono esposti pupazzi, borse di stoffa, camicie da notte, pantofole.

Per più di un'ora Elena Gil, una donna dai capelli bianchi, gli occhiali spessissimi ma dal viso ancora giovane, mi racconta la cronologia di questo ramo del sistema educativo, partendo dalla campagna di alfabetizzazione del '61.

– Ho frequentato la scuola "Conrado Benitez" – dal nome di un alfabetizzatore assassinato dai controrivoluzionari –, che fu creata per formare, in 14 mesi, 600 maestre, che a loro volta sarebbero state le maestre di tutta una generazione di maestre. C'erano già più maestre che aule quando la rivoluzione arrivò al potere nel '59. (Mi viene in mente che l'anno scorso Fidel mi disse che prima della rivoluzione c'erano 10.000 maestre senza lavoro.) Ma anche dopo aver improvvisato delle aule per quelli che sono rimasti con la rivoluzione, non potevamo coprire le necessità delle zone rurali e montagnose, dove non c'era mai stata una scuola.

– Quanti sono rimasti?

– Circa la metà. Gli altri erano quasi tutti di origine modesta ma con aspirazioni piccolo-borghesi: entrare al club, possedere una macchina ecc. E così non difendevano la posizione della propria classe, ma al contrario si riconoscevano in quella delle classi superiori.

Partendo della Scuola Benitez, che cessò di esistere dopo che il corso di 14 mesi fu terminato, venne organizzato un ciclo di studi posto al di fuori di quelli tradizionali, che dipendono direttamente dal Ministero dell'educazione.

«Prima le scuole notturne primarie per domestiche, dove potevano apprendere anche taglio e moda. Le più dotate intellettualmente passavano poi ad un internato, dove studiavano fino al settimo grado e dove nello stesso tempo imparavano un altro mestiere, secondo le necessità del paese: molte sono entrate a lavorare in banca, negli uffici di contabilità dei ministeri, alla riforma urbana, molte sono diventate operatrici del telefono e del telegrafo. Ma devono abbandonare il loro lavoro per entrare in questo internato, e così il Governo, oltre a pagar loro tutte le spese di alloggio, uniforme e vitto, dà loro uno stipendio di 30 *pesos* al mese. (L'ingresso in un cinema costa un *peso*, un pasto in un ristorante da 1 a 6 *pesos*, il salario minimo è di 85). Non c'è limite d'età per entrare in questa scuola.

Poi, nel 1962, abbiamo aperto la Scuola Makarenko: 1.200 ragazze dai 14 ai 22 anni selezionate da tutte le provincie, partendo dall'ottavo grado. Le allieve seguono un corso intensivo di tre anni per diventare professoresse di liceo. I loro insegnanti sono alcuni dei 600 "Conrado Benitez", che si sono formati in quattordici mesi dopo aver partecipato alla campagna di alfabetizzazione. Alla fine del primo anno circa 300 allieve hanno dovuto lasciare la scuola, o perché non resistevano fisicamente al regime oppure perché non riuscivano a seguire il ritmo degli studi. Delle 900 rimaste, 300 furono selezionate per fare in un anno i due anni di studi rimanenti. Sono loro che avete visto a dicembre al Palazzo della sport. La giornata delle Makarenko è divisa in tre parti: mattina, pomeriggio, sera. Hanno due sessioni di studi e una di lavoro, che possono essere alternate in qualsiasi modo. Perché le Makarenko, mentre studiano, insegnano nella scuola "Ana Betancourt"...»

Ecco il quarto ramo di questa complicatissima rete di donne.
«La Scuola Ana Betancourt cominciò la sua attività nel '61,
per insegnare a 10.000 contadine i rudimenti dei primi gradi
dell'insegnamento, e soprattutto taglio e moda. Vengono
all'Avana per un anno, e in questo periodo danno il massimo rispetto a ciò che possono fare. Quest'anno saranno
12.000. Dall'anno scorso, l'accento, invece di cadere su
taglio e moda, cade sulle materie di insegnamento primario.
Su 10.000, circa 2.000 sono state selezionate per ritornare
nella capitale quest'anno e terminare gli studi primari.
Quelle che dimostrano le doti necessarie potranno poi continuare al liceo e all'Università, oppure in una scuola tecno-
logica. La via normale per diventare maestra o professores-
sa di liceo, però, non è la Scuola Makarenko, che fa parte di
un piano speciale di emergenza. La via normale è la Scuola
mista dei maestri, che comincia a Minas del Frio, nella
Provincia orientale, per graduate del sesto livello. È un
corso di un anno in condizioni di campeggio, visto che le
future insegnanti dovranno iniziare la loro carriera in montagna. Poi passano tre anni di internato a Topes de
Collantes, e infine due anni a Tarara, vicino all'Avana, dove
ricevono lezione dalle Makarenko».
La scuola delle Makarenko, nella Quinta Avenida, è un'assurda, immensa villa bianca, di stile vagamente arabeggiante,

con un ampio prato davanti, come tutte le ville della Quinta Avenida. Era una scuola religiosa. Di fronte, nel parco, c'è una grande costruzione moderna, brutta, che ospita una scuola di tecnologia. Ci sono anche gli alloggi dei professori e una sala da teatro, dove un gruppo di ragazze sta preparando il palcoscenico. Tra poco ci sarà una riunione delle allieve per scegliere le candidate delle Giovani Comuniste. Davanti all'ingresso della scuola alcuni cartelloni con scritte a pastello invitano le allieve a prendervi parte.

Nell'ingresso ci sono scritte con lettere mobili: una citazione di Fidel, una di Lenin, una di Martí. Gli uffici – una sala d'attesa con due scrivanie e due uffici comunicanti – sono pieni di donne, e non si capisce bene chi ci lavora e chi no. C'è quella solita atmosfera che ho già incontrato negli uffici a Cuba: completa assenza di quell'affanno e di quella tensione che siamo abituati a considerare la dimensione normale delle relazioni umane. Non so se la tensione a Cuba è scomparsa per merito del sistema sociale, o se questa è una caratteristica dei paesi sottosviluppati, o invece un dono particolare del carattere cubano.

La direttrice della scuola mi affida nelle mani di un'istitutrice Conrado Benitez. Alicia ha ventott'anni, è piuttosto modesta, eppure ha una dolcezza che impedisce di applicarle l'epiteto "zitella".

Chiedo di visitare una delle case di Miramar dove sono alloggiate le allieve, e mentre attraversiamo un campo sportivo, Alicia mi racconta la vita delle Makarenko, delle Conrado Benitez, delle donne della sua famiglia, che con la rivoluzione si sono tutte messe a lavorare. «Mio padre non voleva che io andassi a fare la campagna di alfabetizzazione, ma a me sembrava che fosse qualcosa di importante da fare. Lavoravo come dattilografa, non era una gran cosa, ho lasciato il posto per andare a fare la campagna – 10 mesi –, e dopo non avevo più dubbi che essere istitutrice era più importante che essere dattilografa. Fino ad allora avevo fatto quel lavoro perché non c'era altro».

All'interno della villa, nel grande salone, troviamo un gruppo di inquiline inginocchiate intorno ad un libro aperto su un tavolo basso: una di loro spiega alle altre quel che non hanno capito della lezione di biologia. Sono alcune delle ragazze che sono state promosse in dicembre e che ora vanno all'Università, e che per metà giornata fanno lezione alle Ana Betancourt.

Mi portano a visitare l'orto, il giardino, le stanze dove dormono in letti a due piani, ognuna con il suo animale di pezza o la sua bambola; il patio con la fontana, la sala da pranzo col parquet di marmo, come tutta la casa, e i tavoli di legno grezzo. Indossano una gonna grigia a pieghe e una camicia color acquamarina fasciata sul fianco.

Alcune di loro sono sposate, quasi sempre con allievi istruttori. Alicia mi spiega che vivono separati, ma che spesso hanno la fortuna, se si tratta di un altro allievo, di essersi conosciuti il giorno di libera uscita, che non è lo stesso per tutte le scuole, ma che evidentemente, in questi casi, corrisponde. Le Makarenko non possono trattenersi con i ragazzi quando sono in uniforme, ma soltanto quando sono in libera uscita.

Andiamo poi a vedere la casa dei bambini delle Ana Betancourt. (Ana Betancourt fu una delle prime donne rivoluzionarie di Cuba, ai tempi di Martí.) La storia dei bambini è questa. Alcuni mesi dopo l'arrivo delle contadine all'Avana, le istruttrici si resero conto che una sessantina di loro erano arrivate nella capitale incinte. Lo fecero sapere alla direttrice, che lo comunicò a Elena Gil, la quale a sua volta portò il problema a Celia, perché consultasse Fidel. La reazione di Fidel fu la seguente: «Sono incinte? Allora cercate un'altra casa, grande, bella, metteteci le ragazze, arredatele con culle, fate venire qualcuno per occuparsi dei neonati, e che le madri continuino i loro studi».

Alcune di queste madri sono tra gli allievi che sono stati scelti per tornare all'Avana per il corso successivo, e tra queste cinque hanno preferito non andare a casa per le vacanze.

Sono giovanissime – hanno 16, 17, 18 anni –, goffe, con i movimenti lenti delle contadine, ma con i capelli pettinati con cura, il rossetto discreto, le camicie in ordine. Una vuol diventare medico, le altre infermiere. I bambini dormono in cinque in una grande stanza, in culle americane. In questo periodo, essendo le madri in vacanza, la ragazza che di solito si occupa dei bambini non c'è. Ma la cuoca è rimasta.
Anche le madri dormono a gruppi di quattro o cinque, in stanze più piccole, come scolare...

18 gennaio 1964

Passando per via Nettuno verso le dieci di sera, abbiamo sentito da lontano della musica, e poi abbiamo visto che un angolo della strada era illuminato più degli altri. Ci siamo avvicinati, e alla fine ci siamo trovati davanti a una statua di cartone di Uncle Sam, con mani da predatore e con accanto un cartellone che condannava l'imperialismo.
Seduti su sedie pieghevoli, in mezzo alla strada, c'erano un centinaio di adulti e bambini, che ascoltavano due miliziane cantare in russo *Notti di Mosca*. Ogni tanto le due dovevano ripigliare il tono.

Era un comitato di difesa della rivoluzione, la Sezione numero uno, che aveva invitato a una festa la Sezione numero due, che cercava di emulare. Dentro la bottega del comitato, un gruppo di ragazzi accordavano le chitarre per il numero seguente.

domenica 19 gennaio 1964

Vado a vedere *L'ultimo samurai* in un cinema di quartiere. Il pubblico cubano partecipa agli avvenimenti dello schermo come tanti bambini. Urla di terrore quando l'eroe è in pericolo, trattiene il fiato come un solo uomo, grida di gioia quando i cattivi se la passano male, e così via. Di fronte alla scena in cui le due famiglie sono sul punto di battersi in mezzo alla piazza del paese, e da lontano si vede arrivare al galoppo un uomo la cui presenza evidentemente cambierà il corso degli avvenimenti, immediatamente associano il personaggio a Fidel, e gridano: «Dai cavallo!»

20 gennaio 1964

I miei appuntamenti con i Dodici non si organizzano così rapidamente come avrei voluto. Spesso mi dicono di stare in albergo e di aspettare una chiamata, e poi non chiamano. Oggi è andata così.
Poi, nel pomeriggio, all'improvviso succede qualcosa di inaspettato: piove, per la prima volta, forse, da quando sono qui: una vera cortina d'acqua, che inonda anche il balcone e fa sparire la città. Mi accorgo, dalla gioia che provo, che la pioggia è anche una necessità dell'anima.
Verso le otto e mezzo ricevo una chiamata da Raúl Castro, che non aspettavo. Gli avevano ricordato che desideravo parlare con lui, e voleva sapere se poteva venire per cinque minuti, in modo da mettersi d'accordo.
Dieci minuti più tardi, eccolo lì. Stessa impressione dell'altra sera al ricevimento. Mi dà del "Voi" - espressione qui inusua-

le - con tono molto *business-like* ma con un sottofondo allegro.
Ha con sé una cartella che pone con cura sul tavolo, accanto
alla sua poltrona, e comincia a farmi delle domande sul libro
e su ciò che voglio da lui. Ho l'impressione che abbia già deciso di accontentarmi, e tuttavia non gli piace l'idea dell'intervista, non capisce che ciò che voglio non è un'intervista nel
senso stretto della parola, e finge di esitare. Non riesce ad
afferrare l'idea che un giornalista possa voler passare un'ora
o due a parlare con lui senza avere delle domande precise da
fargli, e per le quali lui, prevenuto, potrebbe prepararsi. Non
gli piace essere intervistato perché quasi sempre i giornalisti,
deliberatamente o no, gli fanno dire cose che non ha detto.
Mi chiede se sono stata nelle provincie, e debbo elencare i luoghi che ho visitato. Gli dico che sono stata a Biran, e gli chiedo
della casa con la scritta "Caffè la Paloma, Raúl Castro".
– Ha tenuto quel caffè?
– Sì, non so perché lo chiamammo così. Già da prima si vendeva della birra, e quando si decise di chiamarlo caffè, dissi,
bene, facciamo Caffè La Paloma.
Gli dico della scuola, con la biancheria stesa ad asciugare
sulla veranda, e gli dico che nessuno ricordava dove fossero
seduti i fratelli Castro.
– È da poco che abbiamo fatto rimettere la scuola com'era
prima. Per qualche tempo ci ha abitato un contadino, poi,
quando abbiamo cominciato a pensare al museo, gli abbiamo
dato un'altra casa e abbiamo rimesso i banchi di scuola
com'erano prima. La maestra viveva accanto.
– Ho visto la casa; ma lei non c'era.
– Adesso abita qui alla periferia dell'Avana, a Cojimar. Se
vuole andarla a trovare... ha un pezzo di carta? Le scrivo le
indicazioni.
Gli dò un quaderno e lo vedo scrivere a lungo, concentrato:
«Prima maestra di Fidel – Eurasia Feliu – vive a Cojimar,
Ramón deve sapere l'indirizzo esatto».
Tira fuori dalla tasca un carnet stretto e lungo, con la scritta
"segreto" sulla copertina di carta e una rilegatura apribile.

Comincia a sfogliare le pagine: gli appuntamenti sono segnati a macchina. È meglio, dice, che vada con lui un giorno che esce in missione: «Sennò, al ministero, Le toccherà star lì a guardarmi lavorare». Ma alla fine non riesce a fissare una data precisa. Mi chiamerà appena si presenterà un'occasione: «Se però vede che si avvicina la data della Sua partenza, mi chiami Lei».

Mentre mi alzo per accompagnarlo alla porta, faccio cadere un libro dal divano. Raúl lo raccoglie, osserva il titolo, *L'origine della famiglia* di Engels, e mi dice:
– Fu il primo libro comunista che lessi. Me lo ha dato Fidel nel... nel... – guarda il soffitto, aggrottando le ciglia – nel '51, mi pare. Stia attenta che non Le succeda come a me.
– Cioè?
– Che diventi comunista.

21 gennaio 1964

Ho detto all'autista: «Al Ministero dell'Interno», al che mi ha risposto: «Che, va a vedere Ramirito?» Allora ho pensato: strano, chiamano il Ministro dell'Interno con un nome da bambino! Persino l'autista...

All'ingresso del Ministero dell'Interno c'erano più guardie che negli altri. Ho aspettato a lungo nell'anticamera del Ministro, mentre una giovane donna vestita di verde oliva, con i capelli rossi sulle spalle, telefonava con tono mascolino, e un'altra, più anziana, con la stessa uniforme, disponeva le tazze e il caffè su una piccola tavola rotonda. Un giovane comandante è uscito dall'ufficio, si è servito il caffè, ha parlato con le due donne e poi è sparito di nuovo. Ho pensato che fosse Ramirito, ma quando ha aperto la porta per la seconda volta e mi ha fatto segno di passare, l'ho visto uscire dalla stanza, e io mi sono trovata davanti un giovanotto in maglietta blu, che mi faceva segno di accomodarmi.

– E lei il Ministro Valdés?

– Sì. Perché?

– Niente. Quell'altro comandante che credevo fosse Lei, chi è? Non l'ho mai visto.

– Perché vuole sapere chi è?

– Niente. Per curiosità, per sapere se è una delle persone che ho l'intenzione di intervistare, uno dei Dodici.

– Non è uno dei Dodici.

– E Lei non mi vuole dire chi è?

– Perché Le interessa?

– Bene, non ne parliamo più. Non ha nessun importanza.

Il ministro Ramirito si è seduto su una poltrona dalla parte della scrivania, riservata agli ospiti. Ha i capelli biondo scuro, ricci, gli occhi marroni e una piccola barba a punta. Mi ha chiesto che tipo di domande volevo fargli. Come sempre ho risposto che non avevo delle domande precise, che volevo semplicemente fare il suo ritratto. Ha annuito con la testa.

- Ma Lei mi sembra molto giovane per poter esser stato presente all'attacco al Moncada. Montané mi aveva detto che Ramirito doveva essere l'unico ad aver partecipato all'attacco, allo sbarco del *Granma* e alla marcia dalla Sierra all'Avana.

– Ho trentun'anni.

– Già... (dentro di me pensavo: davvero, questo è il Governo dei ragazzini!)

Ha fatto la scuola fino al sesto grado, ha lavorato come falegname, e ha militato nel Partito Ortodosso, dove ha conosciuto Fidel.

– Dopo di che, la mia storia è come quella degli altri: Moncada, prigione, isola dei Pini, Messico, Sierra. Al trionfo della rivoluzione diventai capo della polizia, che in seguito si trasformò nel Ministero dell'Interno. È un mestiere ingrato. Quando abbiamo a che fare con qualcuno, è sempre per una ragione antipatica.

– La polizia è sempre dappertutto...

– Questo però non è vero, m'interrompe il Ministro dalla maglietta blu. Sono stato a Parigi, e mi sono trovato testimone di un rastrellamento di nordafricani. Sono rimasto veramente disgustato da come sbattevano la gente fuori casa, la spingevano di qua e di là con tanta brutalità; e senza giustificazione, poi. Quella gente non aveva fatto niente. Le posso assicurare che da noi non è così. Facciamo il nostro lavoro, ma non in quella maniera. Quel modo di fare è parte di un'altra mentalità, la mentalità fascista.

Gli ho chiesto dove avesse studiato il marxismo. La risposta è stata pressoché la stessa che mi avevano dato sia Fajardo, sia Crespo:

– L'ho imparato vivendo la rivoluzione. Non ho tempo per studiare. Sì, qualcosa di questi libri ho letto, ma non molto. Quelli che vengono dopo di noi studiano, e poi ci daranno il cambio. Io debbo leggere questi.

E mi ha indicato i libri che sono sulla scrivania: manuali di pianificazione del lavoro.

Gli ho chiesto se potevo fargli alcune fotografie. Ha acconsentito con un gesto della mano e con una leggera inclinazione della testa. Mentre parlavamo ho cominciato a scattare. Dopo un po' si è alzato, ha attraversato la stanza, ha aperto un grande armadio a muro in cui erano appese delle uniformi e degli indumenti civili, e ne ha tirato fuori una borsa da fotografo. Da qui è uscita una Nikon penultimo modello. Abbiamo confrontato le nostre macchine, dopo di che Ramirito ha frugato in un vaso, ha tirato fuori un rullino e lo ha caricato. Poi mi si è seduto di nuovo di fronte, e mentre parlavamo si è messo a fotografarmi.

– Certo, una situazione piuttosto insolita: trovarsi nell'ufficio del capo della polizia segreta di uno Stato comunista, mentre ti sta fotografando da tutti gli angoli possibili e immaginabili.

– Se non ha niente da nascondere, non deve avere paura.

– Infatti.

Abbiamo parlato a lungo del più e del meno, soprattutto di problemi legati all'organizzazione, sui quali Ramirito ha mostrato di avere idee più precise di quanto ci si aspetterebbe da un capo della polizia.

– Vede, qui – e ha preso dalla scrivania un mazzo di carte – se sapesse quanto lavoro c'è qua dentro, quanti metodi diversi bisogna sperimentare prima di trovare quello buono... abbiamo ancora tante cose da imparare, non si fa da un giorno all'altro l'organizzazione di un paese, incominciando da capo. Certo, abbiamo fatto molte cose buone anche noi... Ad esempio potrei raccontarLe dei cinquecento e più delinquenti che abbiamo rieducato in prigione, un lavoro davvero molto positivo...

Ramirito a questo punto è andato a rimettere la macchina fotografica nell'armadio a muro.

– Com'è che ha tutti quei vestiti qui?

– Io vivo qui.

In effetti, alle mie spalle c'era un divano, con un piccolo tavolino e una lampada da notte.

– Perché dorme qui?

Scuotendo le spalle, Ramirito mi ha guardato con un velo di tristezza negli occhi:

– Beh, cosa ne faccio di una casa, da solo?

Quando stavo per andarmene, il Ministro mi ha richiamato, per un'ultima domanda:

– E Lei cosa ne pensa dei rapporti tra gli esseri umani?

22 gennaio

La tenuta di campagna dell'ex Presidente Carlos Prio – quello deposto dal colpo di Batista nel '52 – viene utilizzata come internato per i figli di quei combattenti della Sierra che sono stati trasferiti alle unità della capitale.

Si attraversano dei prati percorrendo strade asfaltate. Da un lato si trovano le nuove costruzioni: un'aula per ogni classe, dalla scuola primaria alla fine della secondaria. Gli allievi indossano tute blu scuro, con camicie gialle, verdi, arancione o azzurre, a seconda delle classi. Le ragazze sono goffe con questi vestiti, che fanno apparire i loro visi di contadine ancor più selvaggi. Le maestre sono tutte delle Makarenko e la direttrice degli studi è una bellissima, giunonica mulatta di ventisei anni.

Il *merendero*, la stalla e i quartieri dei soldati sono stati trasformati in dormitori. Alcune donne stanno sistemando la biancheria pulita su ogni letto, che dovrà essere rifatto da ciascun allievo, più tardi.

In quello che era il garage e l'officina meccanica hanno installato la cucina e un dormitorio per le bambine più piccole. Hanno dovuto aggiungere un'altra ala per la sala da pranzo. In cucina i cuochi, ragazzi giovani, mi offrono il caffè in un bicchiere di latta. Stanno preparando la minestra – in una grande bacinella sono state messe a lavare le zucchine appena tagliate; ci sarà anche riso e frutta cotta.

Nella casa dell'ex Presidente dormono le ragazze più grandi. Sono appena uscite dall'ultima lezione del pomeriggio, e ora sono venute a prendere le scarpe e i pantaloncini per l'ora di educazione fisica. Dormono nella stanza di Prio, nella stanza della moglie di Prio, nelle stanze delle figlie di Prio, e ormai non si fermano neanche più davanti al tavolino da toilette della signora Prio, tutto di cristallo, con luci fluorescenti, bambole e statuette di porcellana. La direttrice mi spiega con orgoglio che è stata lasciata lì come un pezzo di museo, che come tale va rispettato.

23 gennaio

Crespo aveva promesso di venire a farsi intervistare stasera alle otto. Alle sette e un quarto telefona per dirmi che arriverà con qualche minuto di ritardo. Arriva alle otto e un quarto, vestito con pantaloni scuri e camicia bianca. Non lo avevo immaginato senza l'uniforme verde oliva e gli stivali. Dopo essersi seduto tira fuori dalla tasca qualcosa che gli dava fastidio: una piccola rivoltella, che depone con cura sul tavolo vicino. Davanti alla mia istintiva mossa di ribrezzo, mi dice:

– È piccola!

È nato "nello zucchero", come dicono qui, cioè in una centrale zuccheriera, vicino a Matanzas. Provò a fare del sindacalismo, e fu eletto responsabile dell'organismo locale, ma davanti alle persecuzioni il gruppo ben presto si sciolse. Quando Fidel uscì dall'Isola dei Pini, un'amico di Matanzas, che studiava all'Università dell'Avana, lo invitò a partecipare a una riunione del gruppo che si stava formando attorno a Fidel:

– Ma sarebbe stato una follia andarci. Si sarebbe saputo subito. Avrei avuto dei guai, e non sarebbe servito a niente.

Fu quando Fidel partì per il Messico che Crespo si mosse: lo seguì, e partecipò allo sbarco del *Granma*.

– Sono stato il primo a lasciarmi crescere la barba ed i capelli. Arrivando alla Sierra avevo promesso che non me li sarei tagliati finché non avessimo vinto.

Questo diventò il giuramento dei *barbudos*. Fidel, però, si limitò a farsi crescere la barba.

– Quando è diventato comunista?

– Mai.

– Come, mai?!

– Mai, perché non ho mai studiato il marxismo. Non sono mai stato a scuola. E ora, c'è troppo da fare per avere il tempo per studiare. Accetto pienamente le leggi e l'orientamento marxista, però non posso dire di essere comunista, se non l'ho studiato. Però, faccio studiare i miei ragazzi, quelli che lavorano sotto di me, tutti devono studiare.

- Sposato?

- Ora sì, da tre anni.

E con un sorriso malizioso aggiunge:

- Avevo già avuto tre figli da tre donne differenti. Ora sta per arrivare il figlio legale...

Stamattina è tornato Fidel. L'hanno annunciato alla radio appena l'aereo ha toccato terra.

Note

[1] Celia Sánchez Manduley (9 maggio 1920 – 11 gennaio 1980). Tra le prime donne a dirigere una squadra di combattimento, durante la rivoluzione, fu poi Segretario alla Presidenza del Consiglio dei Ministri. Fino alla morte prestò servizio al Dipartimento per i Servizi del Consiglio di Stato. Un Memorial Celia Sánchez si trova a Manzanillo, sua città natale.

[2] Jules Dubois, *Fidel Castro: Rebel, Liberator or Dictator?*, Bobbs Merrill, Indianapolis 1959. Il libro fu subito tradotto in spagnolo, da Agustín Bartra e Aníbal Argüello, col titolo *Fidel Castro: Rebelde, libertador o dictador?*, Grijalbo, México C. 1959.

[3] Il *guana* è un albero magnoliaceo (nome scient. *liliorendron lagetta*), da cui si ricava un tessuto vegetale impiegato nella costruzione dei *bohios* (cfr. cap. 2, n. 6).

[4] «Granma era uno yacht di 18 metri, progettato per trasportare 12 persone. Fu acquistato da un cittadino statunitense nel 1956, che lo battezzò "Granma" in onore della nonna. Sullo yacht furono stipati 82 rivoluzionari guidati da Fidel Castro» (da wikipedia.it). Il loro obiettivo era dare inizio alla rivoluzione contro il dittatore Fulgencio Batista. Partiti dal porto messicano di Tuxpan il 25 novembre 1956, essi sbarcarono a Playa de los Colorades il 1° dicembre. Tra i membri del gruppo, passati alla storia col nome di *expedicionarios del yate Granma*, c'era anche il partigiano italiano Gino Donè Paro, morto il 22 marzo 2008. La zona che include la spiaggia dove approdò lo yacht, situata nella zona sudorientale dell'isola, prese poi il nome ufficiale di "Provincia di Granma". Il Granma è oggi in esposizione al Granma Memorial, nel giardino del Museo de la Revolución, all'Avana.

[5] *Guagua*: autobus, di solito di grandi dimensioni. Il termine è diffuso anche in altri Paesi dell'America Latina.

6.

LA MONTAGNA E LA PIANURA

24 gennaio 1964

Stasera Fidel ha raccontato in televisione il suo viaggio in
Unione Sovietica. Nello studio un centinaio di persone, sedute su seggiole di legno, aspettava già da mezz'ora. Nel corridoio, davanti alla porta, i ministri in verde oliva, dopo essersi salutati allegramente, parlavano animatamente, in piccoli
gruppi. Fidel si è fermato per parecchi minuti a parlare con
Dorticós, mentre la gente si alzava in piedi per accoglierlo. È
passato tra le file di sedie, mentre il piccolo pubblico applaudiva, e infine è arrivato, come un cavallo incerto, davanti alla
pedana e alle due telecamere della televisione.
Pochi minuti dopo Aurelio, il segretario di César Escalante,
un ragazzo un po' grosso e dal viso fine, è andato tra le file di
sedie a chiedere se qualcuno aveva dei fogli da dare a Fidel.
Una giovane americana, sposata con un tecnico italiano, ha
offerto un gran blocco di carta rigata. Fidel era seduto al tavolo, al centro della pedana. Ha cominciato a scrivere, l'aria
assorta, del tutto indifferente al fatto che sei milioni di spettatori lo stavano aspettando da più di mezz'ora, mentre la TV
per ingannare l'attesa trasmetteva dei cortometraggi russi. (I
cinema erano chiusi, le scuole notturne anche, il cocktail per
la stampa straniera era stato spostato all'ultimo minuto, per
cui tutti i cubani potevano, e dovevano, essere presenti all'appuntamento con Fidel.) Ha continuato a scrivere per almeno
cinque minuti buoni, mentre i ministri si accomodavano ai
loro posti nelle prime file. Il Che portava il solito berrettino
blu con la stella da comandante – a rigore dovrebbero essere
due –, che ha anche sui risvolti della camicia.

C'era anche un comandante molto vecchio, completamente calvo, che ricordava Erich von Stroheim. «Chi è?» domandai ai miei vicini. «È il generale Bray, non lo sapevi?» E chi altro poteva essere se non il vecchio generale della guerra di Spagna, esperto di guerriglia, che Fidel aveva assunto in Messico per istruire le sue truppe? Anche Bray, ora pensionato e consulente militare dell'esercito rivoluzionario, indossava l'uniforme verde oliva.

Quando Fidel ha iniziato a parlare, si vedeva che non stava bene. Aveva la faccia lucida e dava l'impressione di voler scacciare da sé un qualche disagio. Evidentemente non aveva digerito la cena, o forse risentendo gli effetti di dieci giorni di dieta russa. Sembrava molto infelice, e disposto a dare qualsiasi cosa per potersi liberare della telecamera, che era per lui come una prigione.

A metà del discorso ha citato una cifra, poi ha cominciato ad esitare; non sapeva più se era quella giusta. Ha finito col chiedere conferma a uno dei comandanti, che era seduto tra il pubblico e che l'aveva accompagnato nel viaggio. Durante tutto il discorso sembrava che stesse parlando con una o due persone, come l'ho visto fare più volte, rincantucciato nell'angolo di un divano mentre esponeva i suoi piani. Esitava, cercava le parole, disegnava chi sa cosa sui foglietti che gli avevano prestato, a volte li consultava come se volesse assicurarsi che stava seguendo il piano tracciato, poi si fermava in mezzo ad una frase e non la finiva. A ogni modo si capiva quel che voleva dire, perché il discorso finiva sempre sulla parola chiave e non c'era bisogno di dire di più, se non per ragioni di grammatica. A volte si grattava la testa – era senza cappello, come sempre in TV – e si rivolgeva allo speaker, seduto a un altro tavolo al lato della pedana, come per prenderlo come testimone, e approfittava dei momenti in cui il pubblico applaudiva, e la telecamera si rovesciava su di noi, per prendere un sorso d'acqua da un bicchiere blu.

Durante l'ultima mezz'ora c'è stato un evidente miglioramento. Era come se volesse dire che non sarebbe stato poi troppo penoso parlare ancora un po'. Aveva già spiegato dettagliatamente il trattato a lunga scadenza siglato con i russi per vendere zucchero all'Unione Sovietica a prezzo fisso, e ciò che questo significava per l'economia cubana. Dell'accoglienza russa, invece, aveva parlato poco, con parole mozzate, la testa bassa, la voce dolce. Si sarebbe detto che avesse l'aria di voler sfuggire, ma io sapevo che era una di quelle cose che sono così vere che si finisce per tradirle a volerne parlare molto.

Invece ha cominciato a parlare di Panama, e chiaramente si divertiva a ridicolizzare gli americani. Ma non ha mai gridato. La situazione, ha detto, era così chiara da far vedere dentro l'imperialismo fin nel midollo, per cui non c'era bisogno di alzare la voce. Era un duello che si poteva affrontare maneggiando la spada da una poltrona, perché l'avversario non era che uno scheletro. Infine ha detto che gli americani stavano cercando di dare ai cubani la colpa di quanto era accaduto a Panama: «Che assurdità! Pensano che la gente possa credere che un bambino di appena cinque anni, com'è la nostra rivoluzione, possa fare più danni di un vecchio di sessant'anni, com'è l'imperialismo a Panama!»

Poi è passato a parlare della controrivoluzione, e ha detto che ormai era diventata una cosa anacronistica, come un costume da bagno del 1880:

> Mi ricordo che ieri, nel TU-104 che passava ad una cinquantina di miglia da Miami… era una mattinata chiara, e si vedeva molto bene Miami… stavamo alla finestra e dicevamo: «Questa gente, questa gente!»… Stavamo pensando a tutti quei *gusanos* che se ne sono andati via da qui e sono andati a stare laggiù.
>
> Venivamo da un paese con un clima freddo, diverso dal nostro, ed eravamo ansiosi di arrivare a Cuba, di vedere il verde di Cuba, di sentire il sole e il calore di Cuba; e pensavo a quella gente che ha rinunciato a tutto questo, che si è condannata a vivere in un eterno inverno: quello

della natura e quello della morale, poiché sono andati a ficcarsi in un vero Polo nord morale... E così, mentre passavamo, pensavo a tutta quella gente, mi veniva in mente tutta questa storia, e mi ripetevo: «Quanto vi siete sbagliati!» E mi dicevo: «Buona fortuna nella vostra disgrazia laggiù!»

Alla fine della trasmissione Fidel aveva dato tutte le notizie, aveva fatto il suo rapporto, malgrado l'indigestione, e aveva anche chiacchierato un po', sul filo dei pensieri. Allora si è alzato, ha pronunciato le ultime sillabe: «Ebbene, ecco quello che volevo dire, ecco tutto»; ed è sceso dalla pedana, come un allievo che ha raccontato tutto quello che sa sulla materia.

25 gennaio

Vado a cena con Vallejo al solito Polinesio. Saluta due uomini che mangiano a un altro tavolo. Finita la cena i due vengono al nostro tavolo. Sono due medici di Santiago, e naturalmente cominciano a raccontare i fatti locali al collega, che una volta era direttore dell'INRA della Provincia d'Oriente. Raccontano alcune avventure legate al ciclone, e fanno l'elenco di «chi sta dove». Poi, parlando della situazione generale, uno di loro dice: «Cosa vuoi, i giovani che mandiamo a studiare all'Avana, quando hanno conosciuto questi caravanserragli, l'Avana Libre, il Tropicana, poi non sono mica tanto contenti di tornare a Santiago!»
Se ne vanno, e Vallejo mi racconta il viaggio in Russia. Pare che si siano divertiti come matti, come scolari in vacanza. Sui cubani la neve ha avuto l'effetto che di solito ha sui bambini. Con Nikita (Chruščëv) – «un vigore straordinario per un uomo di settant'anni!» – hanno giocato a spingersi nella neve, hanno fatto a pallate e a chi tirava meglio, e dei picnic nei boschi, con grandi fuochi nella neve. Era stato durante il primo viaggio di Fidel in URSS che Nikita lo aveva invitato a tornare d'inverno, per andare a caccia, e di tanto in tanto

Fidel ci ripensava, e allora diceva a Vallejo: «Che ne pensi? Ci andiamo? Ma farà freddo, vero? Che dici, ci andiamo?» E alla fine il freddo era stato bello. E Nikita è stato sempre con loro, e ha dedicato tutto il suo tempo agli ospiti cubani. (L'anno scorso Fidel mi aveva detto, a proposito di un viaggio che volevo fare in Unione Sovietica: «Vedrai che tipo simpatico è Nikita, vedrai!»)

Al Cremlino hanno giocato ai fantasmi, con Korda: prima hanno raccontato a Fidel che gli amanti dell'imperatrice Caterina giravano di notte per quell'ala del palazzo, poi lo hanno svegliato nel cuore della notte: mani misteriose aprivano la sua porta, il letto si muoveva in modo strano… (qualcuno ci si era nascosto sotto). Un'altra volta, mentre dormiva dopo una cena un po' pesantuccia, hanno cercato di tagliargli la barba, ma non trovavano le forbici. E non è finita: al ritorno, nel Tupolev TU-104, uno dei comandanti che faceva parte del gruppo è uscito dalla cabina di pilotaggio correndo, la giacca di salvataggio sul petto, e si è messo a gridare al disastro, sicché tutti si sono messi a cercare freneticamente sotto le sedie…

– Ma quanti comandanti siete, in tutto?
– Non so, una cinquantina, credo.
– E perché Fidel non è qualcosa di più?
– A quale scopo?

domenica 26 gennaio

Da parecchi giorni vedevo girare per l'hotel una figura romantica e fantomatica, che mi faceva pensare a Oscar Wilde. Mi dicevano: «Ah sì; è Mark Scheifer, il poeta americano». Smisuratamente alto e inverosimilmente magro, ha la testa piena di capelli, di quel colore che gli americani chiamano biondo sporco, i capelli spessi e ondulati sulla tempia sinistra, con grandi occhi e la carnagione color cenere. Porta sempre dei pantaloni neri che pendono dai fianchi, un po' perché troppo grandi, un po' perché ormai hanno perso la loro forma, e una camicia bianca, o quasi, che sembra appesa a una corda da bucato. Le sue gambe non finiscono mai, e camminano con quel passo dinoccolato che sta bene agli americani sportivi, ma assai male a uno che somiglia a uno spaventapasseri.

Come capita sempre all'Avana, abbiamo finito per conoscerci, e oggi è venuto a passare la domenica pomeriggio nella mia stanza, per chiacchierare. È già la terza volta che viene a Cuba. Ogni volta viene per quindici giorni e poi ci sta dei mesi – una volta per ben nove mesi. Vive in Marocco, ma forse da qui farà un salto a New York. Parla più volontieri di politica che di poesia. Scrive per alcune riviste americane di estrema sinistra, e a proposito dei cinesi dice: «Io li capisco, cosa vuoi, non sopporterei neanch'io che mi si desse una pacca sulla spalla e mi si dicesse: "Aspetta domani a fare la tua rivoluzione, intanto noi regoliamo questo problema che ci siamo creati con la bomba atomica". E ora, con quel trattato che Nikita ha fatto firmare a Fidel, hai visto no? Addio rivoluzione latino-americana».

– Perché?

– Perché gli ha fatto appoggiare la politica della coesistenza, e così adesso l'URSS ha un'arma formidabile per calmare i rivoluzionari in America Latina: «Vedete, lo dice anche Fidel che bisogna aspettare»; e addio.

– Mah, io non credo che questo documento voglia dire molto. I termini dell'appoggio sono molto discreti. Scommetto che si è trattato di un compromesso formale, e che tutti lo sanno.

Mark non è convinto, e non è contento. Si sfoga raccontandomi la storia di alcuni americani che spiccano sulla piazza dell'Avana:

– Prendi il "gruppo", quegli americani organizzati in associazione pro-Cuba o non so che: che tipi sinistri! Si trascinano dietro la loro mediocrità, sono proprio dei progressisti americani, la razza di sinistra più triste del mondo. Fanno tutto in gruppo. Non sono come quel tipo di Wall Street, uno che era sempre stato un marxista scientifico e che, arrivato ai sessanta, decise che voleva "fare qualcosa". Lasciò tutto, la Borsa, la famiglia, e se ne venne a Cuba. Credo che sia sempre qui, e che lavori col Che. O quell'altro, un texano, specializzato in brevetti o qualcosa del genere. Anche lui è venuto per sfizio. Ti dà sempre grandi pacche sulle spalle, e fa apposta a parlarti con l'accento del Texas. Ma il più fantastico di tutti è Robert Williams, il leader nero. Ecco la storia: lavora come operaio, fa il suo servizio militare, entra nella NAACP[1]. Poi però nella sua città del Sud Est succedono alcuni fatti gravi, che provocano un'indignazione più grande del solito. Williams decide di agire. Raduna i membri della NAACP, e improvvisamente questi cominciano a comprare armi. Quando il Ku Klux Klan fa un altro raid da quelle parti, riceve una risposta. Williams viene sospeso dalla NAACP, che predica la non violenza. Poi c'è stato un altro episodio, quando la città è stata letteralmente trasformata in campo di battaglia, e Williams è dovuto scappare per non essere linciato. È arrivato per miracolo in Canada, e da lì a Cuba. Ho scritto un libro con i nastri delle nostre conversazioni, l'ultima volta che sono stato qui. Si intitola *Negri con le pistole*.

Sul punto di congedarsi, Mark mi chiede: «Sai niente di questa storia che Fidel sarebbe morto? Pare che la AP abbia ricevuto un cablogramma da Londra, ma qui nessuno sembra sapere niente. Hanno telefonato anche dal Giappone per una voce del genere».

27 gennaio

Non so perché, ma qualcuno mi aveva preso un appuntamento con il comandante Faustino Pérez, presidente dell'Istituto di Risorse Idrauliche. Non è nella mia lista dei Dodici. Al momento di recarmi all'appuntamento ero un po' irritata: non riuscivo a vedere il Che, né Almeida, e mi mandavano a trovare uno che non c'entrava e che per di più si occupava di cose su cui non capirei niente neanche volendo.

Nell'ufficio con le veneziane trovo un uomo dalla faccia marcata, con gli occhiali neri e qualcosa di teso: forse le cicatrici, o forse piuttosto un riserbo un po' insolito per un cubano.

Ritrovo in lui la preoccupazione su ciò che voglio sapere, su ciò che potrei fare con le mie informazioni, e sulle mie impressioni, che avevo già incontrato in altri dirigenti. Subito arriva un chiarimento importante: ha fatto lo sbarco del Granma, e da lì ha raggiunto i gruppi clandestini, fino ad arrivare all'Avana, dove ha diretto il movimento rivoluzionario, in stretta collaborazione con le forze nella Sierra.

Gli chiedo che cosa faceva prima della rivoluzione. So che è medico.

– Vede, credo che non si possa cominciare a parlare subito degli anni della rivoluzione. Per capire veramente come una persona entri a far parte di un movimento rivoluzionario, bisogna cominciare dall'inizio. Credo che come siamo nati e cresciuti c'entri molto con le nostre idee.

Sembra che stavolta io abbia trovato qualcuno che ha qualcosa da dire rispetto a questa domanda banale, che di solito serve soltanto a rompere il ghiaccio.

– Io sono nato nel campo, da genitori poveri. Ho conosciuto subito l'agonia, dico veramente l'agonia della povertà; il lavoro ingrato del campo. Ma quando dico agonia, voglio dire agonia e nello stesso tempo ansia di altre cose. Mi dicevo, già molto giovane, che la vita doveva essere diversa, che non poteva essere questo e nient'altro. Venne la guerra di Spagna. E io ho sentito subito un grandissimo interesse per quel che stava succedendo laggiù, come se per istinto sentissi che poteva essere la risposta alla questione angosciosa che io mi ponevo. Era la prova che la vita poteva essere altra cosa. E poi bisogna aggiungere la naturale tendenza dell'adolescente ad appassionarsi. Ma questa situazione fu per me molto importante anche perché mio padre era dalla parte di Franco.

– Com'era possibile?!

– Adesso Le spiego. Mio padre era un piccolo contadino, che dopo anni di miseria era arrivato ad avere i suoi fittavoli. Tra i poveri era un privilegiato, anche perché il proprietario di tutta la terra dei dintorni ogni anno gli prestava il necessario per coltivare la sua terra – a interessi fortissimi, s'intende, ma per mio padre era una prova di amicizia, e ogni tanto quest'uomo spingeva la sua amicizia fino al punto di onorare la nostra casa con una sua visita. Più o meno a quell'epoca venni all'Avana, all'Università, per studiare medicina. Avevo scelto medicina non perché sentissi una vera vocazione per questo mestiere, ma perché pensavo che fosse una delle cose più utili che potevo fare per la mia gente. Allo stesso tempo scoprii i partiti politici, e mi iscrissi al Partito Ortodosso, che era molto popolare. Poco a poco iniziai a capire che da solo potevo fare ben poco, che quel sogno di tornare nella mia campagna per fare il medico sarebbe stato come una goccia d'acqua nel mare. Cominciai a pensare che con la politica si poteva fare di più per cambiare le cose. Militai attivamente nel Partito Ortodosso. Fu allora, nel '52, che Batista fece il suo

colpo di stato. Fu una cosa terribile, perché lo conoscevamo già, con tutta la sua corruzione, sapevamo a chi si appoggiava, e poi era veramente un crimine attentare contro le elezioni proprio quando sembrava che potesse vincere un partito come quello ortodosso, che finalmente avrebbe fatto qualcosa per il paese. Cominciammo a lottare immediatamente, però senza avere le idee molto chiare sui nostri obiettivi, a parte quello di cacciare Batista. Parlavamo di libertà e di giustizia ma in modo astratto. Non avevamo le idee molto chiare su come realizzare il mondo che sognavamo. Dopo il suicidio di Chibas, Presidente del Partito Ortodosso, il professore Rafael García Barsena, sempre del Partito Ortodosso, organizzò un *golpe* contro Batista, ma fu arrestato tre ore prima di poterlo mettere in atto. In verità, le sue idee erano piuttosto utopistiche. Era un po' come Goulart[2], un ingenuo, perché pensava che si potesse fare una rivoluzione attraverso le riforme. Dopo questo fallimento, il 3 aprile 1953 il movimento iniziò ad andare in declino, mentre il gruppo che si stava organizzando intorno a Fidel prendeva sempre più consistenza. In luglio Fidel fece l'attacco al Moncada, e fu arrestato. L'anno dopo anche il piccolo gruppo che era rimasto nelle fila del Partito Ortodosso, cioè Armando Hart ed io, siamo stati arrestati per attività clandestine, e siamo usciti dalla prigione nel '55, con la stessa amnistia che fece uscire Fidel.
– Aveva già terminato i suoi studi di medico?
– No. Al momento del colpo di Stato di Batista stavo per finire la tesi, ma decisi che non avrei dato l'esame finché Batista non fosse stato cacciato. E infatti l'ho data non appena fu terminata la guerra, nel '59. Mentre ero in prigione conobbi molti membri del PSP, cioè il Partito Comunista. Avevo sempre avuto una grande ammirazione per loro. Non condividevo le loro idee, ma la loro tenacia e il loro coraggio di fronte alle persecuzioni costanti erano straordinari e davvero suscitavano ammirazione. Del resto, non è del tutto giusto dire che io non condividessi le loro idee, perché in verità non mi ero mai preso la pena di studiarle – eppure mi permettevo di

respingerle. Pensavamo che il comunismo fosse essenzialmente un sistema che toglieva libertà alla gente, che toglieva
i figli alle famiglie, e in questo ci aiutava molto la propaganda americana. Il fatto è che per il PSP le possibilità di arrivare a qualcosa erano assai poche, appunto perché era costantemente minacciato, e perciò il suo era un nucleo piccolissimo,
anche se ben organizzato. E inoltre il PSP, nella prima parte
della lotta contro Batista, aveva idee tattiche diverse da quelle del "26 luglio", al quale io aderii quando uscii di prigione.
E il resto lo sa.
– Che cos'ha fatto dopo la vittoria?
– Prima mi hanno messo a capo di un organismo creato che
doveva cercare di recuperare il denaro racimolato in maniera
illecita con la politica. Fu durante il primo anno...
Di colpo si fa sospettoso:
– Ma Lei conosce la mia storia...
– No.
– Allora perché mi domanda queste cose?
– Non Le domando niente in particolare. Se c'è qualcosa che
non vuole raccontare...
– No, no, semplicemente, credevo, ma non c'è nessuna ragione... Ecco, a un certo punto mi sono trovato in disaccordo con
Fidel, e con la maggior parte dei miei compagni, sull'orientamento della rivoluzione. Non mi rendevo conto, come molti
altri, del fatto che il Governo era arrivato a capire che l'unica
strada che poteva condurre alla realizzazione dei nostri
sogni, era quella del socialismo. Così non potevo ammettere
che nei posti chiave venissero messi degli uomini del PSP,
invece di quelli del "26 luglio", che avevano combattuto più
attivamente nella guerra. In seguito a questa divergenza di
opinioni lasciai il mio posto all'Avana per andare a organizzare i primi servizi medici nella Sierra. Cioè, non smettevo di
servire la rivoluzione, però mi ritiravo dalla sua direzione,
perché non ero d'accordo con gli altri dirigenti. Così stetti
nella Sierra, e quel periodo fu molto importante per me.
Prima di tutto fu un periodo di assestamento delle mie idee.

Mi sono trovato in un'atmosfera diversa, lontano, tra l'altro, da alcuni ambienti creati da persone che ora sono in esilio.

– Quand'è stato, all'epoca delle nazionalizzazioni?

– No, no, molto prima. Al contrario, fu al momento delle nazionalizzazioni che... Le racconto: ero sceso dalla Sierra in un paesino, per vedere Fidel annunciare in TV le nazionalizzazioni, le prime, quelle delle compagnie petrolifere, dopo che queste si erano rifiutate di raffinare il petrolio russo. Ebbene, sapevo ciò che stava per annunciare, tutti lo sapevano, ed erano misure alle quali io avevo sempre creduto di essere contrario. Eppure, al momento in cui le ha annunciate, ho sentito qualcosa, ho sentito che in quel momento la rivoluzione entrava in sé, diventava una cosa solida, vera, seria; era come se arrivasse alla maggioranza. E in quel momento ho capito molte cose.

– Cioè? Ha cambiato idea?

– Non si tratta di questo, credo. Vede, Le ho detto che durante la guerra contro Batista il mio lavoro si era svolto in pianura, salvo subito dopo lo sbarco e negli ultimi mesi, che ho passato nella Sierra. Torno su questo punto per spiegarLe una differenza fondamentale tra la mentalità di questi due gruppi di combattenti. Lei ha letto quel pezzo del Che recentemente pubblicato in un giornale, *Primo anno di lotta*? Beh, ricorda che in queste pagine si comincia a dare un'idea della differenza di opinioni tra quelli della Sierra e quelli che stavano giù in pianura, per quanto riguardava le tattiche da adoperare. Quelli della Sierra erano per la guerriglia con l'appoggio dei contadini, e a poco a poco di tutta la popolazione. Quelli della clandestinità, invece, avevano la tendenza a tenere le armi e le munizioni per sé, perché credevano, in tutta buona fede, che la guerriglia da sola non sarebbe bastata, e anche perché, come ha scritto il Che, dubitavano delle qualità di leader di Fidel.

Nella pianura c'erano tutte le organizzazioni, c'era il Partito Comunista, c'era il "26 luglio" e c'era il Direttorio (l'organizzazione più a destra tra le forze di opposizione). E c'erano dei borghesi che sinceramente desideravano la caduta di Batista, il cambiamento, le riforme. Ma non sapevamo esattamente che fare per arrivare a queste riforme, non ci rendevamo conto che per dare da una parte bisogna togliere dall'altra. Eravamo per la riforma agraria, ma in un certo senso avevamo dimenticato che per poter dividere la terra bisogna toglierla ai latifondisti. Così, quando la rivoluzione cominciò ad applicare veramente le riforme a cui noi avevamo sempre pensato in modo vago, non eravamo d'accordo; e tuttavia sentivamo che non potevamo abbandonare la rivoluzione.

Quanto alle nazionalizzazioni, avevo sempre creduto che sarebbe stato impossibile farle senza provocare una risposta disastrosa da parte degli Stati Uniti. Invece di colpo mi accorsi che il loro annuncio mi riempiva d'orgoglio, e nello stesso tempo vidi che agli atti di ostilità degli Stati Uniti l'Unione Sovietica rispondeva immediatamente con il suo aiuto incondizionato. Quando, alla fine del '59, uscii dal Governo per andare nella Sierra, per servire la rivoluzione in maniera diciamo non direttamente legata alle decisioni del Governo, le mie idee, forse, avevano già cominciato a cambiare, ma io ancora non me ne rendevo conto. Avevamo sempre parlato di dare la terra ai contadini, ma quando ci siamo accorti che bisognava toglierla ai latifondisti, abbiamo pensato che non si poteva perché gli Stati Uniti non lo avrebbero permesso; e che se per caso l'Unione Sovietica ci avesse appoggiato, saremmo diventati un suo satellite. Quel che avvenne fu diverso, e già quando nel '61 Fidel disse ai cubani che quello che stavamo facendo era socialismo, tutto era diventato molto più semplice. Avevamo capito che non esistono le mezze misure: o si faceva come si è fatto, o questa smetteva di essere una rivoluzione; e quanto al socialismo, non era quel che la propaganda ci aveva fatto credere, e non era nemmeno necessariamente quel che era stato in altri paesi: era quello che ne facevamo noi.

28 gennaio

Vado a cena dalla mia amica Siomara Sanchez, incaricata per gli Affari Esteri con l'Ungheria. È divorziata da un italiano, ha una figlia di dieci anni e vive con la sorella Marta, anche lei divorziata, che ha due figlie e un figlio. Marta lavora alla Casa della cultura cecoslovacca. Queste due donne sono esattamente il contrario di quelle che ho visto l'anno scorso a una riunione di lavoratori degli Affari Esteri, nella quale si dovevano scegliere gli aspiranti ai posti di Giovane Comunista. Lì avevo scoperto la nuova donna cubana. Gli uomini stranieri dicono sempre che le cubane sono sì bellissime, ma talmente sciocche da non poterle sopportare neanche a letto. In quella riunione, gli uomini, quando dovevano esporre un'opinione su un candidato, avevano le mani che tremavano, anche se la loro voce era tranquilla. Davanti al microfono oscillavano, cercando un appoggio che non c'era. Le donne no; guardavano diritto davanti, senza battere ciglio, e le loro mani non tremavano affatto. Erano delle specie di mitragliatrici, precise, decise, eppure indiscutibilmente femminili, truccate, con la vita stretta e la pettinatura ricercata.

Le mie amiche non sono delle mitragliatrici, al contrario sembrano vivere in una specie di dolcezza avvolgente e tranquilla, con i loro bambini affettuosi e quasi sempre saggi. Sono tornate a Cuba due anni fa dal Messico, dov'erano cresciute. Un'altra sorella è rimasta lì, la politica non le interessa, e ogni tanto manda un cesto pieno di cose da mangiare, soprattutto grandi pezzi di carne congelata.

I bambini di Marta studiano balletto, anche il ragazzo, a cui serve da diversivo agli studi, per cui ha antipatia: «Ma sai, qui non c'è mica pericolo che diventi effeminato. In tutte le scuole di balletto del governo rivoluzionario, i ragazzi devono fare due ore di preparazione militare tutti i giorni, per compensare...»

Cristina, la figlia di Siomara, invece, studia in una scuola normale, e malgrado somigli a una fata, coi suoi lunghi capelli biondi, pare che abbia una curiosità vivissima per le materie scientifiche. «Le bambine tendono a stancarsi molto durante il periodo scolastico, ma appena hanno delle vacanze riprendono subito un'aria florida».

«L'alimentazione», mi spiega, «è difficile, certo, per chi ha l'abitudine di poter comprare di tutto e dare ai figli la dieta migliore, mentre per gli altri il libretto è la garanzia che potranno mangiare cose che prima erano al di sopra dei loro mezzi finanziari, come la carne, l'insalata, il burro, anche se in quantità limitate. Ma ci arrangiamo. Noi per esempio non mangiamo molto riso, per cui una parte della nostra razione la cambiamo con alte cose, uova per esempio».

Cerchiamo di stabilire quale sia più o meno il potere d'acquisto del *peso*. È molto difficile capirlo, essendo il *peso* una moneta non convertibile, che solo arbitrariamente vale un dollaro. In realtà per comprare un dollaro al mercato nero bisogna contare da quattro a dieci *pesos*. Siomara e Marta sono arrivate alla conclusione che per i cubani il *peso* vale un po' meno di prima per i vestiti e gli alimenti, ma che questa differenza è largamente compensata dal fatto che si paga poco o niente (10 %) d'affitto, che l'educazione è gratuita, che le medicine lo sono quasi tutte e che non si paga il medico. Anche i trasporti in comune sono molto a buon mercato, come pure i teatri. Dove il *peso* vale poco è nei settori di lusso: taxi e liquori, per esempio, e inoltre alcuni ristoranti, che hanno mantenuto dei prezzi alti per poter riprendere ai *gusanos* un po' dei soldi che il Governo dà loro come indennizzo per le proprietà confiscate. Possono ricevere fino a 600 *pesos* al mese, con i quali si vive benissimo. Il salario dei ministri, dimezzato rispetto a quello che ricevevano sotto Batista, è di 750 *pesos*. I negozi privati vengono nazionalizzati solo quando i proprietari sono controrivoluzionari; o quando guadagnano più di 600 *pesos* al mese, ma nell'ultimo caso spesso i proprietari rimangono come amministratori, con un salario di 600 *pesos*.

Dopo una cena a base di carne, riso con fagioli – il *congrì* –, pomodori e dolce, la conversazione si fa polemica: chiedo a Siomara cosa ne pensa delle conseguenze che l'accordo firmato tra Fidel e Nikita avrà per i movimenti rivoluzionari dell'America Latina. È d'accordo con me, ma rifiuta la mia insinuazione che i partiti comunisti, in generale, non incoraggino le rivoluzioni in America Latina:

– Del resto lo prova la scarsa partecipazione che i comunisti hanno avuto proprio nella rivoluzione cubana.

– Ma non è vero! Lo ha detto anche Fidel, che senza il lavoro di educazione delle masse, di organizzazione e di propaganda, non ci sarebbe mai stata la rivoluzione!

– E allora? Ha detto anche, e più di una volta, che se non ci fosse stata la rivoluzione russa non ci sarebbe stata la rivoluzione cubana. Ma questo non vuole dire che la rivoluzione cubana l'abbiano fatta i russi...

– I comunisti non prendono il potere quando le condizioni non sono mature per poterlo anche conservare.

– Già! Ma una cosa è certa: che non si può mai sapere, prima, se sarà possibile conservare il potere. La prova è che i comunisti dicevano proprio questo, mentre Fidel sosteneva il contrario. Ed è stato Fidel ad avere ragione.

29 gennaio

Le interviste con i Dodici continuano a tirare per le lunghe. Ma intanto ho capito che quelli che sono stati con Fidel fin dall'inizio non si limitano a questi Dodici, e siccome mi sono interessata particolarmente di educazione, ho chiesto un'intervista con Armando Hart, Ministro dell'Educazione. Il Ministero sta nell'ex Camp Columbia, chiamata ora Città Libertà. È lì che Batista fece il suo colpo di Stato. Ora è un immenso centro studi, un grande parco un po' selvaggio invaso ovunque da ragazzini.

Nell'ufficio del Ministro le sue segretarie, da dietro un'immensa scrivania bianca e nera, mi accolgono con aria contrariata: «Il Ministro è stato chiamato a una conferenza col Comandante Raúl e non è ancora tornato».

Aspetto più di un'ora, mentre le segretarie chiacchierano con una serie di interlocutori attraverso un grande interfon, e rispondono a quattro telefoni simultaneamente: «Ma sì cara, ti assicuro che ti verranno a prendere puntualmente alle sei. Ma no, non ti succederà come l'altra volta, te lo prometto – dice che l'altra volta che sono andati a tagliare la canna l'hanno fatta aspettare un'ora davanti al portone – sì, sì, devi essere pronta per le sei, stai tranquilla che se non saranno le sei meno due saranno le sei e cinque... Un minuto più un minuto meno, ma sempre le sei saranno...»

Altre persone arrivano per incontrare il Ministro: una giovane maestra, un amico dalla Provincia d'Oriente, dai gesti lenti, un professore. Servono il caffè, e alla fine mi dicono: «Da questa parte», e sono nell'ufficio del Ministro.

È meno giovane di quanto sembra nelle foto: i capelli tagliati a spazzola sono già color sale e pepe, ha perso un po' l'aria di

cadetto di West Point: porta gli occhiali e ha le spalle un po'
curve dell'intellettuale.

Figlio di un magistrato, Armando Hart terminò gli studi di
legge nel 1952 – sempre nell'anno fatidico del colpo di stato
di Batista. Era stato un dirigente della FEU, che, malgrado
fosse un'organizzazione studentesca, politicamente era piuttosto importante. Dopo l'attacco al Moncada, entrò nel
Movimento del 26 luglio, e fino all'arresto, nel '58, fece parte
della Direzione del settore clandestino. Nel frattempo si
sposò con Haydeé Santamaria, che dopo avere partecipato
all'assalto del Moncada continuò la lotta in clandestinità,
sempre nelle fila del "26 luglio".

Quello che più m'interessa sapere, per una volta, sono le cifre
di questo enorme e così raro sforzo che è stato fatto nel
campo dell'educazione. Per prima cosa, i *becados*:
– Sono 100.000 in tutto il paese.
– Come sono scelti?
– Quelli di primaria, secondo la situazione materiale della
famiglia, e quelli di secondaria e Università, secondo la situa-
zione materiale e secondo le capacità intellettuali dell'allievo.
– Sono tutti concentrati all'Avana?
– No, ma gran parte sì, perché qui le condizioni materiali

erano migliori. Ora abbiamo due nuove Università, a Las Villas e a Santiago, dove ci sono molti *becados*, ma la maggior parte vengono all'Avana.

– Quante persone furono alfabetizzate durante la campagna?

– 700.000 su 980.000 analfabeti.

– Quante persone parteciparono alla campagna come alfabetizzatori?

– Circa 270.000.

– E ora qual è la percentuale di analfabeti?

– Ora è del 3.9 %, una delle più basse al mondo.

– Quali sono le cifre sulla frequenza scolastica, rispetto a prima della rivoluzione?

– In primaria, la frequenza è raddoppiata: da 650.000 a 1.280.000, di cui circa il 60 % è promosso. In secondaria erano 100.000, ora sono 203.000.

– Quante scuole sono state costruite?

– Il Ministero delle Costruzioni ci ha costruito 671 scuole primarie e rurali con 1.700 classi, e 339 centri scolastici urbani con 3.400 classi. Inoltre hanno ricostruito 300 scuole primarie rurali e 500 scuole primarie urbane. E abbiamo costruito più di cento tra scuole superiori, scuole tecnologiche e preuniversitarie, per un totale di più di mille classi, e più di 150 laboratori artigianali e 125 laboratori scientifici.

– Qual è il budget per l'educazione?

– Nel 1958 furono stanziati per l'educazione pubblica 74.177 dollari. Nel '63 eravamo a 283.290 dollari.

– Questo comprende anche le scuole d'arte?

– No; le scuole d'arte, i conservatori, ecc. dipendono dal Consiglio Nazionale di Cultura.

– Mi può dire qualche cifra sulle scuole d'arte?

– Le darò delle pubblicazioni su tutti questi aspetti, se vuole. Da queste pubblicazioni – un po' confuse – risulta che ci sono ora a Cuba otto scuole di musica, quattro conservatori, tredici centri popolari di musica, tre scuole provinciali di balletto, tre scuole provinciali d'arte drammatica con più di 3.000 allievi, e una scuola per istruttori d'arte con 850 allievi.

– Ho sentito parlare del patronato delle scuole. Che cosa è esattamente?

– Sono le fabbriche o i gruppi di lavoratori che decidono di patrocinare una scuola, in altre parole di darle aiuto economico secondo le sue necessità precise, ad esempio se si vuole costruire un campo sportivo, o per qualsiasi miglioramento, o se occorrono riparazioni, ecc.

Dico al Ministro che durante il mio viaggio in Oriente parecchie volte mi era capitato di vedere dei bambini che non andavano a scuola. S'indigna molto, come aveva fatto Fidel, ma poi dice che già era molto quello che si era fatto, e che non si può sperare di arrivare a una frequenza scolastica del 100 % in pochi anni.

– Questo è un lavoro politico. Eppure, malgrado tutte le cose che ancora rimangono da fare, la situazione è cambiata in maniera radicale. Qui al ministero c'era un impiegato che lavorava qui già sotto Batista, e già alcuni mesi dopo la rivoluzione l'abbiamo sentito dire che era la prima volta che sentiva parlare di educazione in questo ministero.

Non ho nessun dubbio sul valore dello sforzo educativo che la rivoluzione ha fatto. Ma non si può passare sotto silenzio il suo aspetto dogmatico. Racconto le mie impressioni nella scuola rurale, dove avevo chiesto ai ragazzi di raccontare le loro esperienze del ciclone. Vedo il viso del Ministro diventare sempre più truce mano a mano che procedo. È un'espressione che ormai ho cominciato a riconoscere, e quando la vedo so già come risponderà il mio interlocutore. È sempre qui che si interrompe il dialogo: quando la persona che sta di fronte s'irrigidisce per un'osservazione sugli aspetti dogmatici della nuova vita cubana. Sono sicuramente animati da buone intenzioni, ma è inevitabile chiedersi se non sarebbe possibile ottenere gli stessi risultati con uno spirito un po' più aperto. Tento di aprire una porta:

– Immagino che ci vorranno perlomeno due generazioni per potersi permettere il lusso di un altro tipo di formazione, però non Le pare importante che certe tendenze non venga-

no spinte troppo in là, anche se magari ora sono necessarie?
– Ma questo non è possibile nella situazione presente! È una situazione d'urgenza, non possiamo andare per il sottile in materia di educazione politica! L'essenziale è che credano nella rivoluzione, che sappiano che cos'è, cosa vuole dire, perché l'abbiamo fatta. Dopo ci sarà tempo per le sottigliezze. Ora abbiamo bisogno di due cose: migliorare le capacità tecniche e approfondire lo sviluppo ideologico: senza queste cose non si può fare il socialismo. Abbiamo bisogno di agronomi, ingegneri, operai specializzati, di medici, professori, di tutto, insomma. L'educazione è un vero piano di emergenza. Certo, non possiamo pensare di avere subito dei quadri di alto livello, ma miglioriamo. Qui a Città Libertà, per esempio, tutti i maestri del paese passano quindici giorni ogni due anni per seguire corsi di perfezionamento, sia didattico che politico. Tutti ci vengono.
Provo a insistere:
– Ma Lei non crede che la mentalità che si crea con questo tipo di educazione politica, magari impartita da gente che ha assimilato soprattutto le grandi linee, possa avere delle conseguenze pericolose? Per esempio, ci sono un sacco di giovani che dicono che bisogna fare dei film sulle fabbriche e che...
– Perché, Lei crede che non ce ne sia bisogno?
– Sì, certo, sta bene, ma non solamente questo... ci sono tanti soggetti di cui un'artista può parlare, non vedo perché non dovrebbe parlare di fabbriche, ma ci sono anche altre cose, che magari non hanno niente a che vedere direttamente con il socialismo, ma che sono altrettanto importanti.
– Guardi che un vero comunista non dirà mai che bisogna restringere l'orizzonte, un vero comunista non può dire questo, però Lei capisce che...
Nelle pubblicazioni del Ministero dell'Educazione trovo alcuni dati che mi sembrano interessanti. Per esempio leggo che ci sono più di 2.000 borsisti all'estero, quasi tutti nei paesi socialisti, a parte otto in Messico; e che tra questi paesi socialisti figurano anche l'Albania, la Yugoslavia, il Vietnam e la

Corea del Nord. E inoltre ci sono 153 circoli infantili, con un aumento di 25 previsto per quest'anno.

31 gennaio

Visita a Juan Arcocha, autore del romanzo *I morti vanno soli*, e prossimo responsabile culturale di Cuba a Parigi. In attesa della nomina officiale, Juan insegna francese in una scuola per geni. Evidentemente il mestiere di professore non gli piace molto, in quanto non gli lascia abbastanza tempo per scrivere, ma ho l'impressione che questa frustrazione sia in parte compensata dal suo entusiasmo per gli allievi:
– Sono di una curiosità impagabile. Facciamo sempre venire degli scrittori e degli specialisti stranieri per parlare con loro, e dovresti sentire le domande che fanno. Non hanno paura di niente!
Da quanto ho capito, la scuola è frequentata da ragazze e ragazzi scelti in tutto il paese per le loro doti eccezionali. È un internato con borse di studio, dove gli allievi si preparano per l'Università in maniera assai più rapida che nelle altre scuole. Sono 600 quest'anno, però l'anno prossimo saranno probabilmente il doppio.
Ho appena finito di leggere il libro di Juan, che per certe cose mi è piaciuto molto. Racconta l'evoluzione di un gruppo di ragazzi appartenenti alla "gioventù dorata" cubana negli ultimi mesi del '58 e nel primo anno della rivoluzione. Ho amato particolarmente i passi che descrivono l'arrivo di Fidel all'Avana, o piuttosto l'attesa del suo arrivo, che si prolungò per otto giorni; e poi la scena in cui i protagonisti si trovano in mezzo alla folla che converge da tutte le strade della città per dirigersi verso il Palazzo presidenziale, dove Fidel li aveva chiamati per "l'operazione verità".
– Ma tu eri qui in quell'occasione? Credevo che fossi tornato da poco dalla Francia.
– Sono tornato da poco da Mosca, dov'ero corrispondente di "Revolución", passando per Parigi. A Parigi ero stato dal '56

al '58. Poi sono tornato qui. Ho fatto il giornalista, e mi hanno mandato a Mosca. Quando sono arrivato a Parigi dopo tutti questi avvenimenti, i miei amici sono cascati dalle nuvole: «Ma come, quando vivevi qui non volevi saperne nulla, di politica, anzi eri un anticomunista, e adesso fai il corrispondente per un giornale comunista a Mosca!» È vero. Ho cercato di spiegar loro che uno può essere anticomunista quando sta fuori dalle cose, e cambiare del tutto quando gli capita addosso una rivoluzione come la nostra. Per me è stato proprio così. Quando sono tornato a Cuba, ho visto che tutti i miei amici facevano qualcosa per la rivoluzione: o stavano nella Sierra o nella clandestinità. E tutti mi guardavano con sospetto, io che avevo passato quegli anni di lotta tranquillamente a Parigi – perché quando sono tornato era il '58, erano praticamente gli ultimi mesi della lotta. Ero fuori dai giochi, e così mi venne un vero complesso di inferiorità.

Poi c'è stato il trionfo, e dopo la prima euforia generale è diventato chiaro che chi non aveva trent'anni di partito alle spalle era fuori dalla corsa. Io non avevo mai fatto parte di nessun partito, quella era un'esperienza che non avrei mai potuto rifare, e così mi venne un altro complesso. Ma poi è saltato fuori che alcuni di quelli che erano stati nella Sierra avevano tradito la rivoluzione. Poi c'è stata la disgrazia di Anibal. E così alcuni di quelli che avevano trent'anni di Partito alle spalle sono andati a raggiungere alcuni di quelli che avevano tre anni di Sierra, e io poco a poco mi sono reso conto che non è tutto essere stati nella Sierra, né avere trent'anni di Partito. Quello che conta è rimanere con la rivoluzione. Non ho fatto la Sierra, non ho trent'anni di Partito, ma sono sempre qui, e adesso non ho più complessi.

Note

[1] Sigla della National Association for the Advancement of Colored People, fondata nel 1909.

[2] João Belchior Marques Goulart (1918-1976), avvocato e politico brasiliano *trabalhista*, fu Presidente del Brasile dal 7 settembre 1961 al 1 aprile 1964. Per salvare l'economia dall'inflazione galoppante (80% nel 1963), il ministro moderato della Pianificazione, Celso Furtado, decise di attuare una riforma agraria e di nazionalizzare le compagnie petrolifere, ma suoi progetti furono stroncati da un golpe militare guidato dal maresciallo Humberto de Alencar Castelo Branco, appoggiato dagli USA (31 marzo 1964), che accusò Goulart di essere «al servizio del comunismo internazionale» (da wikipedia.it).

7.

LA CRISI DEI PESCATORI. INCONTRO COL CHE

1 febbraio

Melba Hernandez è una donnina rotondetta e tranquilla. Mi riceve nella sua casa di Miramar alle dieci del mattino, in pantaloni e con due bigodini in fronte. «Ciuccio mi ha detto che Lei voleva parlare con me...» "Ciuccio" è suo marito, il Comandante Jesus Montané, Ministro delle Comunicazioni. Sul camino della veranda c'è la fotografia di una giovane ragazza: «Sua figlia?» «No, una nipote». Il tono neutro della risposta è di quelli che dissuadono dall'insistere. Mi accontento di immaginare che i Montané non hanno figli.

Melba si siede accanto a me. Curioso questo modo di ricevere sulla veranda; il salone, visto dalla porta, non sembra molto più accogliente, e Melba mi fa l'impressione di una donna per cui queste cose non sono importanti, quasi come se non se ne rendesse nemmeno conto.

Mi racconta senza fioriture il suo passato, le mani giunte in grembo. Quando sposò Montané, dopo avere partecipato all'attacco del Moncada, era già avvocato. Accompagnò suo marito nell'esilio messicano, e al momento dello sbarco del *Granma* tornò a Cuba per le vie normali. «Dopo lo sbarco mi hanno tenuto quattro giorni in prigione. Dopo continuai a lavorare clandestinamente per il "26 Luglio", fino all'estate del '58, quando raggiunsi i combattenti nella Sierra».

Dopo la vittoria fu nominata direttrice delle prigioni femminili, dove, per la prima volta a Cuba, venne messo in atto un programma di rieducazione. «Le donne imparavano a cucire, e vestivano intere famiglie della Sierra. C'era pure un atelier

di artigianato. Facevano anche qualche lavoro nei campi, e
potevano seguire le classi primarie».
Un anno più tardi fu fondato l'Istituto Cubano di Petrolio, e
Melba ne fu nominata vicedirettrice. Poi passò al Ministero
dell'Industria, per occuparsi dell'impiego dei residui di zucchero per la produzione del legno. Infine fu mandata alla
Scuola nazionale dei quadri del Partito. Ora svolge diverse
attività, sempre per il Partito e secondo le necessità, e ha la
carica fissa di Presidente del Comitato di solidarietà col
Vietnam.
Melba mi chiede quali siano le mie impressioni di Cuba.
Passiamo parecchio tempo a discutere i vantaggi del sistema
del Partito unico ma anche i pericoli che possono derivare dal
fatto che per i settori minoritari è impossibile esercitare una
qualsiasi influenza nella vita del paese. Melba cita una rubrica di "Hoy", intitolata"Cento Occhi", come esempio della
possibilità di fare delle critiche e di richiamare l'attenzione
delle autorità su quel che non va.
Mi lamento di non poter trovare i vecchi discorsi di Fidel, e
finalmente sento Melba reagire con un certo slancio: «Ma
certo che si trovano! Penso di averli tutti qui, aspetti che li
vado a cercare». Torna con un librone, ma è il secondo volume, il primo non riesce a trovarlo. Alla fine, chiedo se posso
fotografarla, ma mi dice che ha passato l'età.

Stasera il pianista nero *Bola de nieve* – "Palla di neve" – ha
dato un ricevimento per i giurati del concorso letterario
annuale della Casa de las Americas. *Bola* spende tutti i soldi
che ha per comprare i quadri dei migliori pittori cubani, e
ogni volta che all'Avana capitano degli artisti o degli intellettuali stranieri si mette d'accordo con gli organi ufficiali che li
hanno invitati per poterli avere a casa sua.
Alle nove, un'ora dopo l'orario programmato per l'inizio
della cena, siamo solo in quattro ad ascoltare *Bola* nel suo
repertorio napoletano. Con il menefreghismo per l'etichetta
che a Cuba è piuttosto comune, gli altri invitati arrivano con

quasi due ore di ritardo. Il tavolo è carico di cose meraviglio-
se da mangiare, ma *Bola* continua a farci servire degli aperiti-
vi, e torna al piano. Non si può dire che canti davvero, piuttosto *dice* le sue canzoni e le accompagna in maniera molto
brillante, interpretandone il ritmo a modo suo. L'ultima canzone è cinese e si intitola *Il socialismo è buono*. «I cinesi», ci
spiega scattando in piedi, «la cantano così»: ed eccolo fissare
con gli occhi nel vuoto, la testa rigida e la voce monotona e
triste. «Ora», continua, «dato che il socialismo *è* buono, io
invece lo canto così»: si butta sul pianoforte e trasforma la
melodia cinese in un ritmo "alla *Bola*", che fa pensare a un
pachanga indiavolato.
Intanto i presenti cominciavano a temere che avesse dimenticato la cena. Ma dopo mangiato ho capito perché aveva prolungato il concerto: *Bola* ora si teneva la testa tra le braccia,
immobile a un angolo del tavolo, gli occhi pesanti. Una volta
saziatosi, non canta più.

domenica 2 febbraio

Dopo cena, al Bar delle Antille dell'Havana Libre incontro
una giovane francese, Jeanette Pienkny. È venuta a Cuba il 26
luglio del '62, ed è rimasta. Ha lavorato come insegnante di
letteratura francese, come interprete per Armand Gatti,
durante la lavorazione del film *Otro Cristobal*, infine come
formatrice delle guide impiegate al Congresso degli architetti. Tra poco tornerà in Francia per riprendere gli studi: ha
deciso di passare dalla laurea in Lettere a quella, più specia-
listica, di Studi demografici[1].
Jeanette sta bevendo il solito daichiri con tre etnologi cubani.
Rogelio Martinez Faure fa parte del triumvirato che dirige il
Conjunto Folklorico Nacional, mentre Alberto Pedro e
Miguel Barnet (quest'ultimo è anche poeta) lavorano nella
piccola équipe etnologica che dipende dall'Accademia delle
Scienze. È la prima volta che sento parlare di Yoruba e di
Lukumi, di Abakoa e di Santeria. Finora la parola "afrocuba-

185

no" mi faceva pensare soltanto a un tipo di musica ripetitiva, molto ritmata e rumorosa, e tutto sommato abbastanza noiosa. Ora invece mi dicono che la maggioranza della popolazione cubana, più o meno di nascosto, pratica uno dei riti da cui questo genere di musica proviene. Una delle attrattive più forti di queste religioni pare sia l'esistenza degli oracoli. Non esiste la nozione del peccato, al contrario è possibile raccontare i propri problemi al sacerdote, e trovare una soluzione negli oracoli da lui trasmessi. Queste profezie si basano su uno dei punti fondamentali delle religioni africane, e cioè sull'idea che tutti gli uomini sono figli di uno degli dei. Dal tipo fisico e dal carattere di ciascuno si può individuare quale sia la sua "paternità divina", e da lì predire il suo avvenire o consigliare come dovrebbe comportarsi in tale o tal'altra situazione.

A Cuba si praticano tuttora quattro di questi riti, malgrado siano passati quattro secoli da quando i primi schiavi arrivarono dall'Africa. È vero che fino alla fine del XVIII secolo, a causa della dispersione degli schiavi, del loro numero relativamente scarso e delle notevoli difficoltà di acclimatamento, questi riti ebbero un'esistenza piuttosto difficile. Ma quando gli spagnoli cominciarono a sviluppare l'industria dello zucchero su basi industriali, fecero venire altre centinaia di migliaia di schiavi. Un gran numero di neri si ritrovarono così raggruppati insieme, e questa unità rese loro più facile ambientarsi nel nuovo contesto. Così iniziarono a mettere radici nel nuovo ambiente, e con loro anche i vecchi riti africani.

Alberto Pedro mi dice che il successo di questi riti in gran parte è dipeso dalla tolleranza delle autorità spagnole, mentre per contro negli Stati Uniti la mentalità puritana ha frustrato fin dall'inizio il desiderio degli schiavi di praticare i loro riti: nelle piantagioni agli schiavi era vietato persino di tenere i tamburi. Ad Haiti, invece, le cose andarono come a Cuba. Alberto pensa che questo *laissez faire* religioso nei confronti degli africani possa essere spiegato, almeno in parte, con il temperamento latino: qui gli spagnoli, a Haiti i francesi. Gli chiedo se i neri degli Stati Uniti venissero più o meno delle stesse zone di quelli cubani, e lui risponde di sì, che la "tratta" partiva dall'Africa centro-occidentale, dalla Nigeria alla Costa d'Oro.

I due riti più popolari a Cuba sono la Santeria e il Palo. Ce n'è anche un altro, invero abbastanza importante, ma Alberto lo considera a parte: «Gli Abakoa sono più un'istituzione giuridica. Quello che hanno in meno, si può dire, è la religiosità». Si tratta di antiche società segrete, che nelle tribù svolgevano funzioni giudiziarie e che erano sorte per opporsi all'eccesso di potere dei re (come del resto avvenne anche in Occidente). «Le Abakoa provengono da questo tipo di istituzione, e rappresentano quindi, propriamente, un fenomeno politico, anche se il rito in se stesso ha anche un contenuto religioso. Provengono da una regione semibantù, la regione di Carabali nel sud della Nigeria, mentre i neri che praticano il Palo sono bantù originari del Congo. Gli altri due gruppi sono di provenienza sudanese. Sono gli Arara e gli Iyesa. Sono gruppi più chiusi, per cui gli etnologi hanno ancora una scarsa conoscenza su di loro. D'altra parte entrambi ora sono abbastanza decaduti, anche a seguito del loro ermetismo, e a poco a poco si stanno integrando nella Santeria. Del resto anche la Santeria, il Palo e l'Abakoa hanno visto diminuire la loro importanza, a seguito del loro isolamento ma soprattutto a causa della gran quantità di dei che questi culti religiosi contemplano. I nomi cambiano da un rito all'altro ma più o meno corrispondono, e del resto corrispondono anche, almeno in gran parte, agli dei greci. L'Olimpo della Santeria è il più generoso, eppure anche qui i venti dei originali si sono col tempo ridotti a una dozzina. Sono quelli che si avvicinano di più ai caratteri cubani: ad esempio Otchosi, dio cacciatore, non ha più un culto molto importante, perché non corrisponde alla realtà cubana».

Quando ci separiamo, i ragazzi ci promettono di portarci a vedere qualche rito, e Alberto si impegna a preparare qualcosa di scritto. Ora sono davvero curiosa, anche se non credo che potrò mai sentire il loro fascino, come invece Jeanette.

3 febbraio

Gli americani hanno sequestato quattro barche da pesca a dodici miglia dalla costa cubana, e cioè in acque internazionali. Immediatamente qui si è manifestata una grande indignazione. L'*affaire* panamense è ancora caldo, e questo nuovo episodio ha l'effetto di versare olio sul fuoco.

4 febbraio

"Siquitrilla" racconta, in "Revolución", la sua visita al centro di "autorieducazione" di Guanacabibe, in compagnia del suo padrino, il Che. Come al solito butta lì una serie di osservazioni con l'aria di non voler toccare davvero le questioni spinose. Molte delle cose che vengono da Guanacabibe sono prodotte volontariamente dagli "inquilini". Il problema in questo periodo, scrive "Siquitrilla", non è tanto chi arriva, ma chi parte. Ad esempio pare che manchino un falegname e un calzolaio: «Se fossi falegname o calzolaio, starei attento di questi tempi».
Il Che ha domandato a un gruppo di uomini perché stessero lì – a Guanacabibe ci si va per scelta, in alternativa alla prigione. Ecco le risposte. Uno studente: «Perché mi sono innamorato, in Polonia». «Solo innamorato?» «Beh, qualcosa di più». Una giovane recluta: «Perché ho sparato dei colpi per aria». "Siquitrilla", nelle didascalie delle fotografie, nota che i prigionieri sono armati e che non vengono sorvegliati quando, ad esempio, vanno nel bosco a tagliare la legna. L'articolo finisce così: «Il Che, scendendo dall'aereo (che aveva pilotato lui stesso), mi domanda: "Allora, si è convinto?" Punto e a capo: "E qui finisce il viaggio"».

5 febbraio

Durante una conferenza stampa di Fidel sulla faccenda dei pescatori, uno dei giornalisti gli ha chiesto di commentare le voci che lo davano morto. Risposta di Fidel: «Lei se n'è rallegrato, vero?»

Mi addentro nell'Afrocubano. Stasera Alberto e Miguel ci portano a Guanabacoa, un paesino abbarbicato ai fianchi dell'Avana, per conoscere un prete del rito Palo. Si chiama Oriol, ed è anche ballerino del Conjunto Folkorico. Vive alla periferia di Guanabacoa, in una strada sterrata piena di pozzanghere, in una casa minuscola che al buio sembra ancora in costruzione. È quasi mezzanotte quando arriviamo, perché ci siamo attardati a cenare. Non volevamo più venire a quest'ora, per timore di disturbarlo, ma i due etnologi hanno insistito, sostenendo che a casa di Oriol, un po' perché è sacerdote, un po' forse perché è artista, ci si può andare a qualsiasi ora, e che né lui né i suoi familiari troveranno niente di strano nel doversi alzare dal letto per riceverci.

In effetti nella prima stanza dorme, su una branda, il vecchio padre. Mormora alcune parole inintelligibili, sorridendo, e se ne va in fondo alla casa a chiamare Oriol. Gli unici altri mobili di questa stanza sono due o tre sedie di legno mezzo sfasciate, una piccola credenza dipinta di bianco e dei sacchi di cemento con scritte cinesi. Alle pareti, pezzi di cartone con delle scritte a pastello mezze sbiadite avvertono i fedeli che questa casa è al loro servizio e che quindi devono rispettare le regole del rito. Sopra la branda, una splendida pittura un po' slavata rappresenta l'origine del rito secondo una leggenda che né Alberto né Miguel sanno spiegare con precisione.

Appare quindi Oriol, un uomo che sembra avere circa trentacinque anni. Ci fa entrare nell'altra stanza, nella quale ci sono altre sedie scassate, un armadio, un buffet e l'altare, che consiste in un enorme calderone pieno di ceppi di legno. Per terra, una gran varietà di pietre e di altri oggetti, piatti, candele, bottoni ecc. Un gattino avanza timidamente, una zampetta dopo l'altra, in questa inverosimile raccolta. Sulla porta della stanza, dipinta di blu, sono disegnate in bianco delle strane croci e frecce. Mi dicono che sono gli stemmi dei preti antenati di Oriol. Indicandoci la sua, Oriol ci chiede: «Quanti anni mi date?» «Trentacinque». «Ne ho quarantanove. Sono i sacrifici che mi fanno rimanere giovane. Il sangue di un animale invece del mio».

Mentre ci offre da bere un liquore bianco ci fa un lungo monologo sul marxismo, il cui succo è: prima della rivoluzione i *paleros* erano perseguitati, e questa è una delle ragioni per cui nel rito si utilizzano accessori cattolici, come la croce. Ma in verità, prosegue, i riti africani hanno più cose in comune con il marxismo che con il cattolicesimo: il *palero* cura gli spiriti dei morti, ma di solito muoiono più poveri che ricchi, per cui...

6 febbraio

I trentotto pescatori delle barche sequestrate sono stati incarcerati in Florida. Raúl Roa[2] ha inviato una nota ufficiale di protesta a U Thant[3], mentre il Governo ha dichiarato che da domani cesserà di approvvigionare d'acqua la base USA di Guantanamo, salvo un'ora al giorno, per le necessità delle donne e dei bambini.

Per quanto inverosimili siano i motivi, è da lunedì che la crisi ci appare avvicinarsi ogni giorno di più, e noi la vediamo arrivare, sapendo che se scoppia può essere la fine. E mentre la crisi si avvicina, noi viviamo guardandoci vivere, facendo le solite cose, seguendo gli avvenimenti un po' distrattamente, come se si trattasse di un pettegolezzo o fossimo su un altro pianeta. Ed è esattamente quello che stanno facendo anche i cubani.

Mentre tutti si domandano come reagiranno gli americani alla rappresaglia cubana, i giurati del concorso letterario della Casa de las Americas, terminati i lavori, partono dall'Habana Libre in lunga carovana per partecipare alla cena in campagna offerta dalla direttrice della Casa, Haydée Santamaria[4]. Durante il tragitto si ascoltano le notizie trasmesse da Washington e dalla Florida. Lo speaker parla dell'affare dell'acqua con lo stesso tono che si usa per raccontare le fasi di una guerra. Sembra che la questione dei pescatori legalmente non dipenda della giurisdizione della Florida e che questo Stato, dove sono concentrati la maggior parte dei controrivoluzionari cubani, stia facendo un po' di testa sua, mentre Johnson[5] pare voglia mantenere la calma.

È piovuto, goccioloni cadono dagli alberi raffreddando l'aria. In giardino, sotto una tettoia, è stata apparecchiata una tavola a ferro di cavallo. I camerieri portano in tavola enormi piatti che però nessuno osa toccare, sicché il cibo si fredda. L'atmosfera sarebbe davvero lugubre se non avessi dei commensali davvero simpatici. Uno di loro è lo scrittore messicano Fernando Benítez, l'altro è un giornalista pure messicano, che sorridendo ci confessa che arriva sempre a Cuba al momento di una crisi.

Alla fine Haydée Santamaria si avvicina e ci si pianta davanti. Ha una voce metallica e parla con impeto: «Uff che noia, nessuno si alza per prendere da mangiare! Di solito preparo dei tavoli piccoli, ma questa volta non ho osato, non sapevo se gli intellettuali lo avrebbero trovato corretto». Sembra non accorgersi che tutti stanno aspettando lei per iniziare. È una donna alta, con lunghe gambe, i capelli corti e quasi biondi, gli occhi marrone. Ha un modo piuttosto atletico di camminare. Porta un vestito giallo più da pomeriggio che da sera, e non è molto truccata. «Eh sì, voi intellettuali siete difficili, complicati. Guardate le vostre cricche, i vostri gruppetti. Perché non ci sono mai problemi alla Casa de las Americas? Lo sapete, perché? Perché la Casa de las Americas è diretta da un'analfabeta!» Benítez prova a protestare. «Sissignori, un'analfabeta, non scherzo. E siccome sono analfabeta, siccome non conosco niente di letteratura, né di pittura, posso dire solo che una cosa mi piace e l'altra no, ma non so perché. Non ho tendenze, capite? Hai mai visto un centro culturale senza litigi e senza problemi? No! E perché? Perché ci sono sempre delle tendenze; c'è quello a cui piace l'arte astratta, e allora il figurativo non vale niente, e c'è quello a cui invece piace proprio il figurativo, ed ecco che è l'arte astratta a non valere niente. E così ecco che nascono intrighi, battaglie, non si va mai d'accordo, anzi ci si odia. Mentre da noi, alla Casa de las Americas, è tutto tranquillo. Perché? Perché la direttrice è un'analfabeta e non segue nessuna tendenza!»

7 febbraio

Finalmente ho appuntamento con il Comandante Juan Almeida[6], per cena. E in più, l'attesa mi è valsa la possibilità di ricevere anche l'altro Viceministro delle Forze Armate, Ifigenio Almeijeras. Da parecchie settimane cercavo di fissare un appuntamento con loro, separatamente, ma alla fine mi hanno fatto comunicare che preferivano venire insieme. Lo trovo un po' strano, ma non ho niente in contrario. Anzi, potrebbe essere divertente, e almeno è qualcosa di diverso dal solito.

I due entrano da me con aria un po' sfiduciata, e sembrano ridere dentro di sé, in maniera trattenuta, come due bambini convocati dal preside della scuola. Almeida confessa di essere stanco e che preferirebbe tornare domani. Almejeiras aggiunge che sarebbe meglio fare uno alla volta. Non mi oppongo, ma dopo qualche minuto di esitazione rilancio l'idea di qualcosa da mangiare, visto che ormai sono qui. Almeida appare incerto, ma alla fine si lascia convincere. Mentre aspettiamo che ci portino la cena, chiedo a Almejeiras di raccontarmi che cosa faceva prima della Sierra. Con tono da burla mi fa l'elenco delle sue occupazioni: «Un po' operaio, un po' *lumpen*, un po' gangster... insomma, un po' di tutto». È un uomo barbuto, dal profilo regolare. Piuttosto bello, non fosse per gli occhi molto inquieti.

– Dopo il colpo di stato di Batista, con mio fratello iniziai a partecipare alla lotta clandestina. Mio fratello morì nell'assalto al Moncada, io invece fui catturato.

Almeida, seduto in un angolo, beve tristemente il suo rum. Gli chiedo delle sue canzoni – a Cuba è famoso per i suoi bolero quasi quanto per esser stato uno dei capi dell'esercito ribelle. Di colpo Ifigenio mi interrompe:

– Ma Lei crede ciecamente a quello che la gente Le racconta?

– Certo. Finché non ho motivi per credere il contrario.

– Ma non cerca di sapere se Le dicono la verità? Come fa il Suo lavoro?

– Parto dal principio che mi dicono la verità. Sennò non farei questo mestiere. Sarebbe troppo antipatico. Chiedo alla gente di fidarsi di me, di credere che sono in buona fede quando riferisco le lore parole, e perciò è giusto che a mia volta io creda alla loro buona fede.

– Ma Lei non ha mica l'intenzione di scrivere quel che Le ho detto, vero?
– Certo che sì! Ma non era vero niente!
– Beh, se Lei mi dice che stava scherzando, e adesso mi racconta la verità, io scriverò questa versione. Sennò scriverò la prima.
– Adesso Le racconto... Ma prima intervisti Almeida.

Mi rivolgo ad Almeida, che ha seguito questo botta e risposta con un mezzo sorriso.
– Allora?
– Più o meno la stessa cosa che Ifigenio.
– Ah no! Troppo facile! Se lui non avesse parlato per primo, Lei avrebbe dovuto fare lo sforzo. Sù, andiamo!
– Beh, insomma, è più o meno lo stesso. È il rovescio della medaglia.

Ancora una volta Ifigenio viene in suo soccorso:

– Lo sa che un'ora fa è arrivato un pescatore americano con una barca, che è venuto da solo, dalla Florida, con la tempesta, per portare questa barca a Fidel in cambio delle nostre che sono state sequestrate?

– Davvero? E perché non me l'ha detto subito?!

– Mi ero dimenticato. Fidel stava andando lì quando siamo usciti dal Ministero per venire qui. Ha attraccato proprio lì, vicino al Ministero, e ci siamo passati per un momento.

– Cosa pensa che succederà ai pescatori, ora che hanno tagliato l'acqua a Guantanamo?

I due comandanti scuotono le spalle, con l'aria di chi ha visto ben altro:

– Mah, per ora non succede niente».

Arriva la cena. I due ragazzi – Ifigenio ha trentun'anni, Almeijeras qualcuno in più – prendono d'assalto il tavolo. Hanno ordinato minestrone, cocktail di aragosta, bistecca, insalata, torta e vino. Si mettono a mangiare come se fossero ancora nella Sierra. Ifigenio non vuole aspettarci per la bistecca, velocemente si prepara i piatti con lo scaldino, quindi sparecchia la tavola e ci serve tutti. Bevono un'intera bottiglia di vino rosso, come se fosse acqua. Alla fine, Juan, sottovoce, intona il suo ultimo bolero. Poi, protestando, va a sedersi in una sedia vicino ad una lampada, per raccontarmi «la sua faccia» – l'altra faccia della medaglia – e per lasciarsi fotografare.

– Mio padre era barbiere, poi diventò impiegato dell'amministrazione pubblica – nella sanità. Sono andato a lavorare a otto anni. Ho fatto il muratore, il falegname, il *lumpen*, e tutto il resto. Poi sono entrato nel Partito Ortodosso, e a partire da lì, Lei lo sa già, Moncada e via dicendo. Ah, dimenticavo una cosa importante: scrivo musica da quando avevo 14 anni.

Fu così che proprio nella giornata più tesa della crisi dei pescatori cenai con i due Viceministri della guerra. Uscimmo. Ifigenio mi accompagnò dai miei amici in un ristorante, Almeida invece andò al Ministero per vedere se c'era qualcosa di nuovo: solo dopo due ore passate insieme avevamo scoperto che il telefono dell'Habana Libre era rotto e che pertanto nessuno avrebbe potuto chiamarli.

8 febbraio

È tornato Pic, con la sua troupe, per terminare il film con Fidel, ma non sono ancora in stato di allerta. Jeanette riceve una telefonata da Alberto: Oriol stasera vuole portarci a vedere il rito di uno dei più famosi *paleros* di Guanabacoa. Quando ci riuniamo per andare, scopriamo che la passione africana ha dilagato: c'è il club degli Aspettando Fidel al gran completo, Valerio Riva con la moglie, Pic e Ailly, Alberto e Miguel, e poi Sarita, la beniamina dei documentaristi dell'ICAIC, una ventiduenne minuta, che parla in una specie di "romanaccio" locale e ha uno spirito acutissimo, soprattutto quando c'è da prendere in giro se stessa e in generale la popolazione nera di Cuba.

La casa di Arcadio è relativamente ricca per la media di Guanabacoa, siano neri o bianchi. Ci sono molte stanze, e una di queste è dedicata al rito Yoruba, dato che Arcadio è di volta in volta *palero* e *santero*. Nell'ultima stanza, in fondo a uno stretto corridoio, c'è il tempio *palero*, che sembra una serra. Le foglie di palma arrivano al soffitto, le pareti sono verdi, e a completare l'impressione di un ritorno nella giungla ci sono pure i tamburi, tre o quattro, vicino all'altare. I fedeli sono tutti raccolti intorno alla stanza, seduti o in piedi. Ballano o battono le mani. Cantano tutti, compresi i bambini di sette o otto anni, vestiti con bei costumi bianchi, gli occhi che luccicano.

Stanno sacrificando un gallo. La mia attenzione è distratta dalla cerimonia, perché devo stringere la mano ad Arcadio. La stretta di mano al *palero* si fa in tre tempi: prima una stretta nornale, poi una intorno al pollice, infine un'altra normale. Mi rimetto a guardare la scena del rito, e vedo che un giovanotto a dorso nudo sta ballando con un lunghissimo coltello in mano, anzi è un pugnale. Penso che faccia parte del sacrificio, per cui continuo a guardare tranquilla.

A dire il vero non sono poi così tranquilla: fin dal primo momento in cui sono entrata in questa stanza, pervasa dalla musica dei tamburi, qualcosa è cambiato nel mio atteggiamento verso i riti africani. Inizio a capire che questa musica può davvero diventare una passione. Ma perché lo diventi bisogna sentirla così, quando serve una vera funzione e provoca vere emozioni tra i fedeli, e non a teatro o su un disco. Credo che solo dal vero possa toccare anche gli estranei.

Il ballo del coltello continua: dieci, quindici, venti minuti. E ora il mio interesse non è più tranquillo, anzi comincio a preoccuparmi. L'uomo, si vede dagli occhi, è in trance. La danza consiste di salti avanti e indietro accompagnati da ampi gesti col coltello, come se stesse tagliando la testa a qualcuno. Chi del nostro gruppo si trova in prima fila, come me, cerca di nascondersi dietro a qualcuno, senza darlo a vedere – i fedeli stanno del tutto tranquilli –, oppure dietro una palma o una sedia, insomma cerchiamo di non star proprio lì a far da bersaglio. Ma a poco a poco cominciamo a provare un sentimento diverso, più interessante della paura: sentiamo che gli assistenti, e in primo luogo Arcadio, capiscono in maniera infallibile quando la tensione del ballerino sta arrivando a un punto critico, e in quel momento, con tatto e abilità impressionanti, gli si avvicinano, e cantando o battendo le mani riescono a dare ai tamburi un nuovo ritmo, e così a creare una nuova situazione drammatica, il cui effetto è di far passare senza incidenti il momento della crisi e di spingere l'uomo in trance verso un nuovo motivo interiore.

A un certo punto l'uomo stacca dal muro una pelle di tigre, se la aggiusta sulla schiena, ricopre con la testa dell'animale la propria, e poi continua a ballare. Quindi passa la pelle a un altro, mentre prosegue nella danza. Ogni tanto scompare nel corridoio, dove batte col coltello sulle pareti o fa dei disegni invisibili per terra, come se scrivesse sulla sabbia. Continua ad andare e venire, finché a un certo punto resta in corridoio talmente a lungo che per farlo tornare è necessario uno strata-gemma: alcuni uomini prendono la pelle di tigre, se la metto-no sulla testa, e ballando vanno nel corridoio. All'inizio l'uomo in trance li ignora, sicché devono andare avanti e indietro parecchie volte prima che li degni della sua attenzione. Alla fine però li segue, col coltello appoggiato sul dorso della tigre. Ma non è finita. L'uomo continua a ballare col coltello ancora a lungo, finché alla fine cade a terra. Arcadio allora gli dice di alzarsi, anzi lo costringe ad alzarsi. Alberto mi spiega che resta-re a terra a quel modo significa morte; e così è necessario che si rialzi, a tutti i costi. Alla fine l'uomo cade su una piccola sedia, che qualcuno ha preparato al momento giusto, e viene più volte colpito sulle spalle. Gli fanno bere un bicchier d'acqua. Comincia a sanguinare dal naso, e la trance è rotta.

Mentre Arcadio cade in trance a sua volta, in maniera ancora più rapida e violenta, noi beviamo birra tiepida, che ci viene servita da un secchio in bicchieri di metallo colorati. Alla fine, quando tutto è terminato e noi ormai stiamo per andarcene, ci richiamano indietro, perché Arcadio, ora che non è più il *palero* ma se stesso, desidera conoscerci. Ci fa entrare in una cuci-na americana tutta gialla e ci fa sedere attorno a un tavolo, per bere rum e Coca-cola. A questo punto avvia una discussione sulla definizione della vita, che culmina nella domanda: «Quanti buchi possiede l'uomo?» Quindi ci racconta come ha guarito dei malati che i medici avevano dato per spacciati, e come teme che un giorno lo si accusi di fare mercato nero, con tutta la roba che la gente porta ai riti e che, non venendo con-sumata, rimane da lui, per essere usata la volta dopo.

Mentre torniamo indietro, dico ad Alberto che sono stata molto colpita dall'intensità drammatica della situazione del-l'uomo col coltello, e da come Arcadio riusciva a evitare che cadesse. Alberto mi fa molti complimenti. Ci svela poi il mistero del rito a cui abbiamo assistito: l'uomo in trance era il figlioccio di Arcadio, che se ne era andato, contravvenendo a tutte le regole, per formare un suo gruppo, e che quella sera era tornato, pentito.

domenica 9 febbraio

L'altra sera Ifigenio mi aveva promesso che saremmo andati a trovare un suo amico poeta. A casa non c'era, ma girando per le strade vicino all'hotel l'abbiamo trovato davanti a un bar, con dei chitarristi. È un ragazzo di trent'anni, forte ma non bello, coi capelli spettinati e la faccia sudata. Ifigenio gli ha detto che volevo vedere le sue poesie. Dopo averlo lasciato, Ifigenio mi ha raccontato la sua storia: «Ha fatto un anno di prigione per aver sparato a uno che voleva ammazzare Fidel durante una manifestazione; in carcere ha terminato i suoi studi di veterinario. Ora lavora in giro per le fattorie, dove hanno bisogno di lui e dove lo mandano, ma qui ha un *pied-à-terre*, dove dipinge. Ma è più bravo come poeta».

10 febbraio

La crisi dei pescatori continua. Pare che la stampa statunitense stia facendo una discreta campagna per far capire che quel che fa la Florida non è necessariamene ciò che vuole il Governo federale. Un editoriale del "New York Times" diceva che l'arresto dei pescatori è stato un grave errore.

11 febbraio 1964

Del Che mi avevano detto che «di tutti gli uomini della rivoluzione, è il più intelligente». Ma mi avevano detto anche: «È argentino, la sua lingua non perdona».
A me l'idea di dover affrontare un combattimento dialettico non divertiva affatto. Ho la mia dose d'intelligenza e discreto *sense of humour*, ma da lì a misurarmi con un capoccione con il dente avvelenato... Ma certo non potevo rinunciare a conoscere il Che: sarebbe rimasto un buco nel mio rosario rivoluzionario...
Il guaio era che il Che si faceva elusivo. Ogni volta che gli telefonava Cesar Escalante, diceva che sarebbe stato difficile,

che aveva molto da fare eccetera. Alla fine, dovetti rassegnarmi ad usare l'elemento di persuasione più forte che conoscevo: feci dire a Fidel che non riuscivo a vedere il Che, e il giorno dopo Vallejo mi disse che aveva parlato col Che, per conto di Fidel, e che lui si era rassegnato a ricevermi: quel sabato alle undici. Quando lo dissi ad alcuni amici cubani, loro mi risposero in coro: «Sei sicura che vuol dire le undici del mattino?» Non era una malignità: già, il Comandante Crespo mi aveva detto che quando doveva vedere il Che, lui gli dava appuntamento alle quattro del mattino. Soffre di quella forma di asma contro cui non si può fare niente, e pare che di notte si senta meglio.

Arrivo con dieci minuti di ritardo, e mi riceve subito. L'ufficio è una stanza grandissima, di forma irregolare, mi sembra, con alcune pareti di legno, un quadro scuro, forse grigio. Tutto è un po' in disordine e ci sono molti libri in giro, su scaffali, tavoli, su un divano e sulle poltrone dove ci accomodiamo.

Inutile cercare di arrivare al volo al livello di questo mostro d'intelligenza. Cominciamo a piccoli passi:

– La ringrazio molto di avermi ricevuta. Lei dimostra grande costanza nel rifiutare di parlare coi giornalisti...

– Ci si perde troppo tempo... e poi va a finire che ti fanno dire quello che non hai detto.

Fa un gesto con la mano, come a dire che è inevitabile.

– Beh, visto che ne parla Lei, Le vorrei chiedere se ha veramente detto, in uno dei Suoi ultimi incontri con una delegazione italiana, che bisognerebbe ammazzare tutti gli imperialisti dai 15 anni in su.

Sorride. Appena.

– Sì, l'ho detto, ma in risposta a una domanda precisa: «Cosa possono fare gli altri paesi per aiutare Cuba in caso di un attacco?» Lei capisce che c'è differenza tra dire una cosa come quella e indicare una necessità in risposta a una domanda precisa. Non mi piace ammazzare nessuno, né incoraggiare altri a farlo.

– Ma, dopo quella frase Lei ora appare come una specie di mostro che non troverà pace finché non avrà divorato vivi tutti gli imperialisti dai 15 anni in su.

Questa volta sorride per davvero.

– Se fosse così, bisognerebbe far fuori anche i neonati.

– Comunque, mi spieghi bene che cosa intendeva con questa risposta. Qual era la questione?

– Volevo dire che non serve a niente che la gente vada a dimostrare davanti alle ambasciate, che scriva lettere ai partiti del tipo: «Condanniamo energicamente l'attacco a Cuba!» In caso di un attacco a Cuba, se si volesse aiutare Cuba ci sarebbe una sola cosa da fare: uccidere. Che in ogni paese dell'America Latina, per esempio, si faccia fuori la più grande quantità di imperialisti possibile, di quelli che sono in età per nuocere. Questo è l'unico linguaggio che potrebbero capire, l'unica cosa che potrebbe farli riflettere.

– Mi hanno raccontato che a Cuba si spara a vista ai controrivoluzionari.

– Chi gliela detto?

– Un amico che lavora in una fattoria collettiva nell'Escambray. E poi quando stavo a Bayamo, con Korda, una sera l'hanno portato dentro perché indossava i pantaloni verde oliva con un pullover rosso, e uno della polizia ha raccontato che la settimana prima avevano ammazzato uno che era sceso dalla Sierra vestito così. Fanno finta di essere *barbudos*, perciò ora i *barbudos* devono vestirsi correttamente.

Ride. Prende tra le dita la camicia, sul ventre, mentre se ne sta come afflosciato sulla poltrona, la testa reclinata sulla spalla.

– È vero, come è vero che non si deve portare la camicia fuori... mah... è piu comodo! Comunque, a meno che non facciano resistenza non gli si spara addosso. Vengono fermati, e quindi giudicati da tribunali popolari radunati sul posto.

– Il che significa: automaticamente fucilati...

– Non necessariamente. Dipende da quel che hanno fatto. Se poi si arrendono e si pensa che possano essere rieducati, li si manda in qualche scuola, o in una fattoria collettiva.

– Ma nella Sierra fucilavano i *barbudos* per stupro...

– Sì, se la donna li denunciava.

– E le donne, sapendo che li avrebbero fucilati, li denunciavano?! Nella Sierra, dove si conviveva senza essere sposati? Dove a quattordici anni le ragazze sono già madri?!

– Beh, ma c'è differenza se la donna non voleva! E poi a volte erano i genitori a denunciarli. Non si poteva fare diversamente: era importantissimo un atteggiamento corretto verso i contadini, che dovevano rendersi conto che l'esercito ribelle non aveva niente in comune con quello di Batista.

– Com'è questa macchina russa che taglia e alza le canne? Immagino che dovrà essere migliorata molto prima di essere davvero efficiente.

– Non credo. Certo, le macchine si possono sempre migliorare, ma non è mica la prima macchina del genere a esser stata inventata, è un meccanismo già abbastanza perfezionato. Anzi, ce ne sono due: una fa tutto da sola, l'altra invece ha una parte che solleva la canna e un traino che la taglia».

Sul tavolo basso, dove il segretario, Manresa, ha appoggiato il caffè e i bicchieri d'acqua ghiacciata, il Che fruga tra carte e libri, poi gira velocemente un pezzo di carta, per assicurarsi che non ci sia scritto niente, e comincia a disegnare le macchine:

– Non sono un buon disegnatore, ma credo che Lei possa capire.

Il disegno dà una rappresentazione il più semplice possibile della macchina: quattro circoletti sono le ruote, quattro trattini formano il corpo della macchina. Accanto, come delle virgolette alte, la canna. Tutto espresso con *understatement*, senza nulla di superfluo, com'è anche il suo modo di parlare e di scrivere.

– Quante fabbriche nuove avete inaugurato?

– Sessantadue.

– Ho letto su "Bohemia" di una fabbrica di pezzi di ricambio per macchine capitaliste. Però non può eliminare le conseguenze del blocco, no?

Sorride, con un gesto della mano:

– A qualcosa serve, sennò non lo avremmo fatto.

– L'altro giorno parlavo con una mia amica, che frequenta una scuola del Partito per la formazione dei quadri. Non era d'accordo con me quando dicevo che, se c'è stata la rivoluzione a Cuba, non è stato grazie al Partito Comunista. Pare che in queste scuole si insegni che senza il Partito la rivoluzione non ci sarebbe mai stata. Ora, tra i combattenti della Sierra io ho sentito più spesso un'opinione opposta a questa. Vorrei sapere da Lei come stanno le cose, e qual è la posizione ufficiale su questi fatti.

– L'atteggiamento ufficiale non è quello della sua amica. Il Partito ha avuto la sua parte nella rivoluzione, che si può definire in maniera abbastanza precisa. In un primo tempo non era per la guerriglia.

– Era la differenza di attitudine tra quelli delle città e quelli della Sierra, tra i borghesi e...

– Macché borghesi! Siamo tutti borghesi. Questa rivoluzione è stata fatta da gente tutta di origine borghese, a cominciare da Fidel.

– Bene, ma il Partito, oggi, come fa a conciliare l'atteggiamento del passato con le necessità che ci sono adesso?

– Non c'è nessun problema.

– Ma nei libri di queste scuole...

– Che cosa nei libri? Manresa! Portami quel libro del Partito dove ci sono i discorsi di Fidel... Sì, quello rosa.

Incassato nella poltrona, la testa china, il Che comincia a sfogliare il libro.

– Lei conosce i discorsi sull'origine del Partito?

– Sì, i tre discorsi.

– Beh?

– Beh, non c'è niente su quest'argomento. Niente di preciso.

– Ma li ha letti?!

– Sì che li ho letti. Parla di tutto salvo che di questo.

Continua a sfogliare:

– Ecco!

Guardo il passo:

– A me pare che qui non ci sia niente. L'ho già letto. Me lo ricordo benissimo.

– Lo rilegga.

– Va bene, ma intanto mi parli del ruolo del Partito...

– Se Lei non mi interrompe, in cinque minuti le dico tutto.

– Prometto.

– L'atteggiamento del Partito può essere suddiviso in tre fasi. La prima comincia prima della partenza per il Messico e dura per tutta la nostra permanenza lì. Il Partito era d'accordo circa la necessità di lottare, ma pensava che fosse troppo presto per una guerra armata. Pensava che ci volesse più tempo per prepararla. Ma Fidel aveva detto che nel '56 saremmo stati liberi o martiri, e voleva a tutti i costi fare lo sbarco proprio quell'anno. Il partito invece diceva che bisognava aspettare lo sciopero generale, previsto per la primavera del '57: un periodo in cui molta gente si sarebbe trovata senza lavoro, una volta terminato il raccolto della canna. Ma Fidel rifiutò di aspettare.

– E chi aveva ragione? Fidel o il Partito?

– Quanto tempo dura la promessa di una donna? Fidel aveva ragione, come i fatti dimostrarono. Poi cominciò la seconda fase dell'atteggiamento del Partito, quella che corrisponde al primo anno di guerriglia. Il Partito era convinto che non si potesse fare la rivoluzione partendo dalla Sierra, e perciò non partecipò alla guerriglia, all'inizio. Si limitò all'attività dei movimenti clandestini nelle città. Nel '58 ci fu lo sciopero generale, ma i dirigenti del "26 Luglio" rifiutarono di parteciparvi, perché non volevano organizzarlo assieme al Partito. Fu così che lo sciopero fu un fiasco. Dopo ci fu una grande riunione della direzione del Movimento, convocata da Fidel nella Sierra. La direzione fu riorganizzata, sulla base della premessa che bisognava coordinare le nostre attività con quelle del Partito. Fu allora che iniziò la terza fase dell'atteggiamento del Partito, e cioè la sua piena partecipazione alle attività del Movimento. Naturalmente, i dirigenti della rivoluzione sono sempre stati quelli del

Movimento; erano loro che l'avevano iniziata, e ne sono rimasti i capi anche dopo, poiché il Partito, per così dire, arrivò in ritardo. Poi ci fu il trionfo. E allora il nemico non era più Batista. Prima, lo scopo di tutti quelli che volevano la rivoluzione era cacciare Batista dal potere. Una volta raggiunto questo obiettivo, il nemico numero uno diventava l'imperialismo: passava dal secondo piano al primo. Tutti quelli che avevano voluto cacciare Batista non erano nemici dell'imperialismo, ma il Movimento e il Partito sì. A partire da questo momento si sono quindi trovati fianco a fianco in una lotta contro lo stesso nemico, e perciò tutto quello che è successo a partire da questo momento è perfettamente logico.

Eccoci una volta di più di fronte al nodo gordiano di questa rivoluzione. Il quadro si allarga, i colori si precisano. Il Movimento vuole fare la rivoluzione. Il Movimento è antimperialista. Il Partito è antimperialista, e per definizione è un partito rivoluzionario. Ma non crede nella possibilità di una rivoluzione. Aspetta le condizioni storiche. A Fidel non gliene importa niente delle condizioni obiettive: ci prova. Con lui c'è gente che non sa che per fare una vera rivoluzione bisogna essere antimperialisti. Intorno a lui altri partiti approfittano della macchina che lui ha messo in moto, perché anche loro vogliono cacciare Batista. Quando Fidel si rende conto che il Partito Comunista è pronto a collaborare, impone ai suoi amici di accettare questa collaborazione.

– Crede che sarebbe più o meno esatto dire che prima del trionfo voi pensavate vagamente che un giorno si sarebbe arrivati al comunismo a Cuba, e che una volta al potere avete capito primo, che non c'era altro modo per fare quello che volevate fare, e secondo, che contrariamente alle previsioni, il popolo, dopo alcuni mesi, era già disposto ad accettare quella strada?
– Sì.

È un "sì" tirato per le lunghe, un po' dubbioso, forse anche un po' sorpreso. Non so quale valore bisogna dargli. Credo che anche se si arriva a capire questo mistero, i protagonisti non lo confermeranno mai. Uno degli elementi per capire le cose potrebbe essere la lettura di alcuni discorsi del '59, che però non si trovano più.

– Perché non si trova più il discorso di Fidel intitolato *Siamo umanisti*?

Segue un'altra richiesta a Manresa, e l'ordine di chiedere in giro chi possegga una copia di questo discorso, su cui si basano molte interpretazioni dei motivi politici che hanno guidato Fidel Castro.

Passo all'articolo di un editorialista di "Revolución", che ama mettere i comunisti in imbarazzo. Recentemente ha pubblicato un rapporto abbastanza critico sulla prigione dell'Isola dei Pini.

– Perché avete mandato in prigione un soldato che aveva sparato per aria?

– È vietato sparare per aria.

– Però lui ha detto che non conosceva bene il funzionamento del fucile.

– Vero, ma in quali circostanze? Durante una manovra, quando avrebbe potuto ammazzare qualcuno? Quante volte l'aveva già fatto? Se non si dà alla gente il senso della responsabilità...

– Quanto tempo stanno lì?

– Da un mese a un anno.

– E perché dice che è volontario?

– Perché lo è. Per esempio, un direttore di fabbrica può scegliere di andare a Guanacabibe o perdere il lavoro.

– Un direttore di fabbrica che ha fatto degli errori per incapacità?

– Non si manda a Guanacabibe per incapacità, ma per malafede sì.

– Per esempio?

– Per esempio, se uno va a letto con la segretaria. Non abbia-

mo niente in contrario, la segretaria è libera di fare quel che
vuole col suo corpo, ma metta per esempio che lui le aumen-
ti lo stipendio perché i loro rapporti sono... Capisce? Questo
non si può tollerare.

– Ma uno così come fa a tornare in fabbrica, di fronte ai
dipendenti, dopo esser stato a Guanacabibe?

– Lo si manda in un altro posto. È meglio che perdere il lavoro. E stanno benissimo, dopo!

– Questa è una Sua idea. Perché?

– Ho scritto qualcosa che lo spiega, ma è un articolo di economia, non credo che Lei lo capirebbe. E poi Lei preferisce che
Le si racconti piuttosto che leggere.

– Solamente se una cosa è vaga: allora aiuta farsela spiegare,
finché diventa chiara. Ecco un esempio. Alcune persone che
sono state in Cina – parlo di cubani – mi hanno detto che l'atteggiamento dei cinesi per quanto riguarda i rapporti tra
uomini e donne è qualcosa di disastroso. Cosa ne pensa?

– Non so cosa vogliono dire. Io sono stato lì in delegazione
ufficiale, e quindi, per quanto ne so io... insomma non ho mai
avuto occasione di accorgermi di nessun atteggiamento particolare.

Non c'è modo di fargli dire niente che non sia estremamente
diplomatico a proposito dei cinesi. Neppure su una questione che non riguarda la politica.

– Ma insomma, lo dicono tutti! Lo sa benissimo che è cosi, che
non si può nemmeno guardare una donna per strada, e che se
si domanda all'intepete come fare a conoscere una donna,
lui diventa rosso e parla d'altro!

– Davvero, io non ne so nulla. Ma a ogni modo, personalmente penso che svolazzare in giro faccia male alla rivoluzione.

– In che senso?!

– Avere una donna, sì, certo, ma averne prima una, poi un'altra, e via di seguito... Bisogna perderci troppo tempo: bisogna
farle la corte, portarla fuori, e tutto questo ruba tempo alla
rivoluzione.

– Questo regime può andar bene per i dirigenti, che si sacrificano, ma non mi pare che si possa chiedere una cosa del genere al comune mortale!

– No, certo, non lo dico mica per tutti, ma insomma, in generale... Prima una donna poteva vendersi, non poteva fare altro, praticamente, che vendersi, sennò poteva anche morire di fame. Era meglio, questo?

– Beh, non esageriamo! C'è molta gente che muore di fame, ma fa l'amore lo stesso. Non credo che gli uomini saranno mai d'accordo che gli si dia da mangiare, se gli si deve togliere questo!

– Quando tutto andrà bene, certo. Ma non dimentichi che siamo in un periodo di pericolo.

– È vero, ci può essere l'invasione... ma insomma, ormai sono cinque anni che qui c'è una rivoluzione in corso. Non si può mica domandare alla gente di vivere come se ogni giorno si fosse sull'orlo di una guerra.

– Non c'è bisogno di pensare all'invasione di Cuba. È lo stesso per tutti i paesi rivoluzionari.. Non si può mica negare che siamo in pericolo, con la bomba atomica...

Note

[1] Jeanette Pienkny, nata nel 1938, è stata membro dell'Union des étudiants communistes dal 1958 al 1960. Nel 1966 ha partecipato alla fondazione della Jeunesse communiste révolutionnaire, per poi entrare nell'Ufficio politico della Ligue communiste révolutionnaire, con lo pseudonimo di Janette Habel (cfr. wikipedia.fr).

[2] Raúl Roa García (18 aprile 1907 – 6 luglio 1982), intellettuale e diplomatico, fu Ministro degli esteri di Cuba dal 1959 al 1976.

[3] Maha Thray Sithu U Thant (1909-1974), terzo Segretario Generale delle Nazioni Unite.

[4] Haydée Santamaría Cuadrado, detta Yeyé (1922 – L'Habana, 28/7/1980). Su di lei cfr. il volume curato da Betsy Maclean per la collana "Rebel Lives" di Ocean Press.

[5] Lyndon Baines Johnson (1908-1973), 36° Presidente degli USA, dal 1963 al 1969.

[6] Su Juan Almeida Bosque si veda *supra*, cap. 2, n. 2.

8.

UN GOVERNO TUTTO IN FAMIGLIA

12 febbraio 1964

Sono andata a trovare Haydée Santamaria alla Casa de la Américas. L'edificio è un'enorme villa in stile fascista, di recente ridipinta di grigio ma ancora sottoposta al lavoro dei muratori nei corridoi dei piani superiori.

C'è qualcosa di terribilmente freddo in questa casa, malgrado i bei quadri sui muri bianchi, qualcosa di un buon gusto terribilmente preciso, ma senz'anima. Forse perché le donne della Casa de las Américas, che i giurati dell'omonimo concorso[1] chiamano la Casa de las Casadas, perché è diretta da una mezza dozzina di giovani matrone, hanno cercato di applicare a questo luogo i criteri decorativi propri di una casa privata, malgrado il loro obiettivo fosse realizzare un ambiente destinato a un uso pubblico.

Gli uffici della direzione sono al primo piano. Haydée mi riceve in una piccola stanza dove sono delle sedie a dondolo, un tavolo basso e una scrivania evidentemente disoccupata. L'aria condizionata è fortissima, come accade spesso nei ministeri cubani.

Haydée è uno strano miscuglio di severità e allegria. È vestita allo stesso modo dell'altra sera; si siede di fronte a me su una sedia a dondolo e incomincia a raccontarmi la sua vita, e intanto si dondola, a volte dolcemente, a volte più forte. (Credo che i cubani adoperino la sedia a dondolo come fanno con la musica, come accompagnamento dei loro stati emotivi.)

– Sono nata in una centrale zuccheriera, dove mio padre era, diciamo così, uno dei dirigenti. Così sono cresciuta tra gli operai – perché mio padre non era proprietario della centrale; era uno della classe operaia che era arrivato a una posizione un po' più alta, e che dirigeva gli altri. Così io e mio fratello stavamo sempre in mezzo alle operaie, e pur vivendo meglio di loro eravamo dalla loro parte. E fin da molto giovani si è sviluppata in noi una coscienza di queste cose, fino al giorno in cui abbiamo organizzato uno sciopero. Può immaginare lo scandalo, l'ira di mio padre: i suoi figli che organizzano uno sciopero tra i suoi operai! Dovette mandarci via. Per primo partì mio fratello, e io lo seguii poco tempo dopo. Così ci trovammo tutti e due all'Avana, per questo scontro con nostro padre. Mio fratello[2] studiava all'Università.

– E Lei?

– Io no. Non studiavo. C'era troppo da fare. Preferivo occuparmi della lotta. Ma stavo con lui, e lui studiava. E così, come Lei sa, Abel fu uno dei fondatori del Movimento 26 luglio, con Fidel e gli altri, poi partecipammo al Moncada, la storia Lei la sa, e dopo io continuai nella clandestinità.

– E ora?

– Ora mi occupo di questa casa, ma soltanto dal punto di vista politico, perché il mio è sempre un lavoro politico, e non capisco niente di arte, né pretendo di capire. Ci sono gli altri per questo, e io li lascio fare.

– Ma non mi pare che sia abbastanza come lavoro, di certo non più di un paio d'ore al giorno.

– È vero, ma io mi occupo anche di educazione, specialmente dei borsisti...

– Dunque Lei è sposata con il Ministro dell'Educazione e si occupa dei borsisti, più o meno come risultato del suo legame familiare, o no?

– Sì e no. Lei capisce, non è che io... il Partito, per esempio, ha bisogno di qualcuno che si occupi direttamente dei borsisti dal punto di vista politico, al di fuori del tran tran del Ministero. Io faccio sempre un lavoro politico, e sono in una posizione da cui mi risulta facile avere una conoscenza diretta dei problemi dell'educazione, in quanto sono sposata con il Ministro, e così...

Capisco. Non è che la posizione del marito serva per "racco-mandare" la moglie, prima di tutto perché la posizione di Haydée probabilmente è più importante in seno al Partito di quella di Armando Hart – è l'unica donna nella Direzione nazionale, anche se si può immaginare che occupi questa posizione un po' al posto del fratello defunto; e in secondo luogo perché le cose non funzionano in questo modo, alme-no a livello nazionale. Cioè, le coppie sono sempre, da quello che ho capito, formate da due persone che hanno ciascuna le carte in regola in quanto a capacità, formazione, ecc.

– In che cosa consiste esattamente il suo lavoro con i borsisti? Non riesco ad immaginarlo...

– Per esempio, sorveglio dall'alto la direzione dei dormitori. Guardo che tutto vada bene, seguo le questioni disciplinari, ecc. E poi, per quanto riguarda gli studi, intervengo sempre nei casi in cui si deve togliere la borsa ad un allievo.

– Quali possono esserne le ragioni?

– In generale la borsa viene tolta per mancanza di disciplina. O perché non studia, o perché ha mancato di rispetto a qual-che professore, o alla direttrice del dormitorio.

– E così grave, questo, da togliere la borsa?

– Beh, in generale, se intervengo è proprio per evitare di doverla togliere. Ma la disciplina è molto importante. Per questo parlo con l'allievo, gli spiego che, se non è disciplina-to, fa una cosa contro la rivoluzione. Perché la rivoluzione paga molto denaro per farlo studiare, e se lui non ne appro-fitta, sta sciupando questo denaro. Che Fidel vuole che i gio-vani studino, e che se si comportano male fanno una cosa che tradisce la sua fiducia, cosa che gli dà molto dispiacere. Quando si parla loro in questo modo, capiscono, si rendono conto delle conseguenze della loro condotta, e veramente si vede che darebbero qualsiasi cosa per non aver fatto ciò che hanno fatto, e quasi nel cento per cento dei casi l'indisciplina non si ripete. Quasi sempre si riesce a non togliere la borsa.

– Ho sentito dire che quando Simone de Beauvoir è stata qui ha trovato che le donne cubane che avevano combattuto nella

Sierra, ora sono tornate ad essere come prima, cioè non hanno saputo imporre nella vita civile la posizione di eguaglianza che avevano conquistato durante la guerra...

– Lo so, me l'ha detto. Mi ha detto per esempio che io dipendevo troppo da quel che faceva Armando. Ma trovo che esagera con questa sua mania dell'indipendenza. Indipendenza non significa fare a tutti i costi in modo da andare ciascuno per la propria strada, così da non incontrarsi mai. Quello che faccio, a me pare logico. Spesso Armando deve andare in qualche posto per ragioni di lavoro. Quando me lo dice, allora io apro gli occhi e le orecchie per trovare il modo di andare con lui facendo qualcosa di utile. Siccome il Partito mi utilizza correntemente per una varietà di lavori politici in ogni settore e in qualsiasi posto, quasi sempre mi si presenta qualcosa da fare nel posto dove mio marito deve andare, e così lo posso accompagnare lavorando nello stesso tempo. Non vedo come questo signifíchi che io sono troppo dipendente da lui. Per esempio, se deve andare all'estero con qualche delegazione, è bello andarci insieme, no? E perché non dovrei cercare il modo di accompagnarlo, se posso rappresentare il Partito? È probabile che il Partito debba mandare qualcuno. Tanto vale che mandi me, invece di qualche Ministro, che ha altro da fare. Ma, al contrario, se all'estero debbo andare io, è quasi sicuro che Armando non può venire con me; ma io ci vado lo stesso, naturalmente, chiaro che ci vado, e come no!

Entra una ragazza della segreteria:

– Hanno chiamato quelli di Minas del Frio per ricordarLe l'affare con quel contadino: domani ripartono, e pare che si sia fatto ancora niente.

– Ancora? Ma non doveva occuparsene Armando, laggiù? Chiamami Armando al telefono, quei lavori sono stati sospesi perché non abbiamo regolarizzato le carte a quel contadino, e questo non va bene.

– Pare che dica che se semina in quella terra e dopo gliela tolgono, lui che fa?

– Ha ragione. Bisogna sistemarlo altrove prima della semina.

Ma se quelli non gli mettono le carte in regola, ci vado io a nazionalizzare quelle terre, senza le carte, e dopo mi mandino pure a Guanacabibe, non importa. Ci vado io a nazionalizzare quella terra: la diga deve andare avanti, che sciocchezza! E dopo vado a Guanacabibe, mi dovranno mandare a Guanacabibe, ma non importa!

13 febbraio 1964

Alberto mi ha portato delle informazioni scritte sui differenti gruppi che praticano riti africani a Cuba.

Riti di origine africana a Cuba

SANTERIA: La Santeria è un'istituzione matriarcale, generalmente diretta da una donna o da un uomo effeminato. L'iniziazione dura sette giorni. L'idea dominante di questo gruppo è il culto delle immagini dei santi. Esiste una casta sacerdotale maschile esclusivamente dedicata alla divinazione.

PALO: I suoi membri sono quelli che tradizionalmente vengono chiamati "le streghe". Erano molto riservati, specialmente nel passato, quando erano poco conosciuti. Ci sono molte leggende di magia nera sui *palos*. L'idea dominante del gruppo è il culto degli alberi. Credono che in ogni pianta risieda una forza soprannaturale o uno spirito. L'organizzazione è patriarcale, ma una donna può essere prete. Gli omosessuali non sono ammessi all'iniziazione.

ABAKOA: L'organizzazione è essenzialmente patriarcale. Infatti, l'idea dominante è il culto della virilità, per cui gli omosessuali non sono ammessi. L'organizzazione *abakua* è la più complessa di tutte: consiste in un gruppo di funzionari ben definiti:

Lyamba: il capo, detto anche il "re".

Isue: l'intellettuale, noto come il "vescovo", deve conoscere il rituale segreto e il linguaggio cerimoniale del gruppo.

Mokengo: sorta di segretario generale o primo ministro, simboleggia il capo guerriero.

Isunekue: è incaricato di custodire le voci dello spirito tutelare.
Mpego: lo scrivano, deve tracciare i simboli e le impronte.
Nkikamo: evoca gli spiriti degli antenati.
Nasako: detto anche "lo stregone", è responsabile della magia del gruppo.
Ekuenon: chiamato "il verdetto", è una specie di giudice.
Odduna: è lo spirito della vita e della morte.

Schema comparativo delle divinità

Santeria	Religione cattolica	Religione greco-pagana
Olofi (m.): il dio supremo	Gesù	Zeus
Elegua (m.): dio delle strade e della guerra	S. Antonio	
Obatala (f.): purezza, bontà, pace		Diana
Yemaya (f.): dea del mare e della maternità universale		Cibele
Oshuni (m.): dio dei fiumi, dell'oro e dell'amore		
Shango (m.): dio del fuoco, del fulmine e della virilità	San Pietro	Vulcano
Oggun (m.): dio del ferro, della montagna e della guerra	San Giovanni Battista	Marte
Oshosi (m.): dio della caccia e della guerra	San Norberto	
Oya (f.): dea delle sentinelle, del cimitero, della guerra	Santa Teresa	
Babalu-Ayé: dio delle malattie; conduce i morti alla sepoltura	San Lazzaro	Mercurio
Yogua (f.): zitella, dea delle fosse sepolcrali		
Aggayu (m.): dio della pianura e dei fiumi	San Cristoforo	
I due *ibelli* (m. pl.): bambini gemelli, proteggono i bambini	San Cosmo e Damiano	

15 febbraio 1964

Hanno eletto la Stella del Carnevale. Da lontano già si vede-va il Palazzo dello Sport illuminato e imbandierato. Giunti sotto l'edificio ci troviamo davanti a una folla che corre in tutte le direzioni, e sulla rampa d'accesso all'ultimo balcone ci imbattiamo in una rapida sfilata di sagome nere, che danno l'assalto alla fortezza illluminata.

La pedana è circondata da una decina di telecamere e da una cinquantina di fotografi, disseminati tra gruppi di bambini e di guardie. Un mormorio, pari a una scarica elettrica, erompe dal petto del pubblico quando appare la prima concorrente.

Le concorrenti sono tutte "lavoratrici" e per poter concorre-re devono sostenere, tra l'altro, un esame orale di marxi-smo-leninismo. Ogni concorrente è sostenuta, nel pubblico, da una delegazione del suo centro di lavoro. Qualcuno ha portato le bandiere, uno addirittura un'orchestra, non molto disciplinata a dire il vero, ma piena di fervore. Il pubblico, come sempre, partecipa a questo spettacolo lento, e alla lunga faticoso, con passione incessante. Le ragazze non sanno camminare in passerella, e istintivamente si fermano più a lungo davanti alle telecamere della televisione che davanti alla giuria.

16 febbraio

Oggi di buon mattino ho ricevuto una chiamata. Mi hanno detto che una macchina mi stava aspettando per portarmi a casa di Raúl, per l'intervista che mi aveva promesso. Vive in un appartamento senza pretese, con giocattoli dappertutto. Il suo ufficio è al piano di sopra, più o meno isolato dalle faccende familiari. Così siamo restati a chiacchierare del più e del meno per quasi mezz'ora, mentre io cercavo di sve-gliarmi.

Ci voleva qualcosa di forte per scuotermi, e Raúl, forse, lo sapeva:

– Dunque, vuole sapere di me? Avrà probabilmente sentito dire molte cose, che sono un tipo crudele, duro, un assassino...

Ho scosso la testa nel modo più vago possibile. Raúl ha continuato a parlare come se si trattasse della pioggia e del bel tempo:

– Non sono così, assassino però in un certo senso sì, si può dire. Ma Lei ha sentito parlare dei tribunali popolari?

Ho annuito, ricordando una conversazione con un diplomatico occidentale cui avevano raccontato che Raúl aveva una certa sete di sangue, e che se non aveva ammazzato personalmente le vittime della rivoluzione, per lo meno era noto che in quei giorni terribili andava in giro legando le mani dei condannati o mettendo loro la benda sugli occhi.

– Lei sa che nei primi giorni della rivoluzione, specialmente nelle province, molti criminali batistiani sono stati presi e giudicati dai tribunali rivoluzionari creati sul posto.

– Vale a dire che erano fucilati...

– Erano fucilati se condannati.

– Sì, ma con che tipo di processo?

– Un processo molto sommario, però i loro crimini erano talmente noti che non c'erano grandi possibilità di sbagliare. E se avessimo voluto essere generosi con quella gente, la rivoluzione sarebbe stata condannata prima di nascere. Certo, hanno detto molto male di me, ma non dimentichi che c'era una persona che non potevano calunniare, ed era Fidel. Così, non potendo criticare lui, la gente si è naturalmente sfogata su chi gli era più vicino, sul Che e su di me. Siamo sempre stati oggetto di critica, di leggende sulla nostra brutalità, sempre. Era inevitabile.

– Però, i controrivoluzionari di oggi, quelli che stanno ancora nell'Escambray, per esempio, si fucilano a vista, no?

– Chi Le ha detto questo? Non sono mai fucilati senza passare per un tribunale rivoluzionario.

È la stessa spiegazione che mi aveva dato il Che a proposito della rieducazione.

– Ma perché li fucilate?

– Perché altrimenti, se li mettiamo in prigione, incoraggiamo quelli che stanno ancora in giro a commettere altri crimini. Pensano: «Tanto se ci prendono andiamo solamente in prigione, e prima o poi gli americani ci libereranno». Se invece sanno che saranno fucilati, ci pensano due volte prima di commettere dei sabotaggi. Del resto, dipende anche dalla situazione internazionale se sono condannati a morte o no.

– Questo non lo capisco proprio. Perché far dipendere una condanna da fatti estranei al delitto?

– Ma non si rende conto che in questo modo va tutto a loro vantaggio?! Quando la legge prevede una condanna da 10 anni di prigione alla pena di morte, noi, quando siamo in un periodo tranquillo, invece di comminare a 10 persone la pena di morte, alcune le mandiamo in prigione. Quando potremmo decidere di fucilarle tutte! È tutto a vantaggio loro, no?

– Beh, ma non è molto logico. Perché così lo stesso delitto può essere punito in due modi diversi, secondo il grado di "guerra fredda" che c'è in quel momento.

– Certo, per chiunque giudichi il nostro sistema giuridico da un punto di vista strettamente legale, esso non sta in piedi. No, assolutamente. Dobbiamo ancora organizzare da capo tutto il nostro sistema giudiziario, però non bisogna dimenticare che qui siamo in una dittatura del proletariato, non in una democrazia borghese. La giustizia deve servire alla rivoluzione prima di tutto.

Gli ho detto che mi sarebbe interessato parlare col Ministro della Giustizia. Raúl mi ha suggerito di vedere invece il comandante Santiago Cuba, che fino a poco tempo prima era a capo dei tribunali rivoluzionari. (I tribunali rivoluzionari sono stati creati per punire gli agenti di Batista, e sono stati conservati per tutto ciò che riguarda i delitti contro la rivoluzione. Sono tribunali militari.)

– Per esempio il furto è diventato un delitto di competenza del tribunale rivoluzionario, perché c'è stato un periodo in cui c'erano molti furti. Era l'inevitabile conseguenza della

penuria di beni. Allora, per combatterlo, il Governo ha decretato che la materia sarebbe passata sotto la competenza dei tribunali rivoluzionari, dove le pene sono sempre più severe. Raúl ha precisato che Santiago Cuba adesso sta al Ministero delle Forze Armate. Gli ho chiesto quanti comandanti ci fossero.
– Meno di cento.
– Mi sembrano tanti per un paese piccolo come Cuba.
– Non lo sono. Anzi, ora stiamo entrando in una fase di riorganizzazione delle Forze Armate, e mancheranno i comandanti per le nuove divisioni. Inoltre dobbiamo creare una nuova divisione dei gradi, cosa che faremo a breve.

A questo punto inizia a scrivere sul bloc notes, con applicazione. Scrive l'intero elenco, dal soldato semplice al comandante in capo. Accanto ai gradi disegna, sempre con la stessa cura, a volte ripassando sui tratti, tutte le insegne. Arrivato al comandante comincia a fare l'elenco dei nuovi gradi dell'esercito.

– Non diventeranno generali?
– No. Abbiamo deciso di fermarci a comandante. I famosi maggiori, colonnelli e generali hanno sempre fatto tante di quelle porcherie, che noi non ne vogliamo nel nostro esercito. Ci sarà il comandante con la stella semplice, poi il comandante di divisione, una stella dentro un pentagono, il comandante di corpo, una stella dentro un cerchio, il comandante d'esercito, una stella dentro uno scudo, e il comandante in capo, che è Fidel, una stella dentro un rombo, che è quella che lui ha sempre portato.
– Quanti comandanti d'esercito ci sono adesso?
– Sette.
Fa la lista, conta, quindi osserva: «Ne manca uno... ah già, Raúl»; e scrive «Raúl», d'impeto, sicché il suo nome risulta scritto un po' più grande degli altri.
D'un tratto mi sembra di aver capito la natura della parente-

la tra Fidel e Raúl. Tutti cercano sempre qualche rassomiglianza tra i due, e fin dalla prima volta che ho visto Raúl ne ho trovate alcune; ma a volte si riesce a coglierle all'improvviso, per un gesto o uno sguardo. Qui è stato il fatto di vedere Raúl intento a scrivere, con gesti precisi, mentre mi parlava, per illustrare quanto mi stava dicendo, come se fossimo in una riunione. E poi il modo in cui è tornato alla scrivania al momento di sedersi di fronte a me, per prendere il bloc notes e la matita, lui, l'intervistato. Gli espongo la mia teoria:

– Mi pare che Lei sia un tipo più organizzatore, più metodico, di Fidel. A Fidel non verrebbe in mente di fare delle annotazioni mentre lo si intervista, di mettere le cose nero su bianco per spiegarsi meglio. Non avrebbe preparato matita e carta per parlare con un giornalista – del resto, quando gli servono, ho l'impressione che non ce li abbia mai.

– Lei ha ragione. Per esempio – prende un altro foglio di carta e inizia a tracciare delle linee verticali, lungo la metà della pagina – io, nel mio lavoro, come faccio? Mi si presenta un problema, prendo conoscenza degli elementi, e poi quando sono giunto ad una decisione chiamo i miei collaboratori e dico: «Bisogna fare questo, questo e questo». Poi loro lo fanno; e io intanto passo ad altro (e intanto prosegue il disegno: il tratto verticale significa che la cosa va avanti da sola.) Fidel, invece, cosa fa? Studia un problema, poi comincia a dire ai suoi collaboratori che cosa bisogna fare, ma poi invece di passare ad altro segue il problema fino a che non è risolto. Lo segue, lo segue, lo segue ancora. Poi c'è un'altra cosa: lui può aprire un rapporto a metà e anche senza aver letto quello che precede riesce immediatamente a mettere il dito su quel che non va. Io invece inizio a leggere, vado avanti, e tutto mi sembra normale. Lui, tac, capisce subito dove c'è un errore.

Torniamo a parlare dell'esercito, e Raúl mi fa l'elenco delle sue varie scuole. Mi dice che i membri dell'esercito sono tra i cubani che hanno fatto i progressi maggiori negli studi, e appare molto contento di ciò. Gli chiedo se è vero che alcuni soldati, a furia di essere spostati da un campo all'altro, finiscono per non vedere la famiglia per più di due anni. Sembra sorpreso, e si mette a spiegarmi, a lungo, come funziona il sistema della libera uscita e dei permessi. I soldati hanno cinque giorni di permesso ogni due mesi, cioè un mese all'anno. Poi aggiunge che quelli della guarnigione dell'Isola dei Pini, che eccezionalmente è composta solo da soldati delle province orientali, dovevano prendere i loro permessi per andare in Oriente, ma proprio allora si iniziò a istallare i missili. Tutto l'esercito fu messo in stato d'allarme, e l'ordine arrivò quando il primo contingente di quella guarnigione stava già arrivando a Santiago. Non poterono neppure scendere dal treno. In questa circostanza furono molto bravi. Però, per quanto possibile, si cerca di coprire le necessità di ogni provincia con uomini di quella stessa provincia. «È più logico, no?»

A questo punto arriva Vilma, per chiedere dove volesse fare colazione. «Nel patio», risponde Raúl, «ci deve essere un po' di sole da quella parte». Poi entra una bambina bionda, di quattro anni, che sale sulle ginocchia del padre, ma il pianto della sorella, proveniente dall'interno dell'appartamento, interrompe l'idillio. Vilma e la bambina spariscono.

Parliamo allora degli altri componenti del Governo. Gli dico che è interessante notare come siano gli stessi che avevano combattuto al fianco di Fidel, a volte fin dal Moncada.

– Sì, è vero, eppure ci sono stati momenti in qui l'uno o l'altro dei compagni non capiva; non era d'accordo, e allora bisognava allontanarli.

E subito aggiunge:

– Ma intendo: allontanarli dalla direzione, non liquidarli, in alcun senso della parola! Questo la rivoluzione non l'ha mai fatto, e alla fine hanno sempre capito e sono tornati tra noi.

– Però ci sono stati dei casi di gente che era con Fidel, che era veramente con Fidel, non parlo dei Prio e compagnia, e che tuttavia è stata fucilata.

–Tipi come Morgan, per esempio, certo, ma lì non era questione di dissenso, di avere un'altra opinione: era semplicemente un traditore, aveva cospirato, fatto delle macchinazioni terribili.

– Eppure ha sempre detto di essere innocente. Ha pure chiesto come ultima volontà che la moglie e il figlio potessero rimanere qui.

– Beh, questo non lo so... E poi c'è stato quel tipo che aveva due fratelli nel Governo... una prova che se l'abbiamo fucilato se lo meritava. Due volte ci ha ingannato, quello lì. La seconda volta che è stato preso, i fratelli sono andati a trovare Fidel, e Fidel ha detto loro: «Va bene, andate a dirgli che se ne vada dal paese, che non lo vogliamo fucilare perché è stato un compagno, ma che se ne vada». Ma lui, invece di aspettare, l'indomani, che gli portassero i documenti, è scappato di casa come un ladro, e poi è stato preso un'altra volta, ferito. Fidel è andato a trovarlo all'ospedale, e lui ancora una volta gli ha detto che non aveva fatto niente, mentre noi avevamo tutte le prove. Ha cercato di ingannare Fidel.

Gli chiedo di Bayo, quel generale dell'esercito spagnolo che aveva fatto da maestro alle truppe del *Granma*:

– Voleva venire a tutti i costi con noi sul *Granma*; ma era troppo vecchio, non avrebbe mai sopportato le fatiche di quella campagna, la Sierra, tutta quella vita di guerriglia. Così abbiamo dovuto nascondergli fino all'ultimo la data della partenza. Però è venuto subito nel '59, con la moglie e i due figli; uno è pilota, l'altro è diplomatico. E lui non vuole stare a guardare la partita. Vuol sempre fare qualcosa. Prima si occupava dell'organizzazione dei tornei di scacchi al ministero, poi, recentemente, ha chiesto a Fidel di fargli istituire un corso di matematica per corrispondenza; e Fidel, tanto per farlo contento, gli ha detto va bene, fai pure. In verità non si sa bene come occuparlo, dovrebbe mettersi a riposo, ormai alla sua età... Poi abbiamo anche un sacerdote comandante, lo sapeva?

– Un prete per l'esercito?

– Non fa il prete nell'esercito, però è prete.

– Com'è possibile? E il Vaticano?

– Beh, non lo so, è sempre stato un tipo originale, era in cura all'Isola dei Pini all'epoca in cui Montané ci stava prigioniero, dopo lo sbarco. È stato Melba, quando andava a trovarlo, che lo ha convertito.

– Come si chiama?

– Guillermo Sardinas... Alla fine anche lui andò nella Sierra, e Camilo, che era sarto, gli cucì una tonaca verde oliva. Dopo il trionfo ha chiesto di seguire le lezioni del MINFAR[3]. L'abbiamo esonerato dalle lezioni d'istruzione politica, ed è diventato comandante. Tiene sempre la sua chiesetta di Cristo Re, ma lavora anche al Ministero, si occupa degli invitati e cose del genere. Adesso vuole andare in Russia per studiare il russo.

– E Dorticós, chi era?

– Dorticós era un avvocato di Camagüey, che, durante la guerra ci ha aiutato molto, faceva parte del "26 luglio", e aveva lavorato molto bene. È una persona serissima, non fa rumore ma lavora moltissimo, e molto bene, è uno degli uomini migliori, sicuramente uno dei migliori di tutti noi.

Ora sono le tre e mezzo, Vilma viene a dirci che la colazione è servita. Attraversiamo il terrazzo di servizio, dove è stesa ad asciugare la biancheria, tra tricicli e bambole abbandonate, ed entriamo nell'appartamento. Vado a conoscere la bambina più piccola, che piange su un divano, in un stanza arredata all'europea, quindi ci sediamo a tavola.

 Prima di tutto mangiamo ostriche, poi cotolette d'abbacchio con grandi fette di melanzane fritte e insalata. Il tutto accompagnato da un fortissimo vino algerino. Vilma sembra prossima a partorire.

– Macché, dice Raúl, ancora due mesi; ci domandiamo se sono dei gemelli. Sarà meglio che sia un maschio, è tutto quello che posso dire io...

Mentre Vilma si alza ogni cinque minuti per consolare una

bambina o per vestire l'altra, o per andare al telefono, Raúl mi racconta che avevano chiamato le bambine con due dei nomi che Vilma usava nella clandestinità: Deborah e Miriam, perché non sapevano che nome dar loro.

Chiedo a Vilma quanti nomi abbia avuto a quell'epoca:

– Quattro.

– Così può avere ancora due figlie!

Raúl non sembra per nulla divertito all'idea. Intanto vedo parecchie persone andare e venire dalla cucina. Gli chiedo se lavorano in casa.

– Solo due. La ragazza lavora al Ministero, e vive in uno degli altri appartamenti della casa.

– Chi altro ci vive?

– Tutti ufficiali, oppure famiglie che lavorano al Ministero. Abbiamo anche un cinema, al primo piano.

– Come mai?

– Me l'ha installato il Ministero dell'Interno, perché se io vado al cinema debbo disturbare troppa gente da loro. Gli costa meno installarmi il cinema in casa. Viene anche la gente del blocco, sanno che c'è il cinema il lunedì.

– Da che parte sta nella polemica Guevara-Roca? (So che Raúl è amico di entrambi.)

– Beh, si può capire la posizione dei due, però tutti e due hanno anche torto, in un certo senso. In fin dei conti, io trovo che dobbiamo importare tutti i migliori film, ma che, chiaro, visto che è il Governo che paga, non gli si può chiedere di pagare un tizio perché faccia una cosa che è veramente una porcheria, no?

Passiamo in salotto, dove troviamo una sorella di Raúl e Fidel, una donna sui 45 anni – credo sia Angelina. Prende un caffè con noi, ma sparisce subito. Poi la bambina più piccola inizia a piangere un'altra volta, perché la sorella va a una festa mentre lei non può, dato che ha una specie di orticaria, non si sa bene cosa sia. Suona il telefono: è Alfredo Guevara, e Raúl gli dice che c'è la giornalista francese, la Boyer, che gli sta domandando che cosa pensa della polemica. Io gli spiego che devo essere da Celia alle cinque, al che mi risponde che va bene, mi accompagnerà lui. A Vilma dico che sarei contenta di vederla, per parlare della Federazione delle donne, di cui è presidentessa.

– A proposito... Lei che cosa ne pensa?, chiedo a Raúl.

– Noi mariti pensiamo che bisogna abolirla, risponde ridendo; ma Vilma non pare così divertita.

Andiamo a prendere la mia sacca in studio. Quando usciamo, sul pianerottolo compare Vilma, con una giacca. Scendiamo nel garage, e io le dico: «Prego, passi avanti Lei»; ma lei arrossendo mi dice: «No, no», e sale dietro; allora noto che accanto all'autista sale una guardia, e che anche Raúl deve montare dietro. La macchina è una piccola Mercedes vecchio modello.

Passiamo per un labirinto di strade del Nuovo Vedado, e Raul mi fa notare: «Viviamo tra il cimitero cinese e quello cattolico. È probabile che quello ebraico non sia lontano». E poi: «Guardi! Quello è la casa del Che!» È una casa rosa, allineata ad altre, una casa bassa, con giardino, in una strada periferica, di fronte ad un terreno vuoto.

Arrivati da Celia, le guardie che stazionano sulla scalinata davanti alla casa ci dicono: «Non c'è nessuno», al che Raúl decide: «Saliamo lo stesso». Arriviamo al secondo piano, dove troviamo la porta aperta; ma non c'è nessuno. Allora usciamo, e Raúl domanda: «È uscita con Fidel?»

– No. Fidel è andato con Vallejo, e lei per conto suo.

– Eh, ma la signora aveva un appuntamento.

– Come si chiama?

– Deena Boyer.

– Ah, sì, ha detto che la chiama domani.

Raúl e Vilma m'accompagnano all'hotel, lungo calle Linea. Vilma guarda le vecchie nei loro vestiti domenicali, e ricorda come una volta, quindici anni fa, andavano a passeggiare col tram; perché il tram andava bene, era lento come loro, mentre adesso debbono andare a piedi, perché gli autobus sono troppo veloci, troppo violenti...

17 febbraio

Breve visita, a mezzanotte, al celebre bar Sloppy Joe's. Ne vale la pena. Vuoto, con le vecchie bottiglie che ormai da tanto tempo non si rinnovano, allineate come tante mummie sugli scaffali dietro il bar, e con il suo scenario liberty conservato come in un museo; e intorno alle colonne, in mezzo alla grande sala bianconera, fotografie di divi degli anni venti: il giovane Clark Gable, Judy Garland, Ray Milland, Rosalind Russel, Alice Faye. Sono loro i veri morti di questa storia.

18 febbraio

Sono tornati dalla Florida i pescatori minorenni, ma gli altri debbono essere ancora processati, e pare che possano essere condannati a multe che vanno dai 500 ai 2000 dollari ciascuno.
Nel pomeriggio gli etnologi ci hanno portato a fare un giro a Regla, una piccola cittadina dall'altra parte della baia dell'Avana. È un quartiere più che una città, molto povero ma allegrissimo, con le case dipinte di fresco, di tutti i colori, e le strade pulite. Una volta era molto malfamato, ma era anche, e lo è ancora, un quartiere molto rivoluzionario, comunista per eccellenza. C'è perfino una collina chiamata *Lenin*. Ci sono anche numerosi stregoni, e sicuramente gran parte degli abitanti di Regla pratica qualche rito africano. Vicino a una vecchia chiesa, al bordo della baia, un nero rugosissimo sta seduto su una sedia accanto ad un muretto, sul quale ha disposto con un certo gusto delle pietre, dei bastoni e delle collane di conchiglie.
Dopo avere cenato con noi al solito Polinesio, Alberto e Miguel ci portano a vedere una prova di "comparse". Le

comparse sono gruppi di dilettanti che ballano nella sfilata di carnevale. Fino a pochi anni fa, i loro balli erano più o meno improvvisati. Ora la rivoluzione si è messa a organizzare anche il carnevale, e le comparse sono diventate dei piccoli balletti, che vengono ideati da giovani appassionati o da studiosi di folklore.

La prova della comparse del "Pajaro Lindo" si svolge in un grandissimo parco non lontano dal Campidoglio. Alcuni potenti riflettori sono piazzati in alto, sul palazzo in fondo al parco, e sui pannelli pubblicitari, e però non riescono a vincere il buio dell'immensa piazza. In fondo, in piedi, un'orchestra nera, composta di uomini vestiti con camicie bianche aperte sul collo e con giacche senza forma, che pendono goffamente. Fa un po' freddo.

Un centinaio di ragazze e ragazzi si agitano in due gruppi. In mezzo a loro una giovane con una gamba fasciata dirige i loro andirivieni frenetici. Non smettono mai, per un'ora intera, torcendosi in mezzo al buio, bianchi e neri, al ritmo di una musica africana.

19 febbraio

Colazione con il Vice Ministro Pelegrín Toras e con Blanco, capo dell'ufficio stampa del MINREX (Ministero delle Relazioni Estere), alla scuola di alta cucina del Tropicana, che è aperta al pubblico a mezzogiorno. Si mangiano piatti squisiti e complicatissimi, in una bella sala, su tavoli disposti con precisione perfetta e decorati con cristalli e fini porcellane.

20 febbraio

Una giornalista della televisione americana, Lisa Howard, è venuta con un produttore e un cameraman per realizzare un film su Cuba. Per dieci giorni l'Avana ha vissuto in stato di choc a causa dell'onnipresenza di questa donna piccola, bionda, dalle dolci curve e dal freddo dinamismo, dal sorriso sempre *charmant* e dalla mente costantemente sul chi vive, sempre alla ricerca di nuove fonti di informazione, e pronta a qualsiasi brutalità pur di ottenere un'intervista; come quando ha trasformato un cocktail dall'ambasciatore francese in un proprio strumento, dando battaglia all'ambasciatore russo, all'ambasciatore svizzero (che è l'incaricato degli affari americani a Cuba) e a quello italiano, i cui ordini pare siano di «non fare assolutamente niente», nonché a Monsignor Sacchi, il nunzio apostolico, che invece è attivissimo.

Dopo aver ottenuto l'intervista con Fidel, che è durata da mezzanotte alle sei del mattino, Lisa e il suo cameraman hanno preso il primo aereo per il Messico, mentre il produttore è rimasto all'Avana, e qui si è fatto raggiungere da un altro cameraman, con il quale porterà a termine le riprese della città. Oggi mi ha fatto questa confidenza: «Il primo cameraman era un ungherese, rifugiato dopo i fatti del '56 e arrivato in Canada tra mille pericoli. Durante tutto il tempo in cui è stato qui non ha smesso un minuto di sentirsi a disagio, ossessionato com'era dall'idea della polizia. L'altro invece è un nero del sud, e impazzisce dall'entusiasmo...»

21 *febbraio*

Stamattina gli avanesi avevano il permesso di non andare a lavorare, in modo da poter accogliere i pescatori tornati da Miami. Quando giungiamo al porto, troviamo una fitta folla che scruta l'orizzonte ancora vuoto. In mezzo a loro, l'aria grave, Fidel.

Si avvicina lo speaker della televisione, e Fidel ne approfitta per lanciarsi in un discorso contro le cose malfatte, cominciando dai giornalisti, che non andrebbero in fondo alle cose.

Da lì passa ai problemi della nuova industria del pesce, e racconta come quelli dell'impresa di costruzioni navali e dell'organismo di pianificazione hanno tirato fuori delle barche senza scialuppe, e con i motori sbagliati e senza pezzi di ricambio:

Mi ero preso la pena di andare a vedere che tipo di motore ci voleva per quelle barche. Dove sono andato? Sono andato alla cooperativa dei pescatori di Bahia Honda, a parlare con i pescatori. Mi hanno detto che tipo di barchette ci voleva, e che tipo di motore, uno di 5.5 cavalli. Allora sono andato all'impresa e ho fornito tutti i dati, sono andato al Juceplan e ho fornito tutti i dati; e ho detto loro di comprare quel tipo di motore e di far fare quel tipo di barchette. E un bel giorno mi accorgo che qualcuno, non so chi, aveva comprato dei motori di 6 cavalli, da 1800 giri, e che bisognava comprare dei riduttori, e non si era neanche certi che con questo sistema si sarebbe risolto il problema.

E l'Econaval! Appena furono catturate le barche l'Econaval ha tenuto una serie di assemblee, e nelle prime pagine dei giornali uscivano grandi articoli che assicuravano che si sarebbe raddoppiata la produzione di barche. Bugie! Bugie! E sono complici di queste bugie i giornalisti incompetenti, completamente ignoranti, che cercano solo notizie da pubblicare in prima pagina. Non voglio dire che lo facciano apposta per ingannare la gente, ma certo con parecchia ignoranza dei problemi che stanno trattando. Dovevano porre non solo il problema della quantità ma anche quello della qualità, perché molte volte si finisce in fretta una barca che dopo deve restare ferma un mese perché le manca una serie di rifiniture. Dovrebbero fare un po' meno di propaganda, un po' meno di pubblicità, e lavorare con un po' più di efficienza...

Dopo quasi un'ora arrivano le barche, e in un lampo la gente è dappertutto, sul ponte, sul tetto, per le scale, in cucina. C'è grande confusione.

Finalmente ci ritroviamo nel refettorio del porto. I pescatori si siedono intorno a un lungo tavolo, mentre i giornalisti salgono in piedi sui tavoli circostanti. Fidel si piazza in mezzo, in piedi anche lui, e tutti giù a interrogare i pescatori:

Giornalista: In che stato avete ritrovato le barche quando ve le hanno ridate?

Pescatore: Oltre alle provviste, mancavano le chiavi delle

macchine, i coltelli, i cucchiai, gli orologi, e persino le bandiere: la nostra e quella americana.

Giornalista: Perché tre delle barche hanno dovuto essere
rimorchiate?

Pescatore: Gli americani volevano vedere che cosa c'era nei
motori, e pare che abbiano cominciato a filmare e a fare inda-
gini su tutto. Hanno anche fatto delle copie. Ci chiesero di
consegnar loro il catalogo tedesco della SKL, e allora lo abbiamo bruciato, perché se lo volevano tenere.

Fidel: Anche i cucchiai li hanno tenuti per vedere che cosa
c'era dentro?

Pescatore: Anche quelli!

Altro pescatore: Hanno tenuto 180 cucchiai del Cardenas 19,
con le sigarette e i sigari.

Fidel: Che ogni capitano dica quel che manca alla sua barca.

Capitano. Cominciando dalla cosa meno importante, il mio
titolo, l'ho trovato fatto a pezzi, allora l'ho messo in una busta
perché lo poteste vedere; poi una rete e mezzo di nylon,
approssimativamente 200 cucchiai, le provviste, la pesca,
della corda, 18 casse di esche, due orologi, uno da osservazione l'altro da sveglia, e le casseruole. E hanno anche distrutto
la cucina.

Pescatore: A me hanno preso 104 pesos cubani.

Pescatore: A me un berretto verde oliva della milizia con l'insegna.

Fidel: L'unico modo per loro di ottenere uno di quei berretti
è di rubarlo.

Pescatore: Mentre ci stavano portando a Cayo Hueso[4] sembrava prossima la guerra; un cacciatorpediniere pronto a far
fuoco, e tutti in ordine di combattimento, aerei, elicotteri, sottomarini, tutto per quattro barche da pesca. A Cayo Hueso ci
dissero di tornare a bordo e che ci avrebbero interrogati il 5.
Una volta saliti, invece, ci hanno sbattuto dentro. Alcuni compagni hanno dormito 17 giorni per terra su dei fogli di giornale. Abbiamo protestato, e il console ci ha fatto dare delle
coperte arrivate da Cuba, perché lì non ne avevano. Ci dava-

no un piccolo tramezzino la mattina e un altro per la sera, e ci dicevano che era prosciutto e patate dolci. Il carceriere ci trattava bene.

Pescatore: E tutto quello che abbiamo pescato in un giorno se lo sono tenuto, cinquemila libbre, l'hanno preso tutto!

Pescatore: E quel giorno che nel carcere ci hanno dato del pesce rosso!

Pescatore: Ci hanno dato del pesce, e noi abbiamo chiesto se era quello che avevamo pescato noi. Qualcuno ci ha risposto: «Beh, se è rosso dentro, è vostro». Al che noi abbiamo risposto: «Certo, se è rosso dentro, lo mangiamo con più gusto!»

Poi i pescatori intonano un inno che hanno composto laggiù, e chiedono a Fidel il permesso di registrarlo. Fidel dice loro di mettersi d'accordo con l'associazione dei musicisti.

Fidel: Ditemi, questo è l'inno che i cablogrammi dicevano che cantavate laggiù?

Pescatore: Sì, e sentite, hanno portato via cinque uomini di colore, che erano vicino a noi[5], perché, è vero, se restavamo altri 15 giorni erano già a bordo con noi.

Fidel: Non dire "uomini di colore", dì "negri", perché non c'è nulla di male.

Pescatore: Un'altra cosa. Ci chiamavano uno alla volta, e allora ci dicevano di restare, che avremmo avuto «la macchina in tre giorni», e altre cose del genere. Noi dicevamo di no, che volevamo tornare a Cuba, e allora loro: «Sentite, non è che tra voi c'è qualcuno che vuole rimanere?» E noi rispondevamo: «Sentite, perdete il vostro tempo. Siamo tutti "Patria o Morte", nessuno rimarrà». Così alla fine hanno smesso.

Pescatore: A me hanno chiesto se ero miliziano. «Sì, sono miliziano e artigliere». Allora mi hanno chiesto: «E dov'è il tuo posto di combattimento?» E io ho risposto: «Da qualche parte, a Cuba».

Fidel: Questo non c'entra niente con la pesca.

Pescatore. Ci hanno chiesto se c'erano molti russi e cinesi a Cuba, se ce n'erano a Pinar del Rio. Allora io dissi che, se volevano saperlo, venissero a Pinar del Rio.

Pescatore. A me hanno detto: «Siete rimasti in pochi, quasi tutti se ne sono andati», e io ho detto che non importa, che le signore ora partoriranno due volte all'anno.

Pescatore: Un'altra cosa: ci hanno detto che, se avessimo chiesto asilo politico, non ci avrebbero processati.

Fidel: Il delitto, insomma, era di non chiedere asilo! Dove vi hanno presi? A quante miglia della costa?

Pescatore: In mare azzurro, non dove hanno diritto.

Fidel. A quante miglia della costa?

Pescatore: Calcoliamo 12 miglia dal Cayo.

Fidel: E le bandiere dove sono?

Pescatore: Le hanno rubate. C'è anche una barca che ha un buco enorme.

Fidel: Dove sta Pardo? Bisogna fare un inventario di tutto quel che manca, e lo invieremo all'incaricato d'affari svizzero. Noi abbiamo una loro barca da pesca, e non la restituiremo se prima non ci ridanno le bandiere e le cose che mancano. Ho dato istruzioni perché non facciano mancar niente, e siamo disposti a renderla, però se non ci indennizzano per i danni subiti e se non ci ridanno le bandiere, non la renderemo. Vogliamo vivere civilmente, ma con questa gente così indecente è davvero difficile. Del resto, credo che non ci sia niente di più spregevole di cose meschine come queste...

22 febbraio

La cameriera l'altro giorno era venuta a raccontarmi l'indignazione di una sua collega – spesso, quando mi stava facendo la stanza, di colpo si fermava e si metteva a parlare. Felicia ci teneva molto ad essere apprezzata e spesso mi raccontava che un tal cliente, che era andato via, le aveva lasciato una camicia, o delle calze, o un rossetto. A volte mi raccontava che ci doveva essere una festa, o una riunione degli impiegati dell'hotel. Era fiera di tutta la sua famiglia rivoluzionaria, e mostrava una tolleranza condiscendente verso i pochi mem-

bri che non lo erano. E ora mi diceva:
– Hanno chiamato la *compañera* Raquel e le hanno detto che doveva scegliere tra la Federazione delle donne cubane e il suo uomo.
– E perché?
– Perché sta con un uomo sposato. Si figuri, sta con lui da cinque anni: lei è divorziata, ha un bambino, come me, e da cinque anni sta con questo signore. Le hanno detto che lui doveva lasciare la moglie e sposarsi con lei, e allora lei potrà tornare nella Federazione; oppure doveva lasciarlo. E allora Raquel mi dice: «Lasciarlo? Neanche per sogno. A me quell'uomo mi piace. Mi sta bene. Mi sta bene a letto, mi porta a spasso, quando ho qualche difficoltà mi aiuta. Eh, io ho da pensare pure alla bambina – perché mai lo dovrei lasciare?» Ma allo stesso tempo Raquel sente di essere stata punita ingiustamente.
– È una miliziana, va al lavoro volontario, è veramente una donna integrata nella rivoluzione, e allora perché l'hanno tolta dalla Federazione? Che c'entra la sua vita privata con la sua coscienza rivoluzionaria? Non ci sembra giusto. Anche altre compagne sono state "separate" in questo modo, e sono tutte donne molto rivoluzionarie. Adesso sono tutte indignate.

L'altro giorno sono dovuta andare al dipartimento medico dell'hotel per farmi fare un'iniezione, e lì ho incontrato la presidentessa del circolo della Federazione delle donne cubane dell'hotel. Ho intavolato una discussione di mezz'ora sull'esclusione delle donne che hanno legami con uomini sposati.
– Capisce che le compagne sposate hanno paura per le loro famiglie quando vedono queste cose. Non si può permettere che queste cose accadano in un luogo di lavoro.
– Ma quando le espellete dalla Federazione, continuano a lavorare nell'hotel, e così il problema della pubblicità della cosa rimane lo stesso.
Non ha saputo rispondere. Continuava a dire che era una cosa cattiva e che bisognava "depurare". L'ho lasciata dicen-

dole che "depurare" mi sembrava una parola pericolosa, che poteva portare lontano.

Oggi sono andata a trovare Vilma Espín[6], la moglie di Raúl Castro, alla sede centrale della Federazione. È un'immensa villa affacciata su una larga *avenida* del Vedado, tutta dipinta di nuovo. Cartelli dall'aria "capitalista" indicano gli uffici: Relazioni Estere, Educazione, Diffusione e Propaganda. Più in là, dietro una scrivania, una donna riceve i visitatori. Tra le statue, i divani e le poltrone della sala d'attesa c'è un pappagallo, che sembra vivere sul bordo del cestino dal quale mangia.

Vilma è nel suo ufficio, che dà sull'ingresso e reca la scritta "Presidenza". Siede dietro una scrivania. Dietro un'altra scrivania c'è una seconda donna, che rimane lì durante tutta l'intervista.

– Come sta?, mi fa Vilma, con la sua voce discreta e la sua aria pacata.

– Bene, grazie, sono venuta a litigare con Lei.

Alza un sopracciglio, e aspetta, sorridendo.

– Nel Sessanta Fidel fece un discorso nel quale raccomandava a tutte le donne cubane di aderire alla Federazione di donne. Perché allora adesso si mandano via delle militanti per ragioni che riguardano la loro vita privata?

– Le federate debbono fare da esempio.

– Ma se è un'organizzazione di massa!

– Tra l'altro una federata lo sa benissimo, sta scritto nello Statuto.

– Cosa?!

Cerca in un libretto, che è lo Statuto della Federazione.

– C'è scritto che per entrare nella Federazione bisogna essere raccomandate da due altre federate.

– Non vedo il nesso.

Continua a sorridere, ma di colpo neanche lei sembra tanto sicura che un nesso ci sia.

– Beh, è chiaro: essere raccomandata significa da tutti i punti di vista, non solamente rivoluzionario, ma anche morale, naturalmente.

Questo non era scritto, ma sapevo che non sarebbe servito a niente dirlo a Vilma. E allora ho pensato a quante cose partono da una direttiva di Fidel e che per essere eseguite, a poco a poco, dato che la loro realizzazione è a carico di altre persone, finiscono per diventare qualcosa di completamente diverso.

Note

[1] Cioè del Premio Casa de la Américas, rivolto ad artisti e scrittori.
[2] Abel Santamaria, torturato e assassinato dopo l'assalto al Moncada.
[3] Ministero delle Forze Armate.
[4] Key West, nella punta meridionale della Florida.
[5] Cioè in una cella vicina, in carcere.
[6] Vilma Lucila Espín Guillois (7 aprile 1930 - 18 giugno 2007), prima donna cubata laureata in ingegneria chimica.

9.

CARNEVALE SOCIALISTA

domenica 23 febbraio 1964

A Santa María, una spiaggia a una ventina di chilometri dalla città, quel che una volta era un club per miliardari ora è più o meno riservato ai tecnici stranieri. Nei mesi d'inverno, russi, cecoslovacchi, polacchi e ungheresi sono ben felici di godere di questo paradiso tropicale, dove gli americani trascorrevano le vacanze. I cubani, invece, no: per loro l'inverno è inverno, ragion per cui non si bagnano neppure quando si scoppia dal caldo.

Anche Fidel possiede una casa a Santa María, e a volte il sabato o la domenica ci viene per giocare a baseball nello stadio locale e per fare il bagno. L'estate scorsa ho assistito a una di queste "partite della domenica": Fidel giocò a baseball sotto un sole micidiale dalle nove a mezzogiorno passato, poi, senza metter niente nello stomaco, andammo a cambiarci in casa e facemmo un bagno di un'ora, circondati da una cinquantina di bagnanti. Con loro Fidel sostenne per tutto il tempo una conversazione inondata da cavalloni sempre più violenti. Uscito dall'acqua, chiese il menù della caffetteria della spiaggia, e quando tornammo in casa fece telefonare al responsabile per chiedergli perché non avesse servito l'*aguacate*, l'avocado.

Al "club" l'entrata ora costa dieci centesimi. C'è un chiosco che serve gelati e bibite, ma la caffetteria sta più in là, all'altro club, che è aperto a tutti. Alle cinque del pomeriggio ci troviamo del prosciutto e del formaggio.

24 febbraio

Quasi due mesi dopo il suo primo viaggio, Pic finalmente inizia il suo film con Fidel per la televisione francese. Siamo pronti già alle otto e mezzo del mattino, ma aspettiamo fino alle dieci l'ordine di recarci «in *calle Once*», dove Fidel sta lavorando con l'editore italiano del suo libro.

Le guardie davanti alla casa ci fanno salire subito. Troviamo Fidel in terrazza, in piedi, intento a dettare a un magnetofono, mentre gli italiani ascoltano e uno stenografo, per maggior sicurezza, trascrive. Viene verso di noi con un grande sorriso e l'aria allegra, le mani tese. Dice a Pic di disporre le sue macchine mentre lui continua a lavorare.

Parlano ancora di spaghetti, e Fidel illustra le sue ricette. Dice che gli piacerebbe far venire un buon cuoco dall'Italia per uno dei ristoranti italiani dell'Avana. A questo punto lo seguiamo in cucina, dove si mette a frugare negli armadi per trovare una confezione di ravioli, prodotti a Cuba secondo le sue indicazioni.

In camera sua il letto, un letto da ospedale verde chiaro, è ancora disfatto, e Fidel non vuole che si riprenda lì. Per terra c'è una pila di libri più alta del letto, che è regolato in modo da poter star seduti anche con le gambe sollevate.

Nel salone, rispetto alla mia ultima visita, c'è in più una nuova libreria, attaccata al muro, e il tavolo dei dossier è diventato più grande, più carico. Fidel sta leggendo le memorie di De Gaulle.

Poi torna fuori, per rimettersi le scarpe. È un'operazione lunghissima, a causa delle tante allacciature; mentre le aggiusta, con l'aria del bambino che va ripreso ogni minuto perché termini di vestirsi, chiede agli italiani se possono mandargli delle scarpe da bambino, mille paia, di diverse misure, che lui poi pagherà – e di vedere se si può organizzare uno scambio ufficiale di scarpe contro zucchero.

A mezzogiorno fa scorrere l'acqua per il bagno e ci manda via, dopo averci dato appuntamento per le quattro e mezzo, per l'intervista che Pic deve ancora fargli.

Quando scendiamo dalla macchina, all'ora stabilita, le guardie ci conducono in una sala d'attesa posta al primo piano.

Divani, giornali, la televisione accesa: danno un vecchio film poliziesco americano con i sottotitoli, un paio di guardie seguono distrattamente.

Aspettiamo un'ora. Intanto è sceso il Capitano Nicola Garcia, che l'anno scorso mi aveva fatto visitare la scuola Camilo Cienfuegos, e che ora fa parte dello Stato maggiore dell'Avana. Quando infine ci troviamo sul marciapiede compare Fidel, seguito dal Comandante Armando Acosta, un altro vecchio conoscente del primo viaggio, che avevo cercato invano in dicembre. Saliamo su due macchine, le guardie su altre due, e partiamo velocemente per una destinazione ignota. I piani, evidentemente, sono cambiati.

Dopo un breve tragitto arriviamo in un prato alla periferia della città, e tutti scendiamo dietro a Fidel e Acosta. Fidel fa vedere ad Acosta le sue coltivazioni di alfalfa e altre erbe da pascolo, e allo stesso tempo dà a Pic l'occasione per girare un'altra sequenza.

Spiega a lungo ad Acosta le differenti varietà di erbe che crescono nel prato, in file regolari, e di ciascuna ricorda quanto tempo impiega a crescere, di quanta irrigazione necessita, e se è meglio farla mangiare direttamente alle vacche, o tagliarla. Ci fa vedere le file tagliate tre giorni fa, che già spuntano in mezzo alla terra rossa. È in estasi: questa terra può produrre foraggi a una tale velocità, e in tale quantità, ci spiega, che presto Cuba diventerà uno dei maggiori paesi esportatori di carne al mondo. Pare che la terra qui dia un'erba molto buona per la carne, anche se non altrettanto per il latte. Ma dall'enorme quantità di animali che servono per la carne vien fuori anche abbastanza latte per soddisfare il fabbisogno del paese e anche per fabbricare formaggio. «Quanti paesi ce l'hanno, queste condizioni naturali che abbiamo noi? E tra dieci anni sarà più difficile comprare carne che un'automobile».

Intanto alle finestre delle case vicine alcune sagome si sono messe a guardare Fidel nel suo campo.

Altro rapido spostamento e arriviamo in una fattoria, alla

periferia della città. Viene a riceverci un uomo piccolo, vestito da militare, mentre sul prato un grande cane lupo si lancia a festeggiare il padrone. Dietro alla casa, un po' abbandonata, si trova il vero motivo di interesse del padrone: le vacche che mangiano l'alfalfa del campo che abbiamo appena visitato. Fidel si ferma davanti a ciascuna e si fa dire quanti litri di latte danno la mattina e quanti la sera. Più in là ecco un'altra stalla, con vacche nutrite secondo un regime diverso. Stessa storia. Poi attraversiamo per intero il grande giardino, fino al *corral* del toro. Fidel cerca di provocare l'animale perché faccia una bella carica per Pic, ma senza grandi risultati.

Davanti alla casa ci sono delle casse con bottiglie di latte vuote: chissà chi beve il latte di Fidel e se lo imbottigliano qui? Fidel parla a lungo con l'uomo della fattoria, poi saliamo in macchina e filiamo verso *calle Once*. È quasi notte quando smontiamo, e Fidel ha voglia di riposare – e forse anche di continuare a parlare di pascoli con Acosta. Ma promette di venir all'albergo domani, alle dieci.

25 *febbraio*

È venuto alle undici. Era andato a cenare in un ristorante italiano, e ora ammette che, a dir la verità, gli converrebbe tenersi a dieta.

Va in bagno, torna subito e chiede in prestito un pettine, poi torna davanti allo specchio e si sistema i capelli, quindi va verso il divano e si siede. Chiede: «Come sto?», mentre stira le braccia.

Le prime domande che gli vengono rivolte riguardano il commercio. Dice quasi le stesse cose che gli avevo già sentito dire in altre occasioni: che commerciare con Cuba non è essenziale per nessun paese, ma che commerciare liberamente, questo sì che lo è, per tutti. Quando gli chiedono del *bloqueo*[1], diventa allegro: «Quando si parla con un inglese, ci si rende conto subito di come gli unici che ancora vivono al contrario sono gli americani. Sembra che l'operato di Johnson abbia lo scopo di screditare i repubblicani. Altrimenti non si spiegherebbe una cosa così evidentemente controproducente».

Alla fine si strizza l'orecchio e dice: «Beh, meno male che Pic non mi domanda quel che penso della politica francese sulle armi nucleari».

Si trattiene ancora mezz'ora, il tempo di discutere dell'organizzazione dell'ufficio di relazioni culturali e turistiche che Pic aprirà a Parigi. Approva tutte le proposte di nomine, approva il budget, approva i piani, fa i suoi complimenti a Pic, e sul retro di un foglio di propaganda per un viaggio organizzato a Cuba, che Pic gli ha portato, scrive una lettera al nuovo ambasciatore a Parigi, per informarlo di questo progetto e per pregarlo di dare il massimo aiuto e l'appoggio necessario per la creazione del nuovo organismo. Termina il foglio con un gran sorriso: «Ti scrivo questo mentre mi trovo nella stanza di Pic, dove proprio adesso abbiamo concordato tutto, nel migliore stile Sierra Maestra, senza formalità».

26 febbraio

Ieri avevo appuntamento con Celia, ma ho aspettato mez-
z'ora su una panchina davanti a casa sua... Le guardie mi
hanno offerto una Coca-cola e dei biscotti al burro. Poi è
apparso Vallejo, per dirmi che Celia non poteva ricevermi. Si
è fatto prestare una delle automobili della scorta, dato che la
sua era rotta, e così mi ha riaccompagnato in albergo.
Oggi sempre Vallejo mi ha chiamato, alle quattro e mezzo:
«Celia chiede se puoi venire tra mezz'ora». Questa volta mi
fanno entrare subito, non nell'appartamento che avevo visto
domenica con Raúl, ma in quello dirimpetto. Le finestre del
salotto, socchiuse da strette sbarre orizzontali di legno, danno
sulla strada, lasciando vedere la casa di fronte, una villa
dipinta di bianco, dove stazionano le guardie e le macchine.
La stanza è tutta arredata di bianco e nero: un tappeto nero
con grandi fiori bianchi, poltrone a dondolo imbottite rico-
perte di pelle di vacca bianca e nera, una poltrona moderna a
fondo bianco con quadretti neri, un divano bianco, una libreria bianca. In veranda, che una volta forse era un terrazzo,
sono sistemate delle poltroncine di ferro finissime, nere, e sui
tavolini d'angolo sono appoggiate alcune bambole esotiche.
Sul tavolo accanto al divano è appoggiato un gran tempera-
matite da ufficio. In una libreria, assieme a statue di animali
e a qualche oggetto di vetro, si vedono volumi di Heidegger
e Sant'Agostino, *Le anime morte* e *Capitan Fracassa*.

Dal fondo di uno stretto corridoio appare Celia: una donna
piccola coi capelli scuri, avvolta in un vestito di lana grigio
chiaro, con cintura e maniche larghe, molto larghe, montate
basse, e una lunga collana di legno lavorato.
Si siede a un angolo del divano, accanto a un telefono dal filo
lunghissimo e a un mazzo di carte:
– Vieni in questa poltrona qui, più vicino, così posso... – e con
un gesto accenna al telefono.
Ci siamo conosciute l'anno scorso, ma allora non avevamo

avuto occasione di parlare. Come al solito non ho preparato alcuna domanda, ma solo qualche richiesta di informazioni. Penso che Celia possa aiutarmi a chiarire alcune cose:
– Che cosa faceva Elena Gil prima di dirigere le Makarenko?
– Era telefonista.
– Telefonista! Quella signora dai capelli bianchi che sembra così perfetta come direttrice di una grande scuola...
– Sì, sì. Beh, era una dirigente nazionale della Federazione delle donne cubane, e aveva fatto un lavoro eccellente. Così, Fidel, con quel suo talento per scoprire il talento altrui, capì presto che era un'educatrice nata. Le affidò le prime scuole serali per domestici, e dopo l'intera organizzazione delle Ana Betancourt e delle Makarenko. È veramente una donna straordinaria.
Mi chiede com'era andata l'intervista con Raúl. Le racconto la nostra conversazione sui tribunali e i controrivoluzionari.
– Non so perché la gente avesse paura di Raúl, non so da dove sia partita questa leggenda che era crudele, spietato, ecc. Ma era così già nella Sierra. Ma i suoi uomini, quando lo conoscevano davvero, gli erano molto attaccati. Non so da dove sia cominciata questa leggenda...
– E Morgan?
– Era davvero un filibustiere, quello lì! No, no, – scuote la testa – su di lui nessun dubbio, era un terribile avventuriero. Ora, nell'Escambray, stiamo arrivando alla fine degli ultimi gruppetti di controrivoluzionari, attraverso l'educazione dei contadini. Ma lo sai perché abbiamo avuto dei controrivoluzionari proprio nell'Escambray? Capisci, l'Escambray è stato una cosa a parte, ma perché è l'ultimo rifugio dei controrivoluzionari, perché hanno potuto restar lì e non altrove? Perché durante la guerra le prime colonne che arrivarono nell'Escambray furono precisamente quelle di Morgan e dei suoi amici. Il Che è arrivato molto dopo, per preparare l'offensiva di Santa Clara. Ma quelli di Morgan non erano veri rivoluzionari, erano un altro tipo di uomini, non si comportavano come i *barbudos* della Sierra

nei confronti dei contadini. Non avevano gli stessi principi
che venivano imposti da Fidel, Raúl, Camilo o dal Che. Così
la popolazione, i contadini, fin dall'inizio hanno avuto
un'impressione molto falsa della rivoluzione, attraverso
questi cattivi rappresentanti dell'esercito ribelle. Veramente,
non erano degni di far parte del nostro esercito. Certi contadini hanno collaborato con i controrivoluzionari perché non
sapevano veramente che cos'era la rivoluzione. E come
potevano, se tutto quel che ne sapevano era quello che gli
facevano vedere tipi come Morgan? E così collaborarono
con i controrivoluzionari – per paura anche, o per interesse,
ma soprattutto perché quel che avevano visto dell'esercito
ribelle era la sua parte meno autentica.
Per questo Fidel ha pensato che l'unica maniera per combattere la controrivoluzione nell'Escambray fosse intraprendere
la rieducazione dei suoi abitanti, famiglia per famiglia. Così
li abbiamo portati per un anno all'Avana, intere famiglie. La
ragazza che si occupa di tutto il progetto ha fatto un lavoro
stupendo: era la segretaria di Juan Almeida, e Fidel, quando
ha deciso questo piano, l'ha chiamata, le ha spiegato quello
che bisognava fare; e lei l'ha fatto. Per prima cosa è andata
nell'Escambray a parlare con le famiglie, a spiegar loro lo
scopo del progetto, ad aiutarle a prepararsi a venire
all'Avana. Poi, una volta che erano venuti qui, ha organizzato tutto, seguendoli passo dopo passo.
– Ma che cosa fa questa gente all'Avana?
– Gli uomini vanno in centri di rieducazione – è pur sempre
gente che è stata coinvolta in un modo o nell'altro nella controrivoluzione –, i bambini frequentano una scuola speciale, e
le madri stanno a casa, però hanno la possibilità di seguire
dei corsi di taglio e moda, oltre alla prima elementare, e poi
imparano le norme dell'igiene, come tenere una casa e così
via... perché chiaro, lassù vivevano nei *bohios*, e dopo saranno
mandati in una fattoria collettiva con case moderne, e debbono sapere che cos'è, no? Per tutte queste cose relative alla
casa, all'igiene, alla pulizia, si ispezionano l'un l'altra.

Mentre una giovane ragazza serve il caffè, dico a Celia che mi sono piaciuti i mobili che ho visto nell'appartamento di fronte, quando sono venuta domenica.

– Prima ci stava mia sorella, ma ora è andata in un'altra casa. Debbo arredare quell'appartamento, perché qui, con tutta la gente che va e viene, con i bambini e tutto, è un po' piccolo.

– Ho visto dei bambini entrare e uscire come fosse casa loro. Ma fanno così davvero?

– Sì, anche loro stanno sempre qui.

– Come, «anche loro»?

– Cioè, i bambini del blocco vengono sempre a giocare qui, e poi, nei fine settimana, ci sono i bambini di cui devo occuparmi per una ragione o per l'altra. Quelli della Sierra, per esempio, che sono borsisti a Tarara, poi tre bambini uruguayani, la cui madre, morendo, chiese che potessero vivere qui, e un brasiliano che è scappato di casa per venire a Cuba: Fidelito.

– Com'è la storia dei bambini uruguayani?

– La madre era sposata con un ricco cubano che viveva laggiù e che poi morì. Lei era molto attiva nell'Associazione delle donne uruguayane, e molto brava. Fu a Mosca per l'ultima Conferenza internazionale delle donne, e là hanno scoperto che era molto malata. Le hanno detto che se non si operava entro sei mesi sarebbe morta. Allora è tornata in Uruguay con una sola idea: venire qui con i bambini, in modo che se moriva la famiglia del marito non potesse impedirlo. Incominciò subito a fare le pratiche, ma perché il suo caso arrivasse all'attenzione della Federazione cubana, e lei potesse venire qui, dovettero passare parecchi mesi, e così abbiamo dovuto portarla subito in ospedale. Ma ormai era troppo malata per sopportare l'operazione: morì dopo poche settimane. Andai parecchie volte a vederla; la sua vera grande preoccupazione erano i bambini, aveva il terrore che la famiglia del marito potesse farli tornare in Uruguay. Infatti ci hanno provato, c'è stata tutta una storia... e così abbiamo preparato un documento legale, in cui lei dice che affida l'educazione dei figli al Governo rivoluzionario cubano. Io ne ho uno con me; gli altri due ce li ha Haydée.

– E quelli della Sierra chi sono, e come mai vengono qui?

– Beh, perché sono della Sierra, no? Sono i bambini che abbiamo conosciuto quando stavamo là. Venivano sempre all'accampamento, erano affascinati dai *barbudos*... Ce n'era uno che diceva sempre che non voleva essere un ribelle perché era una vita troppo dura. Appartenevano alle famiglie che ci vendevano il cibo, senza il loro appoggio non saremmo mai riusciti a sopravvivere. Credi che si possano dimenticare? E così, appena finita la guerra, Fidel ha mandato a prendere tutti quei bambini che avevamo conosciuto là, ai quali aveva promesso che un giorno sarebbero andati a scuola, e li ha portati all'Avana, come borsisti. E vanno molto bene, uno è già nella scuola dei piloti. E allora, siccome naturalmente le famiglie sono laggiù, hanno preso l'abitudine, il sabato e la domenica, di venire qua, ma siamo noi che gli diamo la paghetta.

– Voi, cioè il Governo, no?

– Sotto quale voce vuoi che le mettiamo, queste spese? Ti rendi conto, 5 pesos la settimana moltiplicati per venti, certo non basterebbe il mio stipendio, e allora da dove li scarico quei soldi? Dal palazzo, per forza.

È allegra:

– Tutto quello che non posso attribuire a un ministero lo scarico dai fondi del palazzo. Come le coperte di lana, e tutte le cose che mandiamo a quelle famiglie della Sierra. Ogni tanto mando un conto a un ministero, se c'entra, e allora ricevo telefonate dal Che, furibondo, o da un altro, che dicono: «Ma che sono questi venti maglioni, quest'aspirina? Da dove saltano fuori?» E io rispondo sempre: «È per la Sierra», e loro si strappano i capelli, però stanno zitti.

– Però, se siete voialtri che dovete ancora mandare queste cose, è un po' paternalistico, significa che la rivoluzione da sola non è riuscita a fare per loro quello che si sperava.

E aggiungo che da quello che ho visto nella Sierra, so che è praticamente impossibile migliorare in modo decisivo le condizioni di vita, a causa dell'isolamento. So bene che non si può portare l'acqua e il gas nelle case isolate, ma il paternalismo è sempre abbastanza antipatico...

– Forse non hai capito. Non facciamo questo per paternalismo, né perché la rivoluzione non ha fatto quello che ha promesso. Lo facciamo per restituire un'ospitalità, un'ospitalità che non dimenticheremo mai. Anche se fossero già tutti a posto, dentro case nuove, allora invece del necessario gli manderemmo il superfluo.

E prosegue:

– Il problema della Sierra è molto difficile, bisogna convincere la gente a trasferirsi in pianura... Lo sai perché quella gente è andata a finire lassù? Era gente che era stata espropriata dai grandi latifondisti, o che non trovava lavoro in pianura, e così andavano sulle montagne, e piantavano quello che si può coltivare su quel tipo di terreni: soprattutto caffè. Ma non si può meccanizzare il caffè in montagna! A poco a poco capiranno. Molta gente, specialmente le famiglie i cui figli sono andati a studiare nelle città, con borse di studio del Governo, hanno cominciato a capire questi problemi. A poco a poco arriveremo a sistemarli tutti, ma non con la forza. Adesso stiamo costruendo scuole nuove nella Sierra, non le scuole rurali come facevamo prima, dove i bambini, bene o male, devono sempre camminare molto mattina e sera, ma scuole grandi, per tre o quattrocento allievi interni. Già quest'anno saranno pronte dieci di queste scuole.

Guardo l'orologio. Sono già due ore che parliamo. Sto per andarmene quando suona un campanello. Celia scatta in piedi e sparisce dalla porta, ma mi dice di aspettarla. Cinque minuti più tardi è di ritorno. Cerco di congedarmi, ma lei insiste:

– Resta; così mi riposo, sono quindici giorni che quasi non dormo. Questo, almeno, mi fa riposare.

– E perché non dormi?

– Eh, ora non riesco a dormire...

Mi viene in mente una frase di Fidel, quando l'anno scorso fece una spedizione nella Sierra Maestra. Arrivato in cima al Pico Turquino disse, ansimando: «Ora mi rendo conto che la rivoluzione non si può fare a quarant'anni». Chiedo a Celia se ora se la sentirebbe di ricominciare la rivoluzione daccapo. Mi dice di sì.

– Proprio l'altra sera parlavo di quei tempi con le mie sorelle. Sai che da allora praticamente non abbiamo mai avuto il tempo di raccontarci quello che è successo negli anni della separazione, quando era difficile poter comunicare? Pensa che dopo tanti anni, una sera ne abbiamo riparlato, e ci siamo raccontate tante cose: per esempio, mi hanno detto come avevano saputo che io era stata presa: uno dei ragazzi della polizia che mi aveva arrestato conosceva mio padre. Non lo sapevo, ma lui mi aveva riconosciuta, ed era subito andato a dare la notizia.

– E com'è andata a finire?

– Beh, lui non poteva saperlo, ma io ero già scappata. Fidel aveva cambiato accampamento e doveva mandare su tre ragazzi, in posti diversi, per collaudare i punti di comunicazione. Li accompagnai fino all'ultimo villaggio, e lì dovevo aspettare che tornassero. Stavo camminando per la strada, quando sentii arrivare dietro di me l'auto della polizia. Qualcuno mi riconobbe, e mi fermarono. Sospettarono che nei paraggi ci fossero altre staffette, e si divisero: un gruppo restò con me, l'altro continuò a cercare. Mi portarono in un caffè ad aspettare. Che angoscia! Passarono alcune ore, e io pensavo ai ragazzi, che sarebbero stati catturati nel posto in cui dovevamo incontrarci. Ormai non ne potevo più. Chiesi se potevo comprare delle sigarette, mi alzai e andai al banco di fronte, poi tornai a sedere; dopo due minuti tirai fuori una moneta, e mostrandola, chiesi alla ragazza del banco se avesse anche del chewing-gum. Lei mi disse di sì, allora mi avvicinai un'altra volta al banco, senza aver chiesto il permesso, come se niente fosse, con la moneta in mano. Lei si chinò per cercare le gomme e allora io, senza pensarci più, mi misi a correre. Corsi come una matta, tra la folla, per la strada, con quei due dietro, corsi, corsi, corsi, senza guardare indietro. Mi aspettavo che mi sparassero addosso da un momento all'altro, e davvero non so perché non l'abbiano fatto. Riuscii a perderli nascondendomi in un campo all'uscita del paese. Camminai per ore e ore piegata in due, cercando di uscire su un'altra strada. Lì fermai la prima macchina che passava. Era il mio garagista. Gli dissi che avevo avuto un guasto, se poteva accompagnarmi fino alla mia macchina per vedere che cosa si potesse fare. Lo guidai verso il punto dove dovevo incontrare i ragazzi, e quando li vidi dissi che erano dei meccanici, che se ne sarebbero occupati loro, e scesi. A loro, fortunatamente, era andato tutto bene.

Un'altra volta mi sono camuffata da donna incinta, per prendere un autobus alle cinque del mattino. Ero accompagnata da una delle nostre ragazze, ma lei doveva far finta di non essere con me – infatti veniva solamente per popolare un po' quell'autobus, che a quell'ora era vuoto, e per non far attirare l'attenzione su di me. Arrivati a metà strada – stavo andando da Manzanillo a Santiago – l'autista si fermò, scese, ci chiese se volessimo prendere anche noi un caffè. Io pensai che ci doveva essere un piccolo caffè lì alla fermata, così scesi senza guardare, e invece mi trovai davanti a una caserma: era lì che l'autista contava di trovare il suo caffè! Ormai non c'era altro da fare che seguirlo. Scavalcai pile e pile di sacchi di sabbia e così arrivai fin dentro la mensa degli ufficiali. Quando finimmo di bere arrivò un ufficiale, che vedendo la mia pancia chiamò un soldato e gli diede ordine di far liberare il passaggio.

Vien facile immaginarla, questa donna minuta, asciutta, diventare, se necessario, una staffetta leggera, rapida, resistente. È facile cancellare l'immagine che ho davanti a me, questi capelli soavemente cotonati, le labbra dipinte di un rosso scuro ma leggero, la linea delle sopracciglia corretta da una matita, e ritrovare la Celia della clandestinità, la Celia della pianura, e poi quella della Sierra, che non esitava a porsi in prima fila con la mitragliatrice, ma che, a detta di Carlos Franqui, aveva paura dei topi. È facile, perché in fondo non è cambiata molto, forse perché non è cambiata la sua vita: gira da sola in automobile, continua a dormire due ore a notte, a bere caffè e ad aver sempre sonno.

– Il ciclone l'ho passato seduta per terra, accanto al telefono, scrivendo freneticamente su qualsiasi pezzo di carta trovassi a portata di mano. Guarda, ti faccio vedere.

Si alza rapidissima, apre uno scaffale che fa da base alla libreria e ne estrae un mazzo di carte di dimensioni e colori vari:

– Guarda qui... questa busta la aprivo man mano che mi mancava lo spazio per scrivere. Alla fine l'ho aperta completamente.

Era coperta di messaggi scritti in tutte le direzioni, come un mosaico.

– Guarda, c'è anche il rapporto della fattoria. Fidel voleva sempre sapere quanti litri di latte avevano dato le vacche. Poi ci sono le previsioni meteorologiche, il movimento dei venti; me le comunicavano per telefono dall'osservatorio, e io telefonavo a Fidel che stava laggiù in Oriente. Ogni tanto mi assopivo qui per terra, tra una chiamata e l'altra.

– Mi sembra che tu non sia molto organizzata. Al tuo posto avrei fatto portare un letto qui, o perlomeno mi sarei installata sul divano.

– È vero, l'organizzazione non è la mia passione. Non so perché, ma è sempre stato così: certo, una rivoluzione non è cosa che si possa fare nell'ordine, e noi in fondo viviamo sempre come fossimo ancora nella Sierra Maestra. Mi sembra che non sia possibile vivere diversamente, in queste circostanze: le giornate sono piene d'imprevisti, è impossibile sapere cosa farà Fidel tra cinque minuti, perciò neanch'io posso pianificare il mio lavoro. Non vado quasi mai al palazzo, perché devo stare qui, e stando qui non sono un modello di ordine.

Lo dice con allegria, come quando ha raccontato della sua fuga a perdifiato, o come quando mi ha fatto vedere la busta col mosaico del ciclone. Con allegria, e con quella sua voce strana, non esattamente graziosa, ma calda. Eppure, a vederla per la prima volta, sembra piuttosto severa, e a uno straniero non verrebbe mai in mente di chiedersi perché questa donna sia stata sempre accanto a Fidel, fin dalla Sierra. Forse il motivo non è soltanto perché è una donna intelligente, coraggiosa e fine, ma anche perché possiede una qualità ben più rara, che è anche una delle qualità fondamentali di Fidel: quel gusto di vivere anche le situazioni più difficili con un non so che che assomiglia all'entusiasmo dei bambini.

– Conservo tutte le carte. Spesso penso che bisognerebbe salvare le carte; che dovremmo mandarle in Svizzera, o in qualche altro posto dove starebbero al sicuro, perché il mondo un giorno sappia che cos'era questa rivoluzione... Se viene la bomba....

La porta si apre e appare una ragazza con un vassoio, sul quale sono stati sistemati una gran coppa di gelato e un bicchiere di succo d'arancia. Sarà stato Fidel a mandarci giù questi rinfreschi, penso. Lassù sta lavorando con qualche ministro, e ho sentito dire che gli piace fare i gelati...

– Quando stavate lassù, durante tutto quel tempo in cui avete combattuto, e con tutte quelle difficoltà, mi domando: stavate lì stringendo i denti con l'ostinazione che dà la sicurezza della vittoria, oppure sentivate che magari tutto questo sarebbe potuto non servire a niente, ma che tutto sommato ne valeva la pena, che bisognava a tutti i costi tentare?

La mia è una curiosità psicologica, voglio capire in che stato d'animo abbiano resistito in un'impresa che poche persone credevano possibile. Non ho alcun secondo fine. E così ricevo un dono insperato. La risposta di Celia, magari senza volerlo, mi conferma nell'ipotesi che sono andata elaborando, a poco a poco, riguardo all'evoluzione politica di Fidel e degli altri ribelli:

– Bene – mi dice tirando una lunga boccata di sigaretta (fuma sigarette forti, le equivalenti cubane delle *Gitanes*) –, non è andata esattamente come dici tu. Piuttosto, non pensavamo che sarebbe arrivato tanto presto, ecco.

Non intende la vittoria su Batista. Intende ciò che la rivoluzione era diventata dopo la caduta del dittatore. E aggiunge:

– Invece il popolo si è dimostrato più maturo di quanto non avessimo pensato, e le circostanze hanno spinto in avanti gli avvenimenti con una rapidità ancor più grande.

Prendo la palla al balzo; la domanda originaria non ha più tanta importanza:

– Ma quando gli americani domandarono a Fidel, nella

Sierra, se era comunista, e lui disse di no, vedi, ciò che non gli perdoneranno mai, ciò che non riescono a perdonargli neanche quelli che sono in buona fede, è il fatto che abbia mentito.

– Se vogliamo andare fino in fondo alle cose, non mentiva. Le sue idee le aveva, però non era comunista, nel senso che avere idee di riforma sociale, e magari avere anche idee marxiste, non significa necessariamente essere un comunista: essere un comunista non è una questione di semplice convinzione: solo oggi Fidel può dire di essere un comunista, vale a dire un vero comunista; e questo non è dato a tutti.

– Va bene, d'accordo, c'è differenza tra la definizione di comunista dal punto di vista del comunista e dal punto di vista dell'anticomunista: per il comunista significa più esattamente «essere un buon comunista». È un titolo di merito che bisogna guadagnarsi. Per l'anticomunista basta essere d'accordo con gli scopi del comunismo per essere considerati comunisti a tutti gli effetti. Ma tu sai benissimo che è quest'ultimo significato che gli americani avevano in mente quando chiesero a Fidel se era comunista, perché non sanno neanche che esiste un altro criterio.

– Allora ti dirò che, a quell'epoca, per lui sarebbe stato un errore di strategia madornale dire che era comunista. Non solamente gli americani ci avrebbero schiacciato come mosche, ma anche il popolo avrebbe avuto paura di noi, invece di avere fiducia. Tu non ti rendi conto di quello che era la propaganda anticomunista ai tempi di Batista. O magari sì, ma non ti rendi conto fino a che punto la gente ci cascava. Per esempio, durante la Seconda guerra mondiale qui c'era una terribile propaganda antigiapponese, è evidente. Ora, poco dopo la guerra, all'annuncio che nel quartiere del porto di Manzanillo doveva arrivare una nave giapponese, la gente di quel quartiere si diede letteralmente alla fuga. I giapponesi, dopo esser scesi dalla nave, a poco a poco incominciarono ad entrare in rapporto con la popolazione, e la gente vide che non ci provavano neanche, a mangiare i bambini... Alla fine diventarono amici di tutti. Coi comunisti andò nello stesso modo: si diceva che avrebbero strappato i figli alle loro famiglie, e così via... una serie di accuse orribili, sicché la parola comunista non la si poteva neanche pronunciare. A tal punto che una volta, me lo ricordo benissimo, i giornali uscirono con un titolone che diceva: «Cuba vende zucchero all'Unione Sovietica, ma col permesso degli Stati Uniti».

Poi Celia mi chiede chi ho visto finora per il mio libro, e dopo che gliel'ho detto commenta:
– Non hai visto Guillermo García, Comandante dell'esercito nella Provincia occidentale. È un uomo interessantissimo. Anche lui si occupa di vacche. Aspetta che te lo voglio chiamare.
Dopo alcuni tentativi infruttuosi di entrare in comunicazione con un numero fuori l'Avana, ci riesce:
– Come stai, Guillermo? Che c'è di nuovo? Quanti litri di latte ha dato la tua vacca? Quindici? Sai che quella nera di Fidel ne ha dati diciassette? E l'altra sedici! Cosa gli stai dando da mangiare? Sì, sì, bene, glielo dirò. Credo che voglia che tu provi con l'alfalfa, sì, metà alfalfa e metà di quell'altra. E vedremo chi ne dà di più... sì... Senti, Guillermo, c'è qui una giornalista francese che vorrei che tu vedessi, anzi è un'ordine... Quando? Domani? Bene, alle quattro? Bene! Ciao Guillermo.

27 febbraio

Incontro Sarita nella hall dell'hotel:
– Vado a vedere i russi.
– Ah sì, quelli della delegazione. Hai visto il film?
– No, e di sicuro non lo andrò a vedere.
– Perché, è brutto?
– Beh, sai, cinemascope, colore: più ne hai, di queste cose, maggiore è il rischio di fare delle schifezze.... Ora avrò un problema: dovrò far telefonare all'ICAIC perché mi lascino

salire su e incontrarli nella loro stanza. Che vuoi, è un paese sottosviluppato... ma affascinante.

Sarita mi saluta, e io me ne vado al quartier generale di Guillermo García, per seguire gli ordini di Celia. È a Santiago de las Vegas – il paese dov'è nato Italo Calvino –, passato l'aeroporto. Non avevo chiesto l'indirizzo esatto, convinta che tutti sapessero indicarmelo. Invece dobbiamo girare per mezz'ora e chiedere a cinque o sei persone prima di trovarlo, fuori città, in mezzo ai campi.

In un cortile, dietro l'ingresso dell'edificio, alcuni soldati stanno giocando a pallacanestro. Aspettiamo alcuni minuti mentre una guardia telefona. Poi lo vediamo arrivare con aria preoccupata: ci dice che Garcia non c'è.... Mi fa entrare in un ufficio di guardie. L'ufficiale mi dice che, se voglio, posso andare a parlare con l'aiutante di campo. Entro e scopro, in fondo a un vasto giardino, una villa, che prima non era possibile vedere, per la gran quantità di jeep, di autobus e di automobili parcheggiati dappertutto. Mi accompagna un ragazzo di Santiago, giovanissimo, che ha fatto la guerra come messaggero, e che sta all'Avana da cinque anni.

Pare che García debba tornare. Mi metto ad aspettarlo. Mi offrono un caffè, poi continuano a seguire i loro affari. Come in tutte le case per bene, i mobili del salone sono stati ricoperti prima di partire per le vacanze. Da non so dove sento arrivare della musica; alcuni soldati vanno e vengono, si accomodano sui divani ricoperti di tela verde, fumano una sigaretta, si scambiano qualche frase, leggono un giornale... il tutto con una specie di timidezza. A un certo punto due uomini in abito civile – giardinieri forse, o autisti – chiedono a un ragazzo molto giovane da dove viene, e si mettono a parlare della provincia, tranquillamente. Nell'ufficio, la cui porta resta aperta, telefonano, scrivono a macchina, discutono. Alcuni ufficiali vanno su e giù per le scale del primo piano. Uno di loro va al tavolo della sala da pranzo, e si mette a pulire con un liquido la copertina di un libro di contabilità. Un milizia-

no passa spingendo la ruota di una bicicletta:
– Que tal?
– Bien, y Usted?
Tutti, quando passano, mi danno il buongiorno, magari solo
con un semplice movimento della testa. Alle sei me ne vado.
García è ancora in riunione con Raúl. Fuori soffia un vento
autunnale.

28 febbraio

Sono di nuovo al quartier generale di Santiago de las Vegas.
Dopo esser entrata nel salone vengo accolta dall'aiutante di
campo. Con un gesto verso la veranda, mi prega di aspettare.
Al di là della porta a vetri c'è un'aula di lezione, con le sedie
allineate e due uomini dietro un tavolo. Entro nell'ufficio e
chiedo di poter telefonare in città. Intanto i due soldati segui-
tano a parlare al telefono, ad altri apparecchi. Quindi arriva
un uomo basso, rotondo, con i radi capelli rasati cortissimi, e
mi accorgo che è il comandante García, che mi sta aspettando
con un mazzo di carte sotto il braccio.

L'ufficio è al primo piano. Alle pareti grandi carte geografiche con i probabili punti d'attacco del nemico. Ma la nostra conversazione prende le mosse su tutt'altro piano, l'agricoltura:

– Ogni *cuartel* comprende dei terreni destinati a uso agricolo, che gli debbono permettere di bastare a se stesso. Ma non basta. Facciamo anche esperimenti nell'allevamento, nelle coltivazioni, sul riso, la *malanga*, il mais. E poi studiamo il suolo e il clima, per stabilire che cosa bisogna seminare in ogni zona e quale tipo di una determinata coltura produce di più nelle condizioni proprie di ogni zona. Abbiamo mandato un gruppo di 43 soldati di origine contadina in Unione Sovietica per studiare scienze agrarie.

– E come fanno se non sanno il russo?

– Prima imparano il russo, laggiù.

– E ne vale la pena?

– Vale più che la pena.

– I soldati vanno a dare una mano per tagliare la canna, vero?

– Sì. Con le armi pronte per qualsiasi eventualità. In caso di un attacco non dovrebbero ripassare per la caserma. E inoltre partecipiamo all'elaborazione dei piani generali per il Paese. Per esempio, se in una provincia debbono costruire una strada, comunicano il progetto anche all'esercito, in modo che noi possiamo dire se quella strada, per quanto ci riguarda e per quel che ne sappiamo in base ai nostri studi, sarebbe più utile se la spostassero un po' in là. Perché non è solamente una questione militare. Facciamo anche degli studi sul suolo e di idraulica, che possono contribuire a determinare dei dati importanti per l'economia del paese. Il Governo cerca di coordinare le conoscenze e gli sforzi di tutti i rami prima di intraprendere qualche lavoro, in modo che tutto avvenga nel modo più razionale possibile.

L'aiutante di campo bussa alla porta, saluta, e chiede se può servire il pranzo.

– Quando volete, risponde il comandante.

Scendiamo nella sala da pranzo. Sul tavolo sono già stati disposti tutti i piatti, carne, insalata, riso, *malanga*; e subito dalla cucina arriva la minestra. Il tavolo è stato preparato per sei, ma oltre a noi c'è solo un capitano. Dopo il dessert tradizionale a base di marmellata e formaggio giallo e un caffè ben forte e zuccherato, il comandante fa chiamare una macchina perché mi riaccompagni in città.

29 febbraio

Oggi in piscina ho incontrato un medico equadoriano, che avevo conosciuto qualche settimana fa. Mi aveva detto che si trovava all'Avana in vacanza, per cui sono sorpresa di vederlo ancora qui. Borbotta:
– È che sto attendendo di poter andarmene, ma mi fanno aspettare! Ci sono delle complicazioni, non ci sono posti negli aerei...
– Ma perché se ne va? Sembrava abbastanza contento, quella sera...
Si attacca al bordo della piscina, e ora mi rendo conto che ha l'aria stanca:
– Beh, a cena parlavo di altre cose... ma in verità sono venuto all'Avana per rescindere il mio contratto e per chiedere di poter tornare nel mio paese.
– Ma perché?
La sua faccia si fa ancora più triste:
– Non ne posso più!
– Ma che Le hanno fatto?
Si rigira nell'acqua, con una smorfia di disperazione sul viso:
– È terribilmente difficile lavorare qui. Si crea un clima di risentimento, di gelosia, fanno di tutto per farti sentire che... che non va bene se ne sai di più dei medici di qui... uno può anche essere lì per dirigere, gli si mettono contro lo stesso, lo isolano, cospirano... non si può lavorare così! E poi da solo, lontano dalla famiglia, in una città di provincia, uno si sente come un cane... cosa vuole, io non ne posso più...

– Ma per quanto tempo era il suo contratto?

– Un anno.

– E quanto tempo è che sta qui?

– Sette mesi.

– E allora, non può resistere altri cinque mesi? Non sarebbe meno complicato? E poi, dopo tutto, rescindere un contratto... non le pare che le Sue ragioni, diciamo, siano un po'...

– Sì, lo so, ma cosa vuole, non ne posso più. Uno deve anche avere un minimo di serenità per fare questo lavoro; non siamo mica macellai...

– E perché non fa venire la famiglia?

Alza le spalle.

– Mah, potrebbe anche essere una soluzione... ma no, vede, con il mio salario sarebbe difficile vivere in tanti, io ho sei figli, la vita è difficile in provincia, ho paura a farli venire, temo che poi sarebbe peggio.

– Quanto guadagna?

– Settecento pesos al mese.

– Ma una famiglia a Cuba ci può vivere con questa cifra, credo...

– Sì, certo, ma mia moglie non so come la prenderà, con il libretto, bisogna trovare casa, non è facile... Insomma, non voglio correre il rischio che dopo sia peggio, meglio che me ne vada e non se ne parla più...

Avevo già sentito raccontare parecchie storie di questo tipo, indirettamente. Anche il medico spagnolo che era in aereo con me, un giorno l'ho incontrato nella hall con una faccia scurissima: la moglie era malata, doveva essere operata, e lui la stava rimandando in Europa. In seguito venni a sapere che aveva abbandonato il suo posto di lavoro.

È vero, i cubani hanno un atteggiamento particolare nei confronti dei tecnici stranieri. In generale mostrano grande rispetto per il livello di conoscenza di quelli che vengono dai paesi socialisti, mentre per contro ho sentito dire spesso che i tecnici sudamericani, che non di rado vengono da paesi tecnologicamente più avanzati di Cuba, come Argentina o Cile, vengono qui con l'aria di dire: «Diamo una mano a questi poveri sottosviluppati», con tono di superiorità paternalistica; mentre a detta dei cubani non sempre sono tecnicamente superiori.

1 marzo

Ieri sera è stato inaugurato il Carnevale. Con Alberto, Pedro e Sarita sono andata a vedere la sfilata dei carri. La piazza del Campidoglio era così piena di gente che non si poteva avanzare d'un passo. Lungo il Prado ogni finestra è stata trasformata in palco.

Era davvero uno spettacolo straordinario, anche per chi non ama le sfilate. Nella notte i colori risultavano nitidissimi, grazie alle fortissime luci dei proiettori dell'ICAIC; lo squallore spariva e tutto si trasformava, come in un racconto fiabesco. I carri erano altissimi, più delle case, e su ognuno c'era un'orchestra con delle ragazze che ballavano; ogni carro rappresentava un ministero o un ramo della produzione. Tra un carro e l'altro passavano le comparse: prima il Pajardo Lindo, molto bello coi suoi costumi, e poi altri gruppi, a volte frenetici a volte più languidi, che ballavano fin dall'inizio del Prado e poi rifacevano il percorso in senso opposto. Come facevano?

Verso l'una abbiamo accompagnato Sarita a piedi, perché di taxi neanche a parlarne e gli autobus erano sempre pieni. Poi ci siamo fatti portare al parco, dove avevamo visto le prove del Pajaro Lindo, per vedere i balli popolari. Ma è stata una delusione: erano balli qualsiasi, con le coppie fitte fitte che danzavano dei lenti. Così siamo tornati al Campidoglio, dov'era ancora in corso la sfilata. Erano le due di notte. Siamo scesi lungo il Prado, con la parte centrale fiancheggiata da baracconi dove si serviva birra in grandissimi bicchieri di carta. Ogni tanto tra i passanti irrompeva un corteo di ballerini, per lo più ragazzi neri, con camicie bianche e cappelli come non se ne vedono mai all'Avana. Abbiamo continuato a scendere. Dietro di noi, sulla piazza, c'era il *clou* dello spettacolo delle comparse: i motociclisti acrobatici dell'esercito. In quel momento stava passando l'ultimo carro, quello dei tamburi della provincia d'Oriente: cinquanta tamburi e una varietà di casseruole, su cui la gente batteva forte con forchette o coltelli – un rumore incredibile, e un senso di allegria strana, diabolica e pastorale al tempo stesso; e dietro al carro una lunga folla seguiva a piedi, e sembrava che non avrebbe mai smesso.

Alla fine del Paseo, però, gli spazzini municipali stavano già ammucchiando i bicchieri di carta. Il carnevale socialista è forse la cosa più organizzata che ho visto in tutto il mio viaggio.

Note

[1] L'embargo commerciale imposto dagli USA nei confronti di Cuba.

10.

UN PROCESSO POLITICO

17 marzo 1964

Sono stata quindici giorni in Messico e stanotte, al ritorno, nella macchina che mi portava dall'aeroporto, ho saputo per filo e per segno tutte le ultime notizie e gli ultimi pettegolezzi. A sorpresa, Fidel ha tenuto un discorso alla chiusura del primo Incontro nazionale di emulazione. La frase più suggestiva che ha detto è che le automobili per un po' continueranno a diventare sempre più scarse, ma che non importa, perché intanto gli uomini diventeranno più fiammanti, «i cervelli acquisteranno ruote e le intelligenze ali». Nella stessa occasione ha regalato il suo berretto con la stella, e un'automobile, a un lavoratore dell'avanguardia nazionale, Reinaldo Castro, un fenomenale tagliatore di canna. Poi ha detto che davvero non sarebbe esagerato dare il diploma di emulazione anche al Presidente Dorticós e al Che. Subito i lavoratori del Ministero dell'Industria hanno colto la palla al balzo e hanno votato all'unanimità la proposta di dare al loro ministro, che pur soffrendo d'asma taglia la canna con furore, un diploma d'onore. Oggi il Che non ha tagliato la canna, ma ha messo i bastoni fra le ruote alla macchina di Stato svizzera. È partito per la Conferenza internazionale sull'economia, che si svolge a Ginevra, dove vige un'antichissima legge che proibisce a chiunque di andare in giro in uniforme militare. Il Che, con la sua solita testardaggine e il suo solito disprezzo delle convenzioni, rifiuta categoricamente di piegarsi a questa regola, e così ha obbligato i funzionari del protocollo a far notare agli ospiti svizzeri che il Che non sta andando in

Svizzera, ma in un territorio "delle Nazioni Unite". Partirà indossando la solita divisa verde oliva, e il berretto blu.

I giornali parlano di un processo, che è terminato oggi, contro un certo Marcos Rodríguez, accusato di delazione. Avrebbe denunciato quattro membri del Direttorio studentesco che fece l'attacco al Palazzo presidenziale nel '57. Pare che sia stato arrestato una prima volta nel '59, ma che allora abbiano dovuto rilasciarlo per insufficienza di prove. Quindi ebbe una borsa di studio e se ne andò in Cecoslovacchia, dove però è stato arrestato un'altra volta. Il procuratore ha chiesto la pena di morte. Uno dei testimoni principali al processo è stato il Comandante Faure Chomón, membro della Direzione nazionale del PURS (Partido Unido de la Revolución Socialista) e Ministro dei trasporti. I giornali pubblicano un riassunto della sua deposizione.

18 marzo

Ho ritrovato ancora una volta il tran tran pieno d'imprevisti della vita cubana, visto dall'alto del ventitreesimo piano dell'Habana Libre. Dopo aver vissuto la fresca, secca primavera di Città del Messico, l'immutabilità del clima di quest'isola, che gli americani chiamavano "la perla del Caribe", mi fa ancor più del solito l'effetto di qualcosa di avvolgente, umido, oppressivo.

In città ritrovo gli addetti della Rampa che salgono la ripida scala della Funeraria Caballero per prendere un caffè al bar, dove una finestra sempre aperta lascia vedere le macchine per l'espresso. E di fronte all'Habana Libre ritrovo il parco notturno, dove un'orchestra afrocubana suona fino alle due del mattino e dove l'acustica è predisposta in modo tale che i clienti del club la sentono appena, mentre gli ospiti dell'Habana Libre le cui stanze si affacciano sulla Rampa sono assordati da tamburi e sassofoni.

Di fronte al parco c'è un chiosco Soda INIT (l'INIT è l'organismo statale proprietario di tutti i ristoranti, hotel, cabaret ecc.), dove la sera si forma sempre una folla di gente che viene a prendere un gelato – che è piuttosto un semifreddo – oppure un *perro caliente*, che somiglia abbastanza agli hot-dog americani, anche se qui non si vedono le salsicce.

Chi dorme dalla parte del mare non soltanto si salva dalla musica del parco notturno, ma ha anche diritto, tra le undici di sera e l'una del mattino, ad altri rumori, più poetici: come i passi marziali dei miliziani, che marciano al grido "Uno! Uno! Uno!"; oppure un misterioso coccodè, proveniente probabilmente da un giardino del Vedado, dove qualcuno tiene dei polli. Strano paese, dove ciò che è duro sembra un contrappunto piuttosto che una contraddizione.

La notizia del giorno è che Marcos Rodríguez non è stato processato finora perché godeva della protezione di Edita García Buccaca, già esponente del Partito Comunista (il PSP), e ora del Consiglio della Cultura. Pare che Faure Chomón abbia fatto riferimento a questa circostanza nella sua deposizione, che per questa ragione non sarebbe stata pubblicata.

19 marzo

Mentre i giornali annunciano la condanna a morte di Marcos Rodríguez, "Siquitrilla", come al solito, mette i piedi nel piatto e sostiene che la condanna fa bene alla rivoluzione, ma che le farebbe bene anche pubblicare la dichiarazione di Faure Chomón.

20 marzo

Non si parla d'altro che del processo di Marchito, e soprattutto della misteriosa dichiarazione di Faure Chomón e dell'ancor più misterioso ruolo attribuito alla Buccaca. Si parla di una guerra all'ultimo sangue, in seno al Partito Unito della Rivoluzione, tra ex membri del PSP ed ex membri del Direttorio.

21 marzo

Su "Hoy", in prima pagina, sotto il titolo: «Che si pubblichi la dichiarazione di Faure Chomón», il sottotitolo recita: «Il processo al delatore di Humboldt 7 sia riaperto per assumere nuove prove». Il giornale pubblica anche una lettera di Fidel a Blas Roca: «Intorno al processo di Marcos Rodríguez c'è confusione. Alcuni intriganti si stanno divertendo, altri invece pretendono di dare lezioni di civismo, e hanno persino la sfacciataggine di insinuare che la rivoluzione avrebbe paura di portare questo processo alla luce del sole, in tutta la sua portata, oppure che nasconda qualche responsabilità». La lettera prosegue ricordando che, se la dichiarazione di Faure Chomón non è stata pubblicata fino ad ora, il motivo è che la trascrizione era pessima, per cui l'autore aveva dovuto rivederla.

Fidel conclude: «Che si pubblichi integralmente la dichiarazione di Faure Chomón! Come Primo Ministro del Governo Rivoluzionario, sollecito che il processo sia riaperto per acquisire ulteriori prove. Che sia pubblico, quanto più può esserlo un processo! Che vengano a deporre tutti coloro che hanno qualcosa da dichiarare riguardo anche alla più piccola imputazione o insinuazione che sia stata fatta su di loro. Che si discuta tutto quello che c'è da discutere! Che si compaia tutti a questo processo, e che sia giudicato non solo moralmente, ma anche legalmente tutto ciò che dev'essere giudicato!»

Quando una persona è condannata alla pena di morte, è automatico che si istruisca un secondo grado di giudizio, non contro il verdetto di colpevolezza, ma contro la sentenza. Pertanto il nuovo processo dovrà, come sempre, rimettere in discussione la pena di morte. In pratica però esso servirà anche ad appianare la controversia che è sorta tra i due gruppi più estremisti della rivoluzione, la sinistra comunista da una parte e "il Direttorio", un'organizzazione rivoluzionaria liberale e antibatistiana, dall'altra. Il Movimento 26 luglio può essere collocato tra questi due estremi, e oggi dovrà giocare, ancora una volta, il ruolo di mediatore.

La lettera di Fidel ha l'effetto di una bomba, perché dice a voce alta le cose che da un po' venivano bisbigliate con furore. Tutti si precipitano a leggere la dichiarazione di Faure Chomón. Eco ciò che ha detto.

Il Direttorio aveva sospettato di Marcos Rodríguez fin dal momento della delazione, e che anche in seguito non l'aveva mai perduto di vista. Si sapeva che Rodríguez stava spendendo molto denaro durante il suo esilio in Costa Rica, e che per poter espatriare era stato aiutato dalle autorità di Batista. Dopo una prima detenzione, Rodríguez era riuscito ad andarsene a Praga con una borsa di studio. Il suo scopo era di aspettare, perché, «come gli aveva detto una volta Anibal Escalante, quando gli aveva parlato della sua situazione, bisogna saper aspettare».

Chomón ha fatto un'altra allusione ad Escalante quando ha detto che mettere nei posti chiave, dopo la rivoluzione, i membri del PSP, era stato un atto di settarismo. Quindi ha aggiunto: «Marcos Rodríguez è stato giudicato, tuttavia occorre analizzare bene il fenomeno che lo ha prodotto, affinché questa esperienza serva alla rivoluzione, affinché la storia la recepisca e la giudichi. Si potrebbe dire che Marcos Rodríguez è un frutto amaro del settarismo. Perché? Leggerò una lettera che Marcos Rodríguez, quand'era in prigione, scrisse a un compagno». Questa lettera era stata inviata al Comandante Joachim Ordoqui, un vecchio militante del PSP, marito della Buccaca. Marcos vi diceva che il PSP lo aveva incaricato di fornire informazioni sulle attività del Direttorio. Commenta Chomón: «Ciò che dice qui è un'infamia. È forse lavoro da rivoluzionario infiltrarsi in un gruppo di combattenti per controllare ogni loro passo, ogni azione che preparavano? Depracabile azione, questa, e pessimo metodo di lotta, che ha permesso di arrecare un danno così grande alla

Rivoluzione».

Marcos ricordava inoltre di aver detto ad Ordoqui, dopo la prima detenzione nel '59, di essere pronto a fare una dichiarazione pubblica circa la sua innocenza, ma che Ordoqui, in quanto membro del Partito, aveva rifiutato di permettergli questo passo. Chomón ne dava una spiegazione: si era allora in un'epoca difficile, in cui i tre partiti dovevano ancora mettersi d'accordo sulla loro collaborazione, e perciò sarebbe stato un grave danno per la rivoluzione se Marcos avesse cercato di proteggersi dietro le spalle del PSP per un crimine contro quattro membri del Direttorio.

La dichiarazione di Faure Chomón termina così: «Giudichiamo Marcos Rodríguez, e nello stesso tempo seppelliremo il settarismo».

È tutto un po' confuso, come se Faure Chomón stesso non sappia esattamente dove voglia arrivare con questa diatriba. Ma tutti sono eccitatissimi.

lunedì 23 marzo

Stamattina sono andata all'ufficio stampa per farmi inserire nella lista dei giornalisti accreditati ad assistere al processo. Eppure questo pomeriggio, quando ho cercato di entrare nella sala del tribunale per l'udienza, la calca era tale che mi hanno quasi strappato i vestiti. Inoltre, non avevano previsto abbastanza sedie per i giornalisti, così eravamo liberi di cercarci un posto dove metterci. In quella confusione, tra la radio e le macchine da presa dell'ICAIC, mi sono ritrovata alle spalle del procuratore, Santiago Cuba.

Il primo testimone era l'accusato. Dietro gli occhiali neri non sembrava un ragazzo così brutto come lo descrivono. Certo era difficile vedere qualcos'altro a parte la sua espressione – intendo tutta la sua espressione, dai capelli fino ai piedi: era come un fantasma con addosso una camicia bianca dai polsini troppo grandi e un completo grigio; un fantasma o un uomo morto vivo, o per lo meno drogato. Ma a poco a poco in me è cresciuta la convinzione che questo stato anormale fosse più psichico che fisico. Durante l'interrogatorio quasi nessuno, neanche la Corte, riusciva a captare le sue parole. Parecchie volte si è dovuto interrompere la seduta perché i tecnici potessero avvicinare il microfono fino a pochi centimetri dalla bocca dell'accusato, dato che lui non era in grado di avvicinarsi.

Il processo è trasmesso per radio e filmato dall'ICAIC. Le luci sono quindi abbastanza forti, e aggiungono ulteriore calore a quello ambientale. La seduta si è aperta alle due, ma il pubblico – quelli che erano riusciti ad entrare – era lì dal mattino. Molti dei presenti sembravano giacere quasi esanimi sulle poltrone di cuoio, ma in verità non si perdevano una sola battuta.

Marcos ha detto che aveva fatto parte della Gioventù Socialista, e che grazie alla sua amicizia con un membro del Direttorio, Jorge Valle, aveva cominciato a informare il Partito Socialista circa le attività di quell'organizzazione rivoluzionaria. Ha ricordato i nomi dei compagni con cui era stato in contatto nella Gioventù, di cui ha descritto l'organizzazione. Quindi ha aggiunto che lui apparteneva alla cellula centrale.

Poi è stata la volta di alcuni ex membri del Direttorio, andati in esilio dopo l'attacco al Palazzo presidenziale. Tutti hanno dichiarato che Marcos quando si era trovato all'estero disponeva di molti soldi, malgrado venisse da una famiglia povera. Ma le indicazioni che hanno fornito come prova di questa presunta ricchezza non sono parse molto convincenti.

Quindi ha deposto la vedova di uno dei ragazzi assassinati dalla polizia in seguito alla denuncia di Marcos. Si erano rifugiati in un appartamento di un amico di Marcos, e Marcos andava a trovarli tutti i giorni. Sorpresi dalla polizia, erano stati abbattuti mentre cercavano di fuggire. Marcos ha raccontato come fosse arrivato a denunciarli, in seguito a un litigio: i ragazzi lo prendevano in giro per la sua mancanza di coraggio e anche per le sue amicizie equivoche.

Poi è comparsa una dottoressa in filosofia, amica del gruppo del Direttorio, che aveva aiutato Marcos a rifugiarsi nell'Ambasciata del Brasile dopo che i giornali, nel riferire l'uccisione dei giovani, avevano detto che un certo Marcos Rodríguez era riuscito a scappare dalla finestra. Ha letto alcune lettere che Marcos le aveva scritto durante l'esilio, dove raccontava come la fidanzata di una delle sue vittime gli avesse mandato dei soldi per andare a farle visita in Argentina.

L'ultimo testimone è stato Faure Chomón. Si è seduto davanti al tavolo dei testimoni, le braccia diritte davanti, le belle mani perfettamente immobili sul tavolo, le palme e le dita distese sul legno, e la schiena diritta, la testa alta, la barba puntata. E così ha cominciato a deporre.

A me sembra che questo processo sia un pretesto per raccontare la storia, per esporre con molti dettagli gli avvenimenti che indirettamente ne sono all'origine, per mettere in risalto la bravura di alcuni protagonisti: tutte cose che davvero hanno poco a che fare con la cosa più importante, che è sapere se a Marcos Rodríguez si deve comminare la pena di morte, e se l'imputato è stato protetto da qualche membro del Partito Socialista Popolare. Tutto è oscuro nel discorso di Faure Chomón, come pure nella sua prima deposizione. I fatti che ricorda saranno anche veri, ma sono detti con tono così roboante, con frasi così altisonanti, che, anche a prescindere dalla confusione generale, alla fine prevale un'impressione molto antipatica.

24 marzo

Colpo di scena: i primi testimoni di oggi sono i compagni che Marcos ha chiamato in causa come artefici dei suoi contatti con la Gioventù Socialista all'Università. Tutti negano che abbia fatto parte di quell'organizzazione, e sostengono che si trattava non di cellule, ma di nuclei con un ufficio centrale. La testimonianza più convincente è quella di un tal Cesar Gomez, l'unico che sembra dire le cose perché sono vere, e non perché gli dia soddisfazione poter smentire le parole di un delatore. A ogni nuova testimonianza la sala reagisce con accese esclamazioni, come al cinema.

Il pubblico riserva la reazione più vibrante per l'apparizione di Jorge Valle, amico di Marcos ed ex membro del Direttorio. Valle, nonostante la forte antipatia della sala, riesce a difendersi dalle accuse di Faure Chomón, che aveva insinuato che lui e altri amici di Marcos erano stati espulsi dal Direttorio per essersi tirati indietro al momento dell'attacco al Palazzo. Valle sostiene di esser stato il fondatore del Direttorio, e aggiunge che la rottura con Marcos si era consumata già un anno prima dell'attacco, il 13 aprile 1956, per una divergenza di opinioni circa la ragione di esistere del gruppo. Valle e i suoi amici avrebbero dovuto agire in autonomia, ma mentre aspettavano in un appartamento l'ora convenuta per dare il via all'attacco, era scoppiato un litigio. Il gruppo di Valle aveva allora deciso di andare a dormire da un'altra parte, per cui era rimasto senza ordini.

Alfredo Guevara, presidente dell'ICAIC, racconta con molta calma la sua partecipazione ai primi tentativi fatti da Edita Buccaca per ottenere dal Governo messicano una borsa di studio per Marcos, perché potesse andare a studiare in Cecoslovacchia.

Ora chiamano a testimoniare la Buccaca. Nel suo intervento il procuratore menziona, per la prima volta, l'accusa che è stata mossa nei suoi confronti. Dice che Marcos, nella sua confessione orale come in quella scritta, ha affermato di averle raccontato, durante l'esilio in Messico, di essere stato il delatore di Humboldt 7, e che lei lo aveva assicurato che, se avesse dato prova di essere pentito e di essere un buon rivoluzionario, avrebbe ottenuto il perdono.

Ma ecco che l'enunciazione ufficiale della tesi dell'accusa, che tanto scandalo ha provocato, viene superata da una nuova rivelazione: la Buccaca dice che c'è stato un confronto tra lei e Marchito, in presenza del Presidente Dorticós, di Fidel, di Blas Roca, di Faure Chomón, e che in questa occasione Marcos ha negato di averle confessato il suo crimine. Glielo aveva suggerito un agente della polizia, al momento della sua confessione verbale. Allora era stato chiamato l'agente, e nel corso di questo nuovo confronto Marchito aveva ritrattato un'altra volta. La conclusione del confronto, presa all'unanimità, era stata che Marchito si era inventato tutto, per cui contro la Buccaca non sussisteva più alcuna accusa. La Buccaca conclude la sua deposizione dicendo ciò che pensa di Faure Chomón, il quale, pur avendo parlato due volte dinanzi alla Corte, non ha proferito parola su questo confronto, né ha speso una sola frase per contestare le accuse che le erano state rivolte, mentre poi, al momento del confronto, si era mostrato convinto della sua innocenza.

La deposizione del marito della Buccaca, il comandante Joachim Odoqui, muove a compassione. È un vecchio coi capelli bianchi, e sembra davvero che questo processo gli stia infliggendo un dolore fatale. Dice più o meno le stesse cose della moglie, e aggiunge che, quando si trovavano tutti in Messico, Marchito gli aveva chiesto di farlo entrare nel Partito Socialista, il che sembrerebbe confermare che non aveva mai fatto parte della Gioventù di questo partito.

Non è finita. Ora è la volta di Carlos Rafael, chiamato a deporre sul carattere di Marchito nei suoi primi anni all'Avana. Dice che era stato raccomandato da un gruppo regionale del Partito Socialista per un lavoro all'Avana, quindi era stato assunto per pulire i locali di una rivista culturale. Ma Marcos non era contento, pretendeva che gli si permettesse di fare un lavoro intellettuale. Questa possibilità però non gli fu data. Alla fine dovettero licenziarlo, perché oltre a lavorare male, metteva a dura prova la pazienza di tutti.

La testimonianza di Carlos Rafael è avvincente, non tanto per ciò che dice, quanto per la personalità dell'oratore. È diverso da come me l'ero immaginato. Avevo in mente, dalle foto, un uomo un po' fragile, con i suoi occhiali tondi e la barbetta a punta. Ricordavo l'irritazione del Comandante Fajardo contro questo capo dell'INRA che non capiva le realtà del lavoro nei campi, e ora invece scopro un uomo con le idee molto chiare e con un modo di porsi misurato, ma nello stesso tempo pienamente autorevole.

Tocca quindi a Cesar Escalante, il fratello di Anibal, capo della propaganda del Partito Unido. Era stato merito suo se il mio primo viaggio a Cuba era stato un successo, e durante il nostro unico incontro mi aveva fatto pensare a un uomo dal carattere ineccepibile, malgrado le nostre differenze d'opinione. Cesar Escalante suscita enorme emozione in tutta la sala, forse tra tutti i testimoni comparsi in aula finora è quello che ha lasciato l'impressione più grande. È un uomo molto malato, che fu espulso dal Paese per essere stato alla testa di una terribile crisi di settarismo. Come Anibal, anche Cesar è un vecchio militante, un uomo appassionato, interamente dedito alla causa della rivoluzione e alla disciplina di partito.

Difende il fratello con un coraggio commovente, senza negare le sue colpe. Parla della loro gioventù e dei lunghi anni di
lotta: «Siamo stati profondamente settari, ma mai avremmo
potuto denunciare qualcuno per settarismo. No, il settarismo
non provoca la delazione! E si può spiegare il nostro settarismo, senza per questo volerlo giustificare. Eravamo un gruppo perseguitato, osteggiato, respinto da tutti perché difende-
vamo un ideale, perché pensavamo in un certo modo».

Le cose diventano più chiare. Faure Chomón, ex dirigente del
Direttorio, dice che Marcos è un prodotto del settarismo, insi-
nua che Anibal, ora in esilio, lo aveva protetto, e non fa nessuno sforzo per dissipare l'accusa di protezione che pesa su
Editta Buccaca. Da parte sua Cesar difende calorosamene il
fratello assente: ma chi può difendere la Buccaca?

Ai commenti sul processo, dal quale tutti usciamo esausti, si
mescola la voce che domani testimonierà Fidel.

25 marzo

Oggi sfilano per primi i membri del corpo di polizia dello
Stato che si sono "occupati" di Marchito. Dietro le quinte,
come un professore durante gli esami di maturità, c'è
Ramirito, il Ministro dell'Interno che mi aveva rilasciato
un'intervista in maglietta blu e che si preoccupava dei rapporti umani.

A parte l'interrogatorio dell'accusato, il primo giorno, l'avvocato della difesa quasi non ha aperto bocca. Durante le pause,
quando si va a fare la fila in un corridoio dove vendono panini e bibite, è sempre circondato da una folla di studenti. Ha
qualcosa di molto simpatico, e dicono che sia bravissimo.
Nonostante il suo silenzio, ispira fiducia. La sua tattica fino
ad oggi ci sfuggiva, ma ora iniziamo a capire dove sta la sua
forza. Domanda a uno degli uomini che per mesi aveva interrogato Marcos se non gli fosse mai venuto in mente di fargli
fare un esame psichiatrico.

– Conformemente al nostro regolamento, noi procediamo

sempre all'interrogatorio dei detenuti sapendo già prima che questi sono in perfetto stato di salute fisica e mentale, perché abbiamo i mezzi per stabilirlo. Prendiamo sempre grandi precauzioni affinché i detenuti, quando stanno per essere interrogati e per fare delle dichiarazioni su fatti ai quali hanno partecipato, siano in perfetto stato di salute.
– Credo che il teste non mi abbia capito, dice l'avvocato.
Il presidente deve ripetere la domanda due volte, e finalmente riesce a far dire al teste che la valutazione dello stato di salute dell'accusato si era basata sulle sue impressioni personali e non sul parere di uno psichiatra.

L'ultimo testimone della giornata non è Fidel, ma Dorticós, il quale, con la sua calma abituale, ci serve su un piatto d'argento un nuovo colpo di scena.
Dopo avere raccontato molto intelligentemente come il caso di Marcos fosse arrivato alla sua attenzione, e come Ordoqui lo avesse pregato di intervenire a favore del ragazzo – in seguito alla lettera che Marcos gli aveva scritto, e senza sapere che nel frattempo Marcos aveva confessato! –, domanda alla Corte il permesso di far sentire la registrazione del confronto tra Marchito e la Buccaca, avvenuto alla presenza dei membri della segreteria del Partito e di Faure Chomón.
Durante questo confronto non si riesce a far dire a Marcos perché, tanto nella sua confessione orale quanto in quella scritta, egli avesse dichiarato di aver raccontato tutto alla Buccaca, che aveva conosciuto in Messico. Marcos dice che non è andata esattamente così, ma che effettivamente le aveva parlato in modo molto vago di un rivoluzionario che avrebbe tradito altri rivoluzionari, senza però riferirsi né a se stesso né a Humboldt 7.
Pare abbastanza plausibile che Marcos abbia raccontato qualcosa del genere alla Buccaca, e che lei abbia potuto capire o non capire che si trattasse di lui. Malgrado l'evidente tendenza di Marchito a mentire e a intrigare, sembra verosimile che la cosa sia più sottile di quanto le due parti pretendano.

Marcos evidentemente era una persona che suscitava sentimenti materni e paterni, e questo, come risulta dalla testimonianza degli stessi Buccaca e di Ordoqui, era certamente il
caso dei suoi rapporti con loro fin dai tempi dell'esilio, che li
aveva in qualche modo uniti.

Marchito si è reso antipaticissimo a tutti con le sue manovre,
le sue menzogne e le sue contraddizioni. Sembra quasi che, se
lo fucileranno, sarà più per una sorta di disprezzo verso un
essere così vile che per la delazione in sé. D'altra parte, se il
dissidio politico è davvero molto più profondo di quanto non
lasci pensare questo fatto di cronaca, dovranno proprio fuci-
larlo se vorranno eliminare una volta per tutte il sospetto che
Marcos possa essere stato protetto da qualcuno o da qualche
gruppo. Tutti gli uomini del Governo che hanno testimonia-
to finora hanno cominciato la loro deposizione dicendo che a
loro giudizio Marcos non solamente era colpevole, ma che
meritava di essere punito duramente. I termini adoperati non
hanno lasciato dubbi sulla natura del castigo. Eppure, dal
punto di vista legale, pochi osservatori stranieri sarebbero
d'accordo per la pena di morte per un soggetto così evidentemente pieno di complessi e di perversioni.

Domani l'udienza si svolgerà di notte, e testimonierà Fidel. Il
processo sarà trasmesso in televisione.

26 marzo

Ieri Cesar Escalante se l'è presa con la stampa per il modo con
cui stava riferendo del processo. A suo avviso, essa starebbe
solo alimentando i pettegolezzi. Stamattina "Revolución"
pubblica in prima pagina un editoriale dal titolo «Dire sempre la verità», in cui si difende appassionatamente dall'accusa di aver voluto provocare uno scandalo e fa notare che la
funzione della stampa è quella di informare.

Oggi in aula faceva un caldo mortale, a causa delle luci bian-
chissime dei proiettori della televisione. Poco dopo le nove di
sera, il Presidente ha chiamato il testimone: Comandante

Fidel Castro Ruz. A quel punto Fidel, senza berretto, coi capelli lavati di fresco e belli ondulati e con la camicia impeccabilmente stirata, è entrato dal fondo della sala, come avevano fatto gli altri testimoni. Mentre il pubblico si alzava in piedi, Fidel è andato con passo deciso verso il microfono per prestare giuramento, e a quel punto si è potuto notare che sotto braccio aveva due o tre buste enormi.

Fidel ha parlato fino all'una e mezzo del mattino, mentre il pubblico sbadigliando si girava e rigirava nel calore dei vestiti e delle poltrone di cuoio. L'unica persona che non dava nessun segno di disagio era l'accusato. Dal mio posto in prima fila, a un metro da lui, potevo vedere che come sempre rimaneva come buttato lì, senza battere ciglio. È restato così per più di quattro ore, la testa reclinata verso il basso, senza che sulla sua figura vibrasse la minima espressione di vita.

Fidel ha diviso la questione in due parti, una legale e l'altra politica, e ha iniziato dalla parte legale.

Il nastro di Dorticós ci era sembrato il punto culminante di una serie di colpi di scena. Da Fidel ci aspettavamo ormai solo un riassunto dell'intera faccenda, e invece anche Fidel aveva in serbo per noi un *coup de theatre*: aveva interrogato Marcos dopo la prima udienza! E da una delle sue grandi buste ha estratto la copia dattiloscritta dell'intervista: «Veramente per me non è stato piacevole fare questo interrogatorio, però mi sono deciso a farlo. Cercherò di leggerlo in modo che si capisca quando parla l'uno e quando parla l'altro, a volte dicendo i nomi, altre volte semplicemente seguendo il filo. Pregherei i giornalisti di non mettere niente di mio in bocca a questo signore, e niente di questo signore in bocca a me».

Ecco il resoconto di quell'incontro:

Fidel: È possibile che tutte queste mediazioni ti risultino superflue... che tu desideri che si avvicini la fine e che tutto questo finisca... Ti rendi conto di avere fatto qualcosa di veramente brutto?

Marcos: Sì, lo so.

Fidel: Se avessi l'opportunità di non fare del male, di fare del bene, lo faresti, a questo punto?

Marcos: Vorrei poter dare tutta la mia vita per la rivoluzione, ma allo stesso tempo capisco che non debbono darmi alcuna opportunità, perché per mia colpa sono morti quattro compagni, a causa della mia mentalità settaria e mille volte spregevole.

Fidel: Mi hai promesso di rimanere calmo. Nota bene che io dico l'opportunità non di ricevere un bene, no, bensì di fare qualcosa di buono, malgrado tu sia condannato alla massima pena. Ti dico: se tu avessi coscienza, se tu potessi scegliere tra continuare a fare del male anche dopo morto e poter sentire almeno un momento di soddisfazione facendo in modo che si evitino nuovi danni, tu sceglieresti di evitare nuovi danni?

Marcos: Chiaro! Sicuramente.

Fidel cerca quindi di far dire a Marcos perché fosse tornato a Cuba nel '59, subito dopo il trionfo della rivoluzione, senza aver paura di essere smascherato, mentre doveva sapere bene che gli agenti della polizia di Batista erano subito caduti nelle mani della rivoluzione. Ma non riesce a chiarire questo punto. Le spiegazioni di Marcos sono vaghe, come se in quel momento non fosse stato cosciente del pericolo che correva, o come se sapesse che sarebbe stato protetto. Fidel cerca poi di sapere perché Marcos non avesse usato il telefono per denunciare i ragazzi: era ovvio che Ventura, il capo della polizia di Batista, una volta venuto a sapere la sua vera identità avrebbe cercato di nuocergli o di ricattarlo, per obbligarlo a lavorare per lui. Ma ancora una volta giriamo in tondo, le risposte di Marcos, come sempre, sono contraddittorie, inverosimili, confuse. Qui, *en passant*, Fidel fa un elogio agli uomini della polizia, che per ottenere la confessione di Marcos avevano usato l'astuzia e non la violenza: gli avevano fatto credere che uno degli uomini di Ventura fosse ancora vivo e che fosse in grado di riconoscerlo.

A quel punto in aula ha avuto inizio una lunga discussione.

Fidel ha raccontato come si fosse arrivati a liberare Marchito dopo averlo tenuto in prigione per qualche settimana, nel '59. La vedova di una delle vittime aveva segnalato la presenza di Marcos all'Avana, e aveva chiesto la sospensione dell'esecuzione di due agenti di Ventura che avrebbero potuto identificarlo. Il giorno dopo, però, a causa della disorganizzazione di quei primi mesi dopo la vittoria e della mancanza di un coordinamento tra i vari servizi, pare che i due fossero stati giustiziati prima di poter essere messi a confronto con Marcos. Si riuscì a fare un confronto con un altro agente di Ventura, il quale tuttavia, dopo aver riconosciuto Marcos da una foto, quando lo aveva visto in carne ed ossa aveva detto che non era lui. Fidel ha proposto una spiegazione per questa deposizione contraddittoria: in un primo tempo gli avevano fatto credere che avrebbe potuto salvare la sua vita se avesse collaborato con la polizia rivoluzionaria, ma dopo, essendosi reso conto che lo avrebbero fucilato comunque, «non volle più collaborare».

Fidel ha concluso l'esame dell'aspetto legale della faccenda dicendo che a suo giudizio non c'erano dubbi né sulla colpevolezza di Marcos, né sulla sua salute mentale al momento del crimine, che era stato commesso a freddo, il giorno dopo il litigio con le vittime.

Fidel ha quindi chiesto al Presidente il permesso di passare al lato politico della questione. Cito liberamente dalla sua deposizione:

Ci si può domandare se un tribunale sia il posto adatto per una discussione tra rivoluzionari, ma io credo che in questo non ci sia niente di male. Chiaro, sarebbe stato meglio discutere di questa faccenda in un altro luogo, tuttavia le circostanze ci obbligano a farlo qui. Sarebbe logico discutere di queste cose in seno al Partito, ma il fatto è che, senza volerlo, i compagni che hanno partecipato a questo processo lo hanno trasformato in un processo di carattere politico. Cercherò di essere il più sereno, il più

giusto e il più obiettivo possibile, senza pregiudizi contro
nessuno: cercherò semplicemente di analizzare le cose.
Il carattere politico del processo è dovuto fondamentalmente alle dichiarazioni del Comandante Faure Chomón
nel corso del primo processo. Era forse intenzione del
compagno Chomón farlo diventare un processo politico?
Onestamente, credo di no. C'è stato un errore di valutazione, da parte del compagno Chomón, circa le circostanze in cui avrebbe fatto le sue dichiarazioni? Onestamente,
penso di sì. Si possono spiegare le ragioni che hanno
potuto spingere il compagno Chomón a commettere questo errore? Penso di sì.
In verità, il compagno Faure Chomón avrebbe dovuto
portare la questione davanti al Partito. Certo, c'erano cose
che potevano preoccuparlo; ma doveva portarle davanti
al Partito.

Poi Fidel allude alla campagna di "Siquitrilla": «Dicono di
volere solo un po' di luce, di pubblicità, ma in realtà di luce
potremmo dargliene a quintali; questi buffoni, volendo, li
potremmo mettere sul banco degli accusati. Ma è chiaro che
la rivoluzione non ha bisogno di questo, non c'è davvero
alcuna ragione per utilizzare la forza schiacciante della rivoluzione per schiacciare dei veri scarafaggi: sarebbe come cacciare degli scarafaggi a cannonate».
Fidel ha rivelato di essere stato messo al corrente dell'affare
Marcos un anno fa, quando stava preparando il suo primo
viaggio in Urss. E per spiegare perché avesse deciso di occuparsi personalmente della questione, e di prendersi il tempo
necessario, ha estratto dalla seconda busta alcuni lunghissimi
estratti della confessione di Marcos, e si è messo a leggerli.
Sapevamo che Marcos era stato arrestato in Cecoslovacchia,
si dice perché lo si sospettava di essere un agente della CIA.
Nella sua confessione sono elencati i dettagli della sua attività. A Praga lo studente Marcos era diventato addetto culturale presso l'Ambasciata cubana, e aveva fatto da interprete in

alcune missioni diplomatiche militari e commerciali. Nella vicenda appariva invischiato l'ex ambasciatore brasiliano a Cuba: prima, all'Avana, Marcos si era rifugiato nell'Ambasciata del Brasile, poi, qualche anno dopo, quando si trovava in Cecoslovacchia, l'ambasciatore brasiliano a Cuba, che nel frattempo era stato inviato a Mosca, gli aveva fatto sapere che stavano per arrestarlo, e gli aveva perfino offerto dei soldi per scappare in Brasile.

Quanto alla questione della Buccaca, Fidel ha detto che lui non avrebbe mai suggerito un confronto, perché questo presupponeva che la parola di un delatore potesse essere opposta a quella di una rivoluzionaria. Ha poi ricordato come Faure Chomón, che era stato presente a quel confronto, non avesse mai detto nessuno di non essere convinto dell'innocenza della Buccaca.

A questo punto Fidel ha rifatto la storia delle organizzazioni rivoluzionarie all'epoca della lotta. Nell'unico momento allegro della serata ha detto, a proposito del rimprovero mosso da Faure Chomón riguardo alle infiltrazioni, che il Movimento del 26 luglio era arrivato ad avere fino a 360 infiltrati nella sue fila. Sotto l'apparenza della battuta, era uno schiaffo a Faure Chomón. Non altrettanto bene è andata al povero Ordoqui. Secondo Fidel, ha agito con leggerezza: e per un vecchio comunista il suo comportamento va condannato severamente.

Ormai il pubblico non ne poteva più. Ma proprio alla fine Fidel ha assunto un tono lirico, e tutti immediatamente abbiamo colto la frase chiave del suo lungo discorso, la frase che diventerà lo slogan dei prossimi mesi. Dopo aver parlato della necessità per la rivoluzione di lottare per l'unità, e dopo aver passato in rassegna i suoi innegabili trionfi, Fidel ha aggiunto:

> Questo non è soltanto un desiderio idealista, è un'esigenza del popolo, è un dovere, è un mandato della rivoluzione, che tutti dobbiamo rispettare, che tutti dovranno rispettare.

Ripeto, *abbiamo fatto qualcosa di più grande di noi stessi.*
Stiamo facendo una rivoluzione molto più grande ed evidentemente molto più importante di noi stessi. Stiamo
facendo qualcosa che resisterà alla prova del tempo, che
resisterà a tutti gli attacchi, a tutto, che durerà nel tempo
e sarà eterna. Ma non è così per noi, che non siamo niente senza il popolo, che non abbiamo altra forza che la
forza del popolo. E per questo comportiamoci con
responsabilità... Che questa rivoluzione non divori i propri figli, che Saturno non imponga la sua legge! Che le
fazioni non si facciano valere, da nessuna parte, perché
queste sono le minacce di Saturno, nella quali oggi gli uni
vogliono divorare gli altri!

lunedì 30 marzo 1964

Oggi il procuratore e l'avvocato hanno presentato le loro
arringhe. Santiago Cuba non sembrava molto convinto di
quel che diceva, e a dire la verità, essendogli toccato di parlare dopo l'avvocato della difesa, c'era ben poco che potesse
dire. Invece il difensore, Grillo Longo, ha parlato in maniera
brillante, tranquillamente: «Qui si è detto, dunque, che
Marcos era un individuo litigioso, strano. Noi, per esempio,
per curiosità e per dovere, abbiamo annotato tutti gli epiteti
che in questa sede sono stati usati in tal senso: strano, orgoglioso, vanitoso, simulatore, superbo, litigioso, intrigante,
bugiardo, uomo dalla doppia personalità, sospettoso. E allora noi ci domandiamo: è possibile che una persona del tutto
normale possa essere tutte queste cose? È possibile che si
possa essere tutto questo ed essere al contempo perfettamente responsabili degli atti che si commettono? Anche l'età del-
l'imputato al momento del crimine dovrebbe essere presa in
considerazione. Marcos allora aveva solamente 19 anni. E
infine, è vero che secondo le leggi rivoluzionarie per la delazione è lecito comminare la pena di morte; ma tale legge dice
che questa pena si *può* dare, non che si *deve* dare.

Malgrado la brillante difesa, non abbiamo molte speranze che Marcos possa salvarsi. Dopo l'intervento di Fidel sembra difficile che i giudici possono mettersi contro un parere tanto importante, come anche contro quello, così autorevole, di Dorticós.

11.

UNA POLEMICA ECONOMICA
VITA STUDENTESCA

1° aprile 1964

Finito il processo, ci si ritrova a guardare la vita di tutti giorni un po' disorientati, e ci si accorge di quanto grande fosse
la tensione, e faticosa come una malattia. Si gira a vuoto per
un paio di giorni, poi si decide di andare in piscina, dove
finalmente si sono avventurati anche i cubani, e dopo un paio
di volte si comincia a capire l'atmosfera particolare di questo
posto a prima vista anonimo, come lo è il suo cemento bianco e la sua vasca d'acqua blu.

L'atmosfera tranquilla che regna nella piscina dell'Habana
Libre, a ben vedere, è piena di sottintesi. C'è sempre un buon
numero di bambini piccoli, slavi o *latinos*, che sembrano non
aver mai avuto paura dell'acqua. Le madri insegnano loro a
nuotare, ciascuna al suo, ma per il resto i bambini sembrano
del tutto indipendenti.

In questo ambiente i cubani costituiscono l'elemento pertur-
batore: schizzano da tutte le parti con forti risate, gettano i
mozziconi delle sigarette nell'acqua, si soffiano il naso e
dopo, come se fossero a casa loro, lavano il fazzoletto nella
vasca. Ma tutto ciò fa parte del carattere nazionale cubano: ci
vuole un po' di tempo per accorgersi che quando i dirigenti
non si presentano a un appuntamento, o si presentano con
due ore di ritardo, o quando la segretaria non ti chiama, non
è necessariamente per disorganizzazione o per cattiveria. È
solo perché il "vero" cubano è, ancora, una persona estremamente incolta. E parlando di "veri cubani" intendo le classi
medie di adesso, i contadini e gli operai, che sono rimasti con

la rivoluzione, in contrasto con i grandi latifondisti, che se ne sono andati e la cui vita era plasmata sull'imitazione delle raffinatezze e delle buone maniere europee.

2 aprile

Partenza per Pinar del Río, la provincia che separa L'Avana dall'estremità occidentale dell'isola. Lungo il cammino, fin dall'uscita della città, l'autista ci fa l'elenco dei monumenti. Ecco anzitutto una fabbrica di cemento con quattro unità, di cui solo una funzionava prima della rivoluzione. Poco dopo arriviamo alla centrale termoelettrica che i russi stanno costruendo a Mariel. La prima delle quattro unità dovrebbe entrare in funzione tra un anno, e per ogni unità si prevede una potenza di 50.000 kw, per un totale di 200.000 kw.

Si fa colazione in un ristorante campestre, sotto una tettoia di foglie di palma, davanti alla baia di Mariel, dove sono ancorate grandi navi cargo. Un po' più in là c'è una centrale zuccheriera, circondata a perdita d'occhio da campi di canna, quindi un deposito di foraggio e ancora canne. Procediamo oltre ed entriamo nella zona del tabacco. Alla fine arriviamo all'azienda collettiva Los Pinos, più correntemente conosciuta con la designazione ufficiale di PR2. Prima della rivoluzione era un immenso latifondo di proprietà del figlio di Batista, che di fatto non ne faceva niente: vi lavoravano appena quattro operaie.

L'autista vuole assolutamente farci visitare le coltivazioni idroponiche di pomodori, dove, ci dice con fierezza, «facciamo pomodori da mandare in Canada». Devo ripetere tre volte il mio rifiuto: voglio vedere il tabacco, le case e le stalle meccanizzate.

La macchina si ferma ai bordi di un campo di tabacco, mentre l'autista e la guida che abbiamo raccolto nella vicina cittadina di San Cristóbal – per guida s'intende un membro del Partito – scendono a cogliere qualche foglia. All'improvviso, due uomini a cavallo, sicuramente due operai dell'azienda collettiva, irrompono nel mio campo visivo, e mi fanno uno strano effetto: se in quel momento mi fossi trovata in una fattoria privata e li avessi visti passare, con quel loro atteggiamento, né arrogante né servile, ma semplice, li avrei certo scambiati per i padroni di quella terra...

Nelle case dove si custodiscono le foglie asciutte scopro il vero odore del tabacco. Le facce degli operai, vecchie e raggrinzite, assomigliano alle foglie.

Piove, e sull'erba, tra due rimesse per il tabacco, un operaio più giovane lava con cura un camion. Il villaggio, con le sue case a uno o due piani, ciascuna con un prato fiorito davanti, è costruito a forma di stella, intorno alla scuola. Di fronte alle case stazionano cavalli e qualche macchina.

Uscendo andiamo ad assistere alla mungitura meccanica delle vacche. Nel *corral* davanti alla scuderia le zampe delle vacche vengono lavati con lunghi tubi di gomma.

Al ritorno ci fermiano a prendere un panino al bar della PR2, sulla strada principale. I tavoli sistemati all'esterno sono sormontati da tetti rotondi come ombrelli, mentre dentro ci si trova al cospetto di due murales estatici, dietro al bancone, che mostrano uno lo sbarco del *Granma*, l'altro un'idea di società primitiva, con uomini e donne vestiti di pelle che giocano davanti alle loro caverne.

Dormiamo a Soroa, un centro turistico creato dalla rivoluzione all'interno di un paesaggio assai vasto, bellissimo. Somiglia un po' al motel di Santiago: è ben tenuto e ha una specie di capanna rustica nascosta tra gli alberi, dove suonano la *pachanga* tutta la notte. Ma prima di cenare non resisto alla tentazione di fare il bagno, da sola, nella piscina olimpica, al buio. L'acqua è tiepida, e qua e là è illuminata da dei lumini incrostati nei bordi della vasca.

Oggi abbiamo preso in affitto due cavalli molto stanchi, con le staffe troppo corte e con una corda al posto delle redini. Ci portano malvolentieri su per una delle montagne che sale da Soroa, dove non c'è che una casa, e un sole fortissimo.

Ripartiamo poi per la capitale della provincia, Pinar del Río. La strada è molto bella. Nella parte occidentale dell'isola la vegetazione è meno tropicale e a un europeo risulta più familiare. La città di Pinar del Río, però, non sembra molto accogliente. Mangiamo malissimo, in un ristorante del centro molto sporco. Andiamo via in fretta, per cercare un posto più fresco.

A venticinque chilometri c'è Viñales, un altro centro turistico che la rivoluzione non ha mancato di sfruttare, aggiungendo nuove installazioni a quelle che già esistevano. Ai bordi della piana dei Mogotes – strane montagne quadrate, nettamente separate l'una dall'altra – c'è un hotel che deve datare all'inizio del secolo, con i vetri colorati e i parquet di mattoni rossi. Da qui si può andare a cavallo a visitare i Mogotes e a vedere le pitture "preistoriche" che Núñez Jiménez, il Presidente dell'Accademia della Scienze, sta facendo dipingere sulla parete di una di queste montagne. Ma fa troppo caldo. Preferisco aspettare che faccia sera e andare in macchina fino al mare, che sta oltre i Mogotes e al di là di una serie di caverne, anch'esse diventate un'attrazione turistica. In questa campagna, che si presenta piuttosto ricca, ci sono ancora molte case isolate e prive di elettricità. L'autista mi spiega che sono zone dove la luce arrivava già prima della rivoluzione, ma dove non era installata abbastanza potenza per permettere un aumento del consumo. Bisogna aspettare che entrino in funzione le nuove centrali termoelettriche.

4 aprile

L'Istituto di Pianificazione Fisica fa parte del Ministero delle Costruzioni. I giovani architetti che ci lavorano sperano che tra poco il Governo decida di dargli poteri pari a quelli di un ministero. Per contro gli economisti della Giunta Centrale di Pianificazione, la JUGEPLAN, sostengono che sono loro l'autorità suprema in materia, e che le funzioni della pianificazione fisica sono gerarchicamente uguali a quelle degli altri istituti di pianificazione che già esistenti o che saranno creati presso altri ministeri o per altri tipi di ricerche.

L'architetto che mi spiega tutto questo è una giovane donna, di una bellezza notevole e per niente cubana: piccola, magra, non truccata, i capelli corti e leggermente ondulati. È abituata allo stupore degli stranieri di fronte al suo aspetto insolito. Mentre aspetta le mie domande rimane seduta sullo sgabello, con la matita in mano e i grandissimi occhi verdi abbassati.

Si chiama Irma Alfonso. Suo marito, un italiano del Venezuela, è anch'egli un pianificatore. Ha vent'anni e una figlia di 10 mesi, ed è rimasta a Cuba nonostante i suoi genitori se ne siano andati. Passa metà della giornata, dalle sette del mattino alle tre del pomeriggio, all'Università, dove ha una borsa di studio, poi, dalle tre alle otto, lavora ai progetti del Ministero delle Costruzioni. Ora, all'Istituto di Pianificazione, sta studiando per gli ultimi esami di architettura, e intanto collabora alla proiezione di una città di 150.000 abitanti. Mi dice che in questi ultimi mesi è dovuta andare parecchie volte nella Provincia d'Oriente, per discutere del progetto con le autorità locali, durante l'assenza di un collega. Non riesco a immaginarla, col suo metro e sessanta di altezza e i polsi fragili, la voce dolcissima e quei suoi grandi occhi che potrebbero sciogliere il cuore del più incorrotto rivoluzionario, dirigere le riunioni di uomini di cinquant'anni, ingegneri, agricoltori, rappresentanti del Partito. Eppure, man mano che la sento parlare, comincio a capire: con tutta la sua timidezza, ha un'autorità che si impone.

Mi spiega che il criterio seguito dai regimi del passato per effettuare la divisione amministrativa del territorio era cercare di permettere ai candidati del partito dominante di assicurarsi il maggior numero di voti. Il risultato era una suddivisione all'infinito di ogni provincia, senza che si tenesse conto delle sue caratteristiche geografiche, storiche, agricole o industriali. È quello che si sta facendo ora. Si studiano le caratteristiche naturali, suolo e sottosuolo, vegetazione ecc., in modo da determinare quale tipo di sviluppo agricolo e industriale sarebbe più adatto ad ogni zona. Questa parte del lavoro è relativamente facile. Meno facile è determinare le forme amministrative che dovrebbero servire nel modo migliore alle unità agricole e a quelle industriali, le cui aree, del resto, non sempre è possibile separare.

domenica 5 aprile

Conversazione in un ricevimento d'ambasciata con un giovane diplomatico occidentale recentemente arrivato a Cuba. Pare che i *gusanos* si precipitino su queste persone e li circondino di attenzioni e di premure, li invitino a casa loro. Si dice anche che all'Avana esiste tuttora un club dove i signori *gusanos* si ritrovano con alcuni americani e inglesi rimasti qui. Passano le giornate a raccontarsi l'imminente sbarco degli americani. A furia di vivere in questa sorta di vaso chiuso, arrivano a dire le cose più insensate, per esempio che tutto ciò che è accaduto è stato fatto apposta dagli americani, per studiare il comunismo in laboratorio: un'isola è il posto ideale per condurre un simile esperimento, e poi questa è così vicina agli USA; ma, grazie a Dio, tra poco termineranno l'esperimento, e tutto sarà acqua passata. Non c'è da preoccuparsi, sanno quel che fanno. Ogni cosa a suo tempo, e tutto andrà per il meglio.

Più tardi mi si avvicina uno dei corrispondenti fissi all'Avana. Ha l'aria soddisfatta: «L'altro giorno gliene abbiamo cantate quattro: "Non prenderci per fessi. Sappiamo bene che quelli di passaggio hanno tutto, mentre noi che siamo sempre qui non abbiamo diritto a niente"». Si riferiva a una conversazione con Fidel, durante la quale, con alcuni suoi colleghi, si era lamentato di non essere ricevuto dal Primo Ministro, di riuscire a vederlo solo di sfuggita nelle manifestazioni o alle cerimonie pubbliche. Ma di che si lamentano, visto che non sono obiettivi? Non siamo a una partita di calcio!

6 aprile

Un amico che lavora alla JUGEPLAN mi ha fatto una lezione sulla polemica economica che, dallo scorso gennaio, sta facendo scorrere molto inchiostro a Cuba. Si tratta di una disputa teorica sul modo di amministrare il settore statale dell'economia. I contendenti si affrontano a suon di articoli sulle riviste economiche, politiche e culturali, che sono in vendita in tutti i chioschi.

Per spiegare il senso di questa polemica non c'è bisogno di entrare in dettagli di economia. D'altra parte, mentre parlavo col mio amico mi sono resa conto che, impercettibilmente, in queste settimane qualche conoscenza sul tema ormai ce l'ho, anche se non ho ancora fissato nulla sulla carta, poiché si trattava sempre di informazioni raccolte in modo frammentario – ora un articolo, ora un discorso e così via. Questa è l'occasione buona. Dunque, la principale fonte di valuta è lo zucchero. Il commercio con l'estero dello zucchero rappresenta attualmente circa il 40% del reddito nazionale, ma si progetta di incrementare la produzione e l'esportazione fino a raggiungere i 10 milioni di tonnellate nel 1970. Nello stesso tempo, peraltro, si punta anche a incrementare gli altri prodotti destinati all'esportazione, come i minerali, il tabacco, la frutta e la carne. Tutto questo dovrebbe determinare un cambiamento nella percentuale delle entrate legata alla vendita dello zucchero in rapporto al valore totale delle esportazioni. Fino al '59 Cuba era un paese di monocultura, vale a dire che si produceva solo zucchero. Quasi tutto ciò che serviva per mangiare e per le altre necessità, era importato. Cuba vendeva il suo zucchero agli Stati Uniti a un prezzo preferenziale, cioè più alto di quello del mercato mondiale, ma in cambio era obbligato a comprare dagli USA tutto quel che serviva, o quasi.

Quando Fidel e i suoi compagni presero il potere, subito furono ossessionati da un'idea ben chiara: diversificare l'agricoltura per non essere più schiavi del prezzo dello zucchero, che come qualsiasi valore di borsa cresce e si abbassa in modo imprevedibile. Così molte piantagioni di zucchero furono trasformate in campi destinati ad altre culture; ma il risultato fu che la valuta venne a mancare, mentre d'altra parte non si poteva sperare di poter creare da un giorno all'altro le industrie e le coltivazioni necessarie a rendere Cuba più autosufficiente. Il Governo capì allora che bisognava ripiantare lo zucchero e nello stesso tempo compiere degli sforzi per aumentare le altre coltivazioni, specialmente di frutta, uva e verdura, così come quelle destinate all'allevamento del pollame e alla produzione del latte. Questo anche perché intanto, a seguito della riforma agraria, con l'espropriazione dei latifondi, trasformati in fattorie collettive, la distribuzione dei titoli ai piccoli coltivatori e la creazione di un organismo statale di controllo sull'agricoltura – l'INRA – e di un altro ente preposto alla distribuzione, si era verificato un calo della produzione delle poche coltivazioni che esistevano prima della rivoluzione, come quella della frutta, che non ha ancora raggiunto il livello prerivoluzionario.

Intanto mancavano le industrie, sicché gli operai che prima della rivoluzione andavano a tagliare la canna tre mesi l'anno e il resto del tempo racimolavano qualche ora di lavoro qua e là, adesso lavorano tutto l'anno nelle fabbriche o nelle costruzioni, oppure nelle nuove coltivazioni. La *zafra* – così è chiamato il raccolto – è probabilmente la questione più grave dell'economia cubana di oggi. Ovunque ci sia un'organizzazione di massa, la domenica la gente va a tagliare la canna. Ma il fatto che questo lavoro sia faticosissimo non vuol dire che sia facile, anzi, e quando la canna è tagliata male non ne soffre solo il raccolto presente, ma anche quello dell'anno dopo.

Quest'anno sono state introdotte parecchie innovazioni. La *zafra* è stata prolungata da tre a sei mesi, non per dare più lavoro ai *macheteros*, ma perché questi non bastavano più per finire il lavoro in una volta. Si è iniziato anche a migliorare i metodi di coltivazione, per aumentare il rendimento della canna; ciò significa che invece di intervenire solamente al momento del taglio, si deve anche "pulirla" varie volte durante il periodo di crescita, cioè strappare le erbe cattive, soprattutto la *managua*, un'erba tenacissima che sta letteralmente invadendo tutta l'isola. Quest'anno sono arrivate anche le prime macchine sovietiche per alzare la canna. Ma da quando ne ho parlato con il Che, molta gente mi ha detto che occorrerebbe perfezionarle, poiché sono piuttosto lente. E poi ce ne vorrebbero chissà quante migliaia, mentre finora sono appena cinquecento.

Gran parte della propaganda statunitense contro Cuba è incentrata sull'economia, e questa è una conseguenza logica degli sforzi compiuti dagli Stati Uniti per minarla alla base per mezzo dell'embargo. A leggere gli articoli e i reportage della stampa straniera si direbbe che il paese sia in agonia, che sia un moribondo sostenuto artificialmente dall'aiuto russo, e che il governo rivoluzionario sia incapace di condurre le cose in maniera efficiente. D'altra parte è quasi impossibile avere informazioni dai tecnici cubani o stranieri che lavorano qui, tanto sono disciplinati nella loro discrezione. Certo non si può interpretare questa discrezione come il segno che tutto sta andando nel migliore dei modi. Credo sia lecito supporre che le cose vadano meglio di quanto scrivono gli articoli della stampa statunitense, ma non così bene come scrivono quelli cubani, con l'evidente intenzione di incoraggiare i lavoratori. Un esempio di questo atteggiamento me lo ha dato un discorso sulla scala salariale che il Che ha tenuto quest'inverno. Ha detto che è meglio fissare degli obiettivi piuttosto bassi in un primo tempo, così che si riesca a raggiungerli e anzi a superarli facilmente, mentre in seguito si potrà alzarli gradualmente, nella misura in cui i lavoratori si saranno abituati a compiere uno sforzo serio.

Mentre i giornali statunitensi speculano sull'imminenza del crollo dell'economia cubana, i dirigenti di qui si appassionano in una polemica che non è destinata né a cambiare la natura dei problemi, né a facilitarne la soluzione. Si scontrano sul metodo da adottare per amministrare al meglio quella parte dell'economia che si trova già nelle mani dello Stato, sia nel ramo industriale, sia in quello agricolo.

Quasi tutti i paesi socialisti sono passati attraverso questa polemica, e ciò è a sua volta uno degli argomenti addotti per sostenere una delle tesi in discussione, che prevede l'adozione anche a Cuba del sistema già adottato dalle economie di gran parte degli altri paesi socialisti.

La polemica cubana oppone principalmente il Che, che è il Ministro dell'Industria, e Carlos Rafael, che è Presidente dell'INRA, ciascuno con i propri alleati. Il Che, sostenuto dalla JUCEPLAN e, tra gli economisti socialisti occidentali, dal belga Ernest Mandel[1], è appassionatamente a favore di un sistema amministrativo fortemente centralizzato. Sostiene che il fatto che gli altri paesi socialisti abbiano abbandonato questo sistema, in parte o del tutto, non significa che esso non possa essere applicato a Cuba. Secondo il Che, Cuba è abbastanza piccola per poter tenere in mano la sua economia, e pianificare in modo efficiente la centralizzazione è indispensabile.

Carlos Rafael, invece, è appoggiato dalla Banca Nazionale, ha numerosi sostenitori anche tra i pianificatori fisici, e inoltre gode dell'approvazione del professore francese Charles Bettelheim (sia lui che Mandel verrano a Cuba nei prossimi mesi). Rafael ha un atteggiamento meno fanatico, ma è ugualmente convinto delle sue teorie. Dice che probabilmente il Che ha ragione per quanto riguarda l'industria, ma che non si può essere così drastici da pretendere che l'intera economia di un paese possa essere pianificata a livello centrale: proprio l'esperienza degli altri paesi socialisti lo proverebbe.

Un corollario importante della polemica riguarda gli stimoli alla produzione. Secondo il sistema preconizzato dal Che, le fabbriche non possono trattenere i propri profitti, ma devono versarli in un unico fondo di bilancio, e ritirare poi da un altro conto quel che serve al loro funzionamento. Ciò significa che esse non dispongono delle proprie entrate, e quindi hanno pochi mezzi per accordare agli operai un premio materiale come ricompensa per il superamento delle mete prefissate. Nel sistema difeso da Carlos Rafael, al contrario, ogni fabbrica ha una personalità giuridica propria, può firmare contratti con altre imprese e tenere la propria contabilità, e quindi anche disporre dei mezzi atti a stimolare la produzione mediante dei premi.

Il Che dice che una società in via di trasformazione verso il socialismo deve mettere l'accento fin dall'inizio sullo sviluppo della coscienza socialista, cioè sul lavoro come dovere di ognuno verso la società collettiva. Carlos Rafael non è contrario a questa idea, ma forse pensa che gli uomini non possono esser trasformati d'un sol colpo. La conseguenza maggiore della scelta tra l'uno o l'altro sistema riguarda il maggiore o minore grado di integrazione di ogni fabbrica o centro produttivo all'interno degli scopi nazionali tracciati dalla pianificazione centrale. In altri termini, ci si chiede fino a che punto la libertà delle imprese di disporre del proprio budget possa andare a ricadere sull'economia dell'intero paese.

7 aprile

È uscito un articolo sulle scuole d'istruzione rivoluzionaria, dal quale si apprende che non sono solo bambini e ragazzi a seguire corsi di marxismo-leninismo. La maggior parte degli alunni delle scuole d'istruzione rivoluzionaria è designata dai compagni di lavoro nei vari centri produttivi. Finora più di centomila cubani hanno terminato il corso, che dura dai tre ai sei mesi. Ora esiste poi un nuovo genere di scuola: internati in cui si segue un corso di tre anni, che punta a combinare alla formazione tecnica e alla cultura generale anche una solida base politica. Il programma degli studi include conoscenze elementari sull'economia cubana e la storia di Cuba, e per gli operai agricoli una formazione tecnica incentrata soprattutto sulla tecnica di produzione dello zucchero e sull'allevamento, ma che prevede anche nozioni di elettronica e di manutenzione delle macchine. Gli allievi di questi internati per l'istruzione rivoluzionaria potranno poi continuare gli studi in scuole tecniche più avanzate, in base alle capacità dimostrate. Quanto alle scuole esterne, l'anno scorso erano 255, di cui 193 serali.

8 aprile

A casa di Franca e Paolo Gasparini, accogliente, elegantissimo luogo d'incontro di architetti italiani, sudamericani e cubani. Un nuovo arrivato commenta la bellezza della Piazza della Cattedrale. Con la sua aria da ragazzina tranquilla, Franca come al solito ha molte informazioni interessanti: «Stanno facendo dei nuovissimi lavori di restauro. Nella piazza della Cattedrale, per esempio, riapriranno il ristorante "Paris" in un antichissimo palazzo completamente ristrutturato. Un sacco di gente dice che bisognerebbe buttare giù le case vecchie, ma il Governo al contrario ha nominato una Commissione per le Belle arti per preservarli e restaurarli. La prima cosa che hanno fatto è stata "congelare" intere zone, e singole case separate, e dichiararle monumenti nazionali. Nessuno li può toccare se non il Governo, e per restaurarli. A occuparsene è il Comandante Pedro Miret, un uomo molto colto». «Certo che è bella, quella piazza, così tranquilla, doveva essere così due secoli fa», commenta il nuovo venuto. Ma Franca prcisa: «Due secoli fa doveva essere meno tranquilla. È probabile che ci passassero le carrozze. La commissione di Miret per prima cosa ha proibito che ci passassero le *guagua*, poi ha tolto il parcheggio. Adesso hanno proibito anche il transito delle automobili».
Non sapevo che Franca fa parte del comitato di difesa del suo "blocco". Fa la guardia davanti alla porta a questo complesso di appartamenti, sei ore ogni quindici giorni. «E poi?» «Non c'e molto da fare. Qui è abbastanza tranquillo. Ora stiamo organizzando le brigate per andare a piantare alberi, per una campagna speciale di rimboschimento dell'Avana».

9 aprile

Avevo sentito parlare della Scuola d'arte di Cubanacan fin
dalla mia prima visita a Cuba, e mi spiaceva di non esserci
mai andata, un po' perché mi dicevano che è molto bella, ma
soprattutto perché i cubani ne sembravano così orgogliosi
che mi pareva di muoverli a compassione quando dicevo di
non esserci mai stata. Non che io credessi davvero di perdere
chissà cosa o di privarmi di chissà quale piacere: di scuole ne
avevo già visto tante!
Oggi finalmente, dopo parecchi appuntamenti saltati, mi ci
accompagna Alberto Korda. La sua MG tutta bianca è stata
ritoccata qua e là con i pezzi di ricambio che gli ho portato
dall'Europa, e ora sembra avere il motore di un aereo.
Percorriamo la Quinta Avenida, quella delle ville abbandona-

te e trasformate in scuole e dormitori per i *becados*; poi giriamo a sinistra. Di colpo la macchina si ferma lungo un prato,
con in fondo un muro, sopra il quale si scorgono tre, quattro
grandissime cupole circondate da impalcature. Fotografo
debitamente le cupole, quindi risaliamo in macchina.
Giriamo intorno al muro ed entriamo per il cancello di quello che una volta era il Country Club e il Circolo del Golf. Da
un lato c'è la sede del club, piuttosto brutta. Ma ecco la sorpresa: separati da noi da trecento metro di prato, ecco tre
archi a forma di tunnel, di dimensioni diverse. Alberto mi
racconta con fierezza che ora in questa scuola studiano 1.500
becados, mentre prima su questi prati oziavano i ricchi.
Io lo ascolto distrattamente. Non mi interessa vedere come
hanno trasformato la casa del Country Club in una mensa
(per ora gli allievi della scuola vivono nelle ville intorno al
prato da golf): voglio andare verso gli archi e scoprire che
cosa c'è dietro. I tre archi formano l'entrata della Scuola di
pittura e scultura e convergono in un lungo passaggio, una
specie di stretto vicoletto fiancheggiato da padiglioni rotondi
a cupola. Ogni tanto il vicolo prende un nuovo orientamento,
così che a percorrerlo la prospettiva cambia ogni dieci passi,
come in un tempio greco, con la calcolata irregolarità delle
sue colonne.
In fondo c'è un piazzale ribassato a forma di conchiglia, circondato da pareti arrotondate e da altri padiglioni. Su uno
dei bordi, una fontana richiama immediatamente l'attenzione. Riccardo Porro, l'architetto, evidentemente ha pensato
che era ora di farla finita con il culto fallico, e così ha annul-
lato d'un colpo una discriminazione che durava da secoli. I
cubani, mi spiega Alberto, per indicare l'organo sessuale femminile usano il nome di un frutto, a cui hanno dato un nome
diverso, per evitare malintesi... Chissà se Porro ha copiato
questa fontana di marmo rosa da un libro di anatomia medica? Alcune persone, disgustate, hanno commentato che assomiglia al sesso di un coccodrillo; io invece la trovo bellissima,
e mi domando che cosa ne pensi Blas Roca...

Anche la Scuola di danza è opera di Porro, ma qui l'estrema semplicità è diventata confusione: sembra la brutta copia della scuola di pittura. In mezzo a un bosco c'è invece la Scuola di danza moderna, opera dell'architetto italiano Vittorio, che è molto bella. Su una collina sopra il bosco, come un treno un po' storto o un immenso serpente, si trova poi la Scuola di musica, e un po' più in là la Scuola d'arte drammatica, i cui lavori sono ancora abbastanza indietro, ma che promette bene.

10 aprile

Mario Trejo mi racconta del viaggio che ha fatto alle miniere di nichel a Nicaro, nella Provincia d'Oriente. È rimasto assai impressionato dallo spirito degli operai della miniera, che hanno sofferto moltissimo a causa della distribuzione di alimenti di cattiva qualità; ma pare che siano arrabbiati per una ragione apparentemente meno importante.

«Hanno un enorme spirito rivoluzionario, accettano di mangiare male perché sanno che non si fa tutto in un giorno. Ma si fanno dei danni incalcolabili alla rivoluzione per cose che non dovrebbero succedere. Figurati che in questa miniera funzionava un teatro amatoriale, che era diretto da uno degli operai, uno senza alcuna cultura ma con la passione del teatro. Faceva recitare cose moderne, tipo Tennessee Williams, insomma cose di questo livello, che non so dove diavolo trovava; e tutti erano entusiasti, si divertivano, insomma erano felici. Tutto questo fino al giorno in cui è arrivato un istruttore d'arte, di quelli formati dal Governo per portare l'arte nei campi, sai. I minatori in un primo tempo pensano: "Che bello, ora faremo ancora meglio". E invece l'istruttore gli fa recitare delle insipide favole socialiste, e nessuno ci vuole più stare. E non possono più fare teatro per conto loro, per cui ora sono furiosi».

In effetti, di recente ho letto che la Scuola per istruttori d'arte è passata sotto la direzione del Partito... Quando se ne parla, tutti esaltano Fidel per avere avuto questa bella e nobile idea. Non è la prima volta che mi rendo conto che Fidel si occupa sì di mille belle faccende, ma non si accorge che le cose poi si allontanano, a volte di molto, dalla sua idea originale.

11 aprile

Il concerto settimanale dell'Orchestra nazionale si tiene di sabato, nella sala tradizionalmente riservata a questo genere di spettacoli. Soltanto che adesso ci si può andare anche in maniche di camicia, e i biglietti costano da 60 a 150 *centavos*, a seconda che ci sia o no un solista.

Vi si vedono anche delle signore elegantissime: ognuno fa come vuole in materia di abbigliamento. Come a teatro, anche qui i posti non sono numerati, per cui se si arriva in ritardo ci si deve sistemare nel balcone, anche se si ha lo smoking. Quando arrivo al mio posto vedo un mare verde oliva a sinistra della platea. Mi siedo dietro a questa folla, con un amico, e allora i ragazzi subito si voltano per darci delle spiegazioni. Sono le reclute del primo contingente di servizio militare obbligatorio. Sono appena entrati in sala, la testa rasata a zero e senza pistola. Sono una cinquantina, e ci fanno vedere che alla balconata ci sono dei marinai. Durante il concerto alcuni dormono, altri, quelli che sono riusciti a dare un appuntamento alla la fidanzata, amoreggiano. Per loro non sono ancora terminati i tre mesi nei quali non hanno libera uscita, per cui vedono la famiglia e la ragazza solo quando vengono portati in qualche posto pubblico, come la spiaggia o il cinema.

Ritorniamo a piedi, per il Malecón. Il parapetto è un lungo banco, dove si alternano innamorati e pescatori. Nell'ombra di un giardino, in una strada laterale, un gruppo di ragazzi suona la chitarra. Sulla scalinata di un edificio pubblico due miliziani fanno la guardia in compagnia dei familiari, probabilmente perché è sabato. L'aria è dolcissima.

12 aprile

Mi dicono che quando i *gusanos* se ne vanno possono portar via solo pochissimi vestiti, mentre devono lasciare tutte le altre cose. Gli accessori elettrici sono venduti con priorità agli operai d'avanguardia, mentre la vendita dei vestiti è aperta a tutti. Quanto agli oggetti d'arte, sono catalogati e conservati dal Governo come patrimonio nazionale.

13 aprile

Davanti alla reception dell'albergo ho incontrato Alfredo Guevara. Si stava raccomandando che gli tenessero delle buone stanze per l'ICAIC, per la festa del Primo maggio. Sembrava che volesse star lì ma che allo stesso tempo non avesse niente da fare; allora gli ho proposto di tenermi compagnia al Polinesio: erano le undici e non avevo ancora cenato.

Dopo un po' che stavamo a tavola e parlavamo del più e del meno, si è presentato un soldato, che ha detto a Guevara: «Abbiamo arrestato cinquanta persone». «Bene», ha commentato il cineasta, e il soldato se ne è andato. «Hai cambiato attività?» «Nient'affatto. È che stiamo dando un film americano qui di fronte, al cinema Radio City». «E allora?» «Allora quando danno dei film americani, i *gusanos* ci vanno sempre». «E voi li arrestate?» «Capita. È che a volte per manifestare i loro sentimenti fanno cose pericolose. Quando compare il leone della Metro Goldwin Mayer, per esempio, applaudono. E fin qui non fanno male a nessuno. Però, appena le luci si spengono, tirano fuori i coltelli, e con gli occhi fissi sullo schermo si mettono a strappare le poltrone. Con metodo. C'è stato un periodo in cui lanciavano anche degli esplosivi, o fiale puzzolenti, o petardi, che esplodevano senza causare danni ma provocavano il panico. Così abbiamo fatto una compagna per esortare la gente, in simili circostanze, a fare come se niente fosse: alla fine nessuno ha più battuto ciglio, e però loro hanno cominciato a tagliare le poltrone. Quando abbiamo nazionalizzato i cinema e li abbiamo fatti passare sotto l'amministrazione dellI'ICAIC, in considerazione di questo problema a gestire le sale non abbiamo preso della gente capace di amministrare un cinema, ma degli ex terroristi. Conoscono perfettamente i congegni che questa gente usa e sanno riconoscere persino le loro facce, così spesso riescono a fermarli prima ancora che entrino in sala. Stasera però nella sale avevo fatto mettere cinquanta soldati in borghese».

Da quando c'era stato il processo a Marchitos sono curiosa di saperne di più di quel periodo. Sapevo che Guevara era all'Università nello stesso periodo degli altri protagonisti della rivoluzione. Ecco ora l'occasione buona per farmi raccontare com'era quell'ambiente, di cui finora ho sentito parlare solo per frammenti.

«Raccontami dell'Università». «Ti posso raccontare come Fidel arrivò all'Università. Io ero al PSP, che anni dopo, quando Fidel stava nella Sierra, lasciai per il Movimento 26 luglio. Ma il PSP non era l'unica organizzazione più o meno rivoluzionaria di quell'epoca. Quando arrivò Fidel ci fece una gran paura a tutti. Non sapevano niente di lui, soltanto che veniva da una scuola di gesuiti. Ma una cosa è stata subito chiarissima: era un rivale pericoloso». «Perché?» «Perché?! Ma perché fin dal primo giorno fu evidente a tutti che era arrivato in mezzo a noi uno che poteva imporsi, e non si sapeva in nome di che cosa». «Ma questo mistero sarà durato poco, immagino...» «Beh, più o meno un anno». «Come mai? Se era così attivo doveva pure andare in una direzione precisa, no?» «Ma sai, le cose non erano mica così chiare. Eravamo all'Università, non in un'elezione presidenziale. E lui non aveva ancora le idee molto precise. Tutto quel che si capiva era che voleva fare, fare, fare. Noi, per esempio, passavamo settimane a preparare una manifestazione, un dibattito, discutendo anche i minimi particolari tattici. Quando ormai stavamo per iniziare arrivava Fidel, si metteva a parlare, e in cinque minuti faceva crollare tutto il nostro bel lavoro come un castello di carta. Era terribile! Una volta, mi ricordo, alla fine ci siamo accorti che la gente di Fidel era stata disposta addirittura per squadre: si era organizzato la sua *claque* con una precisione quasi militare».

Quando poi cerco di scavare nella questione dell'evoluzione ideologica di Fidel, Alfredo dichiara con fermezza: «Fidel era già marxista ai tempi dell'Università. Non era comunista, ma si può dire che si interessava già alle teorie marxiste». «Perché allora diceva agli americani che non era comunista? Credi che sarebbe giusto dire che da una parte aveva le sue idee sul marxismo, o sul comunismo, e non voleva essere confuso con ciò che del comunismo si conosceva tramite lo stalinismo, ma che d'altra parte sapeva che se avesse detto ai cubani, e di fronte agli Stati Uniti, che voleva fare il socialismo, sarebbe andato incontro al disastro? Da un lato io credo che un calcolo ci sia stato, bisogna ammetterlo: non bisogna fare di Fidel un angelo, e neanche un ingenuo alla Goulart[2]. Però non bisogna neppure farne un diavolo: le caratteristiche della rivoluzione in questi primi cinque anni bastano a provare la sua volontà e la sua capacità di essere fedele all'immagine di ciò che i cubani stimano giusto, pratico e utile, senza con ciò rinnegare la grandezza dei predecessori. È così?» «Sì, credo di sì».

14 aprile

La casa dello scrittore e giornalista Lisandro Otero sta coi piedi nell'acqua della baia, in una zona militare. L'autista del taxi avanza con cautela, e con tono assolutamente rassicurante (mi prende in giro?) mi dice: «Finché non sentiremo il cannone, vorrà dire che andiamo bene».

Dalla terrazza di Lisandro e Marzia, che è come il ponte di una nave, si vede il proiettore antiaereo fare delle manovre insolite. Invece di descrivere un arco regolare, si concentra a lungo su un settore, passa e ripassa sempre sulle stesse nuvole, si alza e s'abbassa, va da destra a sinistra e da sinistra e destra con un'insistenza davvero preoccupante.

«Da un momento all'altro ci cascherà una bomba sulla testa», dice Lisandro, mentre ci accomodiamo intorno a un tavolo da giardino. Marzia arriva dalla cucina con un vassoio carico di vodka, pane tostato e scampi fritti.

Tanto per fare conversazione, racconto dell'incontro con Alfredo Guevara: «Non me ne parlare!», grida Lisandro saltando su. «Lo sai che uno dei miei uomini del giornale è stato arrestato ieri sera proprio in quel cinema? Poveretto, mi ha chiamato alle tre del mattino, e prima di andare al giornale sono dovuto andar là a tirarlo fuori». «Ma perché l'hanno arrestato?» «L'hanno preso per un *gusano*. Pare che la proiezione sia cominciata con tre quarti d'ora di ritardo, così quando alla fine hanno spento le luci ed è apparso sullo schermo il leone della Metro, lui si è messo ad applaudire, perché si era stufato di aspettare, sai come fa la gente. Improvvisamente si è sentito acchiappare per i polsi, e lo hanno portato dentro!»

«Raccontami qualcosa dall'Università e del periodo prima di Batista. Da quando c'è stato il processo mi sto interessando molto a quello strano mondo che era la vostra Università a quel tempo. Era una forza del paese, no?» Lisandro assume un'aria cattedratica e inizia a declamare: «Tu sai che nel '33 abbiamo avuto una piccola rivoluzione. Ma non era una vera rivoluzione, cioè era una rivoluzione liberale, borghese, e non andò fino in fondo neppure come tale. Se fosse andata più a fondo, come quella del Messico per esempio, Fidel non avrebbe potuto farne un'altra così presto; certo, la rivoluzione si sarebbe fatta, era inevitabile, ma sarebbe accaduto più tardi. Come logica conseguenza di una rivoluzione abortita, gran parte delle forze di sinistra andarono in esilio, specialmente fra il '35 e il '40. Ma Batista ormai era entrato in scena, nel '33. Fu eletto Presidente per la prima volta solo nel '40, ma in pratica in tutto il periodo precedente al potere ci fu una successione di uomini di Batista. L'Università era come l'anticamera del potere, e aveva tre gruppi principali, la cui forza relativa oscillava a seconda degli avvenimenti: i cattolici, benestanti, che andavano sempre con la camicia in ordine, i libri sotto braccio e la fidanzata come si deve, che frequentava l'Università soprattutto per trovare marito; la sinistra, cioè il Partito Comunista, fondato nel '25 dallo studente Mella, con le sue varie correnti; e infine i *pandilleros* o gangster, che preferivano le pistole ai libri. I *pandilleros* erano un fenomeno curioso. Generalmente erano figli di papà, avidi di potere e di avventura, e quasi sempre cominciavano con idee rivoluzionarie. Ma erano più attratti dalla violenza che dalla giustizia, così che spesso, di fronte alle scarse opportunità professionali che incontravano una volta usciti dall'Università, l'attrazione per la politica, che qui da noi è sempre stata violenta e nello stesso tempo corrotta, li faceva finire o come politicanti corrotti o addirittura come gangster professionisti. Quando Batista riprese il potere, con il colpo di stato, cominciò ad eliminarli. Ogni tanto s'incontrava un morto in un angolo di strada. Tradizionalmente la polizia non poteva entrare nel territorio dell'Università, ma Batista finì col rompere anche con questa antichissima tradizione, e parecchie volte i suoi poliziotti irruppero a caccia di qualcuno. Prima accadeva regolarmente che gli studenti scendessero giù dalla collina dell'Università, facessero una dimostrazione, a volte violenta, e poi tornassero su, dove nessuno li poteva toccare; una volta scesero sulla Rampa, rovesciarono un autobus e lo incendiarono, in mezzo al traffico».

«Ma Fidel ha avuto dei legami con i *padilleros*, vero?» «Nei primi tempi sì, probabilmente perché erano gli unici disposti ad usare la violenza; però un giorno, dopo l'ennesimo litigio, i *pandilleros* lo espulsero dall'Università». «Come? E le autorità?» «Era così. Il vero potere lo dava la legge del più forte. E in ogni caso in un affare come quello vigeva la legge studentesca. Un gruppo di studenti poteva impedire a un altro di mettere piede all'Università, a meno che quello non trovasse appoggio in un altro gruppo. Fu quello che successe con Fidel. Gli dissero che se ci rimetteva piede l'avrebbero ammazzato. Fidel scese per la Rampa fino al Malecón, e lì sedette sul muro a meditare sul suo triste destino. L'Università praticamente era l'unico terreno per qualcuno che avesse ambizioni politiche. E ora non poteva più tornarci! Si mise a piangere per un po', poi finalmente decise di giocare il tutto per tutto, visto che senza l'Università non poteva fare niente: e tornò. Era il tardo pomeriggio e non c'era molta gente. Fece tutto il giro dell'Università perché lo vedessero bene, poi se ne andò. Poco tempo dopo Alfredo Guevara, che era suo amico, lo fece appoggiare dal gruppo di sinistra, per cui i *pandilleros* praticamente non poterono farci niente. Ricordo che un giorno Alfredo stava facendo un discorso contro i *pandilleros*, in mezzo alla Piazza dell'Alma Mater. Un discorso lungo e appassionato. Alfredo mentre parlava teneva un libro nella mano sinistra. Sventolava il libro in faccia al pubblico, e intanto diceva: "Bisogna lasciare le pistole a casa. Bisogna venire qui solo coi libri, capite? Abbiamo bisogno di libri noi, non di pistole!" E continuava a sventolare quel libro come fosse un profeta, con i *pandilleros* che se ne stavano lì davanti a lui, mentre gli altri non smettevano di domandarsi se avrebbero cominciato a sparare. Alla fine, quando Alfredo scese dalla pedana, gli chiesi: "Ma non avevi paura che quelli lì cominciassero a sparare?" Allora lui aprì il libro: era finto! Di quelli fatti a scatola. E dentro c'era una pistola».

«Dimmi qualcosa in più su Guevara». «Lasciò il Partito per andare con Fidel. Non che non fosse più comunista; ma pensava che la tattica di lotta del "26 luglio" fosse quella giusta per vincere e che, dato che quello era l'obiettivo comune di tutti, occorreva aiutare Fidel, anche perché Fidel non era un reazionario né un avventuriero, ma un uomo con una visione socialista delle riforme di cui il paese aveva bisogno».

«Com'era Fidel all'Università?» «Era uno che faceva della politica, cioè lavorava sempre per guadagnare voti. Militava nella base dell'organizzazione studentesca, e nutriva l'ambizione di diventare presidente della FEU (la Federación Estudiantil Universitaria). Per diventarlo bisognava prima essere presidente di una materia in una delle Facoltà, e così partecipare all'elezione del presidente della Facoltà. I presidenti di tutte le Facoltà formavano il Consiglio direttivo della FEU e ne eleggevano il presidente, che era un uomo potentissimo a Cuba – di sicuro diventava senatore». «Gli studenti potevano essere senatori?» «E come no? Tutti i partiti cercavano di accaparrarsi il presidente della FEU, perché con lui erano sicuri di guadagnare voti. Senza tener conto del fatto che c'era gente che, pur avendo terminato gli studi, continuava a restare iscritta alla Facoltà, per poter restare nella FEU». «Ma che cosa facevano gli studenti nella vita pubblica del paese? Perché dici che erano così potenti?» «Per esempio, le commissioni nominate dalla direzione della FEU rappresentavano una forza reale, con la quale il potere doveva fare i conti. Io ad esempio ero nella Commissione per le relazioni con l'estero, e ti assicuro che quando andavamo in qualche giornale della capitale, il direttore ci riceveva immediatamente. E se gli dicevamo: "Guardi che gli studenti non approvano l'invito a Cuba di quel tal signore del Governo di Franco", puoi star sicura che il giorno dopo in prima pagina c'era la foto di quell'incontro, e su tre colonne le richieste degli studenti. Oppure: i franchisti avevano fatto penetrare dei notiziari cinematografici: la FEU fece sapere al proprietario del più grande cinema dell'Avana che gli studenti non lo avrebbero tollerato, sicché a partire da quel giorno le proiezioni di quei notiziari cessarono».

15 aprile

Ho chiacchierato a lungo con una donna simpaticissima, che è venuta qui dal Messico per sapere che cos'è questo "mondo socialista" di cui ha sentito parlare fin da bambina, quando suo padre faceva la guerra contro Franco.
Dolores è divorziata, ha un figlio quindicenne, ha insegnato

letteratura e ora si dedica alla scrittura. Pensa di scrivere un romanzo nel quale una donne «come ne conosco tante» viene a Cuba in cerca di una nuova vita. Si rende conto che i presupposti per questa nuova vita ci sarebbero, ma capisce che lei, ormai, non può più inserirsi. Allora riparte, con la speranza che almeno il figlio possa approfittare della nuova situazione.

«Ma di che tipo di donna parli?» «Mah sai, donne che hanno provato tutto, la religione, la psicoanalisi, la droga, il lavoro sociale, l'erotismo, e che non riescono a ritrovarsi. Del resto, siamo tutti un po' nevrastenici, no?» Quando lo dice lei, sembra divertente...

«Però non voglio essere presa in carico da nessuna organizzazione. Non voglio che qualcuno influenzi le mie impressioni. Ho abbastanza denaro, non voglio essere invitata[3] o guidata».

17 aprile

Per l'Avana Libre gira un tecnico caseario di Bologna, un tipo simpatico che attacca bottone con tutti e che racconta che non è d'accordo con Fidel sui metodi per aumentare la produzione di latte. L'hanno chiamato perché dia dei consigli sulla nuova industria casearia, che al momento è una delle passioni principali di Fidel. Già l'anno scorso Fidel aveva promesso di produrre più formaggio della Francia, e di migliore qualità; ma non ha trovato tempo per vedere il bolognese, e ora lui se ne va. Gli hanno chiesto di tornare a luglio, e ha detto di sì. È uno di quelli che dicono chiaro e tondo che non possono aspettare tutta la vita.

18 aprile

Impossibile ottenere una macchina, così all'ultimo minuto decidiamo di uscire dall'Avana senza il beneficio di questo privilegio, al quale, dopo tutto, noi visitatori abbiamo il torto di abituarci. Ci dicono che per andare a Varadero si può prendere il treno a Casa Blanca fino a Matanzas, e lì un autobus o un taxi collettivo. A Casa Blanca, vicino a Regla, si arriva in soli due minuti dal Malecón, con un piccolo traghetto così carico di gente che sembra destinato ad affondare. Invece è rapidissimo, e ce la fa. Chiedo dov'è la stazione. «Qui», mi dicono.

«Qui» vuol dire in mezzo alla strada. Non vedo nulla che assomigli a una stazione: solo baracche dove si vendono bibite, terreni occupati da ferraglia vecchia, e le strade di questo paese, che partono dalla baia. Ma poi mi accorgo che in mezzo alla strada passa una specie di rotaia, talmente rovinata che in alcuni punti sembra una scanalatura nell'asfalto. All'angolo della strada c'è una tettoia con una biglietteria e alcune panchine. Il viaggio costa un peso.

Arriva il treno. Una locomotiva elettrica. Si tira dietro dei vagoni vecchissimi, di legno. I sedili di canna strappano a un oblio di venticinque anni il ricordo dei miei viaggi d'infanzia, ad Atlantic City...

Il treno passa in piena campagna, più all'interno della Via Blanca, e per due ore e mezzo non si vede altro che campi verdissimi di canne ondulate. Le stazioni sono delle garitte di cemento, che possono proteggere una decina di persone, in mezzo ai campi. A metà strada un ragazzo seduto dietro di me vuole sapere se sono americana, e insiste a parlare in un pessimo inglese.

Arriviamo. È la prima volta che giro a piedi per Matanzas, e mi accorgo che, una volta che ci si abitua alla scala di grandezza della città e al tipo di architettura, si può anche apprezzare la sua bellezza assonnata. Il taxi collettivo per Varadero, che dista quaranta minuti, costa un peso. Siamo in otto.

Avevo prenotato una camera all'Hotel Internazionale, senza passare per l'INIT, ma semplicemente telefonando dall'Avana, questa mattina. L'hotel è letteralmente invaso da gente venuta dall'Avana per il fine settimana, e gli impiegati danno l'impressione di essere travolti dalla loro presenza e dalle loro esigenze. La confusione ricorda un film di Vittorio de Sica.

domenica 19 aprile

Tornata tardi da Varadero, non ho sentito il discorso di Fidel per la commemorazione di Playa Girón[4]. Solo molto tardi sono arrivata a casa dei Gasparini, e li ho trovati, con altri due amici, in uno stato di insolita eccitazione: «Preparati a vivere una bella crisi!» «Che succede?» «I *marines* di Guantanamo sono stati tutto il giorno a provocare, sono persino arrivati a buttar giù la porta di una garitta cubana. Hanno lanciato pietre, pisciato sui muri, e quando si sono ritirati l'interprete ha detto che i cubani si devono preparare a ricevere il peggio domani. Fidel ha detto che se non la smettono con questa roba e con i voli degli U-2 li butteranno giù, e che se vogliono la guerra l'avranno. Non parla a caso: quando usa quel tono vuol dire che sta davvero per succedere qualcosa. È esattamente come per la crisi di ottobre. Non te ne andare. Devi restare qui.

Note

[1] Ernest Ezra Mandel (Francoforte s.M., 5 aprile 1923 - Bruxelles, 20 luglio 1995), di famiglia ebrea belga, fu partigiano antinazista in Belgio, economista, militante e dirigente della Quarta Internazionale e importante figura del marxismo antistalinista del secondo Novecento.

[2] Cfr *supra*, cap. 6, n. 3.

[3] Cioè essere ospite del Governo.

[4] Nome del luogo, nella Baia dei Porci (*Bahía de Cochinos*, nella costa meridionale di Cuba), in cui tra il 15 e il 19 aprile 1961 le truppe cubane fronteggiarono vittoriosamente un tentativo di invasione di miliziani degli USA e mercenari al loro servizio. Si veda http://www.siporcuba.it/st-giron.htm.

12.

ABBATTERE O NO UN U-2?

20 aprile 1964

La reazione dei cubani al discorso di Fidel è una sorta di allegro masochismo. Come dicono i Gasparini, questo discorso ha lasciato aperta ogni sorta di eventualità terribili. Tra le altre cose, Fidel ha detto:

> Bisogna dire ai nostri compagni morti quel giorno che quando rendiamo loro omaggio, non è un semplice omaggio lirico, ma che anche noi siamo disposti a morire.
>
> Ai nostri morti, nel mezzo di una lotta rivoluzionaria, non diciamo addio, ma al più arrivederci. Perché, bisogna dirlo chiaro, noi non facciamo come certi generali, che per decidere se battersi o no contano quanti soldati ha il nemico. L'esercito ribelle non è fatto così; a un certo punto si poteva domandare quanti eravamo, e le dita di una mano erano di più.
>
> Bisogna pur dirlo, perché gli imperialisti si sbagliano a considerare i popoli dell'America Latina come popoli spregevoli. Popoli vili, che non si battono.
>
> Non vogliamo la guerra, nella guerra si perdono delle vite, c'è molto dolore, molta distruzione. Noi amiamo ciò che stiamo facendo, ciò che stiamo creando: le rivoluzioni si sono fatte per questo. Ma questo comporta dei rischi che non avremmo mai avuto avere quando eravamo schiavi, quando un piccolo gruppo di privilegiati possedeva tutto, quando i neri erano trattati come cani e i contadini vivevano nella fame e nella miseria. Quella società

non comportava questi rischi, ma noi abbiamo voluto altre cose per il nostro paese.

La rivoluzione ha trionfato; ora siamo padroni del nostro destino, nel bene e nel male, con maggiori o minori capacità, con i mezzi di bordo, con poche risorse materiali e tecniche...

Amiamo straordinariamente quest'opera; ma bisogna confessarlo, sebbene amiamo la rivoluzione, sebbene vorremmo vedere un giorno tradotti in realtà i nostri sogni, dobbiamo dire chiaro che se il prezzo da pagare per tutto ciò sono queste provocazioni, se bisogna mettersi in ginocchio e sacrificare la nostra dignità, il nostro orgoglio, il nostro onore e la nostra vita di popolo degno, se la pace vuol dire questa pace miserabile: ebbene, noi non vogliamo questa pace!

Nessuna teoria, nessuna dottrina, nessun principio rivoluzionario ci obbliga a sopportare tutto questo. Siamo rivoluzionari, ma ciò significa essere disposti a pagare il prezzo necessario. Desiderare un mondo migliore significa essere disposti a pagare il prezzo necessario. E piuttosto che questa pace miserable, è cento volte meglio la pace degna della sepoltura!

E se gli imperialisti credono che con lo strombazzare, con l'esibire la propria forza possono intimidirci, noi diciamo loro che ogni potenza ha un limite, e questo limite è là dove la paura non c'è più, là dove la paura finisce.

21 aprile

Chiedo alla cameriera dell'hotel se non ha paura: «Paura? Non ci possono far niente. Siamo buoni, noi». Al cameriere del Polinesio, un uomo di sessant'anni: «Che ne pensi del discorso di Fidel?» «Che ha parlato bene». A un tassista: «È d'accordo con il discorso di Fidel?» «Sicuro». A un operaio di una fabbrica di scarpe: «Secondo Lei che dovrebbero fare i cubani?» «Fargli vedere i sorci verdi».

22 aprile

Spareranno o non spareranno a un U-2? Noi stranieri, neofiti in materia di crisi, continuiamo a farci questa domanda, a girarci intorno, a voltarla e rivoltarla come una frittata, mentre i cubani, loro, hanno iniziato i preparativi per il Primo maggio, al suono di tamburi e al ritmo del *pachanga*.

Anche Marzia Otero è sempre calma, sorridente, la perfetta *maîtresse de maison* de la Casa de las Américas. Dolores ed io abbiamo passato un'ora con lei, dondolandoci in una stanza con l'aria condizionata e bevendo coca-cola ghiacciata, mentre Marzia, con la sua voce dolcissima, ci diceva: «Non si può smettere di vivere». «Noi invece», dice Dolores, «passiamo tutto il nostro tempo a parlare della crisi. Sarà perché non abbiamo nulla da fare». «Non è questo», risponde Marzia. «Anche noi, i primi mesi, stavamo tutto il giorno in mezzo alla strada, ci scambiavamo le nostre impressioni, ci chiedevamo che cosa sarebbe successo. Ma poi, quando si è vissuti mesi, anni, in un continuo stato di tensione, ci si abitua, come ci si abitua a tutto. Diventa una parte della vita di tutti i giorni: è chiaro, la vita di tutti i giorni non si può interrompere per una cosa che sta sempre lì, come l'"Oxford" di fronte al Malecón». L'"Oxford" è una nave da guerra statunitense, i cui marinai sostengono di riuscire a sapere tutto sulla vita privata della gente che vive sul Malecón.

«Mi ricordo, per esempio, dopo i primi mesi, la gente sul Malecón. Uno potrebbe pensare che nella nostra situazione, con l'"Oxford" a vista d'occhio, il Malecón dovesse essere un deserto. E invece no! La gente come avete visto va al Malecón come prima: la sera ci sono gli innamorati, la domenica le famiglie. Mi ricordo il Primo maggio del '61, dopo Playa Girón, con i bambini vestiti a festa che andavano ad ammirare i nuovi cannoni sul Malecón...»

Più tardi accompagno Dolores all'Università, dove ha appuntamento con un paio di studenti sudamericani. Dicono che nei dormitori la disciplina è troppo rigida, e si lamentano del settarismo dell'Unione dei Giovani Comunisti.

Non è la prima volta che sento questo discorso. Ho l'impressione che spesso i giovani tendano a diventare fanatici, a mancare di generosità e, nel loro slancio verso un ideale, a diventare troppo duri con gli altri. È interessante vedere la differenza di atteggiamento fra i ragazzi sudamericani e quelli cubani. Sono tutti comunisti, ma gli stranieri, che non hanno vissuto nel loro paese una situazione rivoluzionaria, sono più comprensivi, più tolleranti. Evidentemente, l'inevitabile arruolamento dei diversi gruppi di cittadini all'interno di una situazione rivoluzionaria crea nei giovani una mentalità più estremista.

L'ossessione di Dolores di essere influenzata dagli organismi della propaganda ufficiale è già terminata. Ora va in giro entusiasmandosi e criticando con uguale veemenza. La sera litiga con gli amici messicani perché loro trovano che Fidel, pur avendo fondamentalmente ragione, non è stato abbastanza diplomatico nelle forme. Dolores è pronta a battersi.

23 aprile

Andiamo a Guanabacoa, per far visita al *palero*[1] Arcadio. Siamo io, Sarita, Alberto e Miguel. Arriviamo davanti a una casa buia, e le vicine, dalle verande di fronte, ci dicono che Arcado c'è, ma è già andato a dormire. Alberto prova a bussare, timidamente, una luce si accende al fondo, poi nell'ingresso, e Arcadio, in maglietta, apre le persiane. «Venite domani». «D'accordo, scusaci, eh!» «Non fa niente. Venite, venite domani che vi aspetto». Detto ciò lo stregone, lo sguardo velato di chi era sul punto di addormentarsi, chiude le persiane.

Riprendiamo possesso del taxi – uno dei taxi dell'hotel, il cui autista mi ha già portato in giro almeno un paio di volte. Ricominciamo a conversare, e l'autista, come per accompagnare le nostre divagazioni, per tornare in città prende una strada di campagna che nessuno dei miei amici, pur essendo pratici di Guanabacoa, conosce, forse perché è raro che ci si vada in macchina. Ma per arrivare a quella strada, fiancheggiata dagli alberi, dobbiamo attraversare la via principale di Guanabacoa. All'improvviso ci appare davanti una casa d'angolo di stile coloniale, con le altissime finestre aperte e le stanze illuminate da una soave luce dorata. Su un tappeto, davanti a una finestra, un antichissimo pianoforte di legno colorato. È la Casa della cultura di Guanabacoa, ora aperta per una mostra di acqueforti. Con le pareti bianche, le porte e le finestre grigie, è impreziosita da bei mobili antichi, dipinti e dorati, ed emana un senso di calma e di serenità.

Sarita racconta del film che sta per incominciare a Guanabacoa; e il taxi, stranamente, ci porta in tutti i luoghi della sceneggiatura, che io ho appena letto. Si chiama *Cronaca familiare* ed è la storia della famiglia di Sarita, di Guanabacoa, ma soprattutto, come ci spiega, della mentalità dei neri che cercano a tutti i costi di essere "per bene".

Mi metto a fare a Sarita delle domande sull'ICAIC: «Sei pagata al mese o a film?» «Al mese, 200 pesos, con un contratto per fare tre cortometraggi all'anno. Se alla fine dell'anno non li ho fatti, smettono di pagarmi finché non li consegno. Ma se sono stata ferma per qualche intoppo organizzativo che non è dipeso da me, mi danno quel tempo in più. Bisogna segnare tutti i giorni persi durante l'anno, con le ragioni ecc.» «Quelli che fanno i lungometraggi quanti ne debbono fare?» «Uno all'anno, e adesso sono pagati, credo, 450 al mese; prima 350. Anche i direttori della fotografia guadagnano 400 e devono fare tre film all'anno. Gli operatori guadagnano 250 e devono fare o sei cortometraggi o tre lungometraggi all'anno». «Quanto puoi spendere per un cortometraggio?» «600 pesos fuori città, e 5.000 all'Avana per ogni rullo di 90 piedi. Di solito si fanno 2 rulli. Conviene. Quelli dei lungometraggi possono spendere 80.000, salvo Tomás Gutiérrez Alea (detto "Titon") e Julio García Espinosa, che hanno diritto a 200.000». «E quanti siete?» «Credo 10 per i lungometraggi, 18 per i corti. Ma questi sono divisi in due gruppi: 12 fanno i corti e

sei fanno da assistenti ai registi dei lungometraggi. Tu sai poi
che dei tre film corti due sono di incarico». «Cioe?» «Le
imprese statali chiedono all'ICAIC un film su questo o quell'altro per servire alla costruzione del socialismo, per esempio sulla ricostruzione dopo il ciclone o sulla raccolta della
canna. Ma a volte tu proponi di fare un soggetto libero e loro
ti dicono che può andar bene anche come soggetto a incarico,
così ti resta ancora un film libero». «Quanti sono gli stranieri?» «Beh, non so bene, fammi contare... più o meno una
mezza dozzina, se non sbaglio: una sovietica, un brasiliano,
un messicano e un argentino. Poi ce ne sono altri che vengono a fare un film, ma che non hanno un contratto annuale».
«E tu come ci sei arrivata?» «Mi hanno buttata fuori dai
Giovani Comunisti...» «E che c'entra?!» «Ero all'Università, o
piuttosto ero iscritta a storia, ma non frequentavo. Così alla
fine mi hanno chiamata e mi hanno detto che avevo dei residui di comportamento piccolo-borghese, insomma che bisognava collocarmi da qualche parte, e mi chiesero dove volevo andare. All'ICAIC, dissi io, e dopo due o tre mesi cominciai a lavorare come assistente tagliatrice di negativi. Da lì
passai ad assistente di edizione, con un direttore di documentari. Ma combinavo solo pasticci, mescolavo tutti i negativi...
davvero non ero dotata per quel lavoro. Così questo direttore mi fece lavorare con lui come assistente alla regia, e sai
come è, arriva il giorno che ti dicono di girare una scena perché devono finire in fretta, e poi si accorgono che la scena non
è male, e dopo bisogna far fare i corti dall'enciclopedia popolare, e te ne danno da fare uno perché stai in mezzo a quel
soggetto... Il soggetto era la rumba. L'ho girato nella mia via,
con due amici... Una mattina portai da bere e dissi alla gente
di fare un po' di festa. Poi venne una cosa che nessuno vuol
fare, i pirati, e così battendomi una mano sulla spalla me la
danno a me, e vien bene, e così mi ritrovo con un contratto
per fare tre documentari all'anno. Nel frattempo sono stata
assistente di Titon per un lungo, e per un mese di Agnes
(Varda) per *Salut les Cubains*».

Siamo già al Malecón, all'uscita del tunnel da dove si vede la curva che porta al Vedado, con le insegne luminose alternate: «UN POPOLO CHE LEGGE... È UN POPOLO CHE VINCE»; e poi, «PATRIA O MORTE... VINCEREMO».

24 aprile

Partiamo di nuovo, la sera, per vedere lo stregone Arcadio a Guanabacoa, con una macchina che abbiamo preso in prestito. Ci hanno detto di mettere subito benzina, ma lungo il Malecón non troviamo stazioni aperte, così restiamo a secco in piena campagna, sulla strada che porta a Guanabacoa.

Ci vuole quasi un'ora perché Alberto riesca a tornare dalla stazione più vicina, accompagnato da un giovanotto molto fiero del suo buon cuore e delle sue conoscenze di motori; e alla fine la macchina si rimetta in marcia.

Arriviamo alla stazione di servizio per fare il pieno, e lì scopriamo che si è rotto un tubo dell'acqua: c'è mancato poco che il motore non fondesse. Dobbiamo abbandonare la macchina: l'indomani andremo a prenderla con un rimorchio. Per rimetterci da tutte quelle emozioni entriamo a prendere qualcosa di fresco nel bar accanto al garage, la cui insegna luminosa dice "Bar Nuevo".

È un locale piccolissimo, con la luce bassa. In un angolo, quattro o cinque musicisti si stanno disponendo attorno a un vecchio pianoforte. Dopo aver accordato gli strumenti cominciano a suonare, ma si accorgono che sta suonando anche il juke-box; allora qualcuno stacca la presa, e quelli si mettono a suonare sul serio, una danza piena di energia, quasi una marcia militare, col pianista a marcare bene i tempi, come una maestra di scuola. I fianchi dei tamburi, dipinti di fiori rossi si illuminano alternativamente, quasi a ritmo di musica. Nella piccola sala ci sono quasi solamente uomini. Ogni tanto uno di loro si alza e va a eseguire qualche movimento di fianchi, mentre gli altri ridono. Mentre usciamo entrano tre belle ragazze con le loro *trousse*, e poi spariscono dietro una porta.

Forse più tardi balleranno.

All'incrocio troviamo un taxi. L'autista si rifiuta di andare fino all'Avana, ma acconsente a condurci alla stazione centrale dei taxi di Guanabacoa. Una volta lì, scendiamo per prendere un taxi, ma a questo punto l'altro autista cambia idea e dice che ci porta all'Avana. Per strada decidiamo di andare al club argentino "La Pampa". Quando ci arriviamo, davanti i ragazzi propongono all'autista di venire a bere con noi. Entriamo. L'orchestra sta suonando *Adelante cubanos*. Nella sala buia le coppie cantano sottovoce, le braccia degli uomini intorno alle spalle delle ragazze, in un gesto possessivo che è tipico dei cubani.

Parliamo del discorso di Fidel. Il fratello di Federico, arrivato da poco del Messico, dice che quanto al contenuto aveva ragione ma che nella forma ha esagerato un po', che Cuba deve fare di tutto, nelle sue manifestazioni, per evitare che gli statunitensi possano trovare un pretesto per lanciare un attacco che, come tutti sanno, finirebbe nella guerra mondiale. I cubani non sono d'accordo, né Sarita, né Alberto, né il tassista. Alla fine tutti si infervorano molto: quando si ha un'idea in testa e si viene contraddetti, si diventa ancora più testardi.

La discussione è durata a lungo; il messicano cercava di far dire ai cubani che avrebbero preferito che Fidel ci andasse un po' più coi guanti. Ma niente da fare. Alla fine Alberto, con la sua voce nasale, strascicata, e gli occhi dall'aria sempre triste, anche quando non lo era, ha tagliato corto: «Ma no, è davvero impossibile fare un ragionamento come questo. È come la storia dell'altro giorno tra due ballerini del *Conjunto*[2]. Uno aveva insultato l'altro, e questo pretendeva delle scuse. "Cosa vuoi", rispose l'altro, "ormai l'ho detto, fratello mio, l'ho detto, già, che vuoi? Che faccia autocritica? Eh no, fratello, ormai l'ho detto". A proposito di autocritica, sapete come la chiamano, al *Conjunto*? Lo strip-tease socialista».

25 aprile

Il nostro terzo tentativo per vedere Arcadio prima della festa di stasera è riuscito solo a metà: siamo arrivati alle sei meno un quarto a Guanabacoa, ma io alle sei e mezzo avevo appuntamento, in città, con Carlos Rafael. Arcadio ci ha accolto senza molto slancio. Era chiaramente seccato perché non eravamo andati la sera prima. Ci ha fatto entrare in una lunga stanza laterale della casa, dove sei uomini si alternavano intorno a un tavolo di *dominos*[3] gialli. Mentre giocavano, Arcadio parlava con gli etnologi, sulla porta della sala che dava sul cortile. Nel cortile c'erano alcune donne che andavano e venivano. Acchiappavano polli che poi lasciavano cadere in terra senza testa, quindi tornavano indietro per spennarli sopra un gran secchio.

Il pavimento della sala, di ceramica, mostrava una varietà infinita di disegni. Probabilmente era fatto di materiali di scarto. Mi sono ricordata che la volta precedente Arcadio mi aveva detto di aver costruito lui la casa, con l'aiuto di alcuni amici. Sulle pareti c'erano fotografie di uomini vissuti in un passato sempre più lontano, probabilmente altri *paleros*, poi fotografie di famiglie vestite di crinolina, di Martì, di Maceo[4], di Fidel, e inoltre un enorme occhio in bassorilievo, con su scritto "I figli di Sant'Antonio". In fondo alla sala c'era l'altare, una sorta di credenza con le porte di vetro. Sopra, grandi statue di santi e madonne; dentro, piatti, occhi, statue, dolci – un indescrivibile assortimento di oggetti.

Arcadio ci ha chiesto di andarcene presto. Per le foto, se ne sarebbe parlato. Allora sono andata a casa di Carlos Rafael, un grande palazzo moderno. Tre guardie chiacchieravano davanti al portone. Una di loro mi ha condotto all'ascensore passando per il sotterraneo, dopo di che una donna, il viso bianco e rosa, i capelli neri raccolti sulla nuca, mi ha aperto una porta e, sorridendo ma senza dire una parola, mi ha fatto entrare in una stanza piena di libri e ha chiamato: «Carlos!».

Il direttore dell'INRA si è alzato da una poltrona, dove stava leggendo in maniche di camicia, con barba e occhiali, e sorridendo mi ha stretto la mano. Gli ho detto che ero stata dal *paleros* – potevo permettermi di essere ancor meno protocollare di quanto lo siano i cubani, perché tra me e Carlos Rafael c'era già stato un precedente, malgrado non ci fossimo mai parlati. Era stato durante il mio primo viaggio. Un giorno aspettavo Fidel al Palazzo Presidenziale, in una sala accanto a quella in cui stava presiedendo una riunione sull'organizzazione dei piccoli agricoltori. Dopo la riunione, come d'accordo, avevo incontrato Fidel, e lui mi aveva detto: «Sai che Carlos Rafael mentre passava per il salone ha chiesto chi eri? E quando gli hanno detto che eri una giornalista che stava facendo un reportage su di me, ha fatto un gran sospiro e ha detto: "A me mandano sempre quelle brutte e vecchie!"». Al che avevo replicato: «Digli pure che dopo aver aspettato tre settimane per vederlo, alla fine mi sono sentita dire dall'ufficio stampa che "le interviste erano complete"».

Durante il processo di Marchito mi ero accorta che il capo dell'INRA doveva essere testardo, come tutti gli uomini della rivoluzione. Ora scoprivo l'intellettuale. Ed era diverso da come l'avevo immaginato dalle foto. Mi ero aspettata un vecchio fragile, malaticcio. Ci siamo sistemati tra due pareti coperte da scaffali di legno naturale, pieni di volumi, e vicino a due tavoli posti l'uno sopra l'altro, che sparivano sotto il peso dei libri. Sul divano dove mi sono seduta, in cima a una montagna di carte, poggiava il rapporto che evidentemente il mio interlocutore stava leggendo quand'ero arrivata.

«Mi racconti quello che faceva prima della rivoluzione».

«Beh, sono nato a Cienfuegos, come Dorticos, da una famiglia di piccoli borghesi agiati. Ero studente sotto la dittatura di Machado, e dal '30 al '33 fui dirigente del Direttivo studentesco della città. Questo gruppo lo si può definire come la "sinistra" della destra: era liberale, riformista, antimperialista. Nel '33 ci fu la rivoluzione, e per alcuni giorni fui sindaco di Cienfuegos: avevo vent'anni. Però rinunciai quasi subito, perché capii che ero finito in mezzo a una banda di politicanti, come del resto era inevitabile. Andai all'Avana per studiare legge e scienze sociali. Aderii al Partito Comunista e divenni dirigente del Movimento studentesco rivoluzionario. Nel '35 diressi il comitato di sciopero degli studenti contro Batista. Cominciai a scrivere; scrissi saggi critici di politica, economia, storia e letteratura. Terminai gli studi universitari *summa cum laude*. Mi fu offerta la possibilità di chiedere delle borse di studio per l'estero e inoltre, come premio, la nomina ad avvocato per due anni. Accettai quest'ultima opportunità, perché significava un lavoro pagato regolarmente, e così rinunciai alle borse di studio. Diventai dirigente del Partito nel '39. Diressi l'editoria del Partito e fui anche responsabile della propaganda – quel che fa ora Cesar Escalante, come responsabile ideologico. Fui membro della Direzione centrale e membro, in alternanza, dell'Ufficio politico. Nel '53, quando le persecuzioni mi obbligarono a ridurre il numero delle cariche nella direzione del Partito, restai a dirigere soltanto l'Ufficio politico.

Raccontava bene. Era come ascoltare un intellettuale italiano della stessa generazione.

«Nel '58 fui inviato nella Sierra per rappresentare il Partito». «Fu dopo il fallimento dello sciopero del 9 aprile?» «Sì. In luglio». «Questo sciopero quelli del "26 luglio" non volevano farlo coi comunisti, non è vero? Soltanto dopo fecero una riunione, nella Sierra, per decidere di coordinare gli sforzi e di lavorare insieme». «Sì. C'è da dire anche che le repressioni che seguirono allo sciopero dispersero più i membri del "26 luglio" che non quelli del Partito, anzitutto perché il Partito era già un'organizzazione si può dire semiclandestina, e inoltre perché essendo un'organizzazione più vecchia era più capace di resistere, di ripiegare, conosceva meglio questi sistemi. Però non è che il "26 luglio" non volesse fare lo sciopero con noi. Piuttosto, è che in un certo senso si faceva delle illusioni su ciò che si doveva fare perché lo sciopero riuscisse. Loro credevano che bastasse una chiamata generale del popolo. Erano molto meno abituati di noi a queste cose, e non si rendevano conto che un movimento di massa bisogna prepararlo, che non arriva così, solo perché si chiama il popolo. Ci avevano chiesto solo di appoggiare l'appello al popolo. E così fu un fallimento totale».

«Lei conosceva già Fidel?» «Sì, lo conoscevo, ma non molto bene. Devo dire che le mie prime impressioni di Fidel, che datano a prima del 26 luglio del '53, quando lui era ancora all'Università, non erano molto favorevoli. Cioè, lui era uno dei leader dell'Università, si vedeva che era un uomo dalla forte personalità, ma non aveva ancora acquistato una sua statura... Fu quando lo rividi nella Sierra, nel '58, che ebbi la rivelazione, si può veramente chiamarla così. Vederlo lì, nella Sierra, in mezzo a quegli uomini, ai contadini, in quella situazione tremenda... lì davvero emerse la statura di quest'uomo. Si era nel pieno della grande offensiva di Batista, nel mese di giugno. Entrai nella Sierra passando attraverso le linee nemiche, dove erano concentrati qualcosa come diecimila uomini. Rimasi lì fino alla fine dell'offensiva, in agosto, quindi tornai all'Avana per una decina di giorni, e poi di nuovo alla Sierra, fino alla fine. In quel momento, dopo l'offensiva di Batista, Fidel preparava l'uscita del Che e di Camilo per la grande offensiva in pianura, fino all'Avana». «E Lei stava con Fidel?» «Bene, sì, stavo più o meno con lui, ma soprattutto coordinavo l'azione del Partito».

«C'erano altri comunisti nella Sierra?» «Sì, ce n'erano, Armando Acosta per esempio, che poi è diventato dirigente nazionale. C'erano anche due delegati del Direttivo, venuti da Miami con un aereo. Non c'erano gli altri, Prio e quelli lì, il che non ha nulla di sorprendente. Loro non prendevano parte alla battaglia, aspettavano solo che Fidel buttasse giù Batista per poi prendere il potere». «E dopo il trionfo?» «Prima diventai direttore del giornale "Hoy". Dopo, nel febbraio del '62, passai all'INRA». «Però lei non aveva mai studiato agricoltura, no?» «Agricoltura no, ma economia sì». «Già, in fondo tra gli uomini della rivoluzione Lei è uno di quelli che si occupano di cose più vicine alla propria formazione...»

«E nella polemica economica, sta contro il Che?» Carlos Rafael ha assunto un'aria maliziosa, e sorridendo mi ha risposto: «Sono contro il Che. Alla fine del '61 il Partito, su suggerimento di Fidel, propose la creazione di una Commissione per l'economia, formata da Dorticos, il Che ed io. Fu allora che cominciammo a discutere di questo problema... Alla fine chiamammo Fidel, e gli esponemmo entrambi le nostre idee». «Dorticós da che parte sta?» «Beh, questo non Glielo posso dire». Assume un'aria ancor più maliziosa. «Dunque, Fidel ci ascolta, e alla fine dice: "Le idee del Che sono molto seducenti, ma quelle di Carlos Rafael forse sono più realistiche". Sicuramente Fidel era sedotto dalle idee del Che, però non ha perso il senso della realtà, sta con i piedi per terra. Così fu deciso che il Che avrebbe condotto l'industria secondo le sue idee, e io avrei condotto l'agricoltura secondo le mie».

«Quali sono le prospettive dell'agricoltura? Per esempio,

quando pensa che si potrà eliminare la tessera alimentare?»
«Già a gennaio elimineremo le uova dalla tessera». «Ma il
resto, la carne, i legumi?» «Ora la razione di carne per
l'Avana è di tre libbre al mese; in Camagüey e Matanzas è di
2 libbre, e in Oriente è ancora meno». «Perché questa differenza?» «Perché all'Avana la popolazione era abituata a mangiare molta più carne di quelli dell'interno. Se avessimo dimi-
nuito la razione dell'Avana avremmo scontentato di più gli
avanesi che non quelli della provincia, che erano già abituati
a mangiarne meno. Credo che nel '66 andremo già abbastanza bene, e contiamo di arrivare nel '67-'68 a quattro libbre di
carne pro capite in tutto il paese. Più 12 chili di pollo, 18-20 di
pesce e 150 uova, che sono 3 uova la settimana. E per quanto
riguarda i legumi... certo, potremmo anche toglierli dalla tessera, ma nelle riunioni che abbiamo fatto a questo proposito
è saltato fuori che le massaie preferiscono averli sulla tessera,
per essere sicure di ottenerli. Comunque ne abbiamo abbastanza per poterli vendere liberamente in certi giorni della
settimana». «In effetti in un mercato di Guanabacoa ho visto
un grande cartello che diceva "Legumi *por la libre* la domenica". E il riso?» «Quello è un problema. Non riusciamo a tro-
varne abbastanza da comprare, e non possiamo bastare a noi
stessi perché dobbiamo produrre canna».
«E la distribuzione?» «È migliorata molto, malgrado ancora
non sia molto buona. È che il sistema di distribuzione in un
regime socialista non può essere lo stesso che in un regime
capitalista. Non abbiamo ancora risolto il problema». «Però
non è soltanto una questione di distribuzione. C'è anche il
problema dei contadini, no? C'è quell'attaccamento alla
terra...» «È un problema molto interessante, ma Lei sa che a
Cuba c'è una situazione abbastanza particolare. E cioè, i contadini si possono dividere nettamente in due gruppi: quelli
che lavorano un pezzo di terra che prima apparteneva a un
latifondista, a cui dovevano dare buona parte del raccolto, e i
giornalieri, cioè quelli che durante la raccolta dello zucchero
lavoravano tre mesi nei campi e poi, per il resto dell'anno,

dovevano cercare bene o male qualche lavoro in città per sopravvivere. Questi ultimi, più che essere attaccati alla terra, erano attaccati al denaro, cioè avevano una mentalità da operai. Ora, quando è stata fatta la riforma agraria, si è data la terra ai piccoli coltivatori e si sono divisi molti latifondi in collettivi, riunendo insieme gli operai agricoli. Bene, dopo un po' molti operai dei collettivi, vedendo la differenza con le fattorie dello stato, dove gli operai ricevono un salario fisso per un certo numero di ore di lavoro, dissero che volevano trasformare quelle collettive in fattorie dello stato, perché quello che interessava loro non era possedere la terra, bensì avere un salario sicuro il più alto possibile. Per gli altri, al contrario, il governo ha avuto difficoltà a convincerli che il loro piccolo pezzo di terra non rendeva – parlo di quelli che nelle fattorie collettive si attaccavano al pezzo di terra privato – perché finivano col passarci tutto il tempo, nonostante il rendimento quasi fosse quasi nullo, e così rallentavano la produzione generale. Anche in Russia è andata così».

«Cosa pensa dei giornalisti?» «Qualche volta mi fanno arrabbiare terribilmente. Come per esempio quell'americano che è venuto qui quest'estate. Gli avevo detto: "Non bisogna confondere una tendenza generale della gente a lamentarsi con un reale sentimento di malcontento verso il regime. Il cubano è uno che si lamenta sempre, a cui piace potersela prendere con le cose che non vanno. Mia moglie, che è una vecchia militante comunista, si lamenta, mia suocera si lamenta, io mi lamento, per esempio perché non trovo scarpe buone come quelle che c'erano prima". E sa che cosa ha scritto quello lì? Che a Cuba tutti si lamentano, che io mi lamento, mia suocera si lamenta, mia moglie si lamenta. E basta! Poi ha detto che l'avevo ricevuto nel mio ufficio con del vino europeo. Si figuri! Viene qualcuno e ti porta due bottiglie di vino cileno, poi ricevi qualcun altro, è naturale offrire qualcosa, no? E poi ha scritto che ho una preziosa collezione di quadri di prima della rivoluzione, e la più grande discoteca dell'Avana!»

A questo punto siamo usciti nell'ingresso, e qui Carlos Rafael mi ha fatto vedere i suoi quadri. Una copia da Picasso, periodo blu, poi due Portocarraro – ma quale cubano che si rispetti non ha il suo Portocarraro? E qualche altro pittore cubano. Bei quadri, ma certo non lo si potrebbe scambiare per un mecenate. Al più un intellettuale raffinato, che preferisce spendere i suoi soldi in quadri che andare alle Bahamas.

«Penso di non aver bisogno di domandarLe da che parte sta nella polemica sull'arte?» «No, no, non c'è bisogno, preferisco non parlarne. Preferisco...» «Parlare di vacche?» «Sì!» «Ma quando, se io devi andare dallo stregone?» «Venga giovedì sera all'INRA, alle nove».

Ed ecco quel che è successo dallo stregone Arcadio. Dopo avermi appoggiato un uovo su ciascun occhio, mi hanno fatto sgocciolare sulle mani del sangue di una gallina appena decapitata, me le hanno sfregate, quindi ci hanno fatto scivolare sopra del miele e mi hanno detto di leccarle. Mi hanno passato sopra la testa un piatto con dell'alcol che bruciava, quindi mi hanno fatto inginocchiare davanti a una vecchia nera vestita di bianco, che stava seduta su una sedia di legno, le mani penzoloni e gli occhi chiusi, e tremava leggermente. Allora mi hanno appoggiato la fronte contro il cuore di un toro, circondato da pezzi di cocco e cotto su un altro frutto di cocco intero. Per un attimo mi hanno coperto la testa con una pezza bianca, poi mi hanno fatto un gran segno della croce sui capelli. Mi hanno fatto girare intorno tre volte, e intanto mi strofinavano con una gallina viva, tenuta per i piedi, e poi con una colomba, anch'essa viva. Infine hanno appoggiato sulla mia schiena un lungo coltello, al quale erano stati attaccati dei pezzetti di materiali colorati.

Niente da fare per le foto, però, perché il rito di Arcadio ormai era terminato e il suo "cavallo", che io avevo visto, ora se ne stava sul pavimento, davanti alla gran pentola piena di legnetti. Accanto a lui due ragazzi scandivano il tempo con i tamburi; tutt'intorno alla stanza i fedeli, seduti, recitavano calmi i versi scanditi da Arcadio. La stanza era dipinta di verde, e nel muro erano incassati degli alberi dai rami robusti. Dal soffitto pendevano fronde di fiori e piante, mentre dai due lumi rotondi spiccavano il volo uccelli di plastica.

Il ritmo dei tamburi cambiava ad ogni strofa. All'inizio sembra sempre lo stesso, ma poi ci si rende conto di quanti ritmi diversi si alternino durante il rituale. Di quando in quando cambiavano anche i batteristi: all'inizio c'era solo un ragazzino bianco sui dieci anni, che sedeva vicino a me assieme ai suoi genitori, entrambi bianchi. Il padre sembrava uno scaricatore di porto, ma non alla Tennessee Williams: era bello e sano, e così orgoglioso di quel figlio che cantava le canzoni bantu e suonava il tamburo come un nero. La madre pure era una bella donna, col ventre robusto tipico di molte donne cubane. Accompagna marito e figlio perché sa che il rituale li diverte, e perché farlo la rende felice. Non le costa niente dar loro questo piacere.

C'era anche una bellissima mulatta di età indefinibile – venti, trenta – il naso fine e gli occhi a mandorla, le braccia forti, il petto piccolo, la vita fine, i fianchi ben larghi. Durante il rito del fuoco è andata in trance, ma per poco. Su una sedia un bambino bianco di tre anni, allegrissimo, seguiva perfettamente il ritmo dei tamburi, battendo le mani, e ballava senza muovere i piedi. La madre era magrissima e aveva l'aria allucinata.

Il rito è proseguito in maniera normale. È iniziato con gradualità ed è giunto al suo apice dopo la cerimonia centrale, che sembrava una sorta di pulizia generale. Ogni fase coinvolgeva un gruppo alla volta, prima gli uomini e poi le donne. Alla fine Arcadio è intervenuto per dire che tutti dovevano ballare il mambo. Prima bisognava tenersi una mano sulla testa – la si poteva cambiare quando ci si stancava. Poi è stata la volta di un rito riservato alle donne. Ciascuna prendeva un po' d'acqua da una padella e la spargeva sul fuoco che stava ancora bruciando nel piatto. Durante la cerimonia il prete e il suo assistente più volte hanno preso dell'acqua da una bottiglia – o forse era vino – per poi sputarla su qualche oggetto del culto o su una persona in trance. Poi è stato il momento della danza della donne. È stata la moglie di Arcadio a dare il via, una donna nerissima coi capelli grigi e la pelle tesissima. Era caduta in trance già da un po' e ora fumava un sigaro, chiedendo a tutti del fuoco, con gesti o latrati, gli occhi che ridevano. Si è messa a ballare con una donna bianca che sembrava un piatto di gelatina, sui quaranta, i capelli folti – "Moby Dick" l'avrebbe chiamata Fellini –, che ogni tanto buttava la testa indietro e scoppiava a ridere, sempre senza smettere di ballare, con disciplina, lungo il cerchio formato dalle altre donne. Ogni tanto faceva un salto da paura, e allora tutto il suo grasso si scuoteva, mentre dal sigaro dell'altra cadevano scintille.

Un'altra donna bianca, forse con un po' di sangue nero, ha preso la pezza colorata con la quale le altre due stavano ballando ed è caduta in trance, le mani sui fianchi in atteggiamento autoritario. Nel dimenarsi ha fatto uno strappo al suo vestito bianco, sulla schiena. I presenti dicevano che aveva l'anima di un generale tedesco della Prima guerra mondiale. Alla fine hanno ballato gli uomini, dopo di che Arcadio ha ripreso in mano la cerimonia. È caduto per terra bocconi, la bocca aperta. Il suo assistente, un nero possente e allegro che a volte suonava il tamburo, gli ha allungato un lungo sigaro, poi un corno pieno di vino. Arcadio è rimasto sdraiato in terra un bel po', fumando e bevendo, e intanto continuava a guidare i versi del canto. Nella prima parte del rito era già caduto a terra, e l'assistente gli aveva annodato alle tempie una fascia viola – l'altra volta mi pare fosse rosa –, quindi i fedeli erano venuti a salutare il santo, posando la mano destra sulla sua schiena, in posizioni diverse. Ora cadde in una trance violenta, quasi identica a quella che avevo visto la prima volta, ma più breve. Quasi subito si è lasciato cadere su una sedia bassa e si è fatto sputare l'acqua in faccia, mentre l'assistente gli scuoteva le braccia.

Quando è tornato in sé aveva un'aria assente, indifferente. Quando lui e l'assistente si sono messi a scuotere le braccia alle donne che erano cadute in trance, sembrava che queste si opponessero a tornare in sé. Ma alla fine si sono rassegnate a rinunciare, per una settimana, al diritto di sfogarsi in tutta santità.

domenica 26 aprile

Conversazione con l'economista belga Ernest Mandel. Dice che i dirigenti cubani con i quali ha parlato in questi giorni sono davvero preoccupati. Sanno che se abbattono un U-2 quattrocento bombardieri sono pronti a decollare dalla Florida.

Più tardi incontro Pavel Grusco, un giovane poeta sovietico che lavora come interprete per il film *Sono Cuba*, diretto da Mikhail Kalatozov. Evtuchenko ha collaborato alla sceneggiatura, che racconta quattro episodi della lotta contro Batista. Pare che Sergej Uruševskij – lo stesso cameraman di *Quando volano le cigogne* di Kalatozov – abbia fatto il film quasi unicamente con delle panoramiche. Un lavoro favoloso, dice Pavel. Pavel vuol scrivere un libro di poesie su Cuba, corredato da fotografie, ma teme che diventi soltanto «un grido in più». Dice: «Ormai le orecchie sono abituate a quel suono, la gente non lo sente più. Bisogna riuscire ad arrivare a una nota più alta».

A proposito di cinema, per dare un'idea del livello davvero eccezionale della programmazione dell'ICAIC, ho preparato una lista dei film che sono stati proiettati in questi ultimi mesi:

dicembre 1963   *Il grido* di Michelangelo Antonioni; *Nove giorni in un anno* di Mikhail Romm; *Viridiana* e *L'angelo sterminatore* di Buñuel; Il bravo; *L'amore a vent'anni* (film a episodi)

gennaio 1964	*La dolce vita*; *Divorzio all'italiana*; *Accattone*; *Un giorno da leoni*; *L'infanzia di Ivan* di Andrej Tarkovskij; *Tutto l'oro del mondo* di René Clair.
febbraio 1964	*La grande Olimpiade* di Romolo Marcellini, Onorevoli delinquenti
marzo 1964	*Il bandito*; *La notte brava* di Bolognini; *L'uomo anfibio* (film sovietico); *Le canaglie dormono in pace* di Irvin Kershner; *Un giorno, un gatto* di Jasny Vojtech.
aprile 1964	*La viaccia* di Bolognini; *Salvatore Giuliano*; *Fantasmi a Roma*; *Totò Peppino e la dolce vita*; *Che gioia vivere!*; *Romeo e Giulietta* di Castellani; *Cantinflas e i tre moschettieri* di Delgado.

Io conto di partire all fine del mese. Vedremo.

27 aprile

Vado a salutare Heberto Padilla, attuale direttore di Cubartimpex, l'impresa statale di import-export di libri e dischi. Sta ordinando un gran quantità di libri in Spagna, tra cui Joyce, Thomas Mann, Virginia Woolf, Proust, Kafka e molti altri. Farà venire anche dei dischi di bossa nova e di altri ritmi. I dischi di musica classica vengono importati dai paesi socialisti.

Ecco alcuni dei i libri che in questi mesi ho notato nelle librerie, che, sebbene i volumi siano distesi sulla superficie più ampia possibile, non possono che sembrare vuote agli occhi di un europeo: *Papà Goriot* e *La donna di trent'anni* di Balzac, *Il rosso e il nero*, *Madame Bovary*, *Placido Don* di Solochov, i *Racconti* di Stevenson, *La baracca* di Blasco Ibañez, *Le Campane di Basilea* di Aragon, *Delitto e castigo*, *Nozze di sangue* di García Lorca, *Don Chisciotte*, *Le anime morte* di Gogol, *Cleopatra* di Emil Ludwig, *Jean-Cristophe* di Rolland, e ancora le commedie di Aristofane e le Opere di Edgar Allan Poe. Quest'anno a Cuba verranno stampati 20 milioni di libri, vale a dire lo stesso numero di quelli stampati nell'intero decennio prima della rivoluzione. Di questi venti milioni, 14 saranno libri di testo del Ministero dell'Educazione.

Qualche settimana fa hanno messo in vendita dei libri del Fondo Messicano per la Cultura. Fin dal primo giorno c'era la fila davanti alle librerie, i libri si vendevano come panini. Queste edizioni popolari trattano di storia, musica, arte, filosofia. Si vendono anche i libri di Juan Rulfo e i romanzi del giovane autore messicano Carlos Fuentes, e inoltre dei bei libri cari sulla civiltà Maya e sulle culture africane, nonché libri di economia.

28 aprile

Dolores è andata a visitare un centro di rieducazione per prostitute, ed è tornata un po' delusa: «Certo, grande idea, ma in pratica mi pare che manchi di umanità. La direttrice sembrava la kapò di una prigione, e quando ho visto una miliziana davanti alla porta e le ho chiesto se era una delle recluse, è saltata su gridando: "Certo che no!"»

Un'altra amica era andata a visitare un centro come questo in provincia, e mi aveva detto che era commovente. Evidentemente dipende da chi è diretto. C'è una buona legge, comunque, che punisce con la prigione chi denuncia una prostituta dopo che si è riabilitata.

29 aprile

Celia mi ha detto di andare da lei alle tre e mezzo: devo farle delle altre fotografie, perché quelle dell'altra volta sono venute male per mancanza di luce. Quando dico il mio nome la guardia si fa da parte dicendo: «Lei sa dov'è, vero?»

La porta dell'appartamento di Celia è chiusa, mentre quella di fronte è aperta. Mi chiama: «Vieni di qua». Sta al telefono, in piedi, e indossa un vestito di seta blu scollato con i nodi sulle spalle, una gonna pieghettata a balze, e scarpe nere coi tacchi altissimi. Una cameriera nera sta lavando i piatti in cucina.

«Vieni», mi dice Celia, «qui non si può stare, il telefono non smette di suonare. Dammi», fa alla cameriera, che è entrata con una borsa di cuoio lucido nero, un agenda per gli appuntamenti e un pacco cilindrico. L'autista è alla porta, ma Celia si mette al volante, e via, senza guardie, proprio come mi avevano detto. «Andiamo da mia sorella, che non c'è. Là staremo più tranquille. Io odio il telefono».

È un appartamento in un palazzo del Vedado. Celia suona al campanello, parla dentro il citofono: «Apri, sono io».

«Andiamo sulla terrazza, ti va?», mi propone Celia, «staremo più al fresco». E alla cameriera: «Tieni, ho portato il mio caffè, così mia sorella non dirà che vengo a bere il suo. È razionato». Sulla terrazza c'è un vento terribile, ma a Celia evidentemente, piace, così ci installiamo nelle solite sedie a dondolo.

Da parecchie settimane sto cercando di farmi spiegare come è organizzato il Governo, ma non ci riesco mai. Ora lo chiedo a Celia: se c'è qualcuno che può spiegarmelo, è lei – la segretaria del Consiglio dei Ministri. «Ti faccio mandare un diagramma», è la sua risposta. Evidentemente non ha voglia di occuparsi di questa cosa, adesso. Preferisce chiacchierare.

«Proprio ora stiamo organizzando un governo autonomo nella Sierra. Non si può amministrare la Sierra con le stesse leggi che funzionano in città, o in pianura. Capisci, tu fai una legge che va benissimo per una regione dove ci sono strade, comunicazioni, dove la gente vive raggruppata, ma se per esempio ogni volta che un contadino della Sierra vuole macellare un bue deve scendere fino a Manzanillo, non è possibile. Ma di norma il permesso di macellare bisogna andarlo a chiedere nella città dove sta il governo locale, la JUCEI e il Partito. C'è tutta una serie di cose di questo genere».

«Ma siete voi che avete deciso di far questo, o è la gente che lo ha chiesto?» «Sono loro, sai. Tutti scrivono a Fidel, il suo ufficio è pieno di lettere, e tutte vengono lette. È una delle

341

ragioni per cui lui sa così bene che cosa sta accadendo. Che peccato che non hai potuto incontrare Olgita, ma è partita proprio ieri. Suo fratello fu ucciso nel corso dello sbarco del *Granma*, e lei subito si unì a noi nella Sierra. Ha fatto tutta la guerra, nell'esercito femminile, e dopo ha continuato a lavorare nella Sierra, che ormai conosceva molto bene. Selezionava gli allievi per la scuola Camilo Cienfuegos, e prima ancora, quando hanno iniziato a costruire la scuola, lavorava lì. Un bel giorno Fidel decise che poteva essere molto utile qua, perché è una ragazza in gambissima. La chiamò e le disse di venire all'Avana. Lei rispose: "Se è un ordine di Fidel, vengo, ma a dire la verità, preferisco rimanere lassù. Non ho nessuna voglia di vivere in citta". Come la capivo! Anch'io avrei voluto rimanere nella Sierra, senza tutti gli obblighi, gli intrighi e i pettegolezzi della città. E così Fidel la lasciò tornare indietro, ma il Ministero dell'Educazione voleva che fosse lei a organizzare i nuovi internati che stanno costruendo. Allora le ho detto: "Olgita, non ti lasciar appioppare un incarico preciso, sennò non farai che occuparti di quello. Faresti meglio a restare nell'esercito e a dire che sei pronta a fare qualsiasi cosa, ma senza entrare a far parte di alcun Ministero". Ha una buona consigliera», conclude con una strizzatina d'occhio. «Sono fatta così, ficco il naso in tutto».

La chiamano al telefono: è chiaro che qualcuno sa dove si trova. Poi torna, e mi dice: «Vorrei che il telefono esistesse solo quando devo chiamare io».

Arriva il caffè. Prima beviamo un sorso di acqua, poi il caffè, fortissimo. Ma ecco altre tre o quattro chiamate; siamo interrotte ogni minuto. Alla fine decidiamo di andare dentro per le foto, anche perché Celia si è accorta che non reggevo più il vento.

Dentro, arriviamo a parlare dei bambini, e Celia riprese a raccontarmi della clandestinità: «A un bambino, sai, puoi dire le cose proprio come stanno. A volte capiscono meglio degli adulti. Per esempio, quando andai a nascondermi in casa di certa gente che aveva un figlio, gente che stava con noi ma che io non conoscevo, ebbene me ne stavo sempre chiusa in camera, chiaro, perché mi nascondevo, e per di più ricevevo sempre visite di uomini, i nostri ragazzi. Vedevo che il figlio, doveva avere circa nove anni, di giorno in giorno si faceva sempre più truce nei miei confronti. I genitori gli avevano detto che ero un'amica venuta in vacanza dalla città, ma chiaramente non poteva crederci, perché non aveva mai sentito parlare di me, e poi io stavo tutto il giorno chiusa in camera. Vedevo che diventava sempre più cupo e sospettoso, e la cosa mi preoccupava non poco. Un giorno saltò fuori che aveva detto ai suoi amici: "Quella donna passa tutto il tempo chiusa in camera, ogni volta con un uomo diverso". Parlava di me come di "quella donna". Allora decisi di dirgli la verità. Lo chiamai e gli dissi tutto, che stavo lavorando per la rivoluzione, e così anche i suoi genitori, che era per questo che ci conoscevamo, che io mi stavo nascondendo e che perciò lui doveva star molto attento a non parlare di me con nessuno, e che ci doveva aiutare, perché stavamo rischiando la nostra vita per la rivoluzione. E sai, da quel giorno quel ragazzo non aprì più bocca con nessuno; e veniva da me a tenermi compagnia e a farsi raccontare le storie della rivoluzione».

«E poi quella bambina, davvero piccola sai, non aveva più di tre anni, ti assicuro, una cosa incredibile, e fu ancor più pericoloso, con la sorella che doveva avere cinque anni. Insomma, dissi a queste ragazze perché ero lì, e sai che da quel momento hanno dedicato le loro giornate a proteggermi? Se per esempio qualcuno veniva in casa e io mi chiudevo nella mia stanza, dopo un po', sapendo che stavo lì, cioè che ero non solo prigioniera in casa, ma che in quel momento la mia prigione si riduceva a una piccola stanza, andavano dai grandi e gli dicevano: "Uffa, ma quand'è che se ne va questa gente?" Grazie a queste bambine ho potuto restare in quella casa per settimane intere senza che nessuno del vicinato lo venisse a sapere. Arrivavo di notte, e sapevo che potevo contare sulla loro discrezione, cioè anche su quella dei bambini, perché i vicini non sapessero che in casa c'era un'estranea».

Mentre Celia racconta, le faccio delle fotografie. La cameriera le porta un'altra tazza di caffè – la terza, credo – e una coca-cola per me. Celia risponde altre due o tre volte al telefono, poi mi dice che è molto occupata a preparare una nuova esposizione nel padiglione cubano che hanno costruito in occasione del Congresso degli architetti.

«Sai, vogliamo cambiare. Finora tutte le nostre esposizioni erano su quel che la rivoluzione ha fatto, sui primi primi cinque anni ecc. Ora invece vogliamo concentrarci sui progetti futuri, che sicuramente interessano molto alla gente».

Mentre saliamo in macchina le chiedo: «E ora che succederà?»

«Dipende da loro», risponde Celia, con un tono che non le avevo mai sentito, e la faccia che si serra di colpo, ma nello stesso tempo con un'aria di tenacia e fierezza.

«Ma se Fidel tira giù un U-2?»

«Ha già detto che lo farà».

30 aprile

Torno da Carlos Rafael nel suo ufficio presso l'INRA, alle nove di sera. Piazza Josè Martì sembra percorsa da un brivido di alta tensione: è stranamente illuminata, c'è un via vai di camion, e in mezzo al terrapieno si vedono dei baracconi. Qui sicuramente domani si distribuiranno panini e Coca-cola durante la celebrazione del Primo Maggio, che inizierà alle otto del mattino.

Entro dalla porta posteriore dell'INRA, dove c'è il garage e tre militari che fanno la guardia. Da un altoparlante esce a volume altissimo la musica di *Adelante Cubano* cantata da un coro, mentre due ragazzi e tre ragazze escono dal garage tenendosi per mano e si mettono a correre e a ballare al ritmo della musica.

Al piano della Presidenza, deserto salvo per un paio di guardie, il Ministro-Presidente mi sta aspettando in maniche di camicia, in un grande ufficio dalla temperatura refrigerata. Per fortuna mi ero ricordata che Carlos Rafael lavora 18 ore al giorno in questa specie di Polo Nord, e malgrado il grande caldo che faceva fuori mi ero messa addosso una camicia a maniche lunghe.

Ci sistemiamo su un grande divano di pelle bianca, e dopo qualche minuto arriva una delle guardie, con il solito vassoio del caffè.

«Perché qui a Cuba prima del caffè bevete dell'acqua?» «Eh, perché il caffè è così buono che bisogna sciacquarsi la bocca prima di berlo. Bisogna che la bocca sia fresca, pronta a ricevere questa meravigliosa bevanda».

Per prima cosa ci mettiamo a parlare della polemica. Gli dico che, secondo Mandel, è soprattutto una questione di forma, legata al gusto tutto marxista di polemizzare. Ma ogni cinque minuti gli argomenti della polemica ci fanno deviare su altri argomenti, e ogni volta sono costretta a riportare la conversazione al punto di partenza.

Carlos Rafael riconosce che sulla questione degli incentivi materiali lui e il Che in fondo sono d'accordo, solo che si esprimono in termini differenti.

«Riconosco che certi tipi di ricompense materiali possono essere controproducenti per quanto riguarda la nuova coscienza comunista che vorremmo creare. Ma penso che al punto in cui siamo oggi, un certo tipo di incentivo materiale ci possa aiutare a raggiungere questo scopo. Il Che invece riconosce che, al punto in cui siamo ora, certi incentivi materiali sono inevitabili, ma d'altra parte pensa che, dato che sono controproducenti rispetto alla formazione della coscienza comunista, dovremmo farne uso il meno possibile».

La cosa più importante, per Carlos Rafael, è che non si debbono dare simili incentivi ai dirigenti d'impresa:

«Occorre evitare di creare quella mentalità tipica dei dirigenti capitalisti, quello spirito di emulazione per cui cercano di guadagnare sempre di più per farsi l'auto, una casa più grande ecc. In Unione Sovietica sta veramente cominciando a esserci un'altra coscienza, invece nei paesi socialisti europei sono ben lontani dall'avere questo nuovo tipo di coscienza, e ciò è dovuto proprio a questo genere di incentivi».

«Quanto agli incentivi per gli operai, questa è un'altra storia: quanto ci verrebbe a costare se alla fine dell'anno dessimo due settimane di paga in più come ricompensa per l'emulazione? Di sicuro il loro spirito non cambierà per questo; al massimo permetterebbe di soddisfare qualche capriccio, non certo di competere con i vicini di casa».

L'argomento ci porta a parlare di cinema. All'Avana avevo visto parecchi film di paesi socialisti, con un taglio quasi sempre sociologico, ma tutti abbastanza buoni come livello artistico. Uno dei più interessanti era un film ungherese, *Una donna se ne va*, ambientato in una piccola città di provincia, dove c'è una fabbrica tessile. La moglie dell'ingegnere che dirige la fabbrica è una ex tessitrice che si annoia a stare tutto il giorno a casa, ora che il marito, che è andato all'Università, ha una posizione importante, mentre lei non lavora più.

«Come faccio a farla lavorare», dice a un certo punto il marito ad alcuni colleghi e alle loro mogli, «l'unica cosa che sa fare è il lavoro in fabbrica, e io sono il direttore dello stabilimento!»

Questa conversazione si svolge nel giardino di casa, durante un festa che il marito ha organizzato per il compleanno della moglie. Quando gli invitati cominciano ad arrivare si sente il suono di un clacson oltre il muro del giardino. Il marito va ad aprire il cancello, e intanto dice a un ingegnere venuto da Budapest: «È un mio collega, sta qui in fondo alla strada»; e si vede il "collega" arrivare in automobile, la moglie tutta in ghingheri, come tutte le altre, tutte con la stessa pettinatura alla moda ecc.

Alla fine arriviamo a parlare di pomodori. Mi dice: «Non è che ci manchino i pomodori perché li esportiamo, è che non ne produciamo abbastanza di prima qualità da poter esportare». E aggiunge di non essere d'accordo con il parere dei tecnici su come risolvere il problema: «Sostenevano che bisognava prendere i migliori di ogni coltivazione, cioè selezio-

narli dalla produzione globale. Secondo me invece occorreva assegnare a certe aziende collettive la produzione dei pomodori da esportare, scegliendo la terra più adatta alla coltivazione, e quindi concentrare lì gli investimenti, i tecnici migliori e i migliori operai agricoli, così da arrivare ad avere un prodotto superiore. Alla fine abbiamo fatto così».
Mentre parla osservo la cicatrice che dalla sopracciglia destra arriva fino ai capelli.
«È vero che Lei ha subìto cinque attentati?» «Solo uno», e mi mostra la cicatrice. «L'ottobre scorso?» «Sì, ma altri quattro sono stati scoperti prima che potessero essere messi in atto. Tutto ciò per colpa dei pomodori!», aggiunge ridendo. «Per questo sono costretto a usare una macchina grande. Non lo sopporto, ma in casi simili è l'unico modo per salvarsi. La mia scorta ha fatto fuori tutti gli assalitori, dopo che mi avevano sparato. È stato impressionante, ho perso molto sangue, ma per fortuna la ferita non era grave. Tre giorni dopo ero già qui in ufficio».
«Un'altra volta si pensava che avrebbero organizzato un attentato durante un banchetto all'Hotel Nacional. Mi avevano invitato lì assieme ad altri compagni. La polizia scoprì il complotto, dalla serratura di una porta hanno filmato un americano che insegnava a dei cubani come maneggiare le armi. È questa pellicola che Fidel ha fatto vedere all'ONU, mi pare. Ma a me non avevano detto niente, così sono andato a cena come se niente fosse, e mentre stavo mangiando mi hanno avvisato. Sono uscito da un'altra porta, mentre i cospiratori venivano arrestati».
«Un'altra volta ancora avevano affittato un appartamento di fronte a quello di mia madre, dove andavo ogni settimana, a giorni più o meno fissi, e dove mi sedevo sempre sulla stessa poltrona. Sono stati scoperti prima che potessero agire. Poi altri due hanno provato a fare la stessa cosa nel mio appartamento, sapendo che la sera mi siedo sempre in terrazza, a leggere, ma anche loro sono stati presi. Per questo ho dovuto trasferirmi a un piano più alto».

«Un'altra volta ero con Fidel. Abbiamo fatto tutto un giro da dove eravamo per andare a dormire in un altro posto, e siamo arrivati all'una di notte. Io sono partito per l'Avana alle otto del mattino, mentre Fidel è rimasto. Quando è tornato è venuto a sapere che avevano ammazzato un maiale per prepararglì da mangiare, e che con la complicità del cuoco intendevano avvelenarlo. Non so come abbiano fatto a organizzare un cosa così complicata in così poco tempo, perché certo nessuno poteva sapere che Fidel quella notte avrebbe dormito lì... Certo, questa situazione ci crea dei problemi. Se avessi un figlio, per esempio, anche lui dovrebbe andare in una macchina grande, e così inevitabilmente finirebbe per acquisire una mentalità esattamente opposta a quella che stiamo cercando di creare nella gente. Sarebbe il figlio di un uomo importante, potrebbe fare più o meno qualsiasi cosa senza avere grane, sarebbe diverso dai suoi compagni di scuola, come qualsiasi figlio di papà capitalista. Sarebbe molto difficile. Ma vedi, credo che una delle cose più positive della rivoluzione cubana è proprio la vicinanza che c'è, malgrado tutto, tra i dirigenti e le masse. Anche se siamo costretti a muoverci in macchine americane, con la scorta, c'è un altro rapporto tra noi e il popolo di quello che c'è ad esempio tra i dirigenti russi e il loro popolo. Ora anche lì non è più come prima, le cose lentamente stanno cambiando, forse in parte per l'influenza di Cuba, ma loro vanno ancora in limousine con le tendine nere, così che la gente non sa mai chi c'è dentro. Mentre per me, davvero, se c'è una cosa che mi fa rilassare subito dopo un giorno di lavoro, è quando torno a casa: la macchina si ferma all'angolo della strada e qualcuno mi vede, mi fa un cenno e mi grida: "Ciao Carlos Rafael, come ti va, vecchio?" Perché fanno così, sai». «Sì, lo so».

Torniamo ancora una volta alla polemica, e questa volta forse arriviamo a toccare i suoi presupposti: sicché finiamo col parlare del Che.

«Il Che, il Che», medita il mio interlocutore, «è un uomo molto intelligente, molto preparato, solo, eh, il Che... è, come dire, molto esigente. Pretende molto da se stesso, moltissimo, e nello stesso tempo pretende anche dagli altri, ma non per severità. È perché davvero crede che se certe cose le può fare lui, le possano fare anche gli altri. È per questo che il Che s'intestardisce con il suo sistema, perché pensa che, siccome con lui quel sistema darebbe dei risultati positivi, dovrebbe darne anche con gli altri; non riesce a concepire che gli altri non siano coscienziosi com'è lui. Per esempio, sapevi che il Che va a tagliare la canna in condizioni suicide?» Rimango interdetta. «Sì, in condizioni suicide, assolutamente. Quando taglia la canna il Che letteralmente soffoca, per via dell'asma». «È allergico alla canna?» «E la polvere, tutta quella polvere, immagina lo sforzo fisico che si deve fare e nello stesso tempo cosa vuol dire respirare con tutta quella polvere: è una pazzia. E allora il Che dice: "Se ci riesco io, a tagliare la canna, allora chiunque dovrebbe riuscirci, nessuno dovrebbe avere una scusa per non farlo"».

«Fidel è fatto in un altro modo. Anche Fidel non si rende conto delle debolezze altrui, ma il risultato è diverso. Per esempio ti trascinerà a scalare il Pico Purquino, cosa che lui riesce a fare senza difficoltà, ma poi quando si accorge che tu non ce la fai non ti obbliga a seguirlo, ti lascia lì con qualcuno che possa curarti, farti un'iniezione, tutto quel che ci vuole, e poi ti riprende al ritorrno. Fidel non si rende conto che non tutti hanno la sua stessa resistenza alla fatica, però non dice: "Se io riesco a fare questa cosa, anche gli altri dovrebbero farcela". Al contrario, in un caso teorico com'è questa polemica, Fidel sa molto bene come sono fatti gli uomini. Ha grande fiducia nel popolo, ma nello stesso tempo è più realista del Che quando si tratta di valutare le loro capacità».

«Però il Che è buono come il pane, veramente. È una persona straordinaria. Ricordo una volta, nella Sierra, prima che scendesse per l'invasione, c'era con lui un medico molto bravo, ma ormai un po' anziano, un po' grasso, insomma il Che aveva deciso di non portarselo appresso, perché era convinto che non ce l'avrebbe fatta. Non gli disse niente, ma quello aveva capito lo stesso che non sarebbe andato, e così si deprimeva sempre più. Alla fine, un giorno, venne da me e mi disse: "La prossima volta che vai a vedere il Che, voglio venire con te". Cosi lo portai con me, e insomma, sai che il Che, prima ancora che quello aprisse bocca, solo a guardarlo aveva capito che cosa lo tormentava? E così gli disse: "Sta bene, tu vieni con me". Nient'altro, solo questa frase».

«Hai letto i suoi scritti? Per esempio la storia intitolata *La morte di un cane*, oppure quell'altra, stupenda, *Lydia Dodici*? Devi leggerli. La prima è semplicemente la descrizione della morte di un cane, durante la guerra, l'altra invece è la storia di Lydia Dodici e Clodomira, due messaggere della Sierra. Verso la fine della guerra vennero all'Avana portando dei messaggi, ma fecero una stupidaggine: andarono in una casa dove si erano già nascosti alcuni dei nostri ragazzi che avevano rubato una madonna per impedire che facessero la processione di non so più quale santo. E così la politizia di Batista li scoprì, i ragazzi, la statua e le ragazze. I loro corpi non sono mai stati ritrovati. Devi leggere questi racconti: sono molto importanti».

Note

[1] Stregone.
[2] La compagnia nazionale di balletto.
[3] Variante cubana del gioco del domino, molto popolare nell'isola.
[4] Antonio Maceo y Grajales (1845-1896), eroe della guerra di indipendenza di Cuba dalla Spagna (1868-1898).

13.

UN DIO ASTRATTO

1 maggio 1964

Io non ho potuto vedere nulla, perché come al solito Llanes, dell'ufficio stampa, è venuto a prenderci con mezz'ora di ritardo, ma chi ha aperto la sfilata è stata la gente del Governo, Dorticós, Raúl, il Che, Carlos Rafael, tutti, insomma, l'intera direzione del Partito, intercalati con gli operai dell'avanguardia nazionale. Quando sono arrivati davanti alla tribuna, hanno rotto le file e, passando tra la gente, sono saliti ai loro posti.

Quando sono arrivata la sfilata era in pieno svolgimento. Non faceva ancora molto caldo, e nelle tribune regnava un'atmosfera di festa tranquilla.

Fidel stava parlando con gli operai d'avanguardia, che erano seduti in prima fila. Di tanto in tanto si dimenticava della sfilata e girava la testa verso l'interno della tribuna, preso dalla discussione, e così, quando chi sfilava gli si fermava davanti alla tribuna per gridare «Fidel!», lui agitava la mano senza guardare o al più restituiva un rapido sguardo. Poi si è messo a parlare con una donna robusta e due bellissime bambine dagli occhi verdi; Celia, arrivata allora, le ha fatte fotografare con lui. Quindi Fidel ha cominciato a parlare con gli ufficiali dello Stato Maggiore e con Raúl, nella seconda o terza fila della tribuna. Alla fine tutti si sono alzati in piedi e si sono messi in cerchio, mentre Fidel, le spalle al pubblico ma visibile a tutti data l'altezza della tribuna, parlava animatamente e faceva gesti minacciosi con le mani. Sembrava furibondo.

Quando alle undici la sfilata è terminata, io ero seduta nella penultima fila della tribuna presidenziale. Evidentemente le guardie si erano dimenticate che il turno per le fotografie si era prolungato fino a diventare permanente, e non mi avevano notato. Dietro di me, una guardia parlava al telefono – il filo arrivava da non so dove. L'ho sentita dire «Aspetta!», chiamare un'altra guardia e chiederle: «Che marcia vuole Fidel, il 26?» In un attimo l'altra guardia, dopo aver inoltrato la domanda a Fidel, ha risposto: «Sì, il 26». Due secondi più tardi si sentivano già le prime note della marcia del "26 luglio", *Avanti cubani*.

È stato il discorso di Fidel più bello che io abbia mai sentito, con una costruzione perfettamente equilibrata, i tempi giusti e il tono pacato dei suoi primi discorsi (meno degli ultimi, va detto), a fronte della drammaticità del contenuto. Non ha lasciato più adito a dubbi: ha confermato tutto quel che aveva detto il 19 aprile, anzi ha aggiunto diverse altre cose. Ha detto che questo problema con gli americani era affare dei cubani, che loro non stavano sfidando gli americani perché disponevano di amici potenti, che non volevano che la questione cubana degenerasse in una guerra mondiale, e che erano pronti a portarne per intero il peso e la responsabilità. Poi ha aggiunto che se anche gli americani, per superiorità di numero, fossero riusciti a invadere l'isola e a vincere la prima battaglia, la guerra non sarebbe terminata così: sarebbe passata a un'altra fase, quella della guerriglia nelle montagne, che sarebbe potuta durare anche settant'anni, perché «sarebbe una lotta senza mai fine». «Ma ricordatevi che in questo caso è probabile che noi, i dirigenti attuali, spariremmo. Gli uomini muoiono. Ma rimarrebbe il Partito, e guiderebbe la lotta». Senza alcuna enfasi drammatica, e tuttavia con la fermezza propria di un testamento, Fidel ha nominato depositario del potere, in caso di sua scomparsa, il Partito Comunista di Cuba. Sotto quel sole era davvero difficile immaginare le bombe, il sangue, un Vietnam nei Caraibi... A *La storia mi assolverà* e alla Seconda Dichiarazione dell'Avana ora si aggiungeva, vero e proprio testamento, questo discorso del Primo Maggio.

Alla fine sono scesa lungo la scala quasi subito dopo Fidel. Quando era già in macchina mi ha visto comparirgli davanti. Allora ha detto qualcosa a Vallejo e mi ha chiamato: «Pare che tu voglia vedermi». «Sì, se puoi» – la mia attesa durava ormai da due mesi! «Quanto tempo ti ci vuole?» Panico. Se dico molto, mi scappa. Se dico poco, non serve a niente. Ho fatto un rapido calcolo – Fidel è incapace di poco: «Un'ora». Stupito, lui si è messo a guardare l'orologio, come per rendersi conto di che cosa sia, un'ora. «Bene, vediamo di trovarti un'ora». «Credi che potrei partire martedì?» Una smorfia. «Oggi che giorno è?» «Venerdì». «Hmm. Vediamo».

2 maggio

Parecchie piccole cose hanno attirato la mia attenzione in questi giorni, cose che un anno fa mi erano parse poco efficienti e che ora sono migliorate, o per le quali almeno si stanno facendo degli sforzi. L'INIT ha allestito un'esposizione di gastronomia nella hall dell'hotel, con piatti d'alta cucina, e poco dopo, al Polinesio, è stato inaugurato un nuovo menù – nuovo anche nella veste grafica –, con una mezza dozzina di piatti fissi, tra cui prosciutto ai ferri, pollo alla brace, insalata di gamberetti, oltre a svariati piatti del giorno.

C'è anche un nuovo tipo di fiammiferi. Le scatole sono state disegnate dai ragazzi dello studio di pubblicità, che cercano di educare il gusto del pubblico. È migliorata soprattutto la qualità del fosforo e della carta vetrata: l'anno scorso riuscire ad accendere un fiammifero cubano era un'impresa.

"Hoy" sta attirando l'attenzione sui lavori che in questi giorni vengono eseguiti alle facciate dei palazzi di calle Galeano, in centro. Si stanno rimuovendo i vecchi cartelloni e le vecchie insegne, e inoltre si cerca di pulire e riparare il più possibile le vetrine e gli ingressi. Stanno anche allestendo un nuovo parco. E poi si nota un cambiamento notevole nella politica del Minrex (il Ministero delle Relazioni Esterne), che in un anno è davvero passato dalla notte al giorno. I nuovi ragazzi dell'ufficio stampa sono simpatici, svelti, anche se arrivano sempre, e ti fanno arrivare sempre, in ritardo. Evidentemente Ramiro del Rio è stato messo lì per organizzare le cose in modo da incoraggiare il lavoro dei giornalisti, anche di quelli "imperialisti".

3 maggio

Felicia, la cameriera, mi ha portato una lista di prodotti di consumo, con i relativi prezzi:
riso: 25 centavos la libbra[1]
burro: 30 centavos la libbra

cereali: 20 centavos la libbra
olio: 40 centavos la libbra
sale: 5 centavos la libbra
zucchero: 10 centavos la libbra
carne: 55 centavos la libbra
frutta, arance: 3 per 10 centavos o 5 per 20
un cavolo: 10 centavos
una scatola di frutta candita: 120 centavos
un golfino: da 225 a 325 centavos
una sottana: 200 centavos
collant: 250 centavos
pantaloncini da bambino: 60 centavos
calze per bambini: 50 centavos
pigiama per bambino: 280 centavos
mutande: 280 centavos
stoffa: 280 centavos per iarda[2]
vestiti già pronti: da 8 a 30 pesos.

4 maggio

Davanti al Palazzo Presidenziale, accanto alle guardie con le baionette, un giovanotto in abito scuro mi aspetta in atteggiamento formale. Attraversiamo il cortile bianco, assolato, ed entriamo nell'ascensore, che ci porta al quarto piano. Riconosco il salotto dove mi fa entrare: qui l'anno scorso ho aspettato un pomeriggio intero mentre Fidel presiedeva una riunione. Allora Celia mi aveva fatto visitare questa nuova ala del palazzo, disegnata da lei e costruita sul tetto del palazzo, con pareti di un bellissimo legno cubano un po' grigio, mobili e quadri moderni. L'altro giorno mi ha detto che Fidel ha smesso di fingere di usare questo ufficio, dove non stava mai, e che ci si è installato Dorticós. Adesso nel salotto manca il tavolo dietro il quale, ai tempi di Fidel, era seduta una guardia, e mi sembra anche di non riconoscere una piccola credenza sistemata in un angolo; ma nell'essenziale l'ambiente è rimasto lo stesso; con un po' di immaginazione si potrebbe dire che è diventato un po' più protocollare, cosa del tutto giustificata.

Dopo due o tre minuti mi conducono alla porta dell'ufficio di Dorticós: è diventato un vero ufficio. Gli scaffali, disposti su due pareti, che prima erano quasi vuoti se non per una serie di libri rilegati, ora contengono diversi libri in spagnolo, italiano, francese, inglese, disposti con buon gusto.

Il presidente Dorticós, ora che lo vedo da vicino, è più giovane di quanto non sembri da lontano, così come mi avevano detto. Ci sediamo vicini intorno a un tavolo rotondo, di fronte alla finestra che dà sulla terrazza fiorita, il Malecón, il Castello del Moro e il mare.

Mi chiede come sto e quanto tempo sono rimasta a Cuba. Rispondo che conto di andarmene presto, e insieme ricordiamo che ci eravamo visti da lontano, in alcune occasioni pubbliche. Gli dico che ho già conosciuto questo ufficio quando era di Fidel, quasi vuoto, al che lui mi risponde che l'ha preso più che altro per ragioni di "igiene mentale": lavora molto e nell'altro ufficio non c'era una grande finestra con la luce, il sole, l'aria, come qui.

– Lei è uno di quelli che dormono quattro ore al giorno?

– No, in generale cerco di dormire, ma i primi due anni ci succedeva spesso di passare da un giorno all'altro senza accorgercene.

Si passa la mano sulla fronte, come se il solo ricordo di quel periodo lo affatichi. Parliamo della straordinaria resistenza di Fidel e della sua totale dedizione alla rivoluzione. Dorticós trova una definizione molto bella: «È un'intelligenza senza parentesi. Anche la persona più intelligente ha sempre un momento in cui ha come un'interruzione, un taglio, e poi riprende. Fidel no: è una cosa piena, senza vuoti».

Durante questi mesi ho pensato spesso: «Devo vedere Dorticós»; e il pensiero che destava questo desiderio, e che a sua volta era sollecitato da fatti o avvenimenti ogni volta diversi, era sempre più o meno lo stesso. Ma ogni volta mi dicevo che era una questione troppo delicata, che, se espressa male, avrebbe anche potuto offendere l'interlocutore, o provocare risposte insoddisfacenti. Alla fine, quando avevo deciso di andare a trovare Dorticós per farne il ritratto, così come avevo fatto per gli altri dirigenti della rivoluzione, mi ero detta che quella domanda sarebbe dovuta venir fuori da sola, spontaneamente, anche a rischio che non la si formulasse affatto. Ebbene, questa domanda fu la base di tutta la nostra conversazione.

– Lei è avvocato, vero?

– Sì.

– Bene, quel che vorrei sapere è questo: si dice che ci sono re buoni e re cattivi, e che la monarchia non funziona perché non si sa mai che tipo di re può capitare. Di Fidel si può dire che è un re buono, un re straordinario, ma il principio è sempre quello. Ora, Lei è avvocato, come Fidel; come fa, in base alla Sua formazione di avvocato, ad analizzare un regime che implica per il paese il pericolo del re cattivo? Non sto parlando da un punto di vista per così dire dottrinale, come quegli americani che dicono che Fidel aveva promesso le elezioni e poi non ha mantenuto la promessa, ragion per cui non ci si può fidare di lui. Parlo invece di un governo che si preoccupa perché le cose siano fatte bene, i cui sforzi sono tesi a fare qualcosa di positivo, di bello: e allora qual è il pensiero, l'atteggiamento, di un governo con queste caratteristiche, di fronte a una realtà come questa?

Il Presidente si toglie gli occhiali e si strofina gli occhi con l'indice e il pollice della mano sinistra. Ha bei occhi verdi, che tradiscono grande dolcezza, ma nello stesso tempo il suo sguardo rivela, mi pare, una profonda fermezza.

– Quando abbiamo preso davvero il potere...

– Lei quando è diventato Presidente esattamente?

– Nel luglio del '59.

– C'era stato solo un Presidente prima di lei, vero?

– Sì, Uruttia. Dunque, non si può dire che in quel momento avessimo una visione chiara del futuro, nel senso delle strutture. A quell'epoca si trattava di compiere ogni giorno degli atti indispensabili al risanamento del Paese; bisognava prendere le decisioni una alla volta, affrontare ciascun problema nel momento in cui sorgeva. Non c'era tempo per pensare a un programma. Lavoravamo giorno e notte, letteralmente. Ma mano a mano che la rivoluzione progrediva e guadagnava in chiarezza sia materiale che ideologica, allora sì abbiamo cominciato a chiederci quali dovevano essere le forme istituzionali. Ma oggi, se devo rispondere sinceramente alla Sua domanda, dovrò dirLe che ancora non lo so. Non so quale sarà la struttura, se ci sarà un parlamento o no, o se invece ci sarà un'altra cosa, né come sarà.

– Ma Fidel, nel '59 e nel '60, diceva che non era comunista.

– Ed era sincero. A quell'epoca non lo poteva sapere. Anche tra quei compagni che allora erano nel Governo c'erano degli anticomunisti, senza contare quelli che sono diventati antirivoluzionari. Fidel non ha mai detto di essere anticomunista, e infatti non lo è mai stato. Ma c'è differenza tra non essere contro ed essere comunista.

– Lei era comunista?

– Sono sempre stato un marxista, ma non appartenevo al PSP. Eravamo tutti d'accordo sulle misure da prendere; le differenze nei nostri atteggiamenti non riguardavano le cose da fare, ma la coscienza più o meno grande che avevamo del fatto che quella cosa lì era il socialismo. Fin dall'inizio abbiamo preso delle misure la cui natura era socialista, a partire dalla riforma agraria, che è stata la prima legge del Governo rivoluzionario e che era prevista in *La storia mi assolverà*, del '53, come pure nel programma del futuro Governo rivoluzionario pubblicato nella Sierra. Non si poteva dire al popolo che volevamo fare il socialismo: erano troppo prevenuti contro il comunismo per via della propaganda. Ma Fidel non ha mai detto che quello non era socialismo.

– In fondo, avete messo il carro davanti ai buoi.

– Esattamente. Prima abbiamo preso una serie di misure di natura socialista, con il pieno appoggio del popolo. E così,

quando pochi giorni prima della Baia dei Porci, Fidel ha detto
loro: "Siete d'accordo con quel che abbiamo fatto? Sì?
Ebbene, questo è socialismo", la gente ha accolto quell'annuncio con slancio. La cosa più straordinaria è che gli americani pensavano che i cubani si sarebbero buttati nelle braccia
dei "liberatori". E invece non solo li hanno cacciati a pedate,
ma questo è accaduto due giorni dopo la dichiarazione ufficiale del socialismo. L'economia aveva preso una direzione
marxista. Ma come avremmo potuto affiancare a un'economia che si stava trasformando a poco a poco in economia
marxista, delle strutture e delle istituzioni capitalistiche? Non
aveva senso. A partire dal '61 abbiamo iniziato a pensare
verso quali strutture socialiste dovevamo orientare il Paese.
Potevamo trapiantare qui le esperienze che erano state fatte
in altri paesi? No. Ogni paese è una cosa a sé. Potevamo elaborare sulla carta, dal niente, una struttura nostra? Neppure.
E allora abbiamo pensato che la prima cosa da fare fosse
costruire il Partito. Stiamo facendo un esperimento di governo locale, a Guines, nei pressi dell'Avana: per prima cosa
abbiamo preparato una cartina per la pianificazione fisica,
basata su concetti tecnici, in modo che ogni zona abbia
un'unità funzionale con più o meno lo stesso tipo di terra e di
suolo. Dopo di che abbiamo formato una JUCEI[3] locale, che
dovrà affrontare tutte le questioni amministrative generali e
quelle relative alle imprese artigianali locali. Per le altre unità
di produzione, invece, c'è l'INRA, il Ministero dll'Industria.
Solamente quando avremo fatto parecchie esperienze di questo tipo potremo tirare delle conclusioni e sapere che tipo di
governo locale ci vuole: perché non ci sarà un prototipo da
applicare alla cieca in tutte le regioni. Sicuramente ci vorranno due o tre forme diverse.

– Mi parli del ruolo del Partito in tutto questo. Cioè sul piano
locale c'è il JUCEI, ma sopra il JUCEI c'è il Partito, no?

– No, il Partito non sta sopra il JUCEI. È un rapporto in paral-
lelo, come tra la Direzione nazionale del Partito e il Consiglio
dei Ministri. Abbiamo tenuto a stabilire un principio fonda-

mentale, e cioè che il Partito non deve per nessuna ragione annullare gli organismi del Governo. Le leggi si discutono nel Consiglio dei Ministri, senza passare per il Partito. Solamente in casi eccezionali il Partito si riunisce per discutere un orientamento politico da dare a tale o tal'altra legge, in genere su richiesta dello stesso Consiglio.

– In genere...

– Sì, in genere, perché non c'è una regola.

Sorride.

– Non so se mi intende; è molto più semplice di quanto si possa pensare. Tutto si fa... come dire, in una maniera molto meno formale... Non dimentichi che praticamente non abbiamo mai avuto un periodo di calma abbastanza lungo per poter pensare a queste cose: quei pochi periodi tranquilli che ci sono stati abbiamo dovuto impiegarli per far avanzare il più possibile la soluzione dei nostri problemi economici. Tra una minaccia e l'altra la cosa più importante doveva essere per forza l'organizzazione economica e la produzione. Allo stesso tempo questo significava far nascere delle organizzazioni statali che prima, quando l'economia non era nazionalizzata, non esistevano; organizzazioni come per esempio il Ministero dell'Industria, l'INRA, il Juceplan ecc. Tutti questi nuovi organismi abbiamo dovuto elaborarli, attraverso errori e correzioni. Ma intanto si è istituzionalizzato un tipo di rapporto tra gli uomini del Governo che non rientra nei soliti schemi. In quanto a questi nuovi organismi, la loro creazione ci ha messo di fronte a una scelta, e cioè decidere quale parte dell'economia doveva essere diretta centralmente...

– Lei si riferisce alla polemica...?

Sorride:

– Sì.

– Pare che Lei sarebbe piuttosto dalla parte dell'autofinanziamento.

– Bene, questa è una domanda imbarazzante. Preferisco non fare nessuna dichiarazione in proposito.

– Beh, una domanda imbarazzante me la permetterà, no? Dopo tutto, una sola è davvero poco!

Si mette a ridere:

– Ha ragione.

– Questa polemica ha avuto inizio di recente?

– No. È cominciata fin dall'inizio, e per forza, dato che bisognava scegliere una forma precisa da dare all'amministrazione economica del paese. Lei capisce, vero, che non si tratta di una polemica politica, in nessun modo. Tanto il sistema budgetario quanto il sistema di autofinanziamento sono sistemi marxisti; si tratta semplicemente di sapere qual è il più efficace. Il sistema budgetario è già regolato da una legge, mentre proprio in questo momento stiamo lavorando all'elaborazione dela legge sui sistemi di finanziamento autonomo.

– Sembra però che negli altri paesi socialisti il sistema del budget non abbia mai resistito alle prove.

– Questo non si può dire. È vero che in URSS il sistema del budget è nato subito dopo la Prima guerra mondiale, con la NEP, e che poi è stato abbandonato. Ma non si può sapere se ciò sia stato il risultato di un difetto del sistema stesso o di errori commessi per inesperienza e superabili. L'altro sistema, quello dell'autofinanziamento, vige in tutti i paesi socialisti, in forme diverse, ed è probabile che per l'agricoltura sia più adatto.

– Perché?

– Perché l'amministrazione dell'agricoltura non può essere centralizzata. Non si può decidere, da un'ufficio dell'Avana, dove si deve seminare il riso. Sì, noi qui possiamo decidere, in base alle statistiche, di quanto riso abbiamo bisogno quest'anno, ma se cerchiamo di assegnare arbitrariamente tanti chili di riso a questa fattoria e tanti chili all'altra, andiamo incontro al disastro, com'è già successo. Perché non possiamo sapere, se non stiamo sul posto, quanti ettari di terreno di una data fattoria sono buoni per il riso.

– Neanche dopo che si sono fatti gli studi?

– Neanche, perché il suolo cambia continuamente, da un anno

all'altro, e a seconda di come cambia bisogna fare la rotazione delle colture. Quindi è necessario dire: "abbiamo bisogno di tale quantità di riso quest'anno", e poi assegnare, per esempio, a ogni gruppo agricolo la parte di piano che deve svolgere. Questo lascia agli amministratori di ogni fattoria la libertà di ripartire tra di loro la quantità di riso che il Governo domanda, secondo le capacità di ognuno. Per l'industria, invece, le cose sono diverse. L'ubicazione di un'industria dipende da molti fattori locali, però una volta che si è costruita una fabbrica lì, la si può amministrare dall'Avana, perché i dati non cambiano come nell'agricoltura. Può darsi che alla fine si scopra che conviene lasciare un sistema all'agricoltura e l'altro all'industria. Ma per ora non si può sapere.

– Torniamo alla mia domanda. Non siamo ancora arrivati in fondo alla questione del re buono e del re cattivo.

– Il fondo della questione è questo: se Lei me lo chiede, io non posso dire oggi quale sarà la struttura delle nostre istituzioni, né potrei dire, per esempio, se ci sarà un parlamento, o qualcosa del genere. Sinceramente non potrei, perché davvero non lo so. Il fatto è che, per ora, non importa. Voglio dire che nessuno ci obbliga a precipitarci in una cosa prima di sapere, prima di poter sapere dall'esperienza e dagli esperimenti come dev'essere. Nessuno ci spinge: il popolo sta solidamente dietro alla rivoluzione, non si sta agitando, non chiede le elezioni, o di avere delle strutture già definite. E allora perché dovremmo farci fretta? Se sentissimo che il popolo è inquieto, che sente il bisogno di un'organizzazione definitiva, allora sì, saremmo obbligati a farlo per poter portare avanti la rivoluzione. Ma fortunatamente per la rivoluzione, fortunatamente per Cuba, nessuno ci spinge, e possiamo prenderci il tempo necessario, tutto il tempo che ci vuole. Possiamo fare le cose per bene, per una volta. Prima organizzare l'economia, fare degli esperimenti di potere locale, organizzare il Partito; e poi farci un'idea un po' migliore di come devono essere le strutture, le istituzioni; intanto, anche gli uomini si formano, si educano.

Se potesse veramente essere così, sarebbe una cosa abbastanza straordinaria. Perché per la prima volta nella storia un paese rimarrebbe come "sospeso", senza istituzioni, e tuttavia con un ordinamento non dittatoriale. E ciò abbastanza a lungo da permettere agli uomini di guardare "dal di fuori" la propria situazione e di elaborare qualcosa che corrisponde alle necessità partendo dalla realtà concreta. Quando un governo o un sistema politico cambia, esso passa sempre, di norma, dall'essere una certa cosa a esserne un'altra, perché anche i periodi di transizione sono strascichi di ciò che li ha preceduti. Ma non c'è mai stato un periodo lungo in cui il tempo fosse diventato una parentesi vuota, in cui cioè nulla fosse a posto ma nello stesso tempo si potesse registrare un forte progresso economico, tecnico, nel sistema educativo. Se veramente sarà così, vorrà dire che a Cuba gli uomini per la prima volta si troveranno nella posizione di non dover essere trascinati dagli avvenimenti, obbligati ad agire in un modo o nell'altro a causa dei loro legami col passato, ma potranno dire, con calma, prendendosi il tempo necessario: «Vogliamo far questo, questo e questo».

– Come vi dividete il lavoro, Lei e Fidel? Come ci si sente a essere Presidente della Repubblica quando come Primo Ministro c'è Fidel Castro?
Sorride. Come tutti gli uomini della rivoluzione ha la capacità di non offendersi davanti a una domanda così imbarazzante. Ha proprio la statura morale che mi avevano detto; di quelle che si impongono con tranquillità, magari lentamente, senza rumore, ma in maniera solida.
– Lavoriamo tramite un contatto giornaliero. Stiamo sempre in contatto, regoliamo le cose così.
– Bene, però, come dicevo prima: Fidel si può dire che sia un re buono, ma resta pur sempre un re, no? Tutti riconoscono in lui il capo della rivoluzione, è lui che l'ha fatta, e tutti hanno un'enorme fiducia nelle sue direttive. Tutti confidano in lui per portare avanti la rivoluzione, tutti riconoscono che

è "il più bravo". Però questo indubbiamente significa che Fidel fa quello che vuole, che fa fare le cose come vuole lui. Allo stesso tempo a volte viene il dubbio che succeda il contrario, che il Partito eserciti pressioni su di lui, che non sia del tutto libero. È una contraddizione, lo so, eppure per un osservatore straniero c'è sia la paura di questa preponderanza del Partito, sia quella del dominio assoluto di un singolo uomo.

– Vede, non è esattamente così. Non è tutto nero o tutto bianco come sembra. Quanto al Partito, Lei sa com'è composta la Direzione nazionale, vero? Fidel, io, Raúl, il Che, Aragonese e Blas Roca.

– Non conosco Aragonese: è un vecchio comunista?

– No. Su sei membri, uno solo, Blas Roca, apparteneva al PSP. E Fidel è il Segretario Generale.

– Riguardo al Consiglio dei Ministri, per legge è Lei che lo presiede, ma in pratica, più o meno, è Fidel, no?

– Per legge e in pratica sono io: in genere Fidel non ci viene neanche. Viene quando c'è una questione importante, precisa, ma noi ci riuniamo due volte al mese, regolarmente, e in generale Fidel non viene. Non ce n'è bisogno. E poi, lui ha bisogno di non essere legato a questa routine, a delle date, degli orari. Il suo compito deve essere un altro, il suo è un lavoro più creativo…

– Un lavoro d'artista, insomma, come mi ha detto Korda.

– Sì.

Uscendo dall'intervista con Dorticós, mi fermo a salutare il segretario di Celia, Ramon Lopez, e mentre aspetto che arrivi una macchina gli faccio un'intervista lampo: «Sei tu che apri le lettere di Fidel?» «Sì». «E le devi leggere?» «Sì». «E quante sono?» «Circa quattrocento al giorno». «In quanti siete a leggerle?» «Siamo in quattro, leggiamo circa cento lettere al giorno». «E rispondete?» «Sì, ad alcune noi stessi, altre le smistiamo ai vari ministeri competenti. Quelle più complicate vanno a Celia, che ne dà conoscenza a Fidel».

4 maggio

Sto cercando di buttar giù un diagramma che dia un'idea di come è organizzato, in questo momento, il governo del paese. Vado a parlare con Aurelio, uno degli assistenti di Cesar Escalante. Guarda il disegno che ho fatto e, dopo averne parlato con Dorticós, in parte in sua presenza, mi dice: «No, no non è così. Il JUCEI non dipende dal Consiglio dei ministri, dipende più o meno dal Partito». «Ma i membri del JUCEI da chi sono nominati? Dal Partito?» «Sì, dal Partito. Il Partito controlla tutto, dal livello più alto a quello più basso; ad ogni livello c'è un organismo del Partito che controlla tutto. È logico, poichè quelli che stanno nel Partito sono i rivoluzionari migliori, gli uomini più lavoratori, più onesti, più integri; a livello regionale, poi, sono quelli che conoscono meglio le necessità e le caratteristiche di quella regione». «Ma Guines?» «Ah sì, Guines... Guarda, Guines è un esperimento, è per questo che la JUCEI di Guines dipende dal Consiglio dei ministri, perché è un esperimento, ma dopo, quando ci sarà il potere locale dappertutto, quando non sarà più un esperimento, allora bisognerà vedere da chi dipenderà, non so. Bisognerà vedere, capisci, ma Guines dipende dal Consiglio dei ministri solamente in quanto esperimento, dopo non credo, si vedrà, vedrai...»

Non c'è niente da fare, questa cosa non mi piace. C'è qualcosa nell'atteggiamento del Partito che non mi va giù, anche se ho la massima simpatia per questa persona. È quell'aria, quel modo di parlare, come se tutto ciò che viene dal Partito fosse necessariamente meglio di qualsiasi altra cosa, così, alla cieca, senza dover guardare. E poi c'è anche il fatto che questa gente, che pretende di dirigere gli altri, tutti gli altri, non fa parte degli "altri", è come una casta a parte, perché non fa nessun altro lavoro che quello del Partito: il loro salario lo paga il Partito, non è che uno lavora in una fabbrica e in più lavora nel Partito. No, lavora solamente per il Partito, è così che si guadagna da vivere. E così dev'essere molto facile per questi funzionari del Partito sentirsi superiori agli altri, e anche più potenti.

Siamo tutti d'accordo che è male quando una persona si crede Dio. Ma i funzionari del Partito sembrano credere che il Partito è Dio; e, a differenza per esempio del culto per qualche personalità che realmente esiste in carne e ossa, questo è un culto di un Dio astratto, un Dio senza viso né parole, che non ascolta, i cui editti non si sa di chi siano veramente, poiché provengono da un'entità astratta. Quei funzionari sono i rappresentanti dell'autorità di questa entità, e così inevitabilmente sentono di partecipare a questa divinità, di essere un po' Dio.

Allo stesso tempo, il fatto di partecipare a questa divinità fornisce la giustificazione per quel tipico atteggiamento che consiste nel non prendersi le proprie responsabilità. L'autorità suprema, la parola sacra appartiene al "Partito", il che significa che è lui a dover prendere le decisioni, mentre gli altri devono solo obbedire ciecamente, non devono prendere decisioni, e quindi neppure assumersi delle responsabilità. Si rimandano sempre le responsabilità a qualcuno che sta più alto, non importa chi, in nome di quel Dio che è "il Partito" – un'entità astratta composta da migliaia di funzionari astratti, ciascuno coperto da un pezzetto del manto della divinità.

E se almeno tutte queste rotelline fossero davvero gente "superiore"! Ma non può essere, evidentemente, perché la gente "superiore" non fa parte del gregge, sono quelli che organizzano l'entità, che la fondano, e anche se non sono i primi segretari, sono al di fuori, il che è lo stesso che stare al di sopra. Per di più, l'effetto della divinità comincia ad agire soltanto dal momento in cui esiste il gregge, cioè l'anonimato, il corpo astratto che a sua volta conferisce l'astrazione alla testa. Ma questo corpo astratto che partecipa della divinità-"Partito" è per forza di cose un agglomerato di gente "non superiore", che si corazza dietro ai propri difetti. Questo Dio senza occhi, senza braccia, senza bocca, alle sue estremità diventa un'entità senza cervello. Obbedire a questa entità, non dover prendere alcuna responsabilità, e tuttavia avere il diritto di giudicare le azioni degli altri, anche se questi funzionari sono eletti tra i migliori lavoratori: ecco, mi pare che qui i *barbudos* non siano rimasti fedeli alla loro tradizione di innovazione e anticonformismo.

6 maggio

Può capitare che uno stia camminando per la strada, o si stia distraendo mentre guarda passare la città da un taxi, quando all'improvviso nella sua mente si mettono a sgocciolare immagini, e così si rende conto che sta per partire e che in tutto quel tempo ha accumulato una serie di impressioni che ora si raccolgono da sole e gli dicono «eccoci qua»; e allora bisogna dedicare loro un momento di attenzione, anche se un diario non è fatto per trarre conclusioni.

Più che di conclusioni si potrebbe parlare di decantazione. Anzi, si potrebbe dire che Cuba stessa è una decantazione, una specie di colino, nel quale si mescolano – dando a volte l'impressione di urtarsi – il pugno di ferro e la rivoluzione permanente, la pace e la dignità, le teste d'uovo e il dogmatismo.

Ora i frammenti delle intuizioni, delle spiegazioni, dei fatti e dei dati che si sono accumulati in questi sei mesi prendono posto uno accanto all'altro, uno dietro l'altro, uno sopra l'altro. Sono il frutto di una costante volontà di ricerca, che automaticamente mi spingeva ovunque fosse possibile, verso ogni avvenimento, ogni incontro, ogni informazione che potesse servire a chiarire *il* punto fondamentale del fenomeno cubano: quando, come e fino a che punto nella prima fase della rivoluzione fosse subentrata una volontà comunista.

Quando avevo parlato con il Che mi era sembrato che, anche se fossi riuscita a indovinare com'erano andate le cose, a ricostruire con una certa esattezza la catena degli avvenimenti e degli sviluppi, lui non mi avrebbe confermato che era stato così. E poi un giorno, durante una conversazione con Celia, senza che se ne accorgesse ebbi proprio da lei la conferma delle teorie che avevo sottoposto al Che. Durante quella conversazione piuttosto informale, che fu interrotta spesso e durò quasi cinque ore, chiesi a Celia se durante la guerra lei fosse stata sostenuta dalla convinzione che un giorno avrebbero raggiunto ciò che avevano ora, o se al contrario il modo in cui erano andate le cose fosse stato un po' come una ricompensa insperata, qualcosa che allora, mentre combattevano e speravano di arrivare a un risultato ben più modesto, doveva esser sembrato inaccessibile. Avevo potuto porre il problema in questi termini relativamente complessi perché il contenuto della conversazione permetteva a Celia di capire al volo quel che intendevo. E la sua risposta era stata spontanea, immediata: «Non avevamo mai pensato che arrivasse così presto». D'altra parte pare che Raúl, per il suo carattere più ordinato, più regolato, meno fantasioso, non abbia avuto difficoltà a fare il salto dallo stato di piccolo borghese a quello di comunista convinto. Mi aveva detto che nel '51 Fidel gli aveva dato l'*Origine della famiglia* di Engels, il primo libro di marxismo che aveva letto, e aveva lasciato intendere che quella lettura aveva almeno contribuito a fare di lui un comunista.

Fidel, per questioni di età e di studi, sicuramente aveva cominciato a leggere i testi marxisti prima di Raúl, e sembra che approvasse le loro teorie economiche, come anche gli scopi umanitari che avevano spinto i fondatori del marxismo. Allo stesso tempo sembra però che per lui fosse fuori questione porsi nella schiera dei comunisti contemporanei, a causa delle dimostrazioni di inumanità del sistema che essi avevano dato. Questo fatto farebbe luce su un'altra sua frase famosa: «Non siamo comunisti, siamo umanitari». Una persona che rinnega i principi storici ed economici del comunismo non avrebbe bisogno di precisare in modo così sottile che cosa lo separa dal comunismo. Vale a dire, ciò che Fidel intendeva dire era: «applichiamo i principi di economia marxisti, ma non lasceremo mai che questi travolgano i nostri principi umanitari».

Quando Fidel era nella Sierra, e i giornalisti, a cominciare da Herb Matthews, gli chiedevano se era comunista, poteva, in tutta buona fede, rispondere di no. Non gli hanno mica chiesto se aveva intenzione di fare una riforma agraria o di nazionalizzare la compagnia del telefono o le centrali zuccheriere! Eppure *La storia mi assolverà* era stato pubblicato nel 1953! È questa una dimostrazione di quanto per gli americani la parola "comunista" sia più importante delle caratteristiche oggettive del comunismo, che sono chiaramente esposte in quel documento. C'è poi il fatto, come mi hanno detto spesso, che, come a controbilanciare questa paura che Fidel fosse comunista, c'erano forti ragioni per pensare che non fosse che un altro *politiquero*, un politicante, o addirittura un *pandillero*! Persino gli altri partiti comunisti dell'America Latina – e certo anche, in certo qual modo, quello cubano – pensavano che Fidel non fosse che un ribelle, un avventuriero. E così gli americani, più o meno coscientemente, hanno pensato che Fidel fosse semplicemente un politicante come molti, con in più un certo gusto per la vita sportiva, e che non c'era quindi da preoccuparsi del contenuto del suo programma, visto che i politicanti di solito non hanno alcuna intenzione di realizzare i loro programmi. L'unica possibilità per cui Fidel avrebbe potuto rappresentare un pericolo era che fosse comunista, cioè che avesse dietro di sé o fosse disposto ad accettare dietro di sé la potente macchina di Mosca. In quel caso c'era da temere che cercasse di attuare il suo programma, o peggio ancora che minacciasse lo *status quo*.

Alla domanda: «Fidel, sei comunista?», Fidel aveva risposto di no. Quindi niente da temere, lasciamolo buttar giù Batista, che è veramente troppo corrotto. Dopo di che Fidel ha fatto la riforma agraria, ha nazionalizzato le imprese del petrolio, insomma ha cominciato ad applicare il programma contenuto in *La storia mi assolverà*. Ed ecco, gli americani hanno pensato che tutto fosse premeditato, in accordo con Mosca; e così hanno fatto quel che mancava per spingerlo rapidamente sulla strada della socializzazione dell'intera economia cuba-

na. Tanto hanno detto e tanto hanno fatto che hanno distrutto, in pochi mesi, il potentissimo edificio anticomunista che
era stato costruito con tanta cura dai servizi di propaganda: il
popolo adesso era come un uomo solo dietro a Fidel, che
aveva liquidato Batista con metodi nuovi, e che neanche una
volta, quando si era trovato al suo posto, aveva rilevato la sua
eredità di condotta personale o di governo. Fidel si trovava
dunque alla testa di una popolazione che lo avrebbe seguito
ovunque, con la costante minaccia del bagno di sangue da
parte degli Stati Uniti, e deciso ad applicare le riforme per cui
aveva combattuto per sette anni, mentre gli uomini più preparati abbandonavano il paese e il Partito Comunista appariva l'unica forza politica capace di fornire dei quadri politicamente accettabili, e con un uomo come Nikita Chruščёv, che
al momento critico tendeva la mano.

Tutto, credo, ruota intorno alla forza personale di Fidel: il
popolo si era dimostrato pronto ad accettare il marchio marxista assai più rapidamente di quanto i compagni di Fidel
avessero sperato. Nello stesso tempo Fidel intuiva che questa
sua forza personale non soltanto gli permetteva di condurre
il popolo dovunque lui volesse, sicuro che l'avrebbe seguito,
ma capiva anche che questa sicurezza era essa stessa lo strumento più potente di cui poteva disporre per elaborare, su
base marxista, una società umanitaria. E a partire da questo
momento non aveva più alcuna importanza che questa società si chiamasse comunista.

Certo ha preso le cose per il verso più difficile. Il Partito
Comunista era l'unica forza che potesse incaricarsi dell'amministrazione del paese, ma prima di scoprire, attraverso il
contatto personale, che lui e Nikita si intendevano come due
compari, Fidel ha dovuto lasciare crescere, accanto alla propria figura priva di macchie, l'ombra di Annibale Escalante.
E seguiva l'evolversi della situazione come fa un padre sul
letto del figlio malato, cosciente che la vita di quel figlio
dipende da una lotta contro il tempo: la medicina arriverà
prima che la febbre se lo porti via? Aveva Fidel i mezzi neces-

sari per deporre Annibale prima che le sue malefatte allonta-
nassero irrimediabilmente il popolo dalla rivoluzione? La
risposta è stata: sì. Ha vinto Fidel.

A partire da quel momento si è cominciato a parlare di
"castrismo". Certo, Nikita deve guardare con una certa tene-
rezza questo figlio prodigioso che gli è venuto dall'altra parte
del mondo, ma ciò non significa che i due vadano sempre
d'accordo. Quando il figlio non ottiene quello che gli sembra
dovuto, sbatte i piedi in terra, e non c'è pietà filiale che
potrebbe trattenerlo dall'inveire contro quel vecchio privo di
comprensione. E sarebbe anche capace di uscire di casa sbat-
tendo la porta, per poi tornare quando gli si fossero calmati i
nervi.

Gli americani, invece di riconoscere come tutti questi elementi si accordino perfettamente tra loro, preferiscono vederci dei
motivi in più per essere furibondi contro Castro, e nello stesso tempo si rallegrano di aver scoperto un punto di disaccordo tra russi e cubani. Non si rendono conto che il castrismo è
il miglior nemico che potrebbero avere, «una nuova voce nel
comunismo», come ha scritto recentemente Graham Greene.
Anche per quanto riguarda la lite tra russi e cinesi essi iper-
semplificano il quadro quando fanno delle posizioni dei due
protagonisti di questa disputa le uniche posizioni possibili
nel Terzo mondo. Per la verità i paesi e i governi del Terzo
mondo non possono preferire nessuno dei due "grandi".
Basta avere qualche nozione di scienza economica e aver presente la complessità dell'economia per capire che ciascuno
vede a suo modo l'organizzazione ideale della società comunista. Ogni paese del Terzo mondo avrà il suo Che, con le sue
idee, che a volte corrisponderanno a quelle di Nikita, a volte
a quelle di Mao, a volte a quelle di Tito ecc. La differenza fondamentale tra i nuovi paesi socialisti e quelli vecchi – parlo
del blocco dell'Europa Centrale – è che i nuovi sorgono spontaneamente, con una storia propria, e quindi arrivano in
scena dopo che gli anziani hanno fatto i loro errori; e ogni
nuovo arrivato si trova in una compagnia più grande di come

l'aveva trovata il precedente, ragion per cui ciascuno prende quel che gli serve dallo scaffale in cui sta, e non gli importa niente che lo scaffale si trovi a destra, a sinistra o al centro. Sono come dei bambini venuti al mondo quando i genitori ormai non si amano più: per loro il disaccordo non ha un significato preciso, essi li amano entrambi, magari per ragioni diverse.

La grande questione del momento, per quanto riguarda Cuba, è legata ai suoi rapporti con i cinesi e all'effetto di questi rapporti su quelli con i russi. Quando sono arrivata qui, sei mesi fa, per evitare che un giorno mi si potesse rimproverare di ficcare il naso negli affari privati degli altri, ho detto a Fidel che avrei voluto chiarire questo punto con lui, per quanto possibile. Il suo sorriso, l'alzata di spalle, il gesto vago della mano, li presi come un modo diplomatico per dire che certe cose... E dappertutto incontrai la stessa reazione. Fu solamente il giorno in cui lessi l'articolo del Che, che me lo aveva dato in risposta alle mie domande sull'origine di Guanacabibe, e dicendomi che non ci avrei capito niente... fu solo allora che capii, o per lo meno credo, che troppa immaginazione fa male e che le cose sono più semplici di come la stampa e anche le cancellerie vogliano credere. Ho capito che le alzate di spalle, i sorrisi e i gesti vaghi avevano lo stesso valore dell'accurata disposizione delle notizie sulla prima pagina dei giornali: la visita di Fidel in URSS in alto, e immediatamente sotto, esattamente a centro pagina – con una disposizione insolitamente equilibrata per un giornale – le fotografie e l'articolo sulla formalizzazione di un contratto con la Cina. E mi sono ricordata di quanto "pubblico" fosse stato il rapporto ovviamente amichevole tra il Che e sua moglie e l'ambasciatore cinese e la consorte, durante il ricevimento del primo gennaio al Palazzo presidenziale. E mi venne anche in mente quanto erano state frequenti le manifestazioni del Comitato di solidarietà con il Vietnam, di cui è presidente Melba Hernández.

Ho pensato alla reazione che molti osservatori occidentali

hanno avuto quando Fidel ha firmato l'accordo commerciale con Nikita. Alcuni si sono fregati le mani, qualcuno diceva che ora i paesi dell'America Latina potevano tranquillamente buttare a mare le loro idee di rivoluzione, che Nikita era riuscito a mettere in bocca a Fidel i suoi stessi appelli alla cautela, e che in qualsiasi momento poteva opporre la firma di Fidel ai rivoluzionari troppo zelanti. Io credo invece che tutti e due sappiano che anche se Cuba, per ragioni tattiche, in futuro dovesse astenersi dall'aiutare le rivoluzioni latino-americane, a ciò penserebbero i cinesi; e in fondo, potrebbero anche essere tutti d'accordo.

7 maggio

Sono ancora qui! Dal primo maggio, quando Fidel mi disse che ci saremmo visti presto, ho passato quasi tutto il tempo chiusa nella mia camera d'albergo. Se n'era andato tre o quattro giorni fuori l'Avana, e non era possibile prevedere quando sarebbe tornato. Ora è tornato, e potrebbe venire in qualsiasi momento. In albergo c'è un avvocato indiano, anche lui aspetta Fidel. Era diventato amico di Korda, che gli aveva detto che aveva un'anima gemella... e così si è precipitato a chiamarmi. Ho avuto due o tre conversazioni con questo signore indiano, ma mi hanno irritato a tal punto che ho smesso di vederlo. Viene per parlare con Fidel di politica, o piuttosto di rivoluzione, eppure non conosce neanche i fondamentali della rivoluzione cubana. Ha più o meno la stessa età di Fidel, è corpulento, pieno d'energia, e porta la barbetta a punta: ma tutto ciò non basta per essere il capo di una rivoluzione.

Insomma, è sempre l'eterno club degli "aspettando Fidel", ma la cosa ormai comincia a pesarmi: gli altri arrivano e poi partono, prima o poi, e a volte riescono persino a tornare, mentre io sono sempre qui! C'è anche lo scrittore inglese James Cameron, che beve in compagnia dell'indiano; lui non aspetta di vedere Fidel, aspetta solo l'arrivo dell'aereo da

Madrid, che è in ritardo di tre giorni, senza che qualcuno sappia dare una spiegazione. C'è anche un giornalista italiano, che, con aria importante, mi ha detto: «Oggi ho dato il mio libro a Fidel. Ha detto che lo legge». «In italiano?» gli ho chiesto io, per non dargli la soddisfazione di esclamare: «Come! Hai visto Fidel!» E lui: «Sì, lo sta leggendo, con l'aiuto di Vallejo». Proprio ora Vallejo mi ha telefonato e mi detto: «L'italiano? Ah sì, mi ha fatto portare un libro per Fidel. Non so se è bello, ma almeno ha una bella copertina». Poi aggiunge che Fidel mi chiede di rimandare la mia partenza fino alla prossima settimana.

8 maggio

Stamattina, finalmente, si fanno vivi: «Sta' nella tua camera dalle otto in poi». All'una del mattino, telefonata di Vallejo: «Siamo ancora in riunione. Per stasera niente da fare. Sarà per domani».

9 maggio

Non è venuto. Al telefono Vallejo mi dice, con tono misterioso: «Stanno accadendo delle cose... Appena posso, vengo a dirti».

10 maggio

Uscendo dalla hall per andare fino al Polinesio – ma sempre attaccata al filo del telefono – vedo arrivare con passo deciso il Che, seguito da due guardie dal passo un po' più molle. Mi fa un cenno di riconoscimento, il più breve possibile, e poi sale la grande scala verso il bar e la sala delle riunioni. Dopo cena lascio detto alla telefonista che tornerò nel giro di un'ora, e vado a piedi fino allo studio dell'Università. So, perché me l'ha detto Mario Trejo, che lì danno dei bellissimi concerti jazz. L'orchestra è già nel prato, le prime gradinate sono gremite. Alternano lenti privi d'interesse, pezzi di jazz moderno e musica cubana "jazzificata". Sulle scale salgono e scendono alcune ragazze mulatte che, vestite di color pastello, sventolano ventagli cinesi, e dei ragazzi occhialuti, che battono il tempo coi piedi e si siedono solo dopo avere steso un fazzoletto. Davanti al gradino centrale, un ragazzo nero, con la camicia bianca e un fischietto al collo, sembra una sorta di *cheerleader*. È fuori di sé dal ritmo e fa capriole da tutte le parti. Quando l'orchestra attacca *Diana* scende nel prato e, con l'aiuto di una sedia, improvvisa uno straordinario numero di ballo, mimo e ginnastica, che conclude con un salto sulla pedana, ai piedi dei musicisti.

11 maggio

Mi risulta che il Che, quando l'ho visto ieri sera, stava andando a fare un discorso ai giovani comunisti del suo Ministero, riuniti in congresso. Ha detto che i giovani non devono avere quella pesantezza sinistra che a volte hanno i giovani comunisti, cioè non devono perdere la loro spontaneità e freschezza, né starsene lì a discutere «quale dev'essere l'atteggiamento dei giovani di fronte a tale o tale problema»; devono istintivamente sentire e manifestare l'atteggiamento giusto. Ha detto che l'organizzazione dei giovani è un compito che spetta al Partito, e che se il Partito finora non ha potuto definirla pienamente è perché è ancora pieno di gente che ha una mentalità borghese, per cui sarebbe inutile propagare tale mentalità.

Incontro un collega e gli chiedo se sa che cosa sta succedendo. Mi dice: «Il Che ha fatto un discorso abbastanza violento. Potrebbe essere questo». Ma mi pare che esageri. E poi già tre giorni fa stava succedendo qualcosa. Stanotte, alle due, "loro" sono ancora in riunione. Non partirò con l'aereo di domani.

12 maggio

Ieri sera Faustino Perez è comparso alla televisione per spiegare agli avanesi perché non hanno l'acqua. Pare che sia un problema a lunga scadenza.

Questo pomeriggio invece ho incontrato lo zio dei miei amici messicani. È un uomo di settant'anni, e smania per andarsene via: «Io ho combattuto per la rivoluzione, sono anche stato in prigione sotto Batista, ma questo no. Capisce, non mi danno le scarpe, non posso comprare un paio di scarpe, perché non lavoro più! Ho lavorato tutta la vita, e ora non posso comprarmi un paio di scarpe, perché le scarpe sono riservate a quelli che lavorano! Io vorrei lavorare, sono ancora fortissimo e mi annoio a casa, ma cosa mi fanno fare, a me che ho lavorato per conto mio tutta la vita e che ho fatto un sacco di soldi? Mi fanno incassare i conti del gas! A me, che mandavo mia figlia in Europa a passare l'estate! E non c'è niente da mangiare, ora hanno ridotto la razione di pollo, ce n'è sono solo per i bambini! E le uova uguale, anche quelle tutte ai bambini! Ma che rivoluzione è questa, dove vien dato tutto agli scolari!»

La storia della figlia la sapevo già; vuole andar via, perché «cosa vuole, non si può neanche prendere un gelato quando se ne ha voglia!» Il marito vorrebbe portarla via ma non può, perché dovrebbe lasciare il lavoro (che del resto fa con senso di responsabilità, perché non ha niente contro la rivoluzione – lui può fare a meno del gelato); e di che cosa vivrebbero nell'anno in cui bisogna aspettare il passaggio?

Lunga discussione stasera, con gli amici messicani, sulla politica del Governo verso la gente che se ne vuole andare e che non dispone di grandi mezzi.

«Sissignore, fanno benissimo a togliergli gli anelli, le collane e tutte queste cose, le pellicce e tutto, perché questi sono soldi che si portano via dal paese». «Ma insomma, a una donna potrai ben lasciare l'anello di fidanzamento, non ti pare?» «Figurati! Queste all'improvviso ce n'hanno trenta, di anelli di fidanzamento! E trovano sempre qualcuno che non ce l'ha e che per pochi soldi accetta di portarglielo via. No, no, in questo hanno ragione. D'altra parte, tu capisci che se mio zio riesce ad andare via, perché gli mandano i soldi, mio cugino, che vive nello stesso appartamento, lo dovrebbe lasciare, perché l'appartamento tornerebbe allo stato. E questo non è logico».

13 maggio

Vallejo continua a chiamarmi per dirmi che «quando saprò quel che sta succedendo, capirò perché Fidel non mi ha ancora vista».

I giornali annunciano che dei mercenari hanno sparato da una barca su una centrale zuccheriera, nella provincia d'Oriente. Nell'incendio che ne è seguito sono stati bruciati 70.000 sacchi di zucchero. Una donna e una bambina sono state ferite mentre erano in casa. L'attacco è avvenuto all'alba, non si è potuto fare niente.

Ma questo non basta a spiegare che cosa sta succedendo ormai da una settimana. Proprio oggi è tornata dall'Oriente Dolores: «Lungo tutto il viaggio attraverso l'isola, ma soprattutto in Oriente e in Camagüey, non ho visto altro che colonne di soldati e carri armati. Sta per succedere qualcosa».

Intanto il Brasile ha rotto le relazioni diplomatiche con Cuba. I giornali continuano a parlare dell'attacco alla centrale, con foto e testimonianze, condanne di associazioni cubane e di altri paesi socialisti, e moniti da Mosca e da Pechino.

Nella hall dell'albergo incontro un giornalista di un partito comunista occidentale, che mi dice: «Ci sono stati due sbarchi, uno di cinquanta uomini e uno di trenta, uno in Oriente e uno in Las Villas. Quasi tutti sono stati già circondati, o uccisi. Un mio amico, che è tornato ora da Las Villas, li ha visti passare in camion, le mani legate dietro la schiena, e questa volta non fumavano!»

Ma perché? Perché lanciare degli uomini in operazioni suicide di questo genere? Che cosa possono fare, cinquanta uomini?

16 maggio

I giornali parlano ancora dell'attacco alla centrale. Fino ad ora tutti gli sbarchi sono stati schiacciati, scrivono. Pare che non si voglia far sapere ai mercenari come sono andate le cose, in modo che continuino a venire e a lasciarsi ammazzare. Mah, questa versione non mi convince.

Sembra che il motivo per cui vengono in piccoli gruppi sia che sperano di dare sui nervi ai cubani, e anche perché pensano che sia più difficile mettere le mani su un gruppo piccolo che su uno grande. Credono che prima o poi alcuni di loro riusciranno ad infiltrarsi senza che qualcuno lo noti, così da potersi poi nascondere sui monti, come ha fatto Fidel. Vorrebbero tentare una guerra di guerriglia, come Fidel ha fatto capire nel suo discorso del Primo maggio. Ma chi li sosterrebbe?

Nei circoli intellettuali si parla di un'invasione imminente. Secondo altri è possibile che sia più tardi, tra tre o quattro mesi, ma non c'è dubbio che ci sarà. Si parla della cosa con la massima tranquillità. La vita continua come al solito: si va a teatro a vedere *Romeo e Giulietta*, messa in scena da un regista cecoslovacco, con l'attrice nera Bertina Acevedo nella parte di Giulietta. Pare che Bertina non ce la faccia a sostenere la parte, ma che in compenso la messa in scena sia buona. Oppure si va a vedere i Massowse, un gruppo di danza folklorica polacco, o il balletto Nuova Odissea, diretto da una tedesca.

17 maggio

Oggi va in scena *La traviata*. Ieri sera, sabato, come al solito c'era la fila davanti a tutti i cinema. Sono andata a vedere un film polacco, *Il coltello nell'acqua*[4]. La storia si svolge su una barca a vela e ha come protagonisti un marito, una moglie e un giovane ribelle. È una brutta copia della *nouvelle vague*, ma descrive bene la noia e le aspirazioni materialistiche della nuova borghesia socialista. Nel film le donne polacche appaiono molto lontane dal puritanesimo socialista. La gente stava seduta fin sui gradini del teatro per riuscire a vederlo.

Intanto si prepara la Giornata internazionale dell'infanzia, e prosegue la campagna per far sì che gli allievi di sesto grado facciano domanda per avere le borse di studio per il corso da maestri. Il Che questa settimana pare abbia inaugurato tre fabbriche. I delegati per le celebrazioni del Primo maggio stanno tornando da un viaggio nella provincia d'Oriente. Nella caffeteria dell'Habana Libre li vedo mescolarsi ai delegati del primo Congresso regionale dei contadini e degli operai e a quelli del primo Congresso nazionale di farmaceutica.

18 maggio

Ieri, 17 maggio, era l'anniversario della riforma agraria, primo atto del Governo rivoluzionario. Sui giornali c'è un simpatico servizio sulla spedizione fatta dai ministri e dal Presidente Uruttia nella Sierra, per firmare la legge. Sembra che Uruttia non ce la facesse ad arrivare fino in fondo...

Pubblicano anche due poesie cilene sulla ripartizione delle terre. L'una è un bell'esempio di non-arte in perfetto stile da realismo socialista: nomina Fidel alla fine di ogni verso. L'altra al contrario non fa mai il suo nome, ma ne parla molto meglio:

Terra di Tutti

Quando sento parlare di un popolo lontano
o ricevo lettere
dove si racconta di sentieri appena aperti
dove corre il vento dall'alba a mezzanotte
e sparge odore di pane ammassato, tra riso e canti;
o quando i viaggiatori pronunciano certe parole
che fanno pensare alla morte antica: come

fabbriche di zucchero, capo, monete dorate, instancabili
mulini
o infine porte e battenti sempre sordi e acidi:
allora ricordo la mia infanzia
tra altri bambini cacciati
dal mondo dei loro giochi, e che guardavano ore e ore
le mura sgretolate ed estranee delle loro case
o parlavano di odiose visite
che non se ne andavano mai senza reclamare il pagamento
dell'affitto o chiedere più lavoro, sempre più lavoro;
e ricordo le radici dell'ombra
che sorgeva dai corpi flaccidi dei miei primi amici,
che ora come me hanno trent'anni
e non hanno mai potuto, in tutto questo lungo tempo,
smettere di dormire e di morire sul suolo;
e ricomincio a vederli nella contemplazione assente di
altre allegrie,
affogando in se stessi fin dentro, nel silenzio
appena illuminato dal vino cattivo della domenica,
unendosi all'oscuro contorno di un altro mondo;
e allora le conversazioni e le lettere
scoprono in me come un'allegria autentica
nel sapere che da qualche parte si sono aperte le strade
chiuse dall'odio, abolite le porte,
tutte le porte,
dalle quali ora devono entrare e uscire bambini
uguali ai miei compagni perduti
del millenovecentotrentanove;

perché dopo tutto dovrebbe bastare una mano
per colpire la notte e cancellarla
per chiamare il sole con il suo nome
e portare alla terra il suo specchio vivo,
rinato come il primo giorno e
che pure mi illumina da quella terra che mi appartiene.

Note

1 Cioè 453,6 grammi. La libbra è un'unità di misura anglosassone.
2 Altra unità di misura anglosassone; una iarda corrisponde a 0,9144 metri.
3 Junta de Coordinacion, Ejecucion y Inspeccion.
4 Un film di Roman Polansky.

14.

SCEMO DI GUERRA

18 maggio 1964

Ieri sera, uscendo per andare al cinema, ho incontrato il corrispondente che mi aveva annunciato gli sbarchi. È paonazzo, e ha gli occhi fuori dalle orbite.
«Che c'è?» «Stai zitta, stanno accadendo delle cose gravissime». «Ma che succede?» «C'è un gran via vai davanti alla porta dell'hotel. A voce bassa, ma sempre più rosso in viso, mi dice: «Succede che si sono infiltrati duemila uomini, incluso Manuel Ray[1]. Per domani mattina si aspetta uno sbarco massiccio». E sparisce oltre la porta dell'hotel.
Arriva Dolores e saliamo in un taxi. Il cinema è lontano, l'autista non sa esattamente dov'è, io continuo a pensare alla faccia di quel giornalista. Dico a Dolores quel che ho saputo, in francese, in modo che l'autista non capisca. «Va bene, ma intanto andiamo al cine».
Il cinema però ancora non si trova, e io insisto: «Ma insomma, non sarebbe meglio sapere che succede?» Finalmente Dolores si lascia convincere. L'autista evidentemente ci prende per delle matte: pagare cinque pesos solo per fare un giro e poi tornare al punto di partenza!
Scese dal taxi andiamo subito dal giornalista, che a luce soffusa sta scrivendo il suo "pezzo storico". «Se riesco a stabilire una testa di ponte, un governo provvisorio, allora immediatamente può intervenire l'OEA[2], cioè gli stati Uniti, con tutti i loro mezzi».
Finisce di scrivere il pezzo e poi se ne va, e ci lascia lì. Allora saliamo da me e, dopo aver ordinto due daichiri, cominciamo a giocare al gioco dei "se". «Se c'è un bombardamento, biso-

gnerà scendere nei sotterranei per le scale» (io sono al 23°
piano, Dolores al 17°). «Già, con tutta la gente che si precipi-
terà negli ascensori!» «Il fatto è che, per prima cosa, manche-
rà la corrente». «Mi sembra assurdo star qui a beccarsi le
bombe, e inutile. Tanto vale andarsene». «Sì, ma se invece
non succede niente? Andarsene prima che succeda non si
può». Nessuna delle due ne ha voglia. «Sono le undici. Tra
cinque o sei ore saremo informati. Gli attacchi si fanno all'alba».

Arrivano i daichiri. Il cameriere ci saluta come al solito, tranquillo nella sua ignoranza. Io comincio a pensare alle valigie,
e soprattutto al manoscritto di questo libro, e alle centinaia di
fotografie. «Bisogna che metta tutto nel magazzino dell'hotel,
sarà nel sottosuolo, credo. Però il manoscritto, dove lo metto?
Non posso lasciarlo da nessuna parte. Se c'è da andare da
una parte all'altra, sarebbe meglio se me lo portassi con me.
Ma no, assurdo. Meglio spedirlo in Italia con la valigia diplo-
matica».

Sapevo di essere un tipo pauroso, ma ora che mi trovo per la
prima volta a sei ore da una guerra, ne ho la prova irrefutabi-
le: come quando l'estate scorsa sono venuta all'Avana da
Santiago e sembrava che l'aereo dovesse precipitare da un
minuto all'altro. Quello stesso terrore incontrollabile, e sentire che davvero sarebbe troppo stupido morire così. Ma quanti sono i modi stupidi di morire! Provo un violento bisogno di
fare qualcosa, ad esempio preparare le valigie, di non starme-
ne lì ad aspettare il disastro senza far niente. Dolores se ne va
tranquillamente a dormire, io mi metto a fare le valigie per
l'imminente partenza (le più grandi erano quasi pronte da
alcuni giorni). Faccio un bagno, pensando che potrebbe essere l'ultimo per molto tempo, e mi accorgo di essere ancor più
agitata. Avevo sempre detto che se succedeva qualcosa a
Cuba mentre ero qui mi sarei battuta come tutte le donne
cubane. Ma ecco che ora sta per succedere il peggio e io sono
solo un numero fra gli ospiti di un hotel, completamente iso-
lata, senza fucile, che del resto non saprei usare, senza dispo-

sizioni, capace solo di aspettare che una bomba mi arrivi in testa. Il pensiero che sto vivendo un momento storico non riesce a consolarmi. La radio parla sempre dell'attacco di Pilon, come se non ci fosse nient'altro. La gente va e viene come al solito.

All'una, prima di andare a dormire, chiamo il giornalista. «Niente di nuovo?» «Ci sono cinque navi americane al largo. Se guardi dalla finestra vedi le loro luci. Le strade si sono svuotate alle undici e mezzo». Mi addormento sicura che mi sveglieranno i colpi di cannone.

Alle cinque guardo l'orologio: penso, questa è più o meno l'ora adatta per uno sbarco. Ma tutto è calmo. Alle otto bussa alla mia porta il segretario di Celia, che avevo chiamato a mezzanotte. Gli dico quello che so. «Io non so niente di tutto questo». Chiama il suo ufficio: «Niente di nuovo?» Niente di nuovo, gli rispondono. «Per ora non c'è niente. Ti terrò informata».

Torno a dormire. All'una, nella hall, la gente sembra come in attesa, un po' come quando si aspetta la pioggia. Nella caffetteria parlo con un altro giornalista comunista occidentale. È con una bellissima mulatta. «Che cosa sai?» «Che le cose vanno malissimo. Qui ci sarà da divertirsi».

Come succede di frequente, nella caffetteria non c'è più caffè. Io e Dolores saliamo in camera per ordinarne. Al cameriere che mi chiede come sto, rispondo: «Beh, stiamo aspettando, no?» «È così, ragazza», mi dice con una alzata di spalle e un sorriso. «Eso es así». E se ne va.

Poco dopo viene Felicia. Da lei stanno riparando l'aria condizionata. Mi dice: «Ieri ho finito di lavorare alle quattro e fino alle undici sono rimasta col mio gruppo di milizia. Tutti gli uomini sono stati mobilitati e sono nelle caserme, in stato di allarme» (me l'aveva detto già tre giorni fa). «Siamo pronti».

Vado a farmi dare un rullino da Korda. Lo trovo profondamente addormentato nello studio. Arriva il signore indiano, che mi annuncia che se ne va domani. Non può più aspettare Fidel. Nel suo isolamento linguistico, evidentemente, la gravità della situazione non lo ha sfiorato.

Nella strada davanti allo studio di Korda vedo passare della gente con degli ananas: di fronte all'Hotel Nazionale, a pochi passi, c'è uno stand con un pick-up, per la Giornata dell'infanzia, dove si può bere della spremuta di ananas, mentre sul prato, sparsi come dei palloni, ci sono gli ananas, che per trenta centesimi si possono scegliere liberamente.

Davanti al Seguro Medico, il palazzo che ospita gli uffici di Prensa Latina, incontro il corrispondente uruguayano, Ernesto Bermejo. Non si è fatto la barba, ma quando gli comunico le mie notizie si mette a ridere: «Balle. Non succederà niente. E che, fanno la terza guerra mondiale?» Più o meno la stessa cosa mi ha detto anche il corrispondente della Reuter, incontrato davanti allo stand degli ananas, ma lo avevo imputato alla sua flemma inglese.

Ho appuntamento con Roberto Retamar, devo chiamarlo all'Unione degli scrittori. «Può chiamare tra mezz'ora?», mi dice la segretaria: «sono tutti in una riunione della milizia».

È sera. Devo telefonare a Carlos Franqui. All'ora di cena non è in casa. Me ne vado al cinema, che trovo quasi vuoto.

Quando a mezzanotte provo a ritelefonare, Margo, sua moglie, mi risponde: «Non viene a dormire. È in stato di allerta con la Difesa Popolare».

È l'una, un'altra volta. E stiamo sempre aspettando. I giornali continuano a parlare dei fatti di Pilon, che risalgono ormai a mercoledì scorso. Parlano di tutto salvo del fatto che mezzo paese è mobilitato e che si aspetta un attacco. È assurdo, penso, e mi indigno. Questo pomeriggio la cameriera mi ha detto: «La gente si chiede perché Fidel non parla. In questi casi sono abituati al discorso di Fidel, e invece lui non parla». Perché non parla? Perché i giornali fanno finta di niente? Perché Radio Orologio fa finta di niente, e per tutto il giorno e tutta la notte non fa che ripetere le stesse notizie insipide? Eppure, a poco a poco, ormai tutti sono al corrente di ciò che sta accadendo. Qualcuno sostiene che è per rendere le cose più difficili al nemico, ma a me non sembra plausibile.

19 maggio

Domani è il venti maggio, data nella quale i *gusanos* hanno promesso, già da un anno, di essere al potere a Cuba. Il giornalista uruguayano di Prensa Latina dice che non pubblicano la notizia per non allarmare la popolazione, per non rallentare la produzione, e perché da cinque anni questa gente è abituata ad essere sempre più o meno in stato di allarme. È meglio che la popolazione sia informata attraverso i propri organismi di riferimento, sindacati, milizie, scuole ecc., in modo che i *gusanos* sappiano il meno possibile. Discutiamo a lungo. Io rimango sulle mie posizioni, cioè che si potrebbero dire almeno due parole, per ufficializzare la situazione, per invitare il popolo a stare tranquillo e calmo, ma senza dare nessuna indicazione utile ai nemici.

I quartieri generali dei *gusanos* continuano a inventare delle *bolas*, delle "bolle", come le chiamano qui. A proposito di Pilon avevano detto che erano sbarcati, e che insieme a un gruppo di guerriglieri scesi dalle montagne avevano preso possesso del porto per alcune ore. In verità l'attacco si era limitato a un bombardamento dal mare.

Malgrado la paura, ci fanno fare una bella risata. Anche la stampa statunitense finalmente ha pubblicato la smentita della notizia della presa di Pilon. Oggi invece hanno inventato che sei ponti sono stati distrutti, che Raúl è stato ferito e che Blas Roca ha chiesto asilo politico in Messico.

Le milizie sono sempre sul piede di guerra: nella hall dell'hotel incontro il Ministro Eduardo Corona, del Movimento della Pace, intento a raggiungere il suo gruppo all'Università. Al Polinesio, dove non c'è molta gente, vedo parecchi miliziani. Per il resto, tutto come sempre. Alle undici dalla mia stanza sento arrivare delle urla dalla strada. Mi affaccio al balcone: sono le miliziane dell'Università che marciano al ritmo dell'"*un dos tres cuatro*", questa volta però gridato con un tono diverso dal solito, come se si stesse già combattendo.

Scendo per andare a mangiare. In ascensore c'è una giovane coppia, chiaramente sono venuti dalla provincia per un qualche congresso. La donna è vestita di seta scollata, e porta una collana di perle assai fini. I capelli biondi rilevati sulla nuca fragile, si appoggia al braccio del marito, ma è lei che chiede dov'è la cena della delegazione. A Cuba gli uomini vanno sempre in giro abbracciando le loro donne intorno alla spalla, come se qualcuno stesse minacciando di rapirle; ma come dice Sarita, le donne ormai hanno fatto il salto dalla condizione di sottosviluppo al matriarcato.

In albergo c'è anche il Comandante Escalon, e parliamo due minuti nella hall. È appena arrivato dalla provincia d'Oriente, dove, mi assicura, tutto è tranquillissimo, e mi dice che stanotte dormirà nell'hotel, perché deve restare all'Avana. Lo incarico di un messaggio per Fidel, e per la prima volta, malgrado l'attacco sia stato annunciato per domani, mi sento veramente tranquilla: se Escalona dorme qui, vuol dire che le cose non sono poi così gravi. E poi il terrore della prima notte ormai è scomparso. Non riesco neanche più a ricordarmi esattamente com'era. Che strana cosa, la guerra.

20 maggio

Stamattina, alle sette e mezzo, si sono sentiti dei forti rumori, come l'altro giorno, e non si sapeva se erano aerei, camion o carri armati. Più tardi l'amico di "Prensa Latina" mi dice che erano carri.

Ma non è successo niente. Per lo meno ufficialmente. Sul giornale c'è scritto che nel pomeriggio di oggi ci saranno manovre militari a Pinar del Rio, e che perciò sarebbe meglio non navigare da quelle parti durante quelle ore. Sono annunciati voli di jet nella provincia dell'Avana, a Matanzas e a Pinar del Rio. Si chiede ai cubani di donare sangue.

Il titolo più importante è che venerdì Raúl parlerà a Santiago. Probabilmente una risposta alla "bolla" di ieri.

Domenica il Che, inaugurando una fabbrica, ha detto: «Produrre con la mano sinistra, tenere il fucile con la destra, e con i due tacchi schiacciare i vermi». Pare sempre più certo che l'intenzione dei *gusanos* sia di infiltrarsi e di cercare di sabotare la vita economica del paese. Continuano a dirlo.

Stamattina ho passato un'ora con Dolores e improvvisamente mi sono accorta che stiamo ripetendo le stesse cose da quattro giorni e che alla fine tutto ciò è semplicemente noioso: è come se stessimo parlando di spaghetti. Finalmente capiamo l'atteggiamento dei cubani nei confronti dell'attacco: dopo un po' non val più neanche la pena parlarne.

Korda ha visto Fidel correre per la strada di Pinar del Rio, ieri sera. Per vedere le manovre?

21 maggio

Paolo Gasparini dice che il Governo sapeva che le barche degli invasori erano partite verso Cuba domenica. Solo, non sono mai arrivate; probabilmente hanno saputo che i cubani li stavano aspettando. Si dice anche che i diversi gruppi di controrivoluzionari non riescono a mettersi d'accordo, e così finisce che non combinano niente.

Qualcosa sembra essersi dissolto nell'aria.

22 *maggio*

Mi sveglia una chiamata del Comandante Escalona. «Tutto quel che è stato detto sono balle», mi dice. «Non c'è stata nessuna invasione. Può darsi che un giorno ce ne sarà una, ma per ora tutto è calmo. È probabile che Fidel torni oggi». Questo vuol dire che è già tornato. Comincio a credere che la mia partenza sia questione di giorni.

I giornali stamattina finalmente dicono qualcosa, ma in maniera così indiretta che è davvero un'opera d'arte. Il titolo in prima pagina dice: «Allarme nel mondo per l'offensiva yankee», e il sottotitolo: «Più di 100 giovani nordamericani visiteranno Cuba quest'estate; chiara la connivenza dei *gusanos* con la CIA». L'articolo cita un servizio dell'"Unità", nel quale si dice che la comunità internazionale è in allarme per le nuove minacce contro Cuba, che costituiscono un pericolo per la pace non solo nei Caraibi, ma nel mondo intero. Respinge poi le dichiarazioni di Washington, secondo le quali gli Stati Uniti non avrebbero niente a che vedere con tutto questo. E parla poi della visita degli studenti.

In quarta pagina, sotto il titolo «I voli spia degli Stati Uniti, un'offesa», Prensa Latina, da Londra, cita il giornale laburista "Tribune", che qualifica come "banditi e bucanieri" i controrivoluzionari, che «senza l'appoggio degli Stati Uniti sarebbero spariti da molto tempo». Prensa Latina continua: «Il giornale londinese condanna le incursioni controrivoluzionarie istigate e protette dagli Stati Uniti, segnala che "anche quelle piccole provocano disgrazie e vittime", e sottolinea che "giustamente il Governo cubano è indignato con Washington, che le istiga e le finanzia"».

Stasera Raúl ha parlato alla radio, da Santiago. È la prima volta che lo sento; a volte ha la stessa intonazione di voce di Fidel, soprattutto quando nel pronunciare una parola abbassa il tono, in modo molto caratteristico, sull'ultima sillaba. Ha lo stesso difetto di Fidel, la sua voce tende a diventare brutta attraverso il microfono, mentre per contro non ha la capacità di modulare la voce in una ricchissima varietà di toni grazie a cui Fidel riesce a catturare l'attenzione dell'uditore anche quando fa lunghissime enumerazioni. Ma come lui, anche Raúl ama le battute, e il discorso di oggi, giunto dopo due settimane di tensione estrema, ne è pieno. Alcune sono senza dubbio un po' pesanti, ma a sentirle dopo aver provato quell'atmosfera da fine del mondo si caricano di una vitalità ammirevole. Sicuramente una delle maggiori qualità di questa rivoluzione è l'enorme tasso di salute morale che i dirigenti possiedono e che sanno comunicare al popolo.

Fidel inizia sempre i suoi discorsi con una lunga frase di carattere introduttivo, che non dice niente ma serve ad avvicinarsi al soggetto con degli inchini, dei baciamano. Raúl è il contrario. Inizia così: «Abitanti di Santiago! Stanotte ci siamo riuniti allo scopo di spiegare al popolo gli avvenimenti delle ultime settimane e i piani di aggressione che sono in marcia contro il nostro paese; per informarlo di quello che abbiamo fatto per annullare questi piani; e per analizzare ciò che dobbiamo ancora fare per vincere in questo periodo di tensione montato dall'imperialismo».

Parla di come si è potuto osservare lo sviluppo graduale dei piani: per poter presentare Cuba come colpevole di aggressione nei confronti del Venezuela di fronte all'OEA bisognava provocare la resa di Panama e la fine del governo di Goulart. Ora tutto è pronto per la condanna di Cuba. «C'è un unico ostacolo in questa riunione di ratti: possono decidere quel che vogliono, ma non dimentichino, i signori dell'OEA, di decidere una cosa molto importante, e cioè chi metterà il collare al gatto».

Dopo aver ricordato gli avvenimenti delle ultime settimane, i voli degli U-2, Guantanamo, l'attacco di Pilon, Raúl continua con la sua immagine: «A leggere alcuni cablogrammi di questi giorni c'è proprio di che divertirsi. Danno come l'impressione che a Cuba sia iniziata una guerra civile, che i topacci piangenti di Playa Giron da un giorno all'altro si siano trasformati in feroci leoni e che abbiano già cominciato a divorare la rivoluzione; questo è proprio ciò che dicono i cablo-grammi yankee, forse influenzati dalle prodezze di Super Sorcio, il personaggio di Walt Disney». Il primo dispaccio descrive la battaglia di Pilon. Afferma che i controrivoluzio-nari, dopo essere sbarcati ed essersi uniti a dei guerriglieri scesi dalla montagna, hanno tenuto per tre ore la centrale. È firmato da un certo Sopo, «che però potrebbe chiamarsi anche Esopo, perché in effetti la sua immaginazione supera quella del favolista greco».

Quando poi Raúl dice che gli invasori potranno forse entrare nel paese, ma certo non uscirne, la gente comincia a scandire, al ritmo del cha cha cha: «Pa-re-dón!», «Pa-re-dón!», cioè «Al muro! Al muro!».

Ma perché tutti questi cablogrammi?, si chiede Raúl. Non sarà perché vogliono far credere che qui c'è una guerra civile, per poi costituire, magari su qualche nave, un governo controrivo-luzionario, che allora potrebbe chiedere aiuto alla OEA? Risposta: «Non sarebbe strano che coloro che hanno concepito e perpetrato il piano di assassinare Kennedy, e dopo di assas-sinare il presunto assassino, e dopo di far passare per matto l'assassino del presunto assassino, ora abbiano elaborato il piano del governo controrivoluzionario in armi, in modo da chiedere l'intervento». E aggiunge: «i soldati che stavano tagliando la canna erano già alla metà della quota loro asse-gnata quando dicemmo loro che dovevano fare un po' di eser-cizi militari, nel caso che quella gente alla fine venga per dav-vero con in testa l'idea di farla finita con noi».

Se la prende poi con i *gusanos* che si erano rallegrati per la presunta invasione, e con tono allegro minaccia di togliar loro il telefono e, se necessario, l'automobile. Solo i rivoluzionari possono criticare la rivoluzione. Quanto ai *gusanos*, «il massi-mo che la rivoluzione possa permettergli è di vivere nel nostro paese, sempre che lo facciano in modo tranquillo e pacifico».

Ma d'altra parte Raúl non vuol fingere che vada tutto bene. Comincia una lunga requisitoria contro certi funzionari del

Ministero del Commercio Interno (incaricato della distribuzione dei viveri e dei materiali nel paese), che sono stati arrestati come collaboratori della CIA. Davano informazioni false, per esempio dicevano che in un certo posto c'erano meno bambini di quanti ce ne fossero, per cui quando arrivava il latte non bastava. Proprio per questa ragione, per seguire la faccenda del latte, Fidel ha mandato Raúl in Oriente. Altre volte succedeva che degli alimenti arrivassero guasti, e nessuno pensava di cercare di chi fosse la colpa. Se si arrendono spontaneamente, conclude Raúl, i collaboratori della CIA possono ancora salvarsi, sennò sarà troppo tardi. Ed ecco, la gente si mette di nuovo a gridare «pa-re-dón».
Raúl dice che tutto questo succede perché molte volte è stato necessario mettere dei borghesi nei ruoli chiave dell'amministrazione, in quanto le masse ancora non hanno un livello di istruzione sufficiente. A questo punto sembra aver concluso, e invece non smette. Torna indietro, parla del pericolo dell'invasione, legge la parte del discorso della festa del Primo maggio in cui Fidel aveva detto che la lotta non sarebbe finita mai, e infine chiede al popolo se l'imperialismo potrà cancellare le conquiste della rivoluzione, e si mette a elencarle una per una, con un elenco lunghissimo.
Alcuni amici mi avevano detto che Raúl è come un bulldozer. Si lancia su un argomento a tutta velocità, poi torna indietro, per vedere se per caso ha lasciato qualcosa da parte, e infine ci ripassa sopra una terza volta, per essere proprio sicuro.

23 maggio

Nel pomeriggio sono andata in centro per prendere alcuni numeri di "Hoy" dedicati al processo Rodriguez, che mi mancavano. Passando per il Galeano ho visto che tutta l'Avana stava facendo commissioni. Mentre tornavo a piedi dal Campidoglio al Galeano, mi sono messa a fotografare le vetrine e la gente. Era una bellissima giornata, calda, ma con un bel vento, e a ogni angolo di strada si vendevano granite o anelli di farina fritta. Sono entrata in un negozio per bambini e ho chiesto il permesso di fotografare. Per due volte, quando sono entrate delle clienti, ho messo a fuoco l'obiettivo su di loro. Quando se ne sono accorte mi hanno guardata con odio e sono uscite immediatamente dal negozio. La prima volta ho pensato che si trattasse semplicemente di una donna che non voleva essere fotografata, ma la seconda ho capito che doveva trattarsi di *gusane*.

Stasera, verso le dieci, uno squillo del telefono. È Celia: «"Che pazienza!" mi ha detto Fidel l'altro giorno, quando gli ho ricordato che lo stavi ancora aspettando». «E allora?» «Devi aspettare ancora un po'». «Un po'?» «Un pochino». Passo il resto della serata cercando di calcolare a quanti giorni, o settimane, possa corrispondere questo "pochino" di Fidel.

domenica 24 maggio

A leggere i cablogrammi sembrerebbe che i controrivoluzionari siano davvero incapaci di organizzarsi. Hanno eletto una "junta" a Miami, ma i tre gruppi più importanti si sono rifiutati di parteciparvi, e non sono neppure d'accordo tra di loro. I cablogrammi, sono questi i famosi cablogrammi di cui parla spesso Fidel nei suoi discorsi, e che vengono raccolti ogni giorno in un bollettino destinato ai membri del Governo, agli alti funzionari e a pochi, pochissimi, giornalisti. All'inizio della crisi chiesi a Cesar Escalante – i bollettini sono redatti dalla COR[3] – di inviarmeli, perché potessi fare una cronaca comparata tra le notizie provenienti da fuori e quello che stavamo vivendo qui. Mi rispose che non dipendeva da lui, che doveva "consultarsi" e che sarebbe stata una cosa difficile. Feci una decina di telefonate a Celia, a Ramon, a Vallejo, ma naturalmente in quei giorni non c'era modo di parlare con nessuno; i giorni passavano – e la crisi anche – e io ero ancora senza bollettini, ed ero abbastanza irritata con l'incorreggibile tendenza al settarismo di Cesar. Soltanto ieri sera Celia mi ha detto che mi avrebbero dato i bollettini, sicché oggi sono andata al COR a reclamarli alla segretaria di Cesar, dicendole che mi facesse mandare quelli dal dodici in poi.

Oggi ho aperto la grande busta e mi sono buttata su questi documenti, che sono molto più truculenti di quanto mi fossi immaginata. Riproduco queste informazioni testualmente, ma senza indicare i miei tagli:

«12 maggio – Miami AP: Le voci di un'imminente azione militare contro il regime comunista di Fidel Castro sono aumentate presso gli esiliati di questa città, ma i piani, se esistono, sono circondati dal più ermetico silenzio. I leader dei gruppi anticastristi non negano che qualcosa nell'aria ci sia, tuttavia mantengono il più stretto riserbo, in contrasto con la situazione aperta e le dichiarazioni che hanno preceduto la malriuscita invasione di Playa Giron nel '61. Si parla di una lunga attività di guerriglia, di sabotaggi e infiltrazioni e della speranza di defezioni nell'esercito di Castro.

Per vari mesi, diverse organizzazioni militanti di rifugiati cubani, alcuni con esperienza di combattimento o di guerriglia con Castro, altri addestrati nell'esercito nordamericano, hanno organizzato gli attacchi. In una cosa sembrano tutti d'accordo, cioè che quando inizieranno gli attacchi sarà solo l'inizio di una lunga e dura campagna. D'accordo con questo programma alcuni piccoli gruppi di esiliati, dopo esser partiti da fuori il territorio americano, sbarcheranno a Cuba con propositi di sabotaggio, sovversione e osteggiamento al regime comunista. Sperano che alla fine si produca un sollevamento di massa da parte dei cubani, in particolare nelle Forze

Armate. La zona di Miami, con più di 100.000 rifugiati, riverbera di entusiasmo per questo piano, malgrado la discrezione dei dirigenti. Le stazioni radio cubane sotto il controllo del Governo di Castro non hanno citato questi piani. Alcuni esiliati pensano che questo sia un cattivo segno. Dicono che questo strano silenzio potrebbe indicare come Castro non voglia lasciar trapelare agli attaccanti nessun dettaglio sulle misure difensive adottate contro di loro».

«13 maggio – Città del Messico AP: Hanno cominciato a circolare fogli sparsi che invitano i cubani in esilio a intraprendere l'azione armata contro il regime di Fidel Castro, il 20 di maggio. L'appello dice: "Cubani, è l'ora di una riflessione responsabile. È l'ora della guerra". I fogli sparsi arrivano per posta da Miami e sono firmati dal Diretorio Magistral Rivoluzionario».

«13 maggio – Miami UPI: Invasori cubani esiliati hanno attaccato oggi una centrale zuccheriera della provincia d'Oriente, a Cuba, e qui si dice che si siano ritirati con successo dopo aver inferto gravi danni. Informazioni telefoniche precedenti, da una base non identificata del Centroamerica, dicono che gli aggressori, trasportati per mare e appartenenti al MRR di Manuel Artime, avrebbero assaltato la centrale zuccheriera di Pilon, poco prima dell'alba. La partecipazione di Artime all'attacco di oggi costituisce una sorpresa per la grande colonia di cubani esiliati qui. Un leader rivale, Manuel Ray, ha annunciato settimane fa che i suoi uomini cominceranno le operazioni di incursione contro Castro intorno al 20 maggio, giorno dell'indipendenza di Cuba».

Il 14 maggio una delegazione messicana del MRR ha rilasciato un comunicato sull'attacco a Pilon. Gli americani si sono rallegrati del fatto che il Brasile abbia rotto con Cuba, riducendo a cinque i paesi dell'emisfero che riconoscono Cuba: Canada, Messico, Cile, Bolivia e Uruguay. Stanno anche prendendo delle misure per impedire a Cuba di continuare a comprare medicine negli Stati Uniti. Nei circoli di esiliati in Nicaragua si dice che è poco probabile che Manuel Artime abbia diretto personalmente l'attacco a Pilon.

Il cablogramma più succulento è il resoconto di un corrispondente della AP su un viaggio di "ispezione" delle basi statunitensi della Florida, fatto per determinare se gli esiliati cubani potevano o potrebbero ricevere aiuti militari da parte degli Stati Uniti. Dice che a quanto pare gli Stati Uniti non si stanno preparando a fornire un aiuto armato agli incursionisti cubani, ma d'altra parte afferma che in effetti «ci sono alcuni misteri a proposito dell'attacco a Pilon». Infatti: «Gli attaccanti sono arrivati per mare e se ne sono andati per mare dopo un breve scontro a terra. Dicono che sono sbarcati alle 3:50 del mattino, che hanno combattuto per tre ore e che se poi ne sono andati. Ciò significa che la loro ripartenza ha avuto luogo un bel po' dopo l'alba. E allora dove sono andati? Non ci sono posti per nascondersi nella zona, ed è presumibile che siano stati seguiti da aerei. Dove stavano dunque i caccia di Castro? Si è detto che ha 100 Mig 2L e anche più del modello Mig 17, meno moderno. In Oriente c'è la base navale americana di Guantanamo. Ma è molto dubbio che si permetta agli attaccanti di entrarvi, vista la sorveglianza cubana. Comunque, nella colonia di esiliati di Miami corre voce che i tre gruppi anticastristi abbiano denaro a piene mani. Da dove viene questo denaro?»

Il 15 maggio la AP dice che Manuel Ray ha rinunciato al suo impiego e ora se ne sta nascosto a Portorico. Il "New York Times" rimprovera al Governo degli USA le restrizioni sulla vendita delle medicine, dicendo che «questo non è il modo di presentare al mondo l'immagine degli Stati Uniti come paese umanitario e magnanimo». Invece il "Washington Post" scrive che l'attacco a Pilon favorisce il regime di Cuba e pregiudica gli Stati Uniti, e aggiunge che «si dovrebbero prendere misure per impedire che, in maniera aperta o occulta, si utilizzi il territorio, le imbarcazioni e il denaro degli USA, o il prestigio del loro presunto patrocinio, per lanciare degli attacchi contro Cuba, soprattutto perché qualsiasi smentita di Washington a proposito di questi legami sarà presa *cum grano salis*». Intanto il gruppo di Artime, il MRR, se la prende con il Governo nordamericano.

Miami AP – Il MRR afferma oggi che il Primo Ministro Fidel Castro mentiva quando disse che l'attacco di ieri contro la centrale zuccheriera d'Oriente non era stata un'operazione di terra ma era stata compiuta da una barca fermatasi vicino alla costa. «Castro ha impiegato 15 ore per inventare questa menzogna, perché la sua dittatura comunista ha sofferto un colpo tremendo». L'organo del MRR aggiunge che «in futuro è possibile che non emettiamo più comunicati ufficiali del MRR dal territorio degli Stati Uniti, per evitare conflitti».

Ma non è tutto. C'è una quantità enorme di notizie sull'imminente invasione di Cuba. Da Miami la radio trasmette in spagnolo che unità anticastriste sono sbarcate sulle coste settentrionali dell'isola, mentre dei controrivoluzionari in Nicaragua dichiarano che «il numero degli attacchi a Cuba sta aumentando», e l'"Evening Star" di Washington stamattina scrive che alcuni gruppi facenti capo a due organizzazioni controrivoluzionarie sono sbarcati in punti diversi della costa cubana. I controrivoluzionari del Costa Rica celebrano l'attacco di Pilon, mentre a Miami gli americani, a quanto pare, confiscano un'imbarcazione di fabbricazione locale che era destinata a essere usata contro la nave cubana Las Villas al suo passaggio al largo della costa della Florida.

«Sabato 16 maggio – AP Miami: Pare non esserci dubbio, sono imminenti nuove incursioni contro Cuba. L'incognita è se queste incursioni di esiliati cubani militanti produrranno allegria o mal di testa ai milioni di cubani, dentro o fuori di Cuba, che desiderano vedere distrutto il regime rosso di Fidel Castro. In quel meraviglioso bazar di voci che è Miami si riceve l'impressione che le incursioni che si stanno tramando ora potrebbero essere più serie di quelle della settimana scorsa contro Pilon. Una volta garantita l'esistenza di una testa di ponte, un governo armato riceverebbe subito il necessario riconoscimento. Tra gli esiliati i più vecchi, che nutrono qualche dubbio in più dei loro compatrioti più giovani, dicono che se Castro venisse spodestato occorrerebbe che gli Stati Uniti stabilissero un governo militare per Cuba per un periodo di dieci anni; altrimenti i giovani rivoluzionari che si battono ora contro Castro si troverebbero nell'impossibilità di governare il paese e ancor meno di unirlo».

«Sabato 16 maggio – Miami UPI: Oggi un'emittente statunitense ha trasmesso in spagnolo, apparentemente in codice, una serie di numeri di quattro cifre per una potente stazione a onde corte diretta a Cuba. In sostanza parlava di voci non confermate su imminenti nuovi attacchi degli esiliati. La radio dell'Avana non commenta la notizia data ieri dal "Washington Star", secondo cui due gruppi di esiliati avrebbero effettuato nuovi sbarchi proprio ieri. E però è stato notato un tentativo cubano di provocare delle interferenze contro la misteriosa trasmissione cifrata».

25 maggio

Ho visto il film cecoslovacco *La morte si chiama Engelchen*. Mi accompagnava un giovane economista polacco, il quale, malgrado le sua difficoltà con lo spagnolo, ha trovato la definizione perfetta per la mia situazione attuale: «Per te l'Habana Libre è una prigione regale».

Il film è molto più bello de *Il coltello nell'acqua* del giovane regista polacco Polanski, per il quale qui tutti, o quasi, impazziscono. Il film di Polanski è un pesante quadro matematico, che costringe i personaggi ad entrare in uno schema prestabilito e trasmette allo spettatore un'invincibile voglia di dormire. *Engelchen*, al contrario, pur parlando di morte e di tragedie, trasuda vita. Ma la sua qualità migliore è di non essere arbitrario, di lasciare ai personaggi e agli avvenimenti la libertà di svolgersi, di vivere e di morire proprio come nella vita reale, con le relative sfumature di assurdità, gratuità, incompiutezza, di cose che sarebbero potute o dovute accadere, ma che non sono state. Persino la smodata passione, tutta sovietica, per gli effetti visivi, come i frammenti di immagini che si susseguono nella mente del protagonista o degli alberi che ruotano sopra la testa dei personaggi, qui è finalmente entrata a far parte del linguaggio della pellicola, trovando così una sua precisa ragion d'essere.

Proseguo a leggere i cablogrammi trasmessi durante la crisi. «18 maggio – Miami UPI: Le trasmissioni della radio governativa cubana oggi indicavano che nell'isola vige ancora lo stato di emergenza militare, dichiarato per prevenire la minaccia di un'invasione prima di mercoledì».
Da Miami l'AP scrive: «Secondo fonti vicine ai leader anticastristi, domani o mercoledì potranno essere annunciati nuovi attacchi contro la Cuba comunista di Fidel Castro ad opera di commandos di esiliati cubani. La prospettiva di nuovi attacchi contro il regime di Castro mantiene la colonia dei circa 100.000 esiliati cubani a Miami in un'atmosfera di eccitazione. Una radio clandestina captata qui, che si identifica come "Radio Cuba Libre", in una sua trasmissione ha detto: "Trasmettiamo da dentro il territorio cubano"; e ha dichiarato al popolo cubano che l'ora di Castro e dei traditori comunisti è molto vicina. L'emittente ha infine fatto appello agli operai, ai soldati e ai miliziani di Castro, affinché si ribellino». Secondo la UPI uno dei messaggi radio diretti a Cuba diceva: «Ismael per Eugenio. L'albero è a metà del forte. Firmato: Indalecio». Pare che i rifugiati di Miami si siano entusiasmati al sentire per radio una voce che diceva di essere di Ray e di parlare da Cuba. Ma il giorno dopo l'organizzazione di Ray ha dovuto ammettere che non si trattava della sua voce, anche se ha aggiunto di sperare in un annuncio vero «effettuato da Cuba per il 20». Pare che stanotte fossero «sull'orlo di una crisi isterica», quando in città è corsa voce che un U-2 si era «perduto» in volo sopra Cuba. In un altro bollettino la UPI afferma che «la catena interna di radiodiffusione cubana esortava oggi alla massima vigilanza, mentre gli esiliati aspettavano con ansia notizie sulle azioni promesse dai leader. Pare che tre dei principali dirigenti e specialisti in guerriglia siano spariti dalla città, dando così maggior consistenza alle ipotesi di imminenti avvenimenti nell'isola. I dirigenti sono Manuel Ray, Eloy

Guitierrez Menoyo e Manuel Artime. A Cuba, intanto, il regime castrista ha ordinato che due stazioni radio continuassero a trasmettere 24 ore al giorno invece di sospendere i programmi a mezzanotte, e attraverso la catena privata di comunicazioni del Governo si è ordinata la "massima all'erta", senza tuttavia che venissero spiegate le ragioni di quest'ordine».

Martedì 19 maggio, vale a dire il giorno prima di quello fissato per l'invasione, la AP annuncia che dei commandos hanno fatto saltare sei ponti stradali a Cuba, mentre in un altro bollettino un rifugiato, appena arrivato a Miami, assicura che «l'inquietudine per l'invasione sta facendo disperare i comunisti». Intanto, secondo un comunicato della UPI di New York, l'ambasciatore del Costa Rica alle Nazioni Unite avrebbe negato che nel suo paese esistano campi di rifugio per esiliati cubani. Mercoledì gli esiliati di Miami «sperano che Ray abbia potuto sbarcare a Cuba. Le trasmissioni di una radio clandestina, provenienti da fuori Cuba, hanno riempito l'etere per tutta la notte. Un nuovo bollettino della UPI dice che Castro oggi è stato avvertito per radiotelefono dell'imminente inizio di una lotta di guerriglia contro il suo regime, da parte delle forze dirette da Gutierrez Menoyo. La trasmissione, proveniente da «qualche parte nei Caraibi», faceva allusione al "Piano Omega", preparato da tre gruppi di esiliati. Un'altra trasmissione, che si è potuta ascoltare sulla frequenza marittima cubana, affermava, senza però fornire maggiori dettagli, che «due barche stanno facendo fuoco contro il faro... dobbiamo abbandonare il faro». Non si è potuto ancora verificare se questa informazione sia esatta o no. Il dispaccio concludeva con una frase laconica: «Nessuno dei gruppi di esiliati residenti a Miami ha fatto sapere se sono stati operati attacchi contro Cuba».

26 maggio

Il gruppo Teatro Studio dà alternativamente una commedia di Miller, *Ricordo di due lunedì*, e due commedie di Edward

Albee, *The Zoo Story* e *La morte di Bessie Smith*. La sala Huberto de Blanck è un teatro relativamente piccolo e ospita una compagnia di giovani, che lavora in un'atmosfera di internazionalismo intellettuale, un po' da Festival di Spoleto o da *rive gauche* parigina. La sala non è piena, ma quasi; la rappresentazione della *Zoo Story* è eccellente, e forse la ragione principale è la forza comunicativa di Albee. *Bessie Smith*, decisamente inferiore, sembra una produzione collegiale, ma al pubblico piace perché tratta il tema della discriminazione razziale.

Continuo a ricevere i bollettini dalla COR. Vi si vede sgonfiare il pallone dei controrivoluzionari, in maniera abbastanza divertente. Sabato 23 l'ormai leggendario Manuel Ray ha dichiarato all'UPI di Caracas, dove è riapparso dopo un silenzio di parecchi giorni, che per far cadere Fidel Castro ci vorrebbero da uno a tre anni. Nella conferenza stampa ha detto anche che sul modo di battere Castro gli sembrava improbabile che si potesse arrivare a un accordo con gli altri due leader. Intanto gli esiliati cubani in Messico hanno fatto correr voce che fosse stata attaccata nientemeno che una base di sottomarini sovietici a Pinar del Rio.

E ancora: il "New York Journal" il 22 maggio ha pubblicato un articolo sui motivi di contrasto tra i tre leader anticastristi, cioè Ray, Artime e Menoyo: «Nella colonia dei rifugiati circola una cinica predizione, cioè che ci vorrano tre rivoluzioni perché a Cuba ritorni la vera libertà. Prima Manolo Ray spodesterà Castro in nome del "fidelismo senza Fidel" – si dice che Ray sia socialista –, quindi Manuel Artime strapperà il potere a Manolo Ray per salvare Cuba dal pericolo di diventare uno Stato neutralista e non capitalista – una specie di Jugoslavia dei Caraibi. L'ultima rivoluzione avverrà quando, a quel punto, i cubani obbligheranno Artime a riconoscere la costituzione del 1940». Lo stesso giorno nel "World Telegram" un articolo di Hal Henrix da Miami espone le cose in un linguaggio quasi poetico: «Gli esiliati cubani stanno silenziosamente rassegnandosi alla probabilità di subire un'altra tremenda disillusione, dopo l'incredibile ubriacatura di speranze prodotta in loro da una settimana di "guerra" pubblicitaria contro il regime comunista di Fidel Castro. Ci sono più giornalisti a Miami per coprire la "guerra" che uomini delle "forze d'invasione" di Ray. Adesso si riconosce che a Cuba non è successo niente di drammatico o sensazionale che indichi lo scoppio di qualche "nuova guerra" o il sollevarsi in armi dei cubani per dare il benvenuto e per appoggiare il misterioso contingente dei "salvatori in esilio" – cosa che lascerebbe supporre l'inizio del riscatto dell'isola dal controllo castro-comunista. Non c'è nessuna manifestazione di gioia tra i cubani di qui...»

27 maggio

Dolores è davvero indignata: «Ti rendi conto che dogmatismo? Ti rendi conto che si tratta di un giovane, di un ufficiale dell'esercito, credo abbastanza influente, che, anche se non ha un grado altissimo, penso sia relativamente importante. È questo qui, che dovrebbe essere la crema della nuova generazione!... Sai come la pensa? "Bisogna fare dei film sulle fabbriche, basta con questi *La dolce vita*, *Accattone*, eccetera, che non servono e niente". Un'ora sono stata a parlare con lui, e alla fine ho capito che non c'è niente da fare: è una cosa spaventosa, da paura!»
Mi trovo nella posizione di dover fare l'avvocato del diavolo. È chiaro che le idee di questo giovane ufficiale, che crede di sapere tutto, indignano me quanto Dolores, ma dopo tanti mesi passati a Cuba sono diventata più tollerante, e così cerco di rassicurarla. Mi pare che sia un problema assai grave, ma in fondo inevitabile: il dogmatismo esisterà sempre, ci saranno sempre una destra e una sinistra, l'umanesimo e la mentalità "autoritaria". Il comunismo, nel processo di affermazione e di protezione dai suoi nemici, deve avere il pugno di ferro, come dice Cesar Escalante, così è facile che in nome di questa lotta, certo in sè importantissima, cresca

la tendenza a voler imporre anche una certa rigidità nel campo delle attività creative e intellettuali. Basterebbe che il Governo sapesse affidare la direzione di questo settore a persone dal temperamento eminentemente umanistico e contemplativo, come Alfredo Guevara. Ma il potere del Dio senza occhi appare inarrestabile...

28 maggio

Ecco, sono due giorni che non riesco neanche a parlare con Celia... Vedo avvicinarsi la fine del mese e sto attraversando la fase peggiore della sindrome dell'"aspettando Fidel", che avevo potuto osservare in tanti altri. È la fase in cui ci si dice: «Ma insomma, o mi vuol vedere, e allora mi dica di andare da lui, o non mi vuole vedere, e allora mi dica di andar via! E insomma! Come può pretendere di mandare avanti un paese con una simile mancanza di organizzazione! Per fortuna il Che e Raúl sono un'altra cosa! Sarà pure un artista, sarà tutto quel che vuole, ma non si fa così; insomma, questo è abuso di potere, questo è disprezzo degli altri! Insomma basta, mi sono stufata...»

Stamattina, dopo che in Calle Once mi ero sentita dire che «non tornerà prima di stasera», e io già mi preparavo a passare un'altra giornata tra i cablogrammi, la piscina e i piccoli intrighi dell'Habana Libre, ecco suonare il telefono. Una voce maschile: «Lei non mi conosce. Ho scelto un numero a caso... Come si chiama, cosa fa qui?». Poi mi chiama Vallejo, dopo quindici giorni di completo silenzio, e mi dice: «Non uscire. Verrà o nel pomeriggio, o stasera; ha promesso che viene».

Sono le quattro: è una di quelle giornate stupende in cui una pioggia leggera, mobile, fluttua da un punto della città all'altra come una vela mossa dal vento, e imprime al paesaggio una serie di trasformazioni così rapide che chi vi assiste non può che credersi vittima di un'allucinazione.

Dichiarazione laconica del Ministero degli Affari Esteri della Bolivia: la Bolivia non romperà le relazioni con il regime cubano di Fidel Castro «solo per imitare le decisioni di altri paesi». E aggiunge che il Governo farà conoscere la sua decisione dopo un attento esame della questione. C'è da prevedere che dopo le prossime elezioni la Bolivia romperà le relazioni con Cuba, come ha fatto il Brasile.

Sono le otto, scendo a mangiare. Come sempre quando piove, l'acqua entra dalle cupole che sovrastano la scala della hall. Sul pianerottolo dell'ammezzato è stato messo un secchio.

29 maggio

Alla fine non è venuto, né ha telefonato. Ho passato la giornata chiusa in hotel: finchè non telefonano uno non osa uscire. Ho cenato con Franco, l'economista polacco, e con una giovane dottoressa messicana di origine ungherese, venuta a lavorare a Cuba con il marito e i due bambini. Più tardi si sono aggregati Ernesto Bermejo, il giornalista uruguayano, Savero Tutino de "L'Unità" e Giuseppina Marchelis, un'architetta italiana. Quindi siamo saliti nella mia stanza, per mangiare del gelato e bere un po' di rum: Kathy doveva aspettare suo marito, impegnato con le esercitazioni della milizia, mentre io, essendo ancora in attesa della telefonata, non potevo andare da nessuna parte.

Si è parlato dell'imminente riunione della OEA: Tutino, come al solito, vedeva le cose a tinte fosche, mentre Bermejo, come al solito, non riusciva a prendere sul serio la minaccia. Il suo pallino in questi giorni è stato Guantanamo; ha fatto un lungo reportage, qualche tempo fa, sulla base americana, e ora sta pensando di riunire il materiale in un libro. Un giorno mi ha chiesto se secondo me «un libro su Guantanamo potrebbe interessare la gente "di fuori"». Gli ho risposto che non ne ero certa, perché molta gente, anche se sa qualcosa di Cuba, non sa neppure che esiste, Guantanamo: si tratta di un dettaglio del problema, nel quale chi viva a cinquemila chilometri di distanza non può entrare.

A noi però interessava, eccome, e così Ernesto ci ha fatto un riassunto della situazione, col supporto di una pianta topografica. Il lato più interessante di questa situazione assurda chiamata Guantanamo è senza dubbio quello umano. I marines e i soldati americani che vivono nella base non possono più, come una volta, uscire dal recinto e andare a divertirsi nella piccola città vicina. Gli ufficiali sono installati nella base con le loro famiglie, le loro case con giardino, il loro club, ecc., e quindi il divieto di uscire a loro non pesa più di tanto. Ma i soldati vivono in baracche, sono soli, isolati, e per di più a loro tocca il lavoro più snervante, cioè fare la guardia al posto di frontiera. La frontiera tra il campo americano di Guantanamo e il territorio cubano circostante è un concentrato di Guerra fredda, il campo di battaglia di una guerra di nervi.

I ragazzi della postazione cubana vengono cambiati ogni quindici giorni: non si può chiedere a una persona di resistere a una tensione simile per un periodo più lungo. L'unico soldato che staziona lì da cinque anni è un uomo di quarantacinque anni dai nervi d'acciaio, un *guajiro* tranquillo e forte. L'unica volta che ha perso il controllo è stato di recente, quando un messicano pagato dagli americani per provocare è andato a sedersi dalla parte cubana della riga bianca e si è messo a insultare. Allora lui gli ha sparato sopra la testa. Il messicano si è messo a scappare di corsa.

Questa storia del messicano è veramente grottesca. Ma non è l'unica. Pare che i soldati americani, non sapendo più che fare per esasperare i cubani e per obbligarli a sparare, alle volte, di notte, si mettano a fare i versi degli animali. Come diceva una guardia diciassettenne, un altro *guajiro*, è roba da bambini.

Gli americani negano sempre che le loro guardie provochino i cubani, come la volta dell'anniversario di Playa Giron, ma Fidel ha ripetutamente invitato i giornalisti a venire, vestiti da soldati cubani, a mettersi nei posti di frontiera, così da essere testimoni. E del resto basta pensare agli avvenimenti seguiti all'incidente della bandiera di Panama per riuscire a immaginare di che pasta sono fatti questi soldati, con quella mentalità mista di arroganza e disprezzo che è sempre più diffusa in certe categorie di statunitensi non molto istruiti.

Verso le undici e mezzo telefonata di Celia: Fidel se n'è andato, ancora una volta, e per farmi star buona le ha suggerito d'invitarmi ad accompagnarla in un giro che deve fare non so dove. Le dico che ne sarei felicissima. «Ti vengo a prendere domani mattina». «D'accordo. A che ora?» «Verso le sette, sette e mezzo». «Bene». Cerco di non far trapelare dal mio tono di voce il terrore che ho per le levatacce, ma Celia se ne rende conto, e così mi fa: «Guarda, è meglio che ti metti a dormire senza preoccuparti, io ti telefono quando mi sveglio».

30 maggio

Tre gruppi di esiliati del Piano Omega si sono riuniti a Miami per mettersi d'accordo sulla «preparazione ed esecuzione della seconda guerra d'indipendenza di Cuba».

Alle otto meno un quarto mi chiama Celia: «Vengo a prenderti alle otto e mezzo». Quando esco dall'ascensore è lì che mi aspetta e intanto parla con un bell-boy. È vestita con un'uniforme di un verde oliva particolarissimo, del tutto coerente col suo personaggio. I pantaloni, con l'elastico in fondo, non le arrivano alle caviglie. Intorno alla caviglia sinistra ha, come sempre, una catena d'oro, ai piedi delle ballerine verdi.

In macchina c'è una donna corpulenta di mezz'età, con i pantaloni neri e la camicia biainca a merletto. Prende una serpentina tra le strade del Vedado: non capisco dove stiamo andando, finché non arriviamo davanti alle case di Calle Once. Dico a Celia che mi rimangono poche foto nel rullino, e lei mi risponde che piuttosto che passare dai Gasparini mi avrebbe prestato la sua, che ha un rullino nuovo. «Andiamo a prendere un caffè». Saliamo. In cucina una ragazza ci porge delle tazzine di ceramica con del caffè fortissimo, e intanto Celia mi mostra la sua macchina. Compare una donna con un bambino di un anno, poi scompare. Scendiamo. Uno dei ragazzi della scorta sale in macchina con noi, senza mitragliatrice.

Prendiamo la strada per Pinar del Rio, e scopro un'altra Celia, quella che ogni due minuti chiede «Non è qui che dobbiamo girare?», «Non siamo ancora arrivati a quel bivio?», come una bambina che abbia fretta di arrivare, e come se a Pinar del Rio non ci vosse andata già cinquecento volte. La sua ansia la fa guidare a una velocità veramente da paura. Guida bene, molto bene, ma è anche terribilmente distratta, sembra non vedere il carro tirato da un cavallo o l'auto mezza rotta che ci camminano lentamente davanti, finché praticamente non ci arriva contro, e allora frena. Difficile trattenersi dal fare un gesto che attiri la sua attenzione: «Se fossi Ramirito ti darei una sirena. Sei un pericolo pubblico». Mi guarda con l'angolo dell'occhio, un po' sorpresa. Dopo un altro paio di mezzi infarti: «Ma perché non viaggi in elicottero?» «L'ho fatto spesso, ma sai, è difficile ripararli quando si rompono, i pezzi sono carissimi, e poi, ora, è meglio evitarlo, perché a volte le nostra antiaerea può prenderti per... una volta mi è quasi successo, stavano per sparare, era notte e non potevano vedere l'insegna».

Dopo un'ora ci fermiamo a prendere un altro caffè, questa volta alla caffeteria del PR2, la fattoria collettiva che avevo già visitato. Solo che... non c'è il caffè. Mentre ordiniamo delle spremute d'arancia, vedo che i due pannelli dipinti che c'erano prima sono stati imbiancati e ripitturati con la consueta trafila di ritratti dei Padri della rivoluzione. Da una parte Marx, Engels, Lenin, Gomez, Maceo, Martì, dall'altra Fidel, Chruščëv e Marx, con tanto di «Patria o Morte!», colombe e rose finte. Dico a Celia che prima c'erano degli affreschi sulla felicità primitiva e sullo sbarco del *Granma*. «Ah sì, eh?» E non aggiunge altro. Chiede al cameriere chi è l'amministratore e lo fa chiamare, poi, appoggiata al banco, gli fa il discorso più travolgente che il povero uomo sicuramente abbia mai sentito in tutta la sua carriera di rivoluzionario. «Chi ti ha detto di montare questo orrore?» «È che le pitture erano brutte». «Sicuramente meno brutte di questa roba. Quelle almeno erano decorative, queste no. Non è che si diventa buoni rivo-

luzionari perché si attacca al muro i ritratti dei grandi rivoluzionari! Io in casa mia non ne ho neanche uno né ne avrò mai.
E poi questo è un locale pubblico, un ristorante, un posto che
dev'essere bello. Deve pensare a decorarlo bene, in modo che
attragga la gente, che sia gradevole... Quei ritratti sono semplicemente brutti e non vogliono dire niente». «Ma è che il
Comitato...» «Se viene un'altra volta il Comitato tu non devi
avere paura di dire "no"».
A San Cristobal stanno preparando il carnevale, vendono
cappelli di paglia colorata per le strade. Celia si rivolge a
Marian, la donna dai merletti: «Al ritorno debbiamo comprare dei cappelli per i bambini».

Celia si è portata via dal bar un panino al prosciutto, e mentre guida ogni tanto ne mangia un pezzetto. Arriviamo alla
Guira dopo un'altra ora di strada. «Era la proprietà di un

uomo politico ricco, un uomo curioso, che aveva viaggiato molto. Qui aveva raccolto una collezione di oggetti giapponesi, cinesi, vedrai. Ora dobbiamo avviare i lavori per mettere a posto la casa, vogliamo farne un museo per la gente che verrà qui a passare il week-end». Dico che non capisco il perché di questa mania di trasformare in musei posti come la villa di Prio, dove c'è ora una scuola, come se quella gente e le loro proprietà fossero da venerare. «Nella casa di Prio abbiamo voluto che le ragazze apprendessero ad avere cura delle cose belle, l'abbiamo lasciata com'era perché avessero a disposizione un posto bello per ricevere le visite, essendo quella casa arredata con molto buon gusto». A me quella casa era sembrata di un gusto spaventoso, da pacchiani arricchiti. Non credo che a Celia piaccia davvero, ma forse pensa che a delle ragazze di campagna possa apparire di buon gusto.

La proprietà La Guira – una casa in stile New Orleans – è una follia da cima a fondo, con le sue mura medievaleggianti, la torre, un giardino fiabesco e poi però strade asfaltate per chilometri e chilometri. Ci fermiamo a prendere un caffè al chiosco che si trova in mezzo al giardino. «Come va qui con l'INIT?», domanda Celia. «Come rifornimento abbastanza bene, quel che va male sono le macchine: per esempio abbiamo perduto tutto il raccolto di manghi perché si era rotta la macchina per estrarre il succo».

I due padiglioni orientali sono deserti. Guardiamo dalle finestre, che sono poi nient'altro che delle sbarre di legno facili da aprire dal di fuori, e finalmente appare un uomo con le chiavi. Entriamo. «Dov'è l'amministratore?», chiede Celia mentre camminiamo verso la macchina. «Qui tutto è lasciato andare! Perché queste piante non sono state potate, e quegli alberi? Perché queste strade piene di foglie? Se fosse casa vostra non sarebbe così, vero o no? Perché hanno mandato via l'altro amministratore? Da dove viene questo?» L'amministratore pare che sia alla caffetteria che sta in cima a una collina a un paio di chilometri da qui. È una bella costruzione moderna, che si richiama alla torre medievale dell'abitazione. L'amministratore è un uomo giovane, vestito di verde oliva. Non si è fatto la barba ed è piuttosto sporco. Sulla terrazza di pietra della caffetteria c'è un grande pozzanghera. «Perché lasciate quell'acqua? Scivola giù, e così le fondamenta finiscono per imputridirsi». «È che siamo aspettando il cemento». «Macché cemento! Può darsi che la gente che deve costruire le case ne abbia più bisogno di voi. Non dovete aspettare il cemento! Prendete una scopa e uno straccio ogni volta che piove, è così facile! Non capisco perché questa mancanza di coscienza, non capisco proprio... Se fosse casa vostra...»

Dobbiamo andare ancora a visitare le capanne che stanno terminando di costruire nel pineto. Ci dicono che la strada non è granché, ma che forse la macchina ce la può fare. Lungo la strada incontriamo un uomo di una certa età, che cammina a fatica con delle gavette tra le braccia. Celia frena, fa marcia indietro e dice al giovane della scorta: «Chiedigli se vuole un passaggio». L'uomo sta portando la colazione agli operai delle capanne. La strada va su e giù per una collina: per lo meno un'ora di marcia. «Perché non ti hanno dato un cavallo?» «Ne hanno pochi, e sono tutti giù per la villa. Noialtri al bosco non ne abbiamo». «Gli devono dare un cavallo», dice Celia a Ciro. Il bosco di pini è magnifico, sul fianco di una collina, e sulla cima c'è il villaggio delle capanne. Sono costruite su palafitte e sono collegate da una rete di ponti e scalinate. Le capanne sono piccolissime, con una stanza con WC e un minuscolo lavandino, però sono arredate con materiali locali, legno, bambù, il guscio di una pianta locale chiamata *guire* per le lampade, che sono incise e molto belle. I letti sono nuovi, e per terra c'è un tappeto di cocco. Come al solito, il progetto era stato disegnato da Celia. Visitiamo la sala da pranzo e il bar, molto elegante, quasi pronti per l'apertura. Poi giù per una scalinata di pietre, lungo pareti di stalattiti: in fondo hanno montato un sistema di fontane, l'acqua passa tra le rocce e va a tuffarsi dentro un bacino.

Al ritorno ci fermiamo a comprare dei cappelli a San Cristobal. Poco dopo, lungo la strada, vediamo di continuo delle esposizioni di manghi. Ci fermiamo davanti a un giovane contadino, alto, bello, con denti bianchissimi. Celia guarda bene tutti i colori dei mazzi prima di scegliere, poi si mette a mangiare un mango per la strada mentre chiacchiera col ragazzo, un piccolo coltivatore indipendente che si dice abbastanza contento del suo ultimo raccolto di tabacco, che gli ha fatto guadagnare quasi 2000 pesos.

Celia protesta contro il traffico: «Dovevamo partire alle cinque». Mentre ci fermiamo e Ciro si occupa di fare benzina, lei tira fuori da una tasca dei pantaloni due biglietti, uno da cinque e uno da dieci pesos, e li mette nelle tasche laterali della macchina: «Meglio così, sennò uno di questi giorni esco senza soldi e mi ritrovo in mezzo alla strada». Chiacchiera con Marina sul conto presentato da una cucitrice e su alcuni vestiti pronti. Marina pare una brava donna, ma m'infastidisce un po' quel suo continuo estasiarsi di fronte a qualunque prodezza dei rivoluzionari; filosofeggiando penso che la corte non è corte per colpa del regime, ma per colpa dei cortigiani.

Un giornale spagnolo di New York dice che dentro Cuba si sarebbe costituito un governo clandestino, con il nome di Consiglio di Liberazione Interno in Armi. Secondo un documento ricevuto da New York il Consiglio avrebbe nominato dieci cubani per rappresentarli fuori Cuba, e tra questi ci sarebbe anche l'ex Presidente spodestato da Batista, Prio Soccaras. Intanto un congressista brasiliano ha incontrato un gruppo che riuniva i rappresentanti di 55 organizzazioni di esuli cubani, tra i quali però non figurano i più importanti, e li ha esortati ad armarsi.

domenica 31 maggio

Un giro per il Prado nell'aria dolce della sera. All'angolo della piazza ecco una terrazza illuminata, al primo piano, e sotto gente che sta a guardare. Dall'alto scende musica da ballo, sul balcone ci sono delle coppie che ridono. Sarà una festa privata. Chiediamo al ristorante al piano terra. No, è un ballo pubblico, ci rispondono, si può andare.
Oltre la porta, ragazze e ragazzi esitano a salire: i cavalieri devono pagare un peso. Per la scala, di marmo lurido, c'è uno spaventoso odore di latte irrancidito. Al primo piano, tra altissime finestre dai vetri colorati – è un bel palazzo antico – un andirivieni di giovani e meno giovani con bicchieri di carta pieni di birra. L'orchestra è nella sala, su un palcoscenico, ma si può ballare anche nel corridoio. Molti si appoggiano alla ringhiera delle finestre per prendere il fresco.
Le donne hanno tutte un aspetto volgarissimo, che non avevo mai visto. Sono mal truccate e mal pettinate, hanno l'aria poco pulita di prostitute di terza categoria. Ma che sarà questo ballo? Ci sono anche delle quarantenni e delle cinquantenni, che agitano freneticamente il loro grasso. È terribile. Si avvicina un uomo sulla quarantina, con gli occhiali verdi: «Questi posti, i pochi che sono rimasti, bisogna eliminarli». «Perché?» «La gente che viene qui... non sono compagni». «Ah no? E chi sono?» «Vuol bere qualcosa?»

Voglio capire che cosa c'è sotto. Franco, che mi accompagna, suggerisce: «Sarà un *gusano*?»; ma io non ci credo. Ha un'aria che conosco già ma che non riesco a definire bene. Scendiamo alla caffetteria di sotto, ma non ci danno che dell'acqua, perché sono le undici passate e non servono più né da mangiare né da bere. «Questa gente non sono operai, capite?» «Ma è gente che lavora, no?» «Sì, lavora, ma...» Esita: «per esempio, le donne, sono donne di certe case, capite, donne che magari hanno avuto delle disavventure, a cui è andata male, capite no?» Non riesce proprio a dirlo, che sono prostitute. «E Lei che fa lì dentro?» «Io sono al servizio della rivoluzione». «Che fa?!» «Guardo». «Ma che può vedere, in un ballo?» «Per esempio dei compagni stranieri, degli amici, e non è una buona cosa che se ne vadano con l'impressione che questi siano gli unici posti che abbiamo. Ne abbiamo degli altri, diversi, come i circoli operai, che sono un'altra cosa. Non devono andar via con questa impressione». «Capisco. E gli uomini, qui, chi sono?» «Bene, capite, non sono operai organizzati, è per lo più gente che lavora per conto proprio: piccoli artigiani, bottegai... non sono compagni».

L'uomo vuole accompagnarci in un bar vicino perché possiamo bere, ma davvero non abbiamo sete, così lo piantiamo lì in mezzo alla strada. Prima, però, apre il portafoglio e ci mostra la tessera del Partito. «Capito?» Certo! Un uomo incaricato dal Partito di controllare i "non compagni"... Scendiamo per il Prado. Sono le undici passate. Davanti a noi camminano i membri di una famiglia nera, sparsi sul viale come silhouettes che si rincorrono contro il marmo dolcemente illuminato. Sono dei bambini piccolissimi, che camminano per conto proprio, due bambine attaccate alle mani del padre, mentre la madre tiene in braccio un neonato. Mentre scendono lungo il Prado deserto, verso il Malecón, si chiamano, dondolano, ballano.

Sul muro del Malecón siedono un gruppo di ragazzi dall'aspetto di *teddy boys*. Uno di loro suona la chitarra per l'unica ragazza presente, una giovane dai lunghi capelli biondi, che sta nel mezzo. Un po' più in là, sotto il muro, sugli scogli, padre e figlio pescano alla luce di una lanterna. Più in là ancora, due giovani omosessuali parlano tra loro *earnestly*.

Nella hall dell'hotel incontro un collega. Mentre parliamo del più e del meno butta lì una notizia da cinquanta megatoni: «Sapevi che è tornato Anibal?[4]»

Note

[1] Capo di una delle più importanti organizzazioni antirivoluzionarie.

[2] L'Organizzazione degli Stati Americani.

[3] Sigla di un'agenzia di stampa.

[4] Anibal Escalante. Un profilo critico di quest'uomo politico era stato tratteggiato da Alberto Korda: cfr *supra*, cap. 2, *domenica 8 dicembre*. La notizia del suo rientro a Cuba dall'Unione Sovietica suona come una bomba perché fa presagire un possibile spostamento della linea politica della dirigenza cubana, nella direzione di un maggior centralismo e di un ruolo ancor più forte del Partito unico.

15.

FINE E CONTINUAZIONE

6 giugno 1964

Ieri sera alle dieci mi ha chiamato Vallejo: «Ci andiamo stasera». «Quando?» «Probabilmente tra un'ora». Aspetto. Alle due del mattino nuovo squillo del telefono: «Ci scusiamo molto ma non si può fare stasera. Domani resta in camera da mezzogiorno in poi».

Non posso certo dire che l'idea di stare sull'attenti da mezzogiorno fino a mezzanotte mi abbia rallegrato, ma ormai non ero più neanche in grado di reagire. Oggi, a mezzogiorno, mentre Felicia stava pulendo la stanza, sono scesa alla libreria dell'hotel, così, per pura sfida, e per consolarmi ho comprato tre o quattro libri. Mentre frugavo tra gli stand, dall'altra parte della vetrina ho visto un profilo a me ben noto: era Alessando Sedermann, un argentino di origine russa che avevo conosciuto quando gironzolava per Roma e che ora sta girando dei bei documentari per l'ICAIC.

L'espressione sul suo viso era tutta una presa in giro: ma come, ero ancora qui? L'ho invitato a far colazione in camera mia, e mentre stavamo terminando è arrivato anche Franco. Non aveva voglia di mangiare da solo, così abbiamo fatto portare un altro piatto di riso giallo e pollo. I due ragazzi avevano mal di testa. Franco è andato a dormire, invece Alessandro, nell'attesa che gli passasse, si è fermato a fare quattro chiacchiere prima di affrontare la strada assolata verso il suo albergo. Alle quattro non avevo ancora ricevuto alcun segno di vita. Invece dopo un po' ha chiamato Ernesto. Il lunedì successivo sarebbe partito alla volta della Guayana, e voleva che ci scambiassimo gli indirizzi. Poi è tornato

Franco, ed erano ancora lì quando, alle sette meno un quarto, ha squillato il telefono. «Sarà Fidel», mi ha preso in giro Ernesto. «Figurati. Perché non Nikita allora?» Sono andata al telefono pensando: «Sarà Paolo Gasparini che mi sfotte un'altra volta perché non parto domani». E invece: «Non ti muovere da lì!» Era Vallejo. «Allora quando venite?!» «Passa tra mezz'ora». Questa volta sembrava vero, chissà? Meglio mandar via i ragazzi e darsi una pettinata.

Alle sette e mezzo non era ancora venuto nessuno e io cominciavo ad avere fame. Se viene e poi rimane qui tre ore, pensavo, è meglio che prenda delle precauzioni: questo è capace di starsene fino a mezzanotte senza mangiare. Ho fatto portare un sandwich e un caffè. Alle otto e dieci bussano alla porta. Era uno della scorta: «Allora viene. Viene subito, sa».

Due minuti ancora e bussano alla porta, forte. È chiaro, è Fidel. È con uno dei capi della scorta, che si siede sul bordo di una poltrona, tranquillo, ma pronto a tutto. Appena entrato Fidel per prima cosa si butta sul divano – quando entra in una stanza è come se fosse spinto da una forza misteriosa verso un posto in cui sedersi, possibilmente una sedia a dondolo, altrimenti un divano. Mette un braccio sul dorso e sistema i piedi sul tavolino di marmo. Ha l'aspetto sgangherato, ma è "carico" come un pupazzo a chiave. Sembra essere ingrassato ancora dal primo maggio, e questo certo non gli dona – solo quando è magro si può dire che sia un bel fusto. «Mi hai portato la medaglia?» gli domando. «Quale medaglia? Ah, sì, è vero, hai aspettato molto. È colpa mia, tutta colpa mia, ma capisci, un mese, a me, può sembrare due giorni!» Già. Buono a sapersi. Certo non sta raccontando frottole, è chiaro: «Non puoi immaginare la quantità di cose che sto facendo; sto leggendo tanti di quei libri, leggo, leggo, faccio esperimenti, controllo quello che fanno altre persone... Per di più adesso mi devo occupare pure delle forze armate... Ma andiamo bene, sai, andiamo veramente bene». «Già. Ma se eleggono Goldwater...» «Goldwater non mi preoccupa»[1]. «A me solo l'idea fa venire i brividi» «Non vale la pena perdere del tempo con questa idea. Che possono fare? Non ho paura di loro». «Beh, credo che se Goldwater fosse eletto Nikita non starebbe mica tanto tranquillo. Inoltre, senza offesa, è abbastanza più forte di te». «Hanno anche molto più da perdere». «Scusami, ma Cuba può sparire dalla faccia della terra». «Questo significherebbe la guerra mondiale. Credo che ci penseranno due volte». «E se invadono l'isola? Ne hai parlato anche tu, al Primo maggio...»

Ora non c'è più foga nelle sue risposte; d'un tratto è diventato calmo, come se stessimo parlando di cose banali: «Sì, è vero, ne ho parlato, ma sarebbe difficile». Poi di colpo torna ad animarsi: «Capisci, sarebbe facile se potessero occupare l'isola in quindici minuti. Ma non possono, per cui occuparla diventa molto difficile, tutto sommato». «Potrebbero trasformare Cuba in un altro Vietnam». «Neanche questo è così facile, e in ogni caso questo sforzo significherebbe la guerra totale. Non è così facile distruggere Cuba. Abbiamo armi sufficienti per difenderci, molte armi, e siamo organizzati; non siamo una preda così facile, non credere».

È difficile immaginare come questa piccola isola, con i suoi sette milioni di abitanti, possa costituire un problema militare per una forza come quella che gli Stati Uniti potrebbero dispiegare; eppure quest'uomo riuscirebbe quasi a convincerti del contrario. «Disponiamo di tutte le armi moderne di cui abbiamo bisogno. Non sarà così facile». «Ma non ti pare che sia molto importante che l'opinione pubblica sia informata meglio su ciò che succede qui? I famosi "cables" sono una propaganda terribile per Cuba. Per esempio, in questi giorni non si parla d'altro che di bagni di sangue, di un'ondata di terrore». «Non cambierebbe gran che se l'opinione pubblica degli Stati Uniti e dei loro alleati fosse più informata. Non è l'opinione pubblica che fa la politica. E poi c'è quella dei paesi del Terzo mondo, e questo sì che pesa».

«Quindi a te non sembra che sia un problema importante quello di informare il pubblico degli Stati Uniti?» «Mi pare molto più importante dedicare il mio tempo alle cose che dobbiamo fare qui. In fin dei conti si giudicherà la rivoluzione su quello che avrà fatto, e le nostre necessità sono tante, così tante che non se ne vede la fine. Abbiamo bisogno di costruire case, migliaia di case, anche se ne abbiamo già costruite molte non bastano, e ci vorranno molti anni ancora, perché la popolazione sta crescendo. Abbiamo bisogno di uova, di carne, di frutta... L'anno scorso tu ci hai rimproverato che non c'era frutta; ora già ne abbiamo molta di più». «È vero, l'anno scorso in tutta l'Avana non c'era un solo pomodoro, non c'era un solo melone. Ti davano l'aguacate al posto dell'insalata...»

«Dobbiamo costruire fabbriche, dobbiamo preparare maestri, formatori, educatori... Sei stata a Minas del Frío?» «No». «E perché no? Sei stata a Camilo Cienfuegos?» «Sì, l'anno scorso». «E perché non sei andata a Minas del Frío? Potresti fare un salto, prima di andar via. È un posto straordinario... Andiamo bene, sai, andiamo veramente bene, è una cosa fantastica, ma bisogna continuare, non ci si può fermare a metà. Io non posso lasciare le cose che sto facendo, non posso permettermi di non leggere le decine di libri che devo leggere, di non imparare quali sono i modi migliori per fare le cose di cui abbiamo bisogno. Possiamo fare cose straordinarie in questo paese, ma bisogna conoscere tante cose. Lo so, a volte sembra che mi perda dietro i dettagli, ma io sono fatto così, le cose le devo fare così». «Come con le vacche, no?» «Come per le vacche».

Ma non gli va di esser preso in giro per le sue vacche. Per lui non è affatto un gioco, anche se all'esterno dà a vedere di aver voglia di scherzare. «Guarda, stasera sono venuto soprattutto perché tu non pensi male di me. Ma posso restare solamente un'oretta. Saresti d'accordo che ci vediamo un paio di volte ancora, se hai molto da discutere?» Non l'avevo previsto! E come si fa a dire di no a uno che evidentemente non smette un minuto di fare qualcosa? «Va bene».

Intanto la guardia se n'è andata, e Fidel si è messo a fumare le mie sigarette – non vedo sigari nella tasca della sua camicia. Getta i fiammiferi dietro il divano, oppure in giro per la stanza, mentre continua a parlare, sempre con la sua grande gestualità. «Va bene, ma veramente devo andarmene, se non altro per il libro. Non posso andare avanti all'infinito a scriverlo. Quando smetto di tenere il diario deve uscire il più rapidamente possibile». «Ti do la mia parola d'onore che finirai questa settimana».

«D'accordo, allora dimmi una cosa: i Dodici. Ogni persona mi dà una lista diversa... puoi controllare questa? Sembra che sia quella giusta». Lui la guarda, e intanto ripete i nomi ad alta voce; poi li conta con un dito mentre continua a mormore: «Sì, mi pare che sia giusta, però sai, a un certo punto eravamo dodici, un'ora dopo eravamo tredici, il giorno dopo dieci... Difficile dire con esattezza. Li hai visti tutti?» «Tutti salvo Calisto García e Universo Sanchez; poi ho visto anche altre persone, come Guglielmo García, Fajardo, Montanè...» Non riesco a elencare tutti i nomi, perché lui mi interrompe: «Ah sì, Guglielmo è molto importante, un uomo interessantissimo... Fu il primo contadino a unirsi a noi, un contadino era, e Fajardo anche... Sai che adesso è direttore di un grande piano di allevamento e va in giro in elicottero?» Dunque, penso, Fajardo ha trovato il modo di fare senza le jeep di Carlos Rafael... «Montanè era nel *Granma* ma... è stato fatto prigioniero?» «E poi Faustino Perez». «Sì sì, Faustino c'era nel *Granma*, poi nella clandestinità, anche lui, con René Rodriguez. E Yéyé l'hai vista?» (Yéyé sarebbe Haydée Santamaria) «E Armando? Sono importanti tutti e due. Haydée è una donna importante, ha svolto un'intensa attività politica durante la guerra, e stava anche nel Moncada, col fratello, che è morto. Veramente Abel Santamaria, devo dire che di tutti quelli del Moncada era il più valoroso... un tipo di grande valore. Hai visto Yéyé e Armando?» «Quello che m'interessava era il fatto che erano con te nella Sierra e anche nel Moncada, e sono sempre la colonna vertebrale del Governo. Quelli che hanno disertato, sono quelli che fin dal principio non avevano le stesse idee». «Ma non solo non avevano le stesse idee! Quelli lì, i vari Matos, Ray ecc., non si può mica dire che abbiano fatto la guerra! Sono venuti con noi negli ultimi mesi, quando la vittoria era già assicurata. Sai quando è venuto nella Sierra Matos? Otto mesi prima della fine. Otto mesi! E Ray, fammi pensare, Ray è venuto su nell'ottobre del '58, cioè tre mesi prima della fine». «Sta dicendo certe cose su di te in questi giorni...» «Sì, sì, ma mi conosce, sa che non è vero quel che dice, lo sa bene, mi conosce. Ma non importa. Come ha detto Lenin, siamo noi che scriviamo la storia, loro non scrivono che una farsa. Tre mesi ha combattuto, non di più. E Diaz Lang, eccone un altro, otto mesi anche quello lì. Ma tu sai, tu sai che degli uomini di cui veramente si può dire che abbiano fatto la guerra, che stavano con me – alla fine non erano più di tremila –, si può dire che non hanno abbandonato la rivoluzione più di... aspetta: quando Raúl ha aperto il secondo fronte, il quattordicesimo mese di guerra, l'esercito ribelle aveva 190 uomini, massimo 200, e di questi 200, di questi primi 200, non sono più di cinque quelli che hanno abbandonato. Di quelli che hanno combattuto più di quindici mesi, ci hanno abbandonato in non più di dieci, e tra quelli che hanno fatto tutta la guerra, cioè venticinque mesi, e che alla fine non erano più di tremila, non sono stati più di cinquanta a lasciarci... di sicuro non più di cinquanta, più probabilmente non più di trenta. Trenta su tremila fa uno per cento. Non più dell'1% degli uomini che veramente hanno combattuto nella Sierra hanno abbandonato la rivoluzione. Bisognerebbe fare una ricerca esatta, ma io ti dico cinquanta perché non ho le cifre in testa».

Difficile smuoverlo da questo tema, ma vedo che l'orologio continua a girare, per cui, in preda alla disperazione, lo interrompo: «Bene, ora possiamo passare a un'altra questione? Che mi dici di questa informazione?» Si tratta di un articolo di "Le Monde", nel quale si sostiene che esiste la possibilità di negoziare per "neutralizzare" Cuba. Fidel lo legge rapidamente: «Mi pare che questi punti siano discutibili. E poi non mi piace la parola "neutralizzazione"». «Però mi pare abbastanza ragionevole come progetto, no?» «Qui si parla di riti-

ro delle truppe americane da Guantanamo in cambio del riti-
ro delle truppe russe. Capisci, è evidente che se non ci fossero truppe americane a Guantanamo non ci sarebbe bisogno
delle truppe russe, ma noi non possiamo impegnarci a non
tenere con noi delle truppe russe. Può sempre sorgere una
ragione che lo rende necessario. Le truppe americane stanno
qui contro la nostra volontà, quelle russe stanno qui perché lo
vogliamo noi. Non è la stessa cosa. Non si può neanche parlare di un trattato con cui Cuba dovrebbe rinunciare anche
minimamente alla sua sovranità, e questa comprende il diritto di decidere se vogliamo tenere truppe russe o no. La base
di Guantanamo, al contrario, va contro la nostra sovranità».
Dunque è davvero come aveva detto Raúl, gli basta dare
un'occhiata per vedere quel che non va in un articolo. Ma ora
vuole congedarsi. «Scusami, ma sai, devo proprio andare».
Riesco a bloccarlo per un istante: «Quando torni vorrei farti
vedere le mie foto». «Dove sono?» «Qui». «Fa vedere, fa
vedere, velocemente». Passa in rivista tutti gli ingrandimenti
fatti da Korda, in fretta, e quando vede una bella mulatta
commenta: «Fa' vedere se la conosco... E questo che cos'è,
non me lo dire, non me lo dire». Ma non riesce a indovinare:
è uno scorcio del motel di Santiago di Cuba. Poi ecco Biran, il
suo villaggio: «Ah, guarda, qui c'è la macelleria, vero? O no?
Dov'è questo posto?» Guarda fisso la foto di un angolo di
strada, ma non riesce ad orientarsi.

14 giugno

Ho aspettato ancora una settimana. Poi venerdì scorso mi ha chiamato Celia, per chiedermi se mi interessava andare a una cena offerta dall'ambasciata del Marocco per l'insediamento del capo di gabinetto del Re. Vi avrebbe partecipato anche Fidel. Ho deciso di andare. Ero appena arrivata che Vallejo è venuto da me per dirmi: «Passa domani mattina alle dieci in punto a casa di Fidel, per l'intervista». Più tardi però, durante la cena, Fidel mi ha preso da parte: «Ti ho dato appuntamento per colazione, ma con tutto quello che ho mangiato in questa bella cena credo che sarà meglio invitarti per merenda!» Non riuscivo a capire se scherzava o se faceva sul serio.

Abituata ai continui aggiornamenti dei nostri appuntamenti, arrivo in Calle Once alle dieci e un quarto. Dopo un minuto le guardie mi dicono di salire. Al pianerottolo del primo piano trovo Celia: «Fidel ti sta aspettando! Stavo già telefonando all'hotel».

Effettivamente Fidel, entrando nella sala, mi fa lo stesso rimprovero. Mi rendo conto fino a che punto questo inconveniente dev'essere una novità per lui. Mi sento un po' a disagio, non so se perché sono arrivata in ritardo o perché mi rendo conto che con quest'uomo nessuno, che non sia un suo nemico, osa comportarsi in maniera naturale – un destino, questo, che tocca a tutti i personaggi leggendari.

Ma il rimprovero non serba rancore; Fidel si siede in una delle poltrone a dondolo dallo schienale scolpito e mi fa segno di accomodarmi in quella di fronte, abbastanza vicina. È vestito con il solito verde oliva, la faccia gonfia dal sonno, i capelli spettinati.

Ho preparato una lista di cose da domandargli, ma all'ultimo momento decido di cambiare l'ordine: dopo l'attimo di irritazione provocato dal mio ritardo mi viene in mente che forse è meglio partire da un soggetto che dovrebbe fargli piacere:
– Quante macchine ci vogliono per meccanizzare la canna?

Ho fatto bene i miei conti: i suoi occhi s'illuminano, si mette a dondolare voluttuosamente e a parlare dei progetti agricoli di Cuba:

– Prima di tutto, devi sapere che non si può meccanizzare tutta la canna, perché una parte è seminata in collina, in terreni ondulati. Lì non si può passare con le macchine. A poco a poco dobbiamo eliminare la canna dalle colline, ma questa cosa non si può fare automaticamente, perché spesso lì ci sono delle centrali zuccheriere, e allora conviene eliminare un po' alla volta quelle centrali, mano a mano che si deteriorano. Ma intanto faremo un'altra cosa: organizzeremo il lavoro in modo che i *macheteros* debbano solo tagliare la canna. Si raccoglierà tale e quale, e poi la si pulirà in un posto centralizzato. La divisione del lavoro in due parti farà aumentare la resa, perché quel che fa perdere tempo al *machetero* è doversi chinare per raccogliere la canna pezzo per pezzo una volta tagliata, e poi pulirla.

– Ma quante macchine ci vorranno per la meccanizzazione? Ecco, siamo alle solite. Invece di rispondere «tot» e di passare ad altro, Fidel inizia a farmi un corso di economia agricola. Si alza e preme il bottone sul tavolo vicino alla poltrona di pelle di capra. Subito appare Celia: «Chiama Carlos Rafael e domandagli quante combinate ci vogliono per la canna. Io credo che ce ne vogliano circa 4.000».

Mentre Celia è al telefono, gli chiedo:

– Ma dopo quanti anni si deve sradicare una pianta di canna e ripiantarla?

– Guarda, una canna può dare una buona resa da quattro a dieci anni, dipende dal tipo, dal suolo, da come si cura, ecc. Tu sai per esempio che si può anche non tagliare la canna ogni anno e lasciarla maturare due anni. Ci sono casi in cui la canna di due anni ha un maggior contenuto di zucchero...

– Dice Carlos Rafael che per tagliare il 60% della canna ci vogliono pressappoco 6.000 macchine, ma non ha le esatte cifre esatte.

– Digli grazie. Come sta?

– Dice grazie e... come stai?

– Sta bene... Ciao, Carlos.

– Ecco, da 5 a 6.000 macchine. E allora, per calcolare quando bisogna strappare la vecchia canna e piantare la nuova bisogna vedere il momento in cui il rendimento si abbassa. Perché quando la pianta è nuova devi aspettare due anni per tagliarla la prima volta. Rende moltissimo ma devi aspettare due anni; poi, a un certo punto, comincia a rendere meno, e ogni anno rende sempre di meno. Allora bisogna strapparla nell'anno in cui renderebbe meno della metà di quel che renderebbe dopo due anni, quand'è nuova. Per esempio, mettiamo che quando è nuova renda 150, poi 130, poi 110 ecc. Allora quando arrivi a 75, stop. La puoi strappare perché l'anno dopo sai che renderà ancora meno, e così vale la pena aspettare due anni e averne 150.

– E quanti anni occorrono per meccanizzare quel 60%?

– Dunque, contiamo di avere 1.000 combinate in più ogni anno, ora ne abbiamo già 1.000, 500 solo per alzare. Così, con 1.000 ogni anno, arriveremmo alla meccanizzazione completa in quattro-cinque anni... Ma sai, per la canna, prima di piantarla nuova, bisogna sapere che tipo devi piantare, se è la "2370" o la "BX4250"... – confesso che non ricordo le sigle dei diversi tipi di canna: queste sono inventate –, perché un tipo rende meglio in un posto, un altro rende meglio in un altro. Bisogna fare degli studi molto accurati per decidere che tipo di canna piantare qui e che tipo piantare lì. C'è il "3680", quello indiano, per esempio...

– E come vanno le uova? Se vedo che sei in viaggio il primo gennaio, saprò che... – alla Festa del Primo maggio aveva detto che se per il 1° gennaio non ci fossero state 60.000 uova al mese, non avrebbe più parlato. È andato a prendere un sigaro. Si ferma in mezzo alla stanza, poi dice:

– Ma neanche per sogno! Le avremo, le 60.000 uova a gennaio, puoi starne certa!

– Mah, io ho sentito dire che...

– Che cosa hai sentito dire? Balle! Il progetto delle uova sta andando perfettamente secondo i piani. Già a settembre ne avremo 30.000.

– Appunto. Mi hanno detto 30.000 sì, ma 60.000 no.

– Chi te l'ha detto? Che ne sanno? Se abbiamo un milione di galline che covano, e altre 4.000 che stanno crescendo e che tra 22 settimane potranno cominciare a covare... le ultime nascono questo mese... e allora, tra 22 settimane...

Si mette a fare dei calcoli, mentre aggrotta le sopracciglia:

– Settembre, ottobre, novembre, dicembre, quattro per cinque venti, insomma dalla 19esima alla 22esima settimana incominciano a fare le uova, e così giusto per gennaio avremo le 60.000 uova. Dovresti vedere come abbiamo insegnato alle donne a occuparsi delle galline, come le curano bene. Il mangime glielo facciamo arrivare noi, e va tutto benissimo. Del resto, a sorvegliare il progetto ho messo uno della mia scorta, e mi tiene sempre informato... No, no, non ci sono dubbi, va tutto benissimo...

Decido allora di attaccare con la prima domanda che avevo preparato:

– Perché si dice che si facilita l'uscita del paese dei *gusanos*, quando in pratica non è vero?

– Come non è vero?

– Guarda, ho sentito raccontare non so quante storie di gente non ricca, che non può andarsene perché prima bisogna lasciare il lavoro e dopo si aspetta un anno per il posto in aereo.

– Eh beh, se non ci sono voli non è colpa nostra, sono gli americani che hanno smesso di volare; prima c'erano due voli al giorno, fino alla crisi di ottobre, non è colpa nostra se non ci sono posti. E poi se sono *gusanos*...

– D'accordo, ma ci sono casi di gente che non è *gusana*. Per esempio mi hanno raccontato di un uomo, un maestro, che non ha niente contro la rivoluzione, però sua moglie era una bambina viziata, abituata a passare le vacanze in Europa e così via, e pare che adesso abbia una specie di depressione nervosa perché non può andare a prendere il gelato ogni volta che ne ha voglia... cose di questo genere... Che colpa ne ha quello lì?

– Guarda, a me pare – si curva in avanti verso di me sorridendo, gli occhi furbi –, a me pare che uno che si lascia menare per il naso in quel modo, non è un uomo... Cosa vuoi, non riesco a commuovermi per un tipo così; se vuole stare con la rivoluzione, con la sua patria, che molli la moglie, che è una stupida.

– Va be', anche questo è un po' esagerato: ha tre figli.

– Cosa vuoi, sono casi isolati, uno non può stare a fare le leggi per i casi isolati, e poi la colpa è degli americani! Figurati, prima della rivoluzione c'era gente, eh, c'era un sacco di gente che voleva andare negli Stati Uniti, e loro non lo permettevano. C'erano le quote! E invece ora, come no! Gli fa comodo accogliere i *gusanos*, anche quelli che arrivano in barca, che scappano di qui a rischio della vita, della prigione... così gli americani ne fanno dei martiri». «D'accordo, ma visto che la situazione è cambiata dall'ottobre del '62, e ora siamo nel '64, non si potrebbe cambiare le leggi in modo che siano adeguate alla nuova situazione? Perché così il risultato è che i ricchi possono andarsene, mentre quelli che non hanno i soldi no. Ti pare giusto?

– Guarda, il fatto che ci siano ricchi e poveri non è colpa nostra, è precisamente colpa del capitalismo.

Ride, e intanto va avanti e indietro sulla sedia a dondolo, l'aria allegra.

– Guarda, è colpa del sistema capitalista, non si può dire il contrario. Noi non impediamo alla gente di andarsene, ma d'altra parte non possiamo certo pagarle il biglietto. E poi sai, tutta quella gente ha sempre dei parenti a Miami che mandano dei soldi, non ti preoccupare! E quelli che se ne vanno può darsi anche che non siano *gusanos* quando se ne vanno, ma il fatto stesso di andar lì... Non tardano molto a rendersi conto che per sopravvivere devono mettersi con loro, perché sennò non ce la fanno. E così un tipo magari buono, innocente, per bisogno di denaro, per una situazione che, nell'esilio, diven-

ta man mano più drammatica, accetta di lavorare con i *gusanos*, e magari un giorno lo ritroviamo infiltrato qui come spia.
– Ma guarda che ce ne vuole tanto, di denaro, per far vivere una famiglia, i bambini, ecc. per un anno. Molta gente, ti assicuro, non ha chi glielo mandi. Quando non sono ricchi loro, in genere non lo sono neanche i parenti.
– Non ti preoccupare, va, c'è sempre il modo. Per esempio, qui trovi qualcuno coi soldi che vuol andare negli Stati Uniti, e negli Stati Uniti c'è qualcuno che magari non è ricco ma che può aiutare un po', ad esempio depositando dieci dollari a nome di quello lì, e lui pur di avere dei dollari laggiù dà cento pesos qui. Non ti preoccupare, va, si arrangiano sempre. Cosa vuoi, io non riesco a preoccuparmi per un *gusano*... Abbiamo tante cose da fare per il bene del paese! Perché dovremmo perder tempo a pensare a come migliorare la situazione dei *gusanos*? Io non ne vedo la ragione. Guarda, permettiamo loro di uscire, ma non c'è nessuna ragione per stimolare la gente ad andarsene...
Passo a un altro punto.
– Si parla molto, in questo momento, di una grave crisi economica. Non mi pare il caso, per chi come me vuol scrivere un libro di carattere generale, di occuparsi di queste cose nel dettaglio, perché quando poi esce il libro la situazione è già cambiata. Questo genere di cose lo lascio ai giornalisti, che possono pubblicare un articolo su un certo argomento prima che sia caduto d'interesse. Ma se è possibile mi piacerebbe sapere, grosso modo, che cosa c'è sotto queste voci.
Fidel si fa serio, ma resta tranquillo:
– Guarda, tutti i paesi sottosviluppati hanno dei problemi economici, e noi figurati, non siamo diversi dagli altri, anzi... Avremo ancora delle difficoltà, questo è certo, ma è anche assolutamente normale. Non potrebbe essere diversamente. A parte il blocco, basta pensare che abbiamo creato molti servizi, ospedali, scuole, le strade, l'irrigazione, la formazione delle maestre ecc., e che perciò le spese sono aumentate enormemente rispetto a prima.

– Ma questo problema della valuta? C'era un rapporto della Barclay's Bank che diceva che Cuba paga in ritardo e che sconsigliava agli inglesi di fare affari con Cuba. Sembrava una campagna volta a influenzare la Leyland...

– Non paghiamo in tempo? Questo poi no! Cuba paga sempre le sue cambiali puntualissimamente. E quando sa che non ha valuta, non compra. Quando compriamo, è perché sappiamo che possiamo pagare! Questa è una cosa fondamentale, e sarà sempre così. Non facciamo di queste manovre!

Poi riprende la calma:

– Tu sai che noi dipendiamo in gran parte dal prezzo dello zucchero. Ebbene, quando sappiamo che possiamo vendere bene il nostro zucchero, e cioè quella parte che vendiamo sul mercato capitalista, perché quasi tutta la nostra produzione va ai paesi socialisti, contro altre cose, quando sappiamo che lo zucchero vale molto, allora compriamo, e quando vediamo che i prezzi cadono, non compriamo. Ma nello stesso tempo, sai, molte categorie dell'economia crescono da sole indipendentemente dalle valute. Sono categorie che non hanno niente a che vedere con la situazione della borsa capitalista, per esempio l'agricoltura, l'allevamento, la frutta... Stiamo facendo grandi progressi per la frutta, vedrai, e anche rispetto a certi settori dell'industria, così che avremo delle difficoltà, sì, certo, secondo i momenti, ma è assurdo parlare di "crollo" della nostra economia. Al contrario, viste tutte le circostanze si può dire che progrediamo, e se si guarda l'insieme, invece di soffermarsi su un punto o su un altro, si vede che la situazione è buona.

Gli chiedo la sua opinione sulla posizione dei nuovi paesi socialisti nei confronti della polemica tra Pechino e Mosca: «L'ho già detto pubblicamente, penso che sia un tema da trattarsi in seno ai partiti comunisti, e non in pubblico. Tutto quel che possi dirvi è che penso che questa polemica sia un male per tutti noi, specialmente per i paesi nuovi; ma penso anche che tutti noi possiamo aiutare a superare questa crisi, e che lo dobbiamo fare. Penso che tutti noi possiamo aiutare i paesi che devono ancora liberarsi, e penso che Cuba abbia già dato loro un esempio: che si può vincere l'imperialismo, che la lotta può servire a qualcosa; e questa, credo, è una cosa importante. Sarebbe assurdo dire che non possiamo aiutare gli altri paesi, tutto quel che si può dire è che dobbiamo rispettare le leggi internazionali».

– Te la sentiresti di ricominciare tutta quella lotta, diciamo dalla Sierra in poi?
– Vuoi dire se la ricomincerei come allora? Sì certo, e la farei ancora meglio, molto meglio, la lotta sarebbe più corta, se sapessi tutto quello che so ora.
– No, intendevo dire se dovessi ricominciare ora. Fisicamente, moralmente, te la sentiresti?
– E come no! Subito!
– Ma non ti pare a volte che questa vita che fai ora, che certo non si può chiamare una vita borghese – a parte il fatto che quel termine non si può usare in questo caso...
Sorride:
– Vuoi dire una vita da pantofolaio?
– Sì esatto, voglio dire che per il tuo carattere sei incapace di condurre una vita regolata, tranquilla... eppure non è la stessa cosa di quando stavi nel pieno dell'azione, in costante pericolo, in una situazione drammatica. Per quanto importanti e appassionanti possano essere i problemi dell'allevamento e dello zucchero, non senti nostalgia per quella vita là?
– Certo che sento nostalgia, ma anche quello che faccio adesso è lottare, anche qui bisogna saper agire rapidamente, saper prendere delle decisioni capitali... Veramente no, non posso dire che preferisco l'altra vita; ho nostalgia, a volte, certo, però sento anche adesso una grandissima soddisfazione.
– Ma per esempio, non ti pare che in America Latina quel che manca, in tutti i paesi che vogliono fare la rivoluzione, sia un uomo?
– Sai, io penso che non sono gli uomini a fare la storia. Gli

uomini, si può dire, gli individui sono il piccolo motore, mentre il motore grande è costituito dalle masse. Gli individui non sono che il piccolo motore che fa andare quello grande. Sono sempre stato convinto che questi uomini esistano... soltanto, a volte mi domando com'è che non saltano fuori? Non capisco. Sicuramente ci sono. Ma dove stanno? Perché non si vedono? E poi, non è questione di un singolo uomo...

– Certo, chiaro, ci vuole un gruppo, ma per unire e tenere unito quel gruppo ci vuole pur sempre qualcuno, che stia al centro. Sai che è una delle cose più belle che ho trovato qui, questo gruppo di uomini che sta insieme da tanto tempo e che ancora oggi, dopo tutti questi anni, dopo tutti i problemi e i pericoli, si sente che sono una sola cosa; non ne parlano mai, ma si sente.

– È vero! Lo sai che è proprio vero?

Smette di dondolarsi, e per la prima volta lo sento rilassato. Mi rendo conto che non dovrei faticare molto per farlo parlare ancora.

– È vero ciò che hai visto, e non tutti l'hanno notato...

– Beh, ma dimmi, se per esempio, visto che quelli lì non si fanno avanti, se qualcuno ti chiedesse di dirigere una rivoluzione in un altro paese, lo faresti?

Smette di dondolarsi un'altra volta, sorride – un mezzo sorriso. Inclina leggermente la testa, come se sognasse:

– Certo, se le circostanze lo permettessero, lo farei. Se le circostanze lo permettessero.

Ora si alza, va in cucina, e torna con un fiasco di vino dolce e due bicchieri. Verso il vino.

– Devi domandarmi qualcos'altro? Non hai fame?

– Sì, ho fame, ma devo ancora domandarti alte cose.

– Allora su, avanti.

Gli vuoto il sacco a proposito del Partito, cominciando con gli istruttori d'arte che fanno recitare insipide storielle di realismo socialista: «Ma quella era una stupidaggine! Gli istruttori d'arte non sono sotto il controllo del Partito. Sono sotto il Consiglio della cultura. La discussione che c'è stata una volta doveva servire a sapere se bisognava che andassero sotto il Ministero dell'Educazione o sotto il Consiglio della Cultura. Ma non stanno sotto il Partito».

Gli faccio vedere il mio disegno sull'organizzazione del Partito e dell'amministrazione. Fidel lo osserva, ma non sembra capirci gran che (devo ammettere che non era molto chiaro); poi mi dice che se le due cose sono separate, questo significa che il Partito traccia le grandi linee politiche ma non può intervenire nella loro applicazione da parte degli organi amministrativi. Sennò chi va a vedere, per esempio, perché mancano i viveri nel tal posto, oppure perché la produzione non va bene in quell'altro? «Chi può avere questa autorità, se non il Partito?» Gli espongo le mie idee sul Dio senza faccia, sul Partito come divinità astratta. Lui sta ad ascoltare. Gli parlo anche della nuova ossessione della Federazione delle donne. Si mette a ridere e dice: «Per fortuna che non sono là dentro, perché sarei il primo che sbatterebbero fuori. Sono contrario a tutto ciò che impedisce le relazioni umane».

Alla fine gli dico che mi preoccupano di più i comunisti nuovi dei vecchi, e lui si mette di nuovo a ridere, ma non ha nulla da obiettare: «Non hai fame? Andiamo a tavola, dai». Nel frattempo da non so dove sono apparsi i piatti, e arriva anche Celia. Ci serve e si siede con noi, ma non mangia: «Preferisco mangiare quando ho fame. Stanotte mi sono alzata alle tre, sono andata in cucina e ho mangiato un piatto di minestra». Ha la voce dolce, passa a Fidel delle medicine. Per prima cosa mangiamo yogurt: «Conosci il nostro yogurt? Lo faccio fare lì alla 160, ne fanno già 5.000 al giorno». (La "160" dev'essere la fattoria alla periferia dell'Avana dove Fidel tiene le sue vacche.)

Lo yogurt di Fidel è buono. Per Fidel poi c'erano degli strani legumi, che non avevo mai visto. Poi ci hanno servito del pollo, con del riso buonissimo, banane cotte al burro e cannella, insalata di aguacate con cipolle. Alla fine: «Che gelato vuoi, crema o fragole?» E il caffè. Fidel, che aveva già finito da un pezzo, si alza per andare a prendere un sigaro, quindi si butta sulla poltrona imbottita. E mi dice: «Sai, i problemi non è che finiscono; solamente cambiano col tempo. Quando stavamo nella Sierra, per esempio, il problema più importante era il tipo che sciupava le munizioni. Ora quel problema non c'è più, ma ce ne sono altri».

Lo dice così, come una cosa qualsiasi. E invece, già uscendo da Calle Once mi resi conto che quella non era stata un battuta qualsiasi. Se mi domandassero: «Come vede la sua rivoluzione, questo Castro?», risponderei così, rubandogli quella risposta: «I problemi non è che finiscono. Cambiano».

Note

[1] Barry Morris Goldwater (1909-1998), repubblicano, alle elezioni del 1964 fu sconfitto dal Presidente uscente, il democratico Lyndon Baines Johnson.

ELENCO DELLE FOTOGRAFIE

INDICE